农林经济管理系列教材

Agricultural Economics

农业经济学

（第二版）

张锦华　主　编
王常伟　副主编

图书在版编目(CIP)数据

农业经济学 / 张锦华主编. -- 2 版. -- 上海：上海财经大学出版社, 2024.11. -- (农林经济管理系列教材). -- ISBN 978-7-5642-4521-4

Ⅰ. F30

中国国家版本馆 CIP 数据核字第 2024JM2522 号

□ 责任编辑：施春杰
□ 封面设计：贺加贝

农业经济学(第二版)

著　作　者：张锦华主编　　王常伟副主编
出版发行：上海财经大学出版社有限公司
地　　　址：上海市中山北一路 369 号(邮编 200083)
网　　　址：http://www.sufep.com
经　　　销：全国新华书店
印刷装订：上海新文印刷厂有限公司
开　　　本：787mm×1092mm　1/16
印　　　张：23.25
字　　　数：443 千字
版　　　次：2024 年 11 月第 2 版
印　　　次：2024 年 11 月第 1 次印刷
定　　　价：69.00 元

第二版前言

农业是国民经济的基础,农业部门是人类历史上最早出现的生产部门,农业经济思想也是人类最早出现的经济思想。农业经济关系国计民生,舒尔茨说过:"如果我们懂得穷人的经济学,我们也就懂得了许多真正重要的经济原理。如果我们懂得农业经济学,我们也就懂得了许多穷人的经济学。"农业经济学具有综合性、交叉性和实践性,跨越经济学、管理学、社会学等学科,又具有很强的政策导向性。我国是农业大国,改革开放以来,城市化和工业化迅猛发展,与之相对应,我国农业也发展迅速,农业的生产能力、产业形态、要素交换、经营主体、政策体系都发生了很大的变化,这些都为农业经济思想的发展创造了新的机遇,也提出了新的挑战。

本书既注重农业经济学的基本原理和前沿理论,又关注农业经营中最新的生产实践和政策导向,注重理论与实践、要素与增长、产业与政策的有机结合,适合作为高等学校农林经济管理专业本科生和研究生的教材。本书在第一版的基础上,注重吸收最新的理论成果和政策实践,参阅并引用了大量的国内外已有教材和研究文献,并进行了相应的总结和提升。在参考文献的引用列示方面或难免有遗漏,对于前辈学人的辛勤劳动,我们在此深表谢意。

本书的编写分工如下:王常伟、李斌负责第一章(农业和农业经济学);刘静负责第二章(农地制度的变迁)和第四章(农业增长阶段与技术变革);龚钰涵、王雅丽负责第三章(农业发展中的劳动力);陈希、刘小瑜负责第五章(现代农业发展中的金融支持);王常伟负责第六章(农业家庭经营);张锦华负责第七章(农业产业化经营与农产品供应链);王常伟、严孝坤负责第八章(农产品流通与贸易);徐雯、张军伟负责第九章(粮食安全与农业强国建设);王常伟、张锦华负责第十章(现代都市型农业);张军伟负责第十一章(农业支持政策);张锦华、王常伟负责全书统稿。

感谢上海财经大学双一流学科建设经费的资助,本书才得以再版。由于学识及时间有限,本书难免存在不够妥善甚至错误之处,欢迎各位读者批评指正,以便今后修改完善。

张锦华

2024 年 7 月 10 日

目　录

第一章　农业和农业经济学 / 001
　　第一节　农业 / 001
　　第二节　农业经济学 / 013

第二章　农地制度的变迁 / 020
　　第一节　农地制度概述 / 020
　　第二节　农地制度基本理论 / 026
　　第三节　国外农地制度的发展历程 / 030
　　第四节　中国农地制度的变迁 / 034

第三章　农业发展中的劳动力 / 040
　　第一节　农业劳动力供求理论 / 040
　　第二节　农村剩余劳动力的转移 / 048
　　第三节　农业劳动力现状与未来趋势 / 056
　　第四节　农业劳动力质量提升 / 059

第四章　农业增长阶段与技术变革 / 063
　　第一节　经济增长阶段理论 / 063
　　第二节　农业的发展阶段及其特点 / 067
　　第三节　农业技术创新模式 / 073
　　第四节　农业技术进步与全要素生产率 / 076

第五章　现代农业发展中的金融支持 / 085

第一节　农村金融体系与融资渠道 / 085

第二节　政策性金融与农业发展 / 099

第三节　农业供应链金融 / 109

第四节　农村普惠金融 / 114

第六章　农业家庭经营 / 119

第一节　农业家庭经营概述 / 119

第二节　农业家庭经营发展与现状 / 124

第三节　家庭农业生产经营行为分析 / 135

第四节　我国农业中的家庭经营 / 149

第五节　家庭农场 / 156

第七章　农业产业化经营与农产品供应链 / 165

第一节　农业产业化经营的需求与制约因素 / 165

第二节　农产品供应链建设的国际经验 / 169

第三节　农业产业化经营与供应链建设策略 / 174

第四节　支持政策 / 181

第八章　农产品流通与贸易 / 189

第一节　农产品流通概述 / 189

第二节　农产品价格形成和流通模式 / 192

第三节　农产品市场流通现状 / 204

第四节　WTO 与农产品贸易 / 209

第五节　农产品贸易保护政策 / 215

第六节　世界农产品贸易格局 / 220

第九章 粮食安全与农业强国建设 / 239

第一节 粮食安全概述 / 239
第二节 世界粮食安全的总体状况 / 243
第三节 我国粮食生产及其影响因素 / 247
第四节 我国粮食消费状况及影响因素 / 253
第五节 我国粮食市场供需形势及面临的风险挑战 / 264
第六节 农业强国建设与粮食安全 / 267

第十章 现代都市型农业 / 270

第一节 都市农业的概念与特征 / 270
第二节 都市农业的功能 / 274
第三节 世界都市农业 / 283
第四节 各国各地区具有代表性的都市农业产业 / 297
第五节 中国都市农业的主要趋势 / 313

第十一章 农业支持政策 / 320

第一节 农业政策的经济原理和分析方法 / 320
第二节 中国农业政策的发展历程与趋势 / 327
第三节 国际农业支持政策 / 338

参考文献 / 353

第一章

农业和农业经济学

第一节 农 业

一、农业的概念

"民以食为天",农业作为国民经济的一个物质生产部门,是人类社会基本生活资料的来源,从古至今都是一个国家的立国之本、强国之基。在农耕时代,农牧业是社会生产力的标志,农业的兴衰决定着一国的兴衰。而进入工业化阶段,农业则可以为工业提供粮食和各种工业原材料,还可以输送城市工业部门所需要的廉价劳动力,甚至可以通过出口农产品换取城市工业发展所需的外汇和技术,使一国获得原始资本积累,从而为经济腾飞创造条件。

在现代社会中,农业被当作国民经济的第一产业,是与工业、服务业等二、三产业相对应的概念,主要是指利用可再生的自然资源(如土地、水、气和太阳能等),依靠生物体的自然生长发育和转化,通过人工培育,生产供人类生存和生活以及再生产所需要产品的生产活动。农业是国民经济发展的基础和保障,国民经济其他部门发展的规模和速度,都要受到农业生产力发展水平和农业生产率高低的制约。

在我国,农业的概念存在狭义农业和广义农业之分。狭义的农业仅指种植业或者农作物栽培业,包括粮食作物、经济作物、果林、饲料作物、油料及能源作物等的种植或栽培;广义的农业包括种植业、林业、畜牧业、副业和渔业,因此又被称为大农业。另外,根据生产方式不同,可以将农业分为传统农业和现代农业。传统农业指以天、地、人"三才说"为理论依据,以土地整治、田间管理、集约经营和农牧结合为技术经验,多层次开发利用农业自然资源的精耕细作的农业生产方式。[1] 它有三个基本特征:第一,技术状况长期保持不变,农业生产要素的供给和技术条件不

---

[1] 姚兆余. 中国农耕文化的优良传统及其现代价值[J]. 甘肃社会科学,2008(6):71—74.

变;第二,农民没有改变传统生产要素的动力;第三,农民的储蓄为零,因而没有投资的经济能力。① 现代农业则采用先进科技和设备,实现农业现代化,包括机械化、科技化和专业化;通过高科技应用、政策支持和增强国际竞争力,推动农业强国的发展;并利用数字化(如大数据和物联网)、立体化(如垂直农业和都市农业)以及订单农业(如定制化生产和合同农业)等新质生产力,实现高效、可持续和大规模生产。

二、农业的特点

与工业品相比,农业生产的对象都是有生命的有机体,最终产品的形成还要依赖于一定的环境条件,所以,农业生产受到的客观影响较多、不确定性较大。农业生产主要有以下特点:

(一)农业的生产时间与劳动时间不一致

农产品的生产除了人力的劳动付出以外,还要经过生产对象的自然生长过程,这造成了农业生产时间与劳动时间的不一致。劳动时间是指根据农产品生产的实际需要而投入劳动的时间,农业生产的劳动时间主要集中在农产品生长的前期以及后期,因为农产品具有较长的自然生长周期。如对种植业来说,由于劳动时间仅仅是生产时间的一部分,同时劳动的投入时间和投入数量是由错综复杂的自然、经济、技术条件决定的,事先并没有(也不可能有)统一的规定,即劳动者什么时间整地、播种、浇水、施肥、除草、中耕、除虫、收割等,只能根据不同地点、不同作物品种、不同气候、不同技术措施,机动而又灵活地决定。

(二)土地是农业生产最根本的生产资料

农产品的生产受到生产活动所处区位土地品级的影响。土地是植物生长的场所,为其提供养分、水分,是动、植物生长发育的重要环境条件。因此,土地的数量、质量和位置都是农业生产的重要制约因素。另外,不同区域的土地具有不同的气候、水源、土质、肥力、耕作方式、人文特征、制度法规,这决定了农作物的长期生长状况和产出水平。不同的农作物适宜在不同的土壤和气候状况下生长,也就体现了地域性对农业生产的制约作用。

(三)农业生产具有周期性和季节性的特点

由于农业生产的主要劳动对象是有生命的动、植物,而动、植物的生长发育有其生命活动周期。比如,农作物生长发育受热量、水分、光照等自然因素影响,这些自然因素随季节而变化,并有一定的周期,所以农业生产的一切活动都与季节有关,从播种到收割需要按季节顺序安排。同样,捕鱼、造林、畜牧等也有季节性和周

---

① 杨永华. 舒尔茨的《改造传统农业》与中国三农问题[J]. 南京社会科学,2003(9):28-31.

期性。上述情况决定了农业生产中劳动力和其他生产资料利用的季节性、资金支出的不均衡性和产品收获的间断性。农业生产的季节性,一方面表明根据农时安排生产的重要性,另一方面表明农户多种经营和兼业经营的必要性。多种经营和兼业经营不仅可以比较充分地利用剩余劳动力和剩余劳动时间以增加生产,同时也可以用其经营的收入弥补资金支出不均衡和农产品收获间断所造成的收支缺口。

(四)生产经营过程的不确定性大

气候、天气、温度、自然灾害等自然因素都会对农业生产构成较大冲击。因此,农产品的生产相对于工业品,面临更大的风险,这种风险主要来源于自然和市场的双重不确定性。农业的发展离不开自然界,受多种自然因素的影响。农业的自然风险主要表现在气象灾害、病害和虫害三个方面。特别是我国幅员辽阔,地理环境和气候千差万别,自然灾害不仅种类多、频率高、强度大,而且还具有时空分布广、地域组合明显、受损面广、损害严重等特征。在农业生产和农产品销售过程中,由于市场供求失衡、农产品价格波动、经济贸易条件等因素变化、资本市场态势变化等方面的影响,或者由于经营管理不善、信息不对称、市场前景预测偏差等,会导致农户在经济上遭受损失。另外,农业生产的季节性、周期性,生产与销售时间的不一致性,农产品供给弹性、产品差异性较小,农产品易腐、不耐保存等特点,都加大了农业生产的市场风险。

(五)既是生产资料又是生活资料,也是本身的生产资料

农业最基本的功能是为人类生存和发展提供必需的食品、衣物等生活资料。除了提供衣、食等生活用品外,农业还会为农业部门以及非农业部门提供生产原料。在工业化早期,工业一般都是以农产品加工为主,如食品加工业、造纸业、纺织业等要依赖农业提供的大量原材料。农业也需要自身的产品作为生产资料,比如种植业需要种子、牲口等,养殖业需要谷物等作物作为饲料。

三、农业的基础性地位

(一)农业是国民经济的基础

农业是人类的衣食之源、生存之本,也是国民经济的基础。农业是提供人类生存必需品和生产资料的部门,任何社会都需要农业部门提供的基本生活资料特别是食物,同时农业也是支撑国民经济建设与发展的基础产业,国民经济其他部门发展的规模和速度,都要受到农业生产力发展水平和农业劳动生产率高低的制约。因为,这些部门进一步发展所需要的土地和劳动力都是从农业部门转移出来的。可见,没有农业的发展,其他经济部门就不能从农业中完全分离出来;即使能够分离出来,各经济部门的进一步发展也需要农业发展的支撑。

需要注意的是，随着工业、服务业的不断发展以及社会分工的不断深化，农业在国民经济总产值中的比重逐渐下降（见图1—1），但这并不会动摇农业的基础地位，因为农业的基础地位并不能单以产值比重和从业人员数量来衡量。

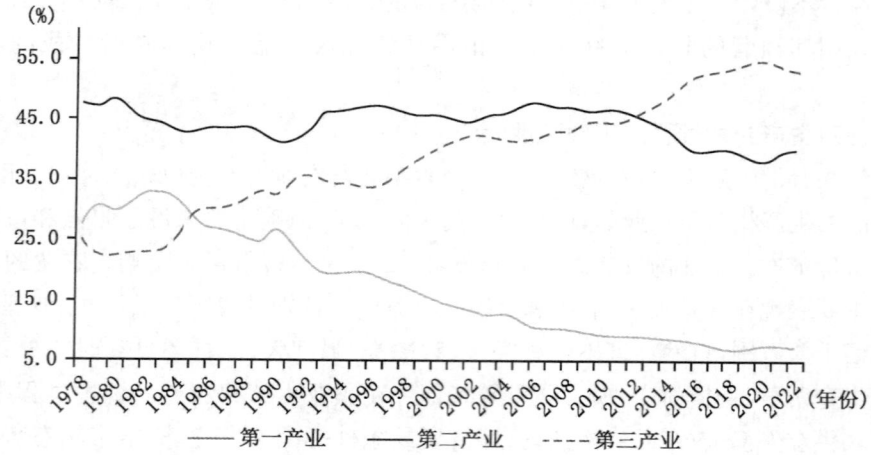

数据来源：2023年《中国统计年鉴》。

图1—1　1978—2022年国内一、二、三产业生产总值占比折线图

农业是我国国民经济的基础，绝大多数人口仍生活在农村，农业的发展直接关系到广大农民生活水平的提高。"现在农村生活条件已有很大改善，但离基本具备现代生活条件的要求还有不小的差距，农村道路、供水、能源、通信等公共基础设施还不健全，厕所、垃圾污水处理、村容村貌等人居环境条件还需持续改善，教育、医疗卫生、养老托幼等基本公共服务水平有待提高。需要紧紧围绕逐步使农村基本具备现代生活条件这一目标，努力实现：农村基本生活设施不断完善。乡村水电路气信和物流等生活基础设施基本配套完备，农村住房建设质量稳步提高，生产生活便利化程度进一步提升。农村基本公共服务公平可及。全民覆盖、普惠共享、城乡一体的基本公共服务体系逐步健全，城乡基本公共服务均等化扎实推进，教育、医疗、养老等公共服务资源县乡村统筹配置、合理布局，农村基本公共服务水平不断提升。农村环境生态宜居。农村人居环境持续改善，卫生厕所进一步普及，生活垃圾和污水得到有效处理，农村生态环境逐步好转，绿色生产生活方式深入人心。"①然而，全面建设社会主义现代化国家，实现中华民族伟大复兴，最艰巨最繁重的任务依然在农村，最广泛最深厚的基础依然在农村。农业不仅是粮食安全的保障，确保国家的基本生活需求，还为大量农村人口提供就业和收入来源。同时，农业为食

---

① 胡春华.建设宜居宜业和美乡村[N].人民日报，2022—11—15.

品加工、纺织、制药和化工等多个工业部门提供原材料,是这些工业部门发展的基础。此外,农业对推动农村经济发展、维护社会稳定和实现城乡协调发展具有重要意义。因此,农业的发展对于保障国民经济的稳定和长远发展至关重要,是全面建成小康社会和社会主义现代化的关键。

(二)农业的作用

农业的发展状况直接影响并左右国民经济发展全局,是工业等其他物质生产部门与一切非物质生产部门存在与发展的必要条件。农业对国民经济的作用可以归结为产品贡献、要素贡献、市场贡献、资本贡献和文化贡献等方面。

1. 增加城市农产品供应

当非农部门逐渐从农业中分离出来,并发展成为手工业、工业以后,城市也随之产生,但只有农业生产率不断提高,生产出超过农民所必需的剩余农产品时,其他生产部门所处的城市才可以获得基本食物保障,从而持续发展。除为非农部门以及城市供应食品外,农业部门还要为其提供生产原料。在工业化早期,工业一般都是以农产品加工为主,因此,工业的发展在很大程度上取决于农业的发展状况,如食品加工业、造纸业、纺织业等要依赖农业提供的大量原材料。虽然化工产业的发展使得化工产品(人造纤维、皮革、橡胶)逐渐替代了一些农产品原料,但是农业为工业所提供的原材料仍占较大比重。

2. 向非农业部门提供剩余劳动力

随着农业生产率的不断提高,原先全部用于生产农产品的劳动力获得了极大释放,农业部门出现了富余劳动力,并逐渐向非农产业部门转移,从而推动非农产业部门的发展。以中国为例,根据《2023年农民工监测调查报告》显示,2023年全国农民工总量29 753万人(见图1—2)。劳动力要素的转移,为非农产业的发展创造了条件。不断转移的农村富余劳动力为非农产业提供了大量廉价劳动力,从而为经济起飞以及资本的原始积累奠定了良好的基础。

3. 为其他部门提供资本

农业可以为工业等其他非农产业的发展积累资金。在工业发展初期,农业依然是社会主要的生产部门,社会财富也主要通过农业生产积累。通过行政力量的强制执行,比如对农业征税或实行工农产品的价格"剪刀差",为国家工业化提供原始资本积累。当工业资本积累达到一定阶段,工业超过农业成为支柱产业后,农业部门的资金仍会继续向非农产业部门转移,这种转移主要通过储蓄和直接投资来实现。

农业还可以通过出口农产品及其加工品为国家赚取外汇,或通过生产进口替代农产品为国家减少外汇支出,从而为国家平衡国际收支做出贡献。对于处于经济发展初期的国家,工业基础薄弱,产品国际市场竞争力差,为了获得国外先进技

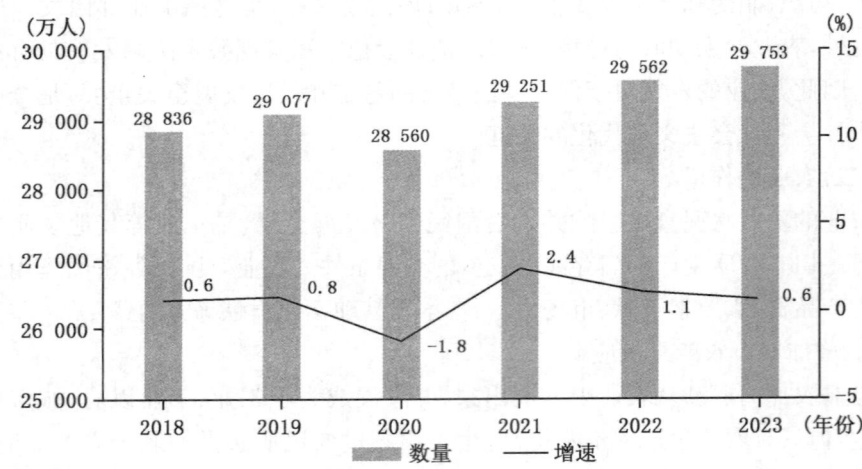

数据来源:《2023年农民工监测调查报告》,https://www.stats.gov.cn/sj/zxfb/202404/t20240430_1948783.html。

图1—2 全国农民工规模及增速

术、机器设备和原材料,必须发挥本国的相对比较优势,依靠农业部门来实现出口创汇。

4. 为其他部门提供产品市场

由于产业分工,农业的市场贡献来源于农业与其他部门的交换,包括农民购买日用品和农业生产资料(工具、服务、知识、化肥)。虽然产业存在分工,但是,基本生活消费需求在城乡之间却是一致的。农民生活所需的服装、家具、家电、日用工业品、耐用消费品等都需要从非农产业购买,从而成为这些产业的目标市场。特别是在工业化初期,农业部门是经济的主要部门,无论是绝对规模还是相对规模都较大,这使得农民成为工业产品的主要消费群体。另外,随着农业现代化的推进,农业对农药、化肥、农膜、机械、电力、能源等工业品的需求日趋增加。

5. 保障国家安全

"五谷者,万民之命,国之重宝。"粮食安全是国家安全的重要组成部分,关系着国计民生。保障国家粮食安全是农业农村现代化的首要任务。从国内看,近年来粮食生产面临资源和环境约束加剧的问题,而我国粮食需求持续刚性增长,居民食物消费结构升级也改变了口粮消费结构。这些增量和变量都需依靠有限的18.65亿亩耕地来完成。从全球看,当今世界处于百年未有之大变局,14亿多人的饭碗如果不能牢牢端在自己手上,很可能会面临买不到、买不起、运不来的问题。因此,充足的粮食和重要农产品供应在应对各种风险挑战、推动经济社会稳定发展中发挥了压舱石的作用。稳定的农业生产体系和高自给自足率能够有效抵御国际市场波动和自然灾害等突发事件对粮食供应的冲击,防范粮食短缺引发的社会动荡和经济危机。

表1—1　　　　　　　　2023年全国粮食生产情况一览表

		数　量	增长情况(与上年相比)	增长率
总产量	粮食	13 908.2亿斤	177.6亿斤	1.3%
	谷物	12 828.6亿斤	163.7亿斤	1.3%
	豆类	476.8亿斤	6.6亿斤	1.4%
播种面积	粮食	17.85亿亩	954.6万亩	0.5%
	谷物	14.99亿亩	986.3万亩	0.7%
	豆类	1.80亿亩	174.3万亩	1.0%
单产	粮食	389.7千克/亩	2.9千克/亩	0.8%
	谷物	427.9千克/亩	2.7千克/亩	0.6%
	豆类	132.5千克/亩	0.6千克/亩	0.4%

数据来源:《国家统计局关于2023年粮食产量数据的公告》,https://mp.weixin.qq.com/s?__biz=MjM5Njg5MjAwMg==&mid=2651581548&idx=1&sn=de7ac2f6b0b3a08e6d8509c0f4b4e10f&scene=0。

6.民族的文化根基

农业文化不仅是继承下来的作为人类共同财富的文化形态,而且是一种经济社会生产方式,充分体现了系统要素之间、人与自然之间和谐的可持续发展理念。在农业文化系统中,人(农民)的参与是十分重要的,可以说,没有农民就没有遗产的存在。在我国,农业文明直至今日,依然深植于人们日常生活的方方面面。我国农耕文化源远流长,已成为中华文明立足传承的根基。中华民族在长期的生息发展中,凭借着独特多样的自然条件和勤劳与智慧,创造了种类繁多、特色鲜明、经济与生态价值高度统一的重要农业文化遗产。这些宝贵的文化遗产是在人类与所处环境长期协同发展中创造并传承至今的、独特的农业生产系统,这些系统具有丰富的农业生物多样性、传统知识与技术体系以及独特的生态文化景观,对于我国农业文化传承、农业可持续发展和农业功能拓展具有重要的科学价值和实践意义,并成为中华民族继往开来的文化根基。

四、农业的生产要素及配置

农业生产要素是在农业生产过程中,为了获得人们需要的各种农产品所必须投入的各种基本要素的总称。农业生产要素主要包括以土地和水为代表的自然资源、农业劳动力、农业资金以及农业科技等。

(一)以土地和水为代表的自然资源

农业自然资源是指人们在农业生产中利用的或可能利用的、存在于地球表层自然系统中的、参与农业生产过程的物质和能量,主要包括土地、水、气候、生物、农用矿物等,是农业生产所依赖的物质性基础。按照在农业生产过程中的作用和角色的不同,农业自然资源可分为两大类:第一类是作为经营对象的生物资源,包括森林资源、草地资源、农作物资源、动物资源、水产资源和遗传资源等;第二类是仅为农用生物提供生存载体或生长环境,其本身没有生命体征及物质生产能力的农业自然资源,比如土地资源、水资源、气候资源等。

自然资源主要以两种形式作用于农业生产:一种是作为动、植物的营养被直接吸收、转化的;另一种是作为辅助动、植物生长发育的环境和载体而存在的。同时,农业的发展也会反向作用于自然资源,一方面,它可以创造良好的自然资源和环境,集约化地利用可以节约的资源,并使土地资源得到休养和修复;另一方面,农业粗放式的发展、通过牺牲环境资源扩大耕地面积等掠夺式行为,会导致森林资源、淡水资源、土地资源甚至空气受到较大程度的破坏。

农业自然资源优化配置包括区域化配置和时间优化配置。农业自然资源区域化配置是由资源的属性和特点决定的,主要包括区域内部主体之间的各种生产活动所需资源的优化配置、区域内部各产业之间的资源优化配置、区域之间资源的优化配置和区域通过参加国际经济活动而实现的资源优化配置。另外,农业自然资源的优化配置还是一个动态化的过程,需要根据资源的动态特征,得出资源在不同时段的最优分布,实现资源动态优化。

(二)农业劳动力

农业劳动力是指从事农业(包括种植业、养殖业、林业、牧业、水产养殖业)生产的劳动者。传统意义上,农业生产者即是农牧民,但随着社会分工逐渐细化以及生产力的发展,农业劳动力将逐渐成为专门的产业劳动者。有关农业劳动力的概念,一般分为两个维度,即数量和质量。农业劳动力的数量,是指社会中符合劳动年龄并有劳动能力的人的数量和不到劳动年龄或已超过劳动年龄但实际参加劳动的人的数量。农业劳动力的质量是指农业劳动力的体力强弱、技术熟练程度和科学、文化水平的高低。农业劳动力的数量和质量因受自然、社会、经济、文化、教育等各种因素的影响而处于不断变化之中。

劳动是一切社会存在和发展的最基本条件。任何社会的一切社会财富,都是人们从事生产活动的结果,是人类劳动与自然界相结合的产物。没有农业劳动,就没有农业的存在与发展,也就没有整个国民经济和社会存在与发展的基础,因此农业劳动是农业乃至整个国民经济和社会存在与发展的基础。农业劳动在农业中的重要作用,还表现在农业劳动具有能动性,即它是农业生产力各要素中唯一具有活力的要素。农业劳动者的劳动能力随着科学技术的发展和对自然、经济规律认识的加深而不断提高,而且正是农业劳动能力的不断提高,才使农业和国民经济得到迅速的发展,自然界为社会提供的物质财富急剧增加。重视劳动力在农业发展中的重要作用,对中国来说具有特别重要的现实意义。中国农业劳动力规模巨大,而劳动力既是重要的生产要素又是消费者,只有充分、合理地利用好农业劳动力资源,才能促进农业更好更快发展,否则就会影响农业甚至整个国民经济的发展。

农业劳动力的配置主要由供给和需求决定。从农业劳动力供给角度来讲,农业劳动力的供给资源主要来自农村人口资源。人口资源的状况主要是由社会、经济、文化和历史传统等综合状况决定的。与城市社会相比,农村社会的综合状况存在着极为鲜明的差异,促使农业劳动力的供给有其自身明显的特点。农业劳动力供给的决定因素,主要有农村人口及其结构、农业劳动的经济收益、农业劳动力的素质等。从农业劳动力需求角度来讲,农业劳动力需求包括对农业劳动力的数量需求和质量需求两个方面。前者是指农业部门维持再生产所必需的农业劳动力数量,后者是指农业部门维持再生产对农业劳动力文化、技能及健康等达到一定素质水平的要求。农业劳动力的需求主要受到农业自然资源的状况、社会人口和经济状况、政府政策等因素的影响。

表1—2　　　　　　　　三次产业就业人员数(年底数)　　　　　　　　单位:万人

年份	就业人员	第一产业从业人员	第二产业从业人员	第三产业从业人员
2012	76 254	25 535	23 226	27 493
2013	76 301	23 838	23 142	29 321
2014	76 349	22 372	23 057	30 920
2015	76 320	21 418	22 644	32 258
2016	76 245	20 908	22 295	33 042
2017	76 058	20 295	21 762	34 001
2018	75 782	19 515	21 356	34 911
2019	75 447	18 652	21 234	35 561
2020	75 064	17 715	21 543	35 806
2021	74 652	17 072	21 712	35 868
2022	73 351	17 663	21 105	34 583

数据来源:2023年《中国统计年鉴》。

(三)农业资金

农业资金有广义和狭义之分。狭义的农业资金是指社会各投资主体投入农业的各种货币资金。广义的农业资金是指国家、个人或社会其他部门投入农业领域的各种货币资金、实物资本和无形资产,以及在农业生产经营过程中形成的各种流动资产、固定资产和其他资产的总和。广义的农业资金实际上就是用于农业生产经营的各种财物和资源的总和,并且总是以一定的货币、财产或其他权利的形式存在。在既定的农业资金条件下,农业生产经营者可以根据技术条件和各种资金要素的相对价格,以成本最小化或利润最大化为目标,选择最优的生产要素和产品组合进行生产。在所有的资金形式中,最重要的是货币资金。在市场经济中,货币资金高流动性的特点可以使其很容易地转化为任何其他形式的资金,因此,货币资金成为农业资金研究的重点。广义的农业资金实际上已经涉及农业管理的全过程,而目前制约农业发展最关键的资金问题是狭义农业资金的投入问题。

  农业资金涉及的范围很广,对农业资金概念的理解必须抓住农业资金的本质特征。农业资金除了具有一般资金的特征(流动性、多功能性、收益性)外,还包括低收益性、外部性、政策性等特征。按农业资金的来源(或投资主体)进行分类,农业资金包括农户资金、农业财政资金、农业信贷资金、企业或其他经济组织投入的农业资金、国外农业资金;按农业资金服务的对象进行分类,农业资金包括农业生产资金、农业产品销售资金、农业基础设施资金、农业科研及推广资金、农业公共服务资金;按农业资金投入领域的性质分类,农业资金包括用于农业私人产品的农业资金、用于农业公共产品的农业资金。

  尽管农业投入带来的回报率甚小,但是如果没有其他的选择机会,机会成本完全就不存在,这就是为什么较之于经济发达地区的农户,越是贫困的地区,其农户农业投资越积极。在劳动力要素层面,由于固有的户籍制度的存在,农户长期被拴在农业产业部门内,伴随着农村经济发展和国家城镇化进程的推进,劳动力要素市场相对流动性提高后,农户面临的就业选择也发生了变化,出现了农业生产与非农生产两个选项。面对不同的选项,农户不同的就业选择带来的机会成本也是不一样的。至今,农村留守老人、留守儿童等的普遍存在,究其原因,在于农户从事农业生产的机会成本较大,所以在工业化进程的中后期阶段,农户更偏好于选择非农就业。由此,对农业生产的资本要素投入则会降低到仅仅维持生活需要的水平。

  因此,为了提高农业资金在农业生产中的配置效率,需要积极引导资金投入农业,实现农业资本的形成和积累,改善和提高农业资本配置效率,加快推进农业产业发展和农村经济增长。为此,需要从以下五个方面着手,搭建一个社会资金投入农业、农业资本优化配置、农业产业均衡发展的系统工程:一是重塑农业产业的市场地位;二是注重政府投资的双重性功能;三是推动农村金融服务功能的回归;四是调动农户投资的意愿;五是构建区域一体化资金投入机制。

(四)农业科技

农业科技,主要是指与农业相关的科学技术。从狩猎到养殖,从采摘野果到种植工作,离不开劳动人民在生产中的探索和研究。今天,农业的进步与发展更需要科技的支撑。农业科技促使农业生产模式不断变化,如由"平面式"向"立体式"发展、由"自然式"向"设施式"发展、由"常规式"向"生态式"发展、由"单向式"向"综合式"发展、由"机械式"向"自动式"发展、由"化学式"向"生物式"发展等。

农业发展离不开农业科技的发展,特别是农业技术创新。狭义上讲,农业技术创新是指农业技术成果的创新和发明;广义上讲,农业技术创新是在农业生产体系中引入新的动、植物品种或生产方法,以实现农业生产要素重新组合和生产效率提高的一系列行为。农业技术创新主要包括农业生产和管理中的新品种或新方法的研究开发、试验、推广、应用和扩散等一系列相关联的技术应用过程。农业技术创新的主体主要包括政府、农民、农业科研机构和高等农业院校、农业科技企业、农业技术推广和服务机构。农业技术创新的特点主要有:技术创新的公共产品特征,技术创新周期长、不确定性大,技术创新的阶段性特征。

农业创新的分类有多重标准:按创新的对象不同,可分为种质创新、产品创新和方法创新;按创新的性质不同,可分为农业硬技术创新、软技术创新和硬软混合技术创新;按创新的方式不同,可分为突变性创新和渐进性创新;按技术创新的阶段不同,可分为科研成果创新、开发成果创新和推广应用创新;按技术创新的动力不同,可分为以经验为基础的创新和以科学理论为依据的创新。

农业技术资源的优化配置是指农业技术资源在各种可能的用途之间做出选择,以获取最佳效率和效益的过程。我国农业技术资源的优化配置,一方面要充分发挥政府、企业两种主体和计划、市场两种配置方式的作用,以实现长短结合和优势互补,防止政府失灵和市场失灵;另一方面要坚持以市场化配置改革取向为基础。对于政府在农业技术配置中的角色,一是要发挥政府在技术资源配置领域的导向和保障作用;二是要依托小城镇和科技园区建设,增强农业技术资源的集聚能力和扩散能力;三是要加快体制改革,构建以刺激农业技术供给与需求为主要内容的双向激励机制;四是要有效利用计划和市场两种手段,合理配置农业技术和人才资源;五是要构建快捷、高效的农业技术风险防范机制。另外,一般来说,采取市场配置方式更有利于农业技术的创新和转移,实现农业技术的市场化配置,需从供给、需求和中介三个方面进行构架。

近些年,物联网、人工智能、大数据分析和机器学习等技术的综合应用使得精准农业成为可能。例如,通过地理信息系统和遥感技术,能够对农田进行精确的监控和管理,实现作物生长的实时数据收集和分析。此外,通过智能农业设备,如自动喷灌系统和无人机,可以根据数据分析结果自动调整灌溉和施肥策略,优化生产过程，减少资源浪费。另外，数字化平台的建设是连接生产与市场的关键纽带。通过建立线上农产品交易和供应链管理平台，农业生产者可以直接接触到终端消费者，缩短供应链，降低流通成本，并通过平台获取市场动态，更好地应对市场需求。例如，区块链技术的应用可以确保食品安全可追溯，增强消费者对农产品品质的信任。

与此同时，新质生产力的发展，尤其是生物技术的进步，也在革新传统农业。基因编辑和合成生物学等技术的发展，不仅提高了作物的抗逆性和产量，还能够帮助作物适应不断变化的环境条件。通过生物技术改良种子，农业生产者能够培育出更符合市场需求和环境友好的农作物。

表1—3 农业科技进步率与机械化指标 单位：%

年份	农业科技进步贡献率	农作物耕种收综合机械率
2012	54.5	57.2
2013	55.2	59.5
2014	55.6	61.6
2015	56.1	63.8
2016	56.7	65.2
2017	57.5	67.2
2018	58.3	69.1
2019	59.2	70.0
2020	60.7	71.3
2021	61.5	72.0
2022	62.4	73.0
2012—2022年变化量	7.9	15.8

数据来源：农业农村部。

但是，农业的数字化转型还需面对诸多挑战，包括数据安全、隐私保护，以及如何平衡技术应用与劳动力市场变动。同时，技术的普及和应用也需考虑到地区间的差异性，确保技术红利能够惠及更广泛的群体。为实现这些目标，需要政府、企业和研究机构之间的协同合作，制定有效的政策支持和技术普及策略。通过创新生产要素及其配置，不仅可以提升农业的生产效率和产品质量，而且能促进农业生态的可持续发展。这一过程中，农业科技创新将成为推动农业持续发展的关键力量。

第二节　农业经济学

一、农业经济及其结构

农业经济是以农业为主,以利用自然力为主,生产不必经过深度加工就可消费的产品或工业原料的经济形式。其范围各国不尽相同,一般包括农业、林业、渔业、畜牧业和采集业。农业经济一直持续了几千年,最初农业经济采用的是原始技术,使用的是犁、锄、刀、斧等手工生产工具和马车、木船等交通运输工具,主要从事农业生产,辅以手工业。在这几千年中,尽管科学技术有所发展、生产工具不断改进,但在工业革命之前,这种生产格局没有改变。随着产业分工的逐渐深化,农业经济作为第一产业,对整个国民经济起到基础性支柱作用。作为一个经济类型,农业经济的结构也在不断演化。

所谓农业经济结构,是指农业经济中诸要素、诸方面的构成情况与数量比例。农业经济结构主要包括农业经济关系结构与农业生产力结构。前者包括经济形式结构和再生产过程中的生产、分配、交换、消费关系结构;后者包括农业部门结构、农业技术结构、农业区域结构等。此外,农业经济结构按集约化程度划分为粗放型结构与密集型结构等;按照商品化程度划分为自给型结构、半自给型结构、商品型结构等。上述各种农业经济结构内部还可细分,如农业区域结构既可分为种植业区、林业区、牧业区、渔业区等经济结构,又可按地貌形态划分为山地、丘陵、高原、平原、盆地等农业经济结构。农业经济结构是一个多类型、多层次的经济网络结构,其形成和发展主要取决于社会生产方式,同时受资源条件、社会需要等因素的制约和影响。

农业产业的可持续发展,需要有一个合理的农业经济结构。在考察农业经济结构时,需要了解农业总产值中农(种植业)、林、牧、副、渔业各生产部门的组成情况,一般用农、林、牧、副、渔各业在农业总产值中的比重来表示。判断农业经济结构是否合理,需要把自然因素和社会因素结合起来,包括:资源是否得到充分合理的利用,经营体制是否适应生产力发展的水平,经济效果如何,产品是否适应社会需要,有关经济政策是否能够促进生产的发展等。具体来讲,合理的农业经济结构须达到以下要求:首先,发挥比较优势。充分、合理地发挥当地自然资源、劳动力、技术等方面的优势,扬长避短,趋利避害。其次,保障粮食安全。使粮食与经济作物,农业与林、牧、副、渔各业互相配合,互相促进,协调发展,形成良性循环。再次,注重经济效益。从宏观经济和微观经济两方面看,都能够取得最佳的经济效果,不能只看产量高低、产值大小,还要考虑土地生产率、投资收益率、劳动生产率等指标。

二、农业经济学定义

农业经济学是运用经济学的基本原理,在土地、劳动力、资金、技术、信息等稀缺资源的约束条件下,研究农产品供给与需求、要素价格与市场、微观组织、宏观政策等内容的部门经济学科。其内容包括农业中生产关系的发展变化、生产力诸要素的合理组织与开发利用的规律及应用等。

在社会主义条件下,农业经济学的研究和应用对于系统阐明社会主义农业制度的发生、发展规律,以便正确地进行农业的社会主义改造和社会主义建设,对于合理利用农业资源和科学技术成果,对于加速发展社会主义农业生产,以及对于加强对农业经济活动的宏观和微观管理等,都具有重要意义。

现代西方的农业经济学主要以美国为代表。俄亥俄州立大学于1899年便开设了"农村经济学"课程。最初的研究主要集中于农场管理,主要学者有泰勒、斯皮尔曼和沃伦等。20世纪20年代,美国农业经济研究颇为活跃,农业经济学者如泰勒、诺尔斯、伊利、约德、卡弗等人各有侧重地分别对农场经营的理论与实务、农产品的价格与运销以及土地经济、农村经济等问题进行了探讨。布莱克的《生产经济学导论》则为农业生产经济学的创立作出了贡献。经过20世纪30年代初世界经济危机的冲击,资本主义国家的政府加强了对农业生产的干预,农业经济学的研究也发生了变化。第二次世界大战后,舒尔茨发表《不稳定经济中的农业》,将农业放在整个国民经济中加以考察,运用新古典学派的经济理论,为政府制定农业政策、解决农业收入低和不稳定等问题提供依据。由于农业专业化、社会化的发展以及"农工商联合企业"等的出现,20世纪50年代以来,西方农业经济学的新发展还表现在更加系统地运用新古典学派的理论与方法,更加系统地应用数学方法包括应用电子计算机来分析、研究农业经济问题;产生了许多新的分支学科,如农工联合企业管理学、农业发展经济学、农业资源经济学和食品经济学等。

目前,农业经济学研究中,有三个比较前沿的领域获得广大学者的关注:第一是持续多年的农业贸易谈判;第二是中国及其他发展中国家的农业改革;第三是资源环境退化与农业的可持续发展。可以说,农业政策问题常常位于国际贸易谈判议程的中心。在关贸总协定回合谈判中,争议最多、谈判最艰苦的领域就是农业政策,当前以美国为主导的TPP(跨太平洋伙伴关系协定)谈判,也将农产品贸易作为重要的谈判内容。同时,农业政策改革一直是各国关注的重点,也是中国经济改革的主要领域,中国成功的农业改革为中国经济的持续增长奠定了基础。因此,在新常态下,如何更好地对农业进行新一轮的改革,促进现代农业发展,推动经济新一轮增长,也是中国农业经济研究的重要内容。另外,农业技术的快速发展,一方面为世界经济和人口的快速增长奠定了基础,另一方面技术进步带来的农业生产集约化和专业化,也极大地影响了农村社会和环境,环境保护与"绿色"关切日益受到公众的关注,并不断凸显在政治议程上,成为具有重大吸引力的农业经济研究新领域。

三、农业经济学的形成和发展

(一)前资本主义的农业经济思想

前资本主义农业经济思想的代表是重农抑商的思想。中国古代农业经济思想可以追溯到远古时代,中国春秋时期,孔子和孟子的著作中已有多处论及农业经营、土地制度和发展农业经济、安定民生的问题。战国初李悝创平籴之法,汉代董仲舒"限民名(占)田,以澹(赡)不足"的主张,以及宋代王安石推行的青苗、均输、市易、免役、农田水利政策等,都是中国奴隶社会、封建社会时期农业经济思想的代表。重农思想是中国古代经济思想中最重要的思想体系之一,在古代历史的发展过程中,"重农抑商"构成了中国古代政府的基本国策。《管子》确立了农本学说的开端,强调农业是人类的衣食之源,是国家积累和财政收入的基础,是国防的物质后备。战国初期,随着新兴地主阶级的崛起,出于巩固政权的目的,地主阶级宣扬重农理论,鼓励人们从事农业生产,以为国家积累财富,重农思想逐步形成。

而西方的农业经济思想至少可以追溯到古希腊和古罗马时代。随着奴隶制生产关系的产生和发展,当时许多思想家在其论著中都曾对农业进行过论述。古希腊思想家色诺芬在公元前400年前后写的《经济论》是古希腊流传至今的第一部经济著作。公元前2世纪到4世纪的600年间,罗马先后出现了4部涉及农业问题的著作。古希腊和古罗马时代的农业经济思想虽然没有形成完整的体系,却是农业经济思想和理论的发展源头。欧洲中世纪的农业经济思想也是强调重农抑商的思想,其代表人物是弗朗斯瓦·魁奈和杜尔阁。欧洲的重农抑商思想无论从文化背景还是思想体系本身,特别是自然秩序学说、《经济表》的思想、重农理论、赋税思想等都与中国传统的重农思想存在相通之处。法国重农学派认为农业供给社会所有生产的原材料,为君主和土地所有者创造收入,给僧侣、劳动者以收入;认为农业创造的是不断地在生产的本源的财富,维持国家各个阶级的运转,给所有其他职业者以活动力,是发展商业、增殖人口、活跃工业进而维持国家繁荣的基础。

农业经济学作为一门科学,是随着资本主义的发展和农业生产的商品化而逐渐形成的。早在18世纪中叶,法国重农主义经济学家魁奈已应用投入产出对照表方法研究农业经济,提出只有土地和农业才是一切超过生产费用的"纯产品"或剩余的唯一源泉,宣扬自由竞争和重农经济学说。

(二)近代资本主义农业经济发展

近代农业经济思想主要产生于英国、法国和德国,主要包括在古典政治经济学之中。在最早出现资本主义农业经营的英国,农业经济学家阿瑟·扬格在其所著的《英格兰及威尔士南部游记》和《法国游记》中,在鼓吹资本主义农业制度的同时,提倡作为近代农业特征之一的诺福克轮作制度,论证了大农业经营的优越性,生产要素配合比例和生产费用、收益的关系等问题,可视为近代西方农业经济学的先驱。与此同时,马歇尔通过农村调查写了题为"农村经济"的报告。19世纪中叶,《皇家委员会报告》中,出现了"农村经济学"和"农业经济学"的名词,似为这一学科名称的始源。1913年,牛津大学成立农业经济研究所,从事农业经济问题的研究。在德国,18世纪中叶,经济学界的官房学派已对作物耕种、农地利用、农事经营等有较具体的研究。泰尔所著的《合理的农业原理》一书首先提出农业经营的目的是获得最大利润,并大力宣传轮作制,以代替三圃制。泰尔的学生屠能的主要著作《孤立国》着重于分析农业经营集约度,创"农业圈"之说,对级差地租理论的贡献尤大,被视为农业配置学的创始人,也是德国农业经营经济学派的奠基者。这一时期,主要有以下几个代表学派:

1. 重商主义

重商主义从商业资本的运动出发,认为金银或货币是财富的唯一形态,一切经济活动的目的就是获取金银,并且认为,除了开采金银矿以外,只有对外贸易才是财富的真正源泉,只有在流通领域中才能得到增加的货币量。因此,重商主义主张,在国家干预下,积极发展对外贸易,遵循多卖少买、多收入少支出的原则,使货币尽可能地流向国内。该学派最具代表性的就是威廉·配第提出的地租理论,把地租的本质归结为剩余劳动的生产物,正确地理解了剩余价值的性质和来源。配第是最早提出级差地租概念的经济学者,认为级差地租是由于土地丰度不同和距离市场远近不同而引起的。配第还提出了土地价格的问题。他认为,土地价格就是预买一定年限的地租,实际上,他已经认识到"土地价值无非是资本化的地租"。

2. 重农主义

以法国布阿吉尔贝尔为代表的重农学派是重商主义的坚决反对者。他反对重商主义的财富观,认为货币并不是财富,而是为便利交换而产生的流通手段,真正的财富是土地的产物。与重商主义的对外贸易是财富源泉的观点相对立,布阿吉尔贝尔强调只有农业才是创造财富的源泉,农业繁荣,则百业兴旺。虽然法国资本主义发展的缓慢和落后,使布阿吉尔贝尔将资产阶级财富的形式局限于土地产品,但他把对经济问题的分析从流通领域转移到生产领域,从而为法国古典政治经济学的创立奠定了基础。布阿吉尔贝尔认为,商业是社会经济发展所必需的,它起互通有无的作用。在商品交换中,各种商品价格必须保持一定比率,他意识到这种比率是由个人劳动时间在各个产业部门的分配决定的,而自由竞争是形成这种正确比率的社会过程。但他又认为,货币破坏按照比率价格进行的交换,是使人民贫困和社会产生罪恶的根源。他承认商品交换的必要性,又把货币看作是交换的扰乱因素,实际上是颂扬没有货币的商品生产和交换,反映了小生产者的观点。

3. 古典政治经济学

古典政治经济学是在价值理论的基础上来研究农业的,从而探讨地租理论、农产品价格理论、生产要素的投入与收益间的关系以及有关农业的各种政策,真正进入了农业经济的理论探讨。李嘉图是古典政治经济学的集大成者,在坚持劳动价值论的前提下,创立了古典政治经济学发展中最完备的地租理论。他把地租看成是利润的派生形式,从而认为利润是剩余价值的唯一形式。在近代资本主义思想中,古典政治经济学家们逐渐开始注意到从生产、交换、分配、消费几个环节来分析社会生产,注意到生产要素的投入与经营收益之间存在一定的关系或规律,即土地报酬递减规律,这既是农业生产的特点,又被用来作为地租理论的基础。

4. 相对独立阶段

相对独立的农业经济理论产生在古典政治经济学的基础之上。其中,英国经济学家阿瑟·扬格被认为是农业经济学的开创者,他在1770年出版了《农业经济学》,比较具体、详细地论述了农业生产要素配合比例、生产费用与经营收益的关系。他认为,资本主义大农场具有比传统小农经济更大的优越性,主张按追求利润的原则来建立大型的、以雇佣农业工人为主的资本主义农场经济。同时,农业经济学在德国也得到了更大程度的发展。其中,贝克曼在1769年出版了《德国农业原理》一书,成为第一本专门为高校撰写的农业教科书,并主张农业改革,分配公有土地,合并分散的耕地地块,消除农民的杂役负担。

(三) 近代资本主义后期的农业经济思想

1. 马克思的劳动价值论

劳动价值论认为商品价值由无差别的一般人类劳动,即抽象劳动所创造。劳动决定价值这一思想最初由劳动经济学家配第提出。亚当·斯密和大卫·李嘉图也对劳动价值论做出了巨大贡献,马克思在继承二者理论科学成分的基础上,用辩证法和历史唯物论从根本上改造了劳动价值论。马克思劳动价值论包括以下内容:抽象劳动创造价值的原理,社会必要劳动时间决定价值量的原理,价值形成过程的原理,价值增值过程的原理,商品价值构成的原理以及价值是商品经济历史范畴的原理等。马克思的劳动价值论对于理解农业报酬有着重要指导意义。另外,马克思和恩格斯在土地国有论和农业计划论、社会主义农业的组织形式和农民身份、农民改造理论、社会主义城乡一体论等方面也有重要的理论创新。

2. 李斯特对农业作用的阐述

德国历史学派的代表人物弗里德里希·李斯特对农业在国民经济中的地位和作用有着非常深刻的论述。他认为,纯农业国是社会历史发展中的一个重要阶段;要使工业发展,需要高度发展的农业;只有建立和发展工业,农业本身才能进一步发展;纯农业国资源利用程度低;纯农业国分工协作发展程度低;纯农业国农业常处于残缺状态;纯农业国贸易常使其处于发达国家的从属地位;纯农业国普遍存在分散、保守、迟钝,缺乏文化、繁荣和自由。

3. 戈尔兹的《农业经营学》

特奥多·冯·戈尔兹曾任耶拿大学、波恩大学等校的教授,在李比希影响下研究农学,曾讲授过农业经营学、土地评价学、农业簿记、农业政策、农业制度、农业史等课程,并于1886年出版了《农业经营学》。戈尔兹力图使农业经营学从李比希影响下的农业化学转回到经济学,深受其影响的是他的两个学生艾瑞保和布林克曼,他们后来都成为著名的农业经营学家。

4. 艾瑞保的《农业经营学概论》和布林克曼的《农业经营经济学》

19世纪末20世纪初,农业经济科学从经济学体系中独立出来。弗里德里希·艾瑞保和特奥多·布林克曼将农业经济学发展成为一个完整的理论体系。艾瑞保所著的《农业经营学概论》发展了农业经营经济学。布林克曼集德国农业经营经济学之大成,在其主要著作《农业经营经济学》中,围绕农业集约化和农业经营制度两大主题,论述了边际收益递减规律、投资收益界限、部门配合理论以及生产规模等问题,还应用动态分析方法,分析了影响农业集约度和农业经营制度变革的各种主要因素,使当时以农业经营经济学派为代表的西方农业经济学在理论和方法上形成一个较为完整的体系,并为当代生产经济学准备了基础。此外,德国还出现了强调发挥农业政策作用的农业政策学派,代表人物有戈尔兹、康拉等。

(四)现代农业经济学

进入20世纪以后,现代农业科学已经形成了一个独立、完整的体系,人们把农业科学研究领域分成四大类:农业生物科学、农业环境科学、农业工程科学和农业经济科学。这四大类可以归为三大研究领域:农业经济、管理科学;农业机械、工程科学;农业生物、环境科学。

如果说农业经济学前期的思想中心在欧洲的英国和德国,那么进入20世纪以后,美国的农业经济学科得到了快速发展,并逐渐成为农业经济学的中心。泰勒的《农业经济学概论》和博伊尔的《农业经济学》都是20世纪20年代运用微观经济学原理研究农业经济问题的重要著作。20世纪50年代以后,农业经济理论进一步深化并建立起比较完善的学科体系。这一阶段的农业经济学研究更加系统地运用了一般经济学的原理和方法去研究农业经济问题,并强化了定量分析,扩大了研究领域。总体来说,现代农业经济学研究涉及农业经济系统的各个方面,已经发展成一个有基础理论和科学方法的比较完整的学科体系,它包括农业经济学(又分为农业生态经济学、农业资源经济学、农业生产经济学、农业发展经济学)、土地利用、农村金融、农村市场学、农业财政、农业会计、农业技术经济学、农场经营管理学、国际农业经济、农产品贸易、农村社会学等。

早期比较具有代表性的现代农业经济学人物有布莱克、海地等。1926年,美国的 J. D. 布莱克(J. D. Black)应用新古典理论,综合农场生产数据统计分析结果,出版了《生产经济学概论》,这是以农业生产经济学命名的第一部著作。1953年,E. O. 海地(E. O. Heady)运用微观经济学和 20 世纪 40 年代统计学、数量经济学的各种新成果,出版了《农业生产经济学与资源利用》,系统引入生产函数和线性规划,使农业生产经济学成熟和完善起来。20 世纪 50 年代以后,农业生产经济学进一步运用数学方法进行定量分析,并出现研究农产品市场与需求、研究生产中的风险与不确定性、研究大范围农业与多层次农业的明显趋向。

四、农业经济学以及现代农业经济学在中国的发展

近代农业经济学约于 20 世纪 20 年代介绍到中国。早期主要是一些经济学家包括不少外国经济学家用西方农业经济学的观点来考察中国农村生活、研究中国农村经济问题,著作有陶孟和的《中国农村生活》、贝克的《农业与中国的将来》、泰勒的《中国农村经济研究》和卜凯的《中国农家经济》等。20 世纪 30 年代以后,农业经济学的研究和讲授先后在"中央"研究院社会科学研究所、中山文化教育馆、南开大学经济研究所以及金陵大学、浙江大学、中央大学等机构中展开,许璇、梁庆椿、吴文辉、章植等先后发表了不少有关农业经济学概论、土地问题、佃农问题等的论著。毛泽东的《中国社会各阶级的分析》《湖南农民运动考察报告》等著作的发表,为应用马克思主义的观点和方法研究中国农村经济问题掀开了新的一页。在中国共产党领导下,有陈翰笙、薛暮桥、孙晓村等为其成员的中国农村经济研究会,对中国农村经济问题进行了调查研究。1949 年中华人民共和国成立以后,早期的研究主要受苏联农业经济学的影响。1980 年以后,由于更多地结合了中国农村经济改革和农业发展的实践,社会主义农业经济学的研究有了新的进展,主要集中在合作社与集体经济的创新、农业技术与现代化、可持续农业发展、农产品市场与贸易、农村社会保障体系和土地制度改革等方面。这些研究不仅提升了农业生产效率和农民生活质量,而且促进了农业经济的绿色转型和可持续发展,为全球农业经济提供了新的思路和借鉴。

第二章

农地制度的变迁

在农业生产中，土地既是劳动资料，又是劳动对象。没有土地就没有农业生产，更没有满足人类所需的大量农产品。在中国历史上，人地矛盾一直是中国农村社会最突出的问题，人地关系紧张和结构性失调造成古代社会周期性争夺农地产权的斗争，形成了农地集中和均田交替进行的历史轨迹，使社会每经过一定时期的稳定与发展后，就要遭受一次重大的冲击。以土地的占有为标志形成的人与人之间种种的权利关系而构成的农地制度已成为人类社会最基本的制度，在很大程度上影响并制约着社会历史的发展进程。20世纪80年代以来，怎样完善与改革农村土地制度引起理论界的关注，时至今日，各种观点仍旧争论不断。因此，从我国实际出发进行农地制度理论与实践的探索是必要的，比较和借鉴其他国家和地区的经验也多有裨益。

第一节 农地制度概述

一、土地制度与农地制度

土地是一种自然资源。经济学上的土地侧重于自然界所赋予的东西，这一点充分体现在英国经济学家马歇尔对土地所下的定义中：土地的含义指的是大自然为了帮助人类，在陆地、海上、空气、光和热各方面所赠予的物质和力量。简言之，土地是能够为人们所利用的陆地地表与地表上下一定空间之和。随后，人们对土地内涵的理解进一步深入，对土地投资所形成的资本也被包括进来，突出了土地的社会性。由此，定义土地为固定于地表并包括地表上一定净空空间和地表以下一定深度，由土地自然物与土地资本物所组成的具有资源、资产、产权三重内涵或属性的自然、经济与社会综合体。在现代社会中，人们对土地的投资越来越多，包含在土地中的价值也越来越大。土地上的建筑物等其他附着物一旦建成就不能移动或是很难移动，也形成了土地价值的一部分。可见，现实的土地已不仅仅是一个单纯的自然综合体了，而是一个由各项自然因素组成并综合了人类劳动成果的自然经济综合体。

那么，什么是农地呢？农地是一个随着社会经济的不断发展而逐渐趋于丰富的概念。一般来讲，农地也就是指农业用地。依据中国有关法律规定，农业用地是指农民集体所有和国家所有依法由农民集体使用的耕地、林地、草地，以及其他一切用于农业的用地。然而，在不同的社会经济条件下，农用土地的含义并不是完全统一的。在近代社会化大生产登上历史舞台之前，农地往往局限于对居民的生活必需品产生根本影响的土地。时至今日，农地的外延不仅包括耕地、牧草地、林地、水域四个大的方面，还包括一切可以用于农业用途的后备土地资源。也就是说，农地和非农地并没有绝对的界限。一方面，现有的农地可能因为社会经济的发展而改变其用途，成为非农地；另一方面，现有的非农用地也可以因为客观条件的变化而成为农业用地。

在讨论农地制度的含义之前，有必要介绍一下土地制度及其相关概念。广义的土地制度是指包括一切土地问题的制度，是人们在一定社会经济条件下，因土地的归属和利用问题而产生的所有土地关系的总称，包括土地所有制度、土地使用制度、土地规划制度、土地保护制度、土地征用制度、土地税收制度和土地管理制度等；狭义的土地制度仅仅指土地所有制度、土地使用制度和土地的国家管理制度。在新中国成立后很长的一段时期内，由于特定的历史原因，在人们的传统观念上，习惯把土地制度理解为狭义的含义。改革开放特别是实行社会主义市场经济以后，人们对我国土地制度含义的理解不断深化和发展。新观点摆脱了旧思想的束缚，在重视土地所有制度、土地使用制度、土地的国家管理制度的同时，增强了新形势下由新土地关系所产生的对新土地制度的关注程度，诸如土地利用制度、土地流转制度、耕地保护制度、土地用途管制制度等。作为一种反映人与人、人与地之间关系的重要制度，土地制度既是一种经济制度，又是一种法权制度，是土地经济关系在法律上的体现，是上层建筑的有机组成部分。其中，土地经济制度是人们在一定的社会制度下，在土地利用关系中形成的土地关系的总和，土地法权制度是人们在土地利用中形成的土地关系的法权体现。土地经济制度是土地法权制度形成的基础，决定土地法权制度；土地法权制度反过来又具有反映、确认、保护和强化土地经济制度的功能。因此，土地经济制度与土地法权制度是同一问题的两个方面，它们通常体现在土地所有权和使用权制度两个方面。

从历史的演变看，农地制度与土地制度的界限划分并不十分清晰，甚至在绝大多数时期两者都合而为一。农地制度，顾名思义，即为规定农业与土地关系的制度，是指在一定的社会经济条件下，在农业生产中，围绕土地问题所产生的各种社会经济关系的总和，是规范人们在农业问题上相互关系的行为规范。"农地制度"

一词来源于英文 land tenure。从字面上理解，land tenure 意为对土地的占有和使用方式。它是一个比地权更广泛的概念，不仅包括地权本身，而且包括地权的交易、实现形式和生产组织等。"农地制度"虽不是 land tenure 的直译，但基本反映了它的内涵。与土地制度的共性一致，农地制度也包括农地的所有制度和使用（经营）制度。地权是农地制度的核心，包括法律所有权、使用权、处置权、剩余权以及这些权利的可靠性等。根据产权经济学理论，地权即土地产权，它是财产权的一种类型。地权实质上是以土地作为客体的各种权利的总和，它包括土地的所有、使用、收益、处分等各种土地权利。地权是一组权利束，它包括自物权和他物权。自物权就是支配权，他物权则包括用益物权（又含役权、耕作权、垦拓权、地上权、租赁权、空间权）、担保物权（含抵押权、典权、质权、留置权）和相邻关系权。在一系列权利束中，最重要的贯穿农地制度变迁始终的就是土地的所有权和使用权。农地制度是农村最基本的经济制度之一，是构成农村市场经济体制的制度基础，农地制度的安排关系到农民的切身利益，是农村其他制度安排的根据和依托。

二、农地制度的性质

在人类社会各种重要的经济制度中，农地制度是最早产生、延续时间最长、具有基础性作用的制度。在原始社会中，生产力水平非常低下，人们只能靠从事采集和渔猎，从大自然中索取食物等生存资料。所以，当时人们的生存基础，并不是人类自己生产出来的，而是大自然的恩赐。由于当时人口稀少，大自然的物资非常丰富，人们的活动往往随着自然条件的变化而迁徙，也就不存在对土地的法定占有及与之相关的土地制度。后来，由于生产力水平的缓慢提高、人口数量的增加，人类从采集活动逐渐向种植业转化，从渔猎活动逐渐向饲养业转化，从而产生了原始的农牧业。由此，人类开始定居，产生了对农地的占有需求，进而形成了人类历史上最早的所有权制度——农地所有制。另外，产业发展的历史也告诉我们，农业是人类历史上最古老、延续时间最长的产业，被称为第一产业。随着社会大分工的不断深化，在农业生产的基础上产生了手工业和商业，但是直到近代，这些原来包含在农业内部的副业，才发展成为第二产业和第三产业，并在产值上超过农业。农业作为人类社会一切产业的基础和母体，其他各种产业制度一般都产生于农地制度之后，是在农地制度的基础上发展起来的。所以，农地制度相对于其他制度有其特殊性质。

第一，土地位置的固定性和土地资源的稀缺性，极易导致对资源的垄断，包括所有权的垄断和经营权的垄断，从而产生绝对地租和级差地租，并由此出现一系列特殊的制度。所以，这也是农地制度中值得高度重视的问题。

第二，农地存在公有财产的性质，往往会出现所有权界限不明确，形成"公地悲剧"。在农地中很容易产生所有权界限不明确，因而造成对资源掠夺性使用而又无人对资源保护负责的问题,这就是所谓的"公地悲剧"。之所以会发生这一现象,是因为在农业生产中,有一部分资源不适宜私人占有,结果没有明确的所有者,即作为一种公共财产而存在。这种公共财产具有两个明显的特点:一是它的使用没有排他性。只要愿意,任何人都可以使用。二是使用这种资源的人数和程度,都是无限的。只要能带来收入,而生产者又愿意去获得,就会无止境地使用下去。很明显,在这种情况下,极易造成对资源的过度利用和资源枯竭。

第三,农业生产的外部性问题。农业生产具有明显的外部性,农业生产好坏不仅关系到农村经济的发展,而且对整个社会经济的发展都有巨大的影响。农业外部性包括正的外部性和负的外部性,其主要有以下四种:(1)农业收益的流失。作为一个特殊的行业,农业本身具有很明显的"收益外部化"。农业的发展在整个国民经济发展中起着基础和决定性的作用,但这种"好处"却难以计量,也就无法提出相应的补偿,于是,收益就发生了"外溢"。在我国,这种收益"外溢"现象突出表现在工农产品价格"剪刀差"上。也就是说,农业被迫成了收益外部化的供体。(2)生态环境及景观功能的无偿提供。生态保持良好的草原、林地、森林、绿洲、湖泊、耕地不仅无偿提供景观,而且对净化空气、保护植被、防止水土流失等都起到了积极作用,社会公众也因此而无偿获益。(3)对其他行业成本外部化的接受。与工业、交通运输业等其他非农产业相比,农业更容易成为成本外部化的受体。如工业等行业对环境的污染,对农业生产的影响最大,但基本上得不到补偿。也就是农业承担了其他行业的成本。(4)对生态环境的成本外部化。这主要体现在农业使用物污染和农业废弃物污染两个方面,对其他行业也有很大的影响。

第四,农地制度在社会生产力和自然生产力的交互作用中发展,既受到经济规律的制约,同时也受到自然规律的制约。比如稻谷生产,一方面是生产者进行的生产活动,另一方面是稻谷本身的生长过程。农业生产就是这种社会再生产和自然再生产的统一,是两种生产力交互作用的过程。因为农业生产是一种有生命的生产,依赖于大自然,通过与大自然进行物质交换转化为农产品。很显然,如果没有生物种子本身的生长、发育和成熟,人类的任何农业生产活动都无法进行。从这个意义上说,自然生产力是农业生产的基础,而农地则是基础的基础。如何依据农业中两种生产力的矛盾统一关系,选择合适的农地制度,是一个极为重要的问题。从这里我们可以看到,农地制度不仅受到经济规律的制约,同时也受到自然规律的制约。所以,农地制度必然具有多重属性,不仅具有阶级属性的内容,而且具有非阶级属性的内容。

三、农地制度的基本内容

(一)农地产权制度

农地制度的核心是农地产权制度。农地产权制度是关于农地资源内含的种种权利设置以及权利的分配、收益和转让的规则,是存在于农地中排他性的完全权利束,它包括农地所有权、农地占有权、农地使用权、农地收益权、农地处置权等。农地产权制度的性质反映了特定的社会关系和农地制度。农地产权制度是产权制度在农地资源上的具体化,是构建在农地上的产权结构和产权关系。农地产权制度产生的根源在于农地资源的稀缺性而引致的高效利用,而基本原因则是农地资源稀缺。人们对农地资源的权利要求,在农地资源丰裕的条件下并不存在,只有当农地资源相对于社会需求变得日益稀缺时,人们对农地专属使用的权利要求才开始出现,对他人的使用施以更多的限制,农地产权制度开始形成。农地产权制度的产生,从个体角度看,是社会成员对稀缺农地资源争夺使用的制度化反映;从经济社会整体视角来看,农地产权制度反映了社会对稀缺资源合理利用的理性安排。

在农地产权制度中,产权的核心是所有权,所有权是一切产权的母权,占有权、使用权、收益权、处分权四种权利,构成了所有权完整的权利束。如果说所有权是一级权利,则占有、使用、收益、处分等权利是二级权利,开发权或出售、租赁、抵押、赠送等权利是三级权利。通常把部分占有权、使用权、收益权与处分权等二级权能的集合称为经营权,经营权的权能范围与深度由所有权加以规定与约束,产权的所有者总是通过这种权能的分离和聚合来不断实现财产的所有权。

一般来说,农地产权制度体系包括以下几项基本权能:农地所有权、农地占有权、农地使用权以及由此衍生出的收益权等。农地所有权是农地所有者在法律规定的范围内自由地占有、使用、收益和处理其农地的权利。它包括三层含义:一是农地所有者可以自由地使用和处理其所有的农地并有权获得收益;二是得到法律的确认和保护;三是权利在法律许可的范围内行使。农地占有权是依法对农地进行实际支配、控制的权利。农地占有权由农地所有权人行使,也可依据法律或农地所有权人的意志由他人行使。也就是说,农地所有权与占有权可以结合也可以分离。占有权从所有权中分离出去,只要所有权人为此取得一定的补偿,或对此限定一定的期限,所有权就不会丧失。农地使用权是依法对农地加以利用并取得收益的权利。农地使用权有广义和狭义之分。狭义的农地使用权是依法对农地的实际使用,与农地占有权、农地收益权和农地处分权是并列关系;广义的农地使用权是独立于农地所有权能之外的含有农地占有权、狭义的农地使用权、部分收益权和不完全处分权的集合。

(二)农地经营管理制度

农地经营制度是关于农地经营(使用)的各种经济关系的总和,主要包括三方面内容:一是农地由谁经营(使用)的问题,即农地的初始配置制度;二是农地的经营规模和农地的集中制度;三是经营的组织形式,即组织制度。在20世纪70年代末80年代初,中国实行的家庭联产承包责任制实际是一种农地经营制度改革。为了打破农业生产上的"大锅饭",实现农地使用的权利、责任和义务三者的有机结合,农村实行了家庭联产承包责任制,即把集体所有并统一经营的农地以农户为单位主要按人均分配承包给农民,从而完成了农地的初始配置。该项制度要求:承包方依法享有承包地使用、收益和土地承包经营权流转的权利,有权自主组织生产经营和处置产品;承包地依法被征用、占用的,承包方有权依法获得相应的补偿;承包方还享有法律、行政法规规定的其他权利,有义务维持土地的农业用途,不得用于非农建设;此外,承包方应依法保护和合理利用土地,不得给土地造成永久性损害以及承担法律、行政法规规定的其他义务。由于这种配置方式适应了中国农业生产力的发展水平,解决了长期以来解决不了的按有效劳动进行分配的难题,真正实现了按劳分配,因而极大地调动了广大农民的生产积极性,使农村经济在改革初期出现了一段超常规高速增长。

(三)农地流转制度

农地流转制度是关于农地权能转移而形成的各种经济关系的总和。农地流转制度主要解决农地资源的再配置问题。在家庭联产承包责任制下,农地资源初始配置是实行平均配置,这是为了体现集体内部的成员对集体土地的权利,因为成员权是平等的,所以其土地的初始配置也只能是平均的。随着经济的发展和时间的推移,很多原先的农业劳动者转入第二、第三产业就业,而专门从事农业劳动的家庭,其土地经营规模又显得非常不足,这就需要通过对农地资源的再配置即农地流转来解决这个矛盾。农地流转制度的核心是建立和完善农地流转市场,以便通过流转市场,实现农地资源的优化配置和农地的适度规模经营。农地流转市场包括农地所有权流转市场和农地使用权流转市场。农地使用权流转市场是土地使用者(承租者或承包者)在承租(包)期限内依法将土地使用权再转让给第三者的交易关系。农地使用权流转市场是农地流转市场的主要市场,在这一市场上的交易要远比农地所有权流转市场的交易多,因此这是一个最重要的市场。农地所有权流转市场是农民集体经济组织依法向国家有偿转让农地所有权或农民集体经济组织之间转让农地所有权的市场。建立和完善符合市场经济规律的农地流转市场是实现农地资源优化配置的重要途径,对于避免农地资源的浪费、提高农地资源的经营效益具有十分重要的意义。

(四)农地保护和管理制度

农地保护制度是关于农地保护的政策、法规、法律的总称。中国的农地资源非常有限,因此,对农地进行有效保护是十分必要的,要建立一套行之有效的农地保护制度,防止农地过快、过分非农化。农地的法律管理制度、经济管理制度和行政管理制度三个部分构成农地管理制度。农地的法律管理制度是指通过立法等对农地关系按照全社会的利益进行管理的法律规定。农地的经济管理制度主要是利用农地税收、农地地租地价和农地金融信贷投入为经济杠杆对农地进行管理的制度。地租、地价和税收是国家宏观调节农地利用的经济杠杆,尤其在市场调节中起着极其重要的作用。它通过调整地租、地价和税率的高低对农地利用的方向、结构、用途进行宏观上的调控。农地的行政管理制度就是通过建立从上至下的各级土地管理组织机构,进行一切有关土地法律制度、经济制度的贯彻与执行等。土地管理机构分为国家管理机构、地区区域土地管理机构、基层土地管理机构。这三个机构按照不同的权限和责任对土地资源进行行政管理。总之,农地管理制度是以法律管理为中心、以经济管理为手段、以行政管理为组织的有机统一体,三者的有机结合就构成了农地管理制度的基本内容。

第二节 农地制度基本理论

一、近现代西方学者的相关理论

近现代西方资产阶级的土地制度理论主要包括自然律的土地公有论、地租公有论、华伦斯的土地国有论和土地私有限制论等。

自然律的土地公有论的代表人物主要有英国的托马斯·斯宾士(Thomas Spence)、威廉·阿纪维(William Ogievie)和托马斯·佩恩(Thomas Paine),他们主张废除土地私有制,实行土地公有制。斯宾士认为,土地及地上的一切自然物应属于全体居住者所有,任何人都有自由利用土地的权利,这是自然律所规定的。阿纪维则将土地的价值分为三部分,即自然的原始价值、人类改良后增加的价值和将来改良可能获得的价值,前两部分归社会公有,属于地主私有的只限于他投资改良土地增加的价值。他建议逐步改革土地制度,先限制地租、延长租期,继而将土地平均分配。佩恩认为,自然律未规定任何人有土地所有权,土地私有是违背自然律的。

地租公有论的代表人物主要有约翰·S. 穆勒(John S. Mill)和亨利·乔治(Henry George)。穆勒虽然对土地私有进行批判,但却并不主张废除土地私有制,只提出地租的自然增加部分归国家所有,他认为不仅要维护在土地上进行投资的资本家的利益,而且还要保护地主的既得利益,只不过是使资产阶级国家从地主阶级手中多征收一些税款而已。亨利·乔治在对土地私有制的历史进行研究后认为,在所有人最初的直觉中,他们全部承认土地公有制,而土地私有制出自暴力和欺骗。他主张土地公有化,认为土地升值是来自周围社会的改进,因此,地租也应该社会化。他的方法是通过市场的竞标把使用权拍卖出去,将地租的收益用于发展社会。他们虽然看到土地私有存在不合理之处,但并不主张将地权收归国有,而只是主张国家以税收方式参与地租的分配,因此其理论为"地租公有论"。孙中山提出的"平均地权"思想正是在他们的启发下产生的。

华伦斯的土地国有论主张国家收回一切土地上的固有价值,使国家成为土地的最高主人,并强制地主出售佃户权给实际耕作的农民,使农民成为国家的佃户,佃户权可长期拥有,并可继承,但当佃户不再利用该地时,则须将佃户权售出。

土地私有限制论以土地私有为前提,但主张对私人占有土地的数量及其利益进行限制:一是主张"耕者有其田",反对大土地占有制;二是发展和改进租佃制度,实行企业化经营。

近代以来的土地制度理论虽然或多或少看到了社会中存在的弊端,并提出了相应的改革主张,但是他们都是站在资产阶级的立场上,维护这一集团利益的,因此具有较强的局限性。尽管私有限制论仍以维护私有制为目的,但对土地私有权的限制削弱了土地所有权,促进了土地的合理流动,因此具有一定的进步意义。

二、马克思主义的相关理论

土地的用途决定了土地必定为人们生活所需,但土地又是稀缺的,因此,社会上需要有相应的土地产权制度。马克思认为,现代土地产权制度的产生正是由于土地的稀缺性,土地所有权的前提是,一些人垄断一定量的土地并把它作为排斥一切人的、只服从自己个人意志的领域,他认为土地所有权是人们的社会关系在土地问题上的表现,是一个社会历史范畴。

马克思对资本主义土地私有制与地租的内在联系和形成过程进行了概括,他指出,一定的人们对土地、矿山、水域等的私有权使他们能够攫取、拦截和扣留在这个特殊生产领域即这个特殊投资领域的商品中包含的剩余价值超过平均利润的余额,并且阻碍这个余额进行形成一般利润率的总过程,在这一过程中,土地所有者凭借对土地的所有权而强行攫取、拦截和扣留的剩余价值超过平均利润的部分就是绝对地租。马克思和恩格斯主张土地公有,他们在《共产党宣言》中明确指出:"剥夺地产,把地租用于国家支出。"他们认为,土地的公有应该是由现代的人和未来的人共同所有,任何的土地私有权甚至是土地所有权都是不合理的。恩格斯认为,无产阶级在夺取政权后,对土地私有制进行社会主义改造时,要对实行不同土地制度的国家采取不同的改造方式。在大土地所有者占绝对优势的地区,要实行土地国有化;在小农占优势的地区,应组织农民将小块土地联合起来形成合作社,在合作社内共同经营。对于大土地占有者,应予以剥夺或者是根据情况采取赎买的政策。列宁认为,在无产阶级革命条件下,土地国有化是由建立无产阶级专政这一任务派生出来的,它是消灭私有制的组成部分。

虽然马克思主义土地理论与某些资产阶级思想家的土地理论一样都主张土地

公有,但是二者之间存在着本质上的区别。马克思主义是从生产力与生产关系相互作用的角度来分析土地制度变化的,认为土地制度是一个社会历史范畴,随着生产力的不断发展,以公有制为基础的社会主义制度一定会取代以私有制为基础的资本主义制度。而在这一过程中,土地作为一种生产资料也将与其他生产资料一样实行公有化。资产阶级思想家认为的土地公有则是从土地的自然属性出发,单纯地将土地归于自然之物,故应归于全体。

三、近代以来中国的相关理论

太平天国运动的领导人颁布的天朝田亩制度,想要实现"有田同耕、有饭同食、有衣同穿、有钱同使、无处不均匀、无人不饱暖"。从内容上看,天朝田亩制度是要废除封建的土地所有制,将土地实现公有或者国家所有,然后按照人口将土地平均分配给广大农民使用,是一个平均分配土地的方法。它不同于之前出现的只将土地中闲置部分分给农民的均田制,而以一个绝对平均的方式对土地进行划分,可以说,天朝田亩制度在当时具有一定的进步性,但它并不符合当时的历史条件,是一种根本无法实现的幻想。

梁启超主张实行土地有限国有。他在《饮冰室文集之十八·驳某报之土地国有论》一文中指出,土地应该分为邑地和野地,前者指的是城市土地,后者指的便是除城市土地之外的土地。梁启超认为,邑地(包括铁路沿线及具有独占性质的森林、矿山等的土地)应收归国有,本部新垦及淤增土地应归国有,地广人稀之边疆未经垦辟之自由地应归国有。至于广大农村野地、有主地不应归国有,特别不应将耕农的土地收归国有。梁启超认为,"善谋国者,一面当保护小农,全其独立;一面仍当奖励大农,助其进步"。由此可见,梁启超所主张的土地制度实际上是资本主义的土地制度,他要求摒弃过去的那种封建土地所有制,代之以资本主义的土地私有制,实质是对封建土地所有制的否定。

章太炎在《訄书》"定版籍第四十二"一文中提出了自己对土地的见解,他认为改善农民处境的根本出路在于田制改革,要求实现均田。他认为,"田不均,虽衰定赋税,民不乐其生,终之发难,有餙廥而不足以养民也",提出应该根据不同的土质确定不同的税率,并以此作为均田的前提和方法。章太炎的土地思想是以农民的利益为出发点思考问题的,其理论与古之均田制已经有了很大的改变,实质是要改变封建土地的占有关系。

"三民主义"是孙中山先生民主革命思想的集中概括。1905年11月,孙中山在《民报发刊词》中,将同盟会的十六字政治纲领归结为"民族、民权、民生"三大主义,简称"三民主义"。其中,"民生主义"的内容是平均地权,其核心是解决土地问题。但"民生主义"的土地纲领不够彻底,不是从根本上废除封建土地所有制,而是采取改良的办法,即核定地价,由资产阶级向地主收买土地。"民生主义"的土地纲领没有与农民的土地要求联系起来,没有充分发动农民群众从政治上推翻地主阶级,因此缺乏可操作性,显得空洞而抽象。孙中山平均地权的思想主要着眼于"土地涨价归公",而缺少使农民真正实现"耕者有其田"的实际内容,没有满足广大农民最迫切的土地要求。晚年,孙中山在"十月革命"的影响下和共产党的帮助下提出了"耕者有其田"的主张,是其在土地理论上的重大飞跃。

四、中国共产党的农地制度思想

中国共产党深刻认识到中国封建土地产权制度严重束缚着农村生产力的发展,只有彻底废除封建土地所有制,才能解放生产力,中国农民才有出路。中国共产党始终把解决土地问题视为中国革命和建设的重大问题,遵循着促进农业发展、保障农民生存需要的原则,不断探索适合国情的农地政策,解放和发展了农业生产力,逐渐形成了具有中国特色的农地政策思想。

民主革命时期,中国共产党认为将土地收归社会共有、社会共用、平均分配一切土地是彻底消灭封建剥削的办法。这一时期,党的土地制度的宗旨是要实现"耕地农有"政策。《中华苏维埃共和国土地法令》体现了党在土地革命战争时期的农地政策思想,指出土地没收范围由一切土地到地主豪绅、军阀官僚、大私有主、富农土地等的转变,规定土地分配实行最有利于贫农、中农的原则。尽管该法令在实践中出现过绝对平分、分配农作物等现象,未能充分保障农民的土地使用权,但在当时的历史背景下,基本实现了调动农民革命积极性的目的。

抗战期间,根据当时的历史情况,中国共产党把"减租减息"作为解决农民土地问题的基本政策,为了争取国民党和地主阶级抗日,将"耕者有其田"的政策向"减租减息"转变,并实行大规模的土改运动。共产党认为,要保护封建剥削以外的私有财产,一方面应该规定地主实行减租减息,方能发动基层农民群众的抗日积极性;另一方面规定农民交租交息,土地所有权和财产所有权仍属于地主。《中华人民共和国土地改革法》在继续实行土地农有的原则下,强化了保护和发展农业生产力的农地政策目的,这场全国性的土地改革不仅是一场政治运动,同时也是生产关系领域的伟大革命。土地改革以后,广大农民变成了"耕者有其田"的自耕农,但并没有消灭农村土地的私有制,农村经济体制是农民小块土地的私有制和实行自由调节下的农业家庭经营体制。实行土地改革以后,如何防止土地兼并,防止大多数农民最后因失去土地而破产现象的发生成为农地政策必须面对的新问题,基于这一考虑,中国共产党决定开展农地互助合作。

在农业社会主义改造时期,党中央高度赞扬了农民的劳动互助积极性,认为农业集体劳动的"发展前途就是农业集体化或社会主义化",赋予农业集体劳动组织能使农业增产、农民增收,提供商品粮和工业原料,有利于工业化发展的重大作用。在这一认识下,共产党推进了农地政策由农民所有、个体经营到集体所有、集体经营的转变,建立了土地集体所有、统一经营的政策体系,并以传统社会主义模式为目标,提出了逐渐减低以至最后取消合作组织中的生产资料报酬,使农民逐渐抛弃土地私有观念的改造路径,创造了从互助组经初级社到高级社的改造形式,以此来实现农地规模经营,解决农民贫富分化的问题,为工业化提供多方面的支持。

党的十一届三中全会以后,我国农村经济体制改革发展进入了新时期。随着包产到户生产责任制在全国的不断推广,集体统一经营和家庭分散经营相结合的双层经营体制经历了建立、稳定、完善和不断创新的过程。在这一阶段,我国农地制度的特点是,在保证农地集体所有的前提下,稳定和完善双层经营体制,尤其是稳定家庭承包制下农户对土地的承包经营权。农村土地集体所有制的基本形式并没有发生变化,只是承包制在具体形式和具体规定上为适应变化着的社会环境而产生不断变革。

第三节 国外农地制度的发展历程

一、英国的农地制度及其变迁

英国的圈地运动是世界土地制度变革史上最具有代表性的事件之一,通过对土地的强制性剥夺,圈地运动一方面使得大量的失地农民流离失所,为资本主义产业发展提供了劳动力;另一方面在一定程度上满足了英国资本主义产业发展对农地的要求。通过建立资本主义大农场,英国成功地发展成为资本主义强国。中世纪的英国土地制度是庄园制,一块土地可能是几个不同人的财产:农民、其采邑的领主、国王。但在采邑法庭,只有农民与地主之间就这一块土地存在权利问题,采邑法庭才对这块土地具有司法管辖权,庄园制下的英国土地制度存在着土地产权的残缺性。14世纪,伴随着"黑死病"的出现,农奴制加剧解体。15世纪手工毛纺织业的兴起引发了人们对羊毛的大量需求,从而直接促进了养羊产业的兴盛,但牧羊是一种粗放式的土地利用方式,需要的土地量大,进而导致了圈地运动的爆发。大地主们纷纷向佃农收回自己的耕地,转而将零碎分散的耕地改造成为成片的牧场以促进牧羊业的发展,圈地运动由此开始。发展到18世纪,国家专门制定了圈地法,通过收买小农场土地,使土地集零为整,同时开垦荒地,进一步扩大牧场面积。圈地运动一直延续到19世纪末,其结果是使英国变成了一个土地私有制下的租地大农耕体制。

圈地运动是生产力发展的结果,随着当时工业的发展,农产品的市场得以扩大,进而对农业技术的进步也提出了更高的要求,因此需要明确界定土地的产权,以便为技术进步奠定基础。圈地运动使英国走上了资本主义道路,对公共土地的圈围使得原来公共土地上自由、粗放的利用模式转变为集约化经营的大牧场,为工业的发展提供了充分的原料,英国也由此建立起了资本主义的土地产权制度。圈地运动这一以强制性的剥夺为特点的农业发展方式被称为"英国模式",其特点是消灭了农民小土地私有制,改为由农业资本家租佃大土地所有者的土地并雇佣农业工人进行生产耕作的方式。"英国模式"在建立后的很长一段时间内处于比较稳定的发展状态,只是在第二次世界大战之后出现了明显的变化。一是农地所有权结构出现新变化,第二次世界大战之前,英国的土地制度是农业资产阶级向大土地所有者租佃土地并雇佣农业工人耕作的模式,但是在第二次世界大战后,自营农场的比重开始上升,租佃土地的比重出现下降;二是地主的地位下降,农场主的地位上升,即农地所有权的地位下降而使用权的地位上升;三是政府加大了对农场的扶持力度,农场的规模不断得到扩大。

英国作为一个君主立宪制的国家,从法律上来看,英国王室或国家拥有全部土地的所有权,是唯一的土地所有人,个人、企业、机构和社会团体拥有的仅是土地的使用权。英国土地虽然在法律上完全归英国王室或国家所有,但拥有土地权益(包括无继承条件的土地产业权、限定继承的土地产业权、终身保有的土地产业权三种权利)的土地持有人是土地的实际所有者,他们在法律认可的范围内拥有自主利用和处分土地的权利,这类人通常被称为地主。在英国,土地的卖方不必证明自己是土地的绝对所有人,而只需证明持有人可以长期、合法地占有土地即可。这种土地买卖与西方多数国家的土地买卖并无实际的差别。

二、美国的农地制度及其变迁

美国模式是农业中资本主义关系建立和发展的另一种类型。美国是在英国殖民地的基础上由外来移民建立起来的国家,是一个没有封建历史的国家。欧洲殖民者只是将封建关系的某些因素移植了过来,因此,美国并不存在改革封建土地制度的任务。独立战争的胜利消除了美国国内的封建因素,从而为美国资本主义生产方式的确立和发展开辟了道路,美国农业走上了列宁称之为"美国式"的农业发展道路。美国在1776年独立时的疆土只限于大西洋的狭长地带,独立后向西部扩张领土,到南北战争时期已经扩展到太平洋沿岸。广大的西部土地吸引了大量的外来移民,政府颁布了一系列的法令使得移民有可能获得土地,小农场主的农业经营在西部得到了广泛的发展。建立在私有制基础上的农民经济是不稳定的,小商品生产本身具有资本主义倾向。随着美国交通运输业的发展和城市人口的增加,对农产品提出了日益增长的需求,农民的生产很快被卷入资本主义市场,农民阶级的分化加速了。在美国西部的土地上,一方面是小农经济普遍建立,同时它又在不断地分化,富裕农民逐渐发展为资本主义农场主,19世纪前半期农业中已开始有资本主义关系的发展。随后,大农场的竞争,工商业资本家在农产品收购和加工方面的盘剥,银行家的贷款利息剥削,铁路公司的高额运费,以及工农业产品价格剪刀差等,使农民更加急剧分化。自19世纪80年代起,无论在旧有各州还是西部,农民的阶级分化都极为显著。到1910年,农业中资本主义的租佃制、抵押制和雇佣劳动制都已广泛发展。使用雇佣工人的农户已在全部农户中占46%。占全部农户17.2%的资本主义大农场,生产了全国农产品总产值的52.3%。农业中的资本主义关系,循着农民分化的道路迅速发展起来,成为农业中占统治地位的形式。小农经济的两极分化使得农民小土地私有制演变为资本主义大土地私有制,小农经营的模式也逐渐演变成农场主雇佣工人进行经营的大农场经营模式,从而在农业中确立了资本主义制度,形成了美国农地经营制度的新格局。

三、法国的农地制度及其变迁

法国是一个有着传统小农经济结构、土地分散且人地矛盾突出的国家,法国农地制度的改革与演变都是围绕着这些矛盾而展开的。1789年法国大革命前,法国还处于封建领地制时期,社会阶层之间等级制度森严,农业土地的占有极不平等。仅占总人数2%的教士和贵族拥有35%的土地,而差不多占人口总数98%的人口仅拥有65%的土地。农民负担沉重,要缴纳地租、耕地税、人头税等名目繁多的租税。大革命前夕,租税占到全国总收入的75%。18世纪后期,随着法国对外贸易的开展,封建领土制逐渐发生了变化,封建领主不断侵夺农村土地,进行圈地和驱逐佃农的活动,建立英国式的资本主义农场。直到产业革命前,法国的小农土地私有制并没有发生本质上的改变,也没有产生像英国那样的资本主义大农场,但要求改变封建土地所有制已经成为资产阶级和广大农民最迫切的政治诉求。1789年,法国资产阶级大革命的爆发彻底摧毁了旧的封建土地关系,执政党派通过拍卖等手段将国王和教会的土地分给农民,在农业中建立了以小块私有土地为基础的小农经济。从这一角度来看,法国大革命是资产阶级革命的典型代表,它较为彻底地消灭了封建土地制度。然而,革命后的法国农村高利贷活动猖獗,为了长期盘剥小农,高利贷者总是想方设法将小农长期捆绑束缚在小块土地上,这就在一定程度上延缓了小农与土地的分离过程,使小土地私有制得以长期存在,农村土地的占有长期分散化。零碎分散的小农经济阻碍了法国农业生产力的发展。为解决这一问题,法国政府对土地继承制进行了改革,以保证土地不再细碎化,以及采取支持中等规模的农场发展、促进小规模农场转移、稳定大农场等措施。

大革命所推行的农地制度改革使农民拥有了属于自己的土地,对当时的农业发展产生了较大的推动作用。但是,随着经济发展,土地小规模经营的状况又反过来影响了法国的工业化和城市化进程。进入20世纪初期,法国的土地集中化取得了一定进展,但是农场经营规模与生产力发展水平相比还是较小,更不能与美国、英国和德国的大型资本主义农场相比。到1958年,法国的206.12万农场中,农用土地面积在10公顷以下的有117.30万个,占农场总数的56.9%。法国政府高度认识到扩大土地经营规模的重要性,并采取了一系列措施来扩大农地的经营规模。例如,规定子女继承土地不允许平分,只能由一人继承等。在一系列国家干预政策的引导和鼓励下,从20世纪60年代起,法国的农地规模化经营政策开始显示作用,其农场的数量逐步减少,而农场的土地规模逐步扩大。农场的数量从1958年的206.12万个降到1970年的155.2万个,到1985年又降到92.4万个,1997年进一步降到67.98万个;农场平均规模从1958年的16.5公顷增加到1970年的21公顷,到1985年的30.5公顷,再到1997年的41.7公顷。1958—1997年的39年间,农场数减少了66%,平均土地规模增加了152.7%。

四、日本的农地制度及其变迁

日本在明治维新后走上了资本主义道路,但土地制度仍以地主制和租佃制为主,封建色彩浓厚。广大农民无地或者少地被迫成为佃农,地主利用对土地的占有权收取高额地租。第二次世界大战期间,日本农业严重衰退,国内阶级矛盾重重。为此,日本政府从1946年开始,在全国范围内进行农地制度改革。改革的目的是废除半封建的农地制度,主要包括以下两个阶段:

第一阶段是从1946年的"农地改革"开始直到1970年5月第二次修改农地法,这一阶段改革的目的是建立自耕农体制和改善租佃关系,实现"耕者有其田"。建立自耕农体制就是将土地转移到实际耕作者手中,建立农民土地所有制;改善租佃关系则是明确限定农地地租和租佃期限,保障佃耕权,改善租佃条件以扶持自耕农。1946年日本国会通过了对《土地调整法》(1938年制定)的修改和《建立自耕农特别措施法》,这两项法律是日本农地改革的法律基础,通过国家强制收买地主的土地,按照国家统一的价格再次出售给佃农耕作,从而实现了土地所有权的再分配,创立了日本的自耕农制度。在这一阶段,日本农地政策和法律保护的重点是耕作者的利益,保证土地为农民所有。1952年日本制定《土地法》,将上述规定用法律形式巩固下来,从此形成了日本以小规模家庭经营为特征的农业经营方式。这一阶段的改革缓和了农村的阶级对立,使资本主义制度得以稳定,佃农自耕农化改善了农户的经济状况,农民阶层的小资产阶级意识大为增强。赋税的减轻提高了农民的生产积极性,增加了对农业的投入,大大提升了日本农业的现代化水平。但《土地法》实行耕作者主义原则,严格限定农地所有权的获得资格,禁止农地的租赁、买卖,农地产权被严格限制在实际耕作者手中。这样的农地产权制度安排虽在战后经济的恢复时期有助于农村经济迅速恢复和发展,但客观上也限制了土地权利的自由流动,限制了规模经营的扩大,从而阻碍了农业投资的增加和技术进步,进而阻碍农业劳动生产率的提高。

第二阶段是从1970年《土地法》第二次修改至今,这一阶段日本经历了战后经济的高速增长,工业化、城市化发展的同时也占用了大量的农村土地,使农地总面积不断减少。同时,经济的高速发展也创造了大量的非农就业机会,农民兼业化的现象十分普遍。在这样的背景下,日本的农地政策发生了变化,突破了农地占有和使用方面的限制,以土地利用权限的转移为中心内容,鼓励土地的租借和流转。其目标是要改变小农经济,使土地向有能力的农民手中转移和集中,扩大农户的经营规模,改善农地的规模结构和经营结构。20世纪70年代开始,政府连续出台了几个有关农地改革与调整的法律法规,鼓励农田的租赁和作业委托等形式的协作生产,以避开土地集中的困难和分散的土地占有给农业发展带来的障碍。1970年修改的《土地法》解除了对农户拥有土地面积、买卖土地的种种限制,允许农地产权通过市场进行租赁、买卖;1975年启动了农地利用增进事业,农地转让部分地走向了市场化;1980年制定了《农地利用增进事业法》,设置了专门的机构组织管理农地产权的租赁、买卖,使出租农地的农户能够放心地出租农地。这些政策实施促进了农村经济的发展和农地的有效利用,从制度上促进了农地的合作利用,取得了相当的成效。

第四节　中国农地制度的变迁

一、古代社会的演变情况

(一)原始社会时期

最早的农地制度是原始社会的土地公有制,伴随着生产力的发展及人们对土地重要性的认识,产生了最初集体对土地排他性的独占观念,逐步形成了原始社会土地部落共有制。原始社会中,氏族公社和氏族成员家庭是土地经营活动的主体,土地制度的运行格局可以概括为四个方面:一是土地产权制度,土地的所有者是氏族公社,公社成员共同占有土地;二是土地经营制度,在原始社会的土地共有制中,共有共耕和共有私耕共存,前者是共同劳动、统一耕作,后者是分散劳动、家庭耕作;三是土地配置制度,土地在氏族公社或氏族成员家庭内部配置,该配置具有粗放性、分散性和规模小的特点;四是土地收益实行平均分配、成果共享。

(二)奴隶社会时期

奴隶社会时期的土地制度有以下三点特征：第一，奴隶社会的农村土地产权制度是国王"王有"的土地国有制。国王拥有土地的所有权，但是国王除了留下一部分土地归自己直接占有与支配以外，其余的土地与奴隶一起层层分封给各级贵族，但是贵族只有使用权，而不具有所有权，这种可以世代继承的使用权使土地和奴隶成为贵族的私有财产。第二，奴隶社会的农村土地实行井田制经营。井田制将一定范围内的土地按照"井"字形划分为若干等量的方块进行分配使用。在井田制经营下，土地分配实现平均化，土地的占有权与所有权相分离，为私有化创造了条件。第三，奴隶社会在井田制下的土地收益分配主要表现为"助耕公田"。农民在公田上为奴隶主贵族进行集体劳动，公田上的劳动产品以劳役地租的形式被奴隶主无偿占有。

(三)封建社会时期

封建社会的土地制度有三大特征：一是农村土地产权制度形成了以地主土地所有制为主导的多元化结构。在我国封建社会存在着三种土地所有制形式，即封建国家土地所有制、地主土地私有制和自耕农土地小私有制。其中，地主土地私有制是封建社会土地所有制的主体。经营模式有租佃经营、雇工经营、地主庄园经营、屯田经营以及自耕农经营等多种形式，其中封建的租佃经营和自耕农经营占主导地位。二是封建社会的农村土地买卖、租赁、兼并、转让、抵押等流转活动普遍。在封建社会，土地很早就被认为是可以投入流通的商品，土地的所有权不固定，一旦通过货币购买土地，就可以成为地主。三是推行永佃制。在永佃制下，佃农享受永佃权，可以永久地租种土地。即使是地主将土地转让、出让给他人，也不得任意更换佃农。永佃制的形成与发展表明佃农个体经济的发展以及封建人身依附关系的进一步松弛，对农业生产效率的提高起到了积极的推动作用。

二、近现代农地制度

近代中国经历了鸦片战争以及后来的帝国主义国家的长期入侵，整个国家处于相对动荡的状态。由于缺乏稳定和强有力的中央政府，国家的政治、经济和文化方面的制度建设尤其是社会生产力发展停滞不前。农地制度作为关乎国计民生的重要问题，是任何政治势力都不能忽视的，土地制度的改革也成为革命的主要内容之一。近代中国几次重大的土地改革都具有很大的政治影响力，从根本上推翻了封建土地所有制，建立了农民土地所有制，从而推动了整个社会的进步。

(一)太平天国时期的土地绝对平均分配

19世纪50年代，洪秀全领导的太平天国运动在广西爆发并快速向全国蔓延。这个以农民为主体的运动怀着"土地平均分配"的憧憬掀起了中国近代史上第一次农民革命的高潮。这场运动波及全国 17 个省，历时 14 年，建立了农民政权，重创了清朝封建统治。太平天国起义旗帜鲜明，土地平等是其第一诉求，制定的《天朝田亩制度》成为运动的纲领性文件，具有很强的号召力。《天朝田亩制度》根据"凡天下田，天下人同耕"的原则，把每亩土地按每年产量的多少分为上、中、下三级九等，好田与坏田互相搭配，好坏各一半，按人口平均分配。凡 16 岁以上的男女每人得到一份同等数量的土地，15 岁以下的减半。同时，还提出"丰荒相通、以丰赈荒"的调剂办法。

《天朝田亩制度》提出了对土地的平均分配方案，是对封建土地所有制的彻底否定，在当时的历史条件下具有充分的革命性，为消灭封建地主的土地所有制、促进资本主义萌芽的发展做出了巨大的贡献。《天朝田亩制度》把斗争的矛头直接指向封建地主阶级，把改变封建土地占有关系作为革命目标。其运动纲领中简洁明了的口号性规定激发了广大无地农民对土地的渴求，唤起了成千上万饱受压迫的农民群众的斗争精神，成为聚集民众踊跃参加太平天国运动登高一呼的动员令。然而，由于广大农民长期被束缚在自给自足的自然经济中，太平天国的平均主义与起义军小农经济的惯性思维严重脱节，《天朝田亩制度》中描绘的美好蓝图自然也就变成了奇思妙想，再加上后来作战战略的失败和起义军政权制度的缺陷，导致了整个运动的失败。

(二) 辛亥革命时期的土地国有、平均地权

1911 年 10 月 10 日辛亥革命以后，资产阶级革命派的代表人物孙中山提出了三民主义的思想，其中民生主义的主要内容就是"土地国有、平均地权"。孙中山主张通过建立资产阶级共和国来解决土地问题，克服《天朝田亩制度》所设想的在小农生产基础上解决土地问题的幻想和落后性，从而为资本主义的发展创造条件。孙中山对"土地国有"赋予了鲜活的内涵，认为土地是自然的产物而不是人类劳动的产物，应当为全社会所有，而不是归私人所有，只有实行土地国有，才能消灭地主阶级不劳而获的现象，才能防止大资本家即垄断资本家的出现。孙中山把建立新的土地制度与农民的种田积极性结合起来，认为"土地问题不解决，农民便不高兴去耕田，农业生产力就得不到解放"，并将土地问题与民主革命的前途联系起来，提出了解决土地问题的纲领和政策，并在后期将"耕者有其田"的思想纳入民生主义的内容之中。资产阶级革命派对农民土地问题重要性的认识在很大程度上受到了中国共产党领导的无产阶级革命的影响和启发，他们提出的土地政策和推行的土地制度为后来的无产阶级革命提供了宝贵的经验。

(三) 新民主主义革命时期的"农民土地所有制"

大革命失败后，1927 年秋，毛泽东率领秋收起义余部移师井冈山。从此，中国共产党建立起了第一块农村红色革命根据地——井冈山根据地，井冈山革命根据

地的建立为新民主主义经济的产生和发展奠定了基础。土地制度改革是新民主主义革命的主要内容之一,中国共产党根据井冈山土地改革的实践经验制定了《井冈山土地法》,随后又进行了多次修订,将"没收一切土地"改为"没收公共土地及地主阶级的土地",并取消了禁止土地买卖的条款。1931年2月,毛泽东明确提出了"土地归农民所有"的政策,并逐渐成了适应中国农村实际情况的土地革命路线,其基本精神是:"依靠贫雇农,联合中农,限制富农,保护中小工商业者,消灭地主阶级,变封建半封建的土地所有制为农民土地所有制;分配的方法和原则是以乡为单位,按人口平均分配土地,在原耕地的基础上,抽多补少,抽肥补瘦。"尽管此后由于抗日战争和解放战争,土地制度安排发生过较大调整,包括抗战时期提出的"停止没收地主阶级的土地,土地减租减息"的土地政策以及抗战胜利之后兼顾地主和农民利益的"清算土地减租减息"的土地政策,但是这些都没有影响土地制度改革的大方向。1947年10月10日实行的《中国土地法大纲》明确规定,废除封建性及半封建性剥削的土地制度,实行"耕者有其田"的土地制度。它彻底消除了几千年的封建土地剥削制度,使农民成了土地和农村的主人,极大地促进了农村生产力的发展,解放了农业生产力,为赢得全国解放提供了物质支持。

三、新中国成立后农地制度的沿革

新中国成立以来,中国的农地制度经历了一系列的变迁,大体可以分为以下四个阶段,相应地形成了四种不同的农地制度。

(一)农民私有、农民私营的土地制度

新民主主义革命时期的农地制度改革,为新中国成立初期的农地制度安排提供了重要的理论基础和实践经验。1950年颁布的《中华人民共和国土地改革法》将"耕者有其田"的政策以国家立法的形式加以明确,它彻底地消灭了封建地主土地所有制,建立了农民私有、农民私营的农民土地所有制。农民土地所有制使得农民拥有了包括土地所有权在内的完整的土地产权,农民和土地连为一体,极大地激发了农民的生产积极性,对国内农业生产的迅速恢复起到了巨大的促进作用。

(二)农民私有、合作公营的土地制度

随着农村生产力的不断发展,分散经营的小农经济弊端日益凸显,于是,对集约化的农地制度改革产生了一定的需求。首先出现的是互助组,它是由农民自愿组织起来的生产协作组织,规模由几户到十几户不等,但土地和其他生产资料仍属于农民个人私有。组员之间通过生产工具的交换实现互助协作,充分发挥了协作互助效应,在一定程度上促进了农业生产力的发展。然而发展到后期,在互助组的基础上出现了农业合作社,规模也由十几户上升到上百户,土地无偿归集体所有,集中劳动、统一经营,农民农地使用权的丧失挫伤了农民的生产积极性,在一定程度上阻碍了农业生产力的发展。

(三)集体公有、公社经营的土地制度

在当时特定的历史时期,由于受"左"的思想影响,加上合作经营在克服分散经营方面的积极作用和国家对工业化原始资本积累近乎膨胀的需求,多个高级农业合作社合并为一个"政社合一"的人民公社,土地等生产资料的权属完全集中,统一劳动、统一经营、统一分配。人民公社使得农地产权进一步模糊,导致了劳动激励机制进一步缺失、劳动监督成本过高和收益分配不合理。农民不再拥有农地所有权与经营权,生产积极性受到打击,集约化规模经营的优势也未能实现,造成了农民吃"大锅饭"的农业低效生产局面。

(四)家庭承包的土地制度

党的十一届三中全会以后,农村开始实行家庭承包责任制。土地为集体所有,农民拥有经营使用权,实行"保证国家的、留足集体的、剩下的都是自己的"的分配制度。这种制度安排打破了人民公社时期统一劳动、统一经营、统一分配造成的激励缺失,充分调动了农民的生产积极性,使农业生产得到了迅速恢复,从而解决了农民的温饱问题。

四、中国台湾的农地制度变迁

在进行土改以前,台湾地区的土地制度中占统治地位的是封建租佃制度。1949年,台湾地区的可耕土地为82.8万公顷,其中45.3%是由佃农来耕种的;农民中有40%是佃农,26%是既租佃又有自己的小块土地,另外34%是拥有自己土地的农民。由于土地资源缺乏,而且土地又集中在少数地主手中,造成了高额的地租以及土地使用权的不确定性,拉大了地主与佃农之间的差距。

从1949年开始,以实现"耕者有其田"为目标,台湾地区政府进行了土地制度改革,到1969年,这一改革基本完成。台湾地区的农地制度改革共分三个阶段进行:第一阶段实行"三七五减租计划",即把每年收成的25%作为土地投入以后,将剩余部分在地主与佃农之间平均分配,各得37.5%。这一改革的目的是在不废除原有租佃制度的框架范围内,通过降低地主地租以改善佃农生活。第二阶段出售"国有土地"给佃农,培养土地个体所有者。出售的"国有土地"的价格相当便宜,一般定价为当年主要农作物收成的2.5倍,并且允许买主可以在10年内分20次分期付款,但同时限制土地拥有的数量,对于水稻田而言,不能超过1.94公顷、对于旱地而言,不能超过3.98公顷。第三阶段通过限制地主拥有土地的数量以实现"耕者有其田"计划。

《耕者有其田法案》于1953年1月颁布,规定一个地主最多拥有3公顷稻田或者相当于此的土地,超过以上数量的土地都由政府购买,然后重新出售给其他农

民。通过实施均田计划，多数的佃农成为拥有土地的自耕农。据统计，有超过14.3万公顷原由佃农耕种的私有农场土地被政府强制性地收买，再重新卖给了农民，加上"国有土地"出售，农民购买而转移的土地总共有25.6万公顷，1963年拥有土地的农民占农民总数的66%。迄今，自耕农已占农民总数的80%。台湾地区的"耕者有其田"计划使80%以上的农民拥有了土地，这一改革极大地促进了台湾地区农业的发展。但是，随着生产力的不断发展，自耕农这种经营模式的弊端也开始显现出来。随着岛内非农产业的迅猛发展，部分农民离开农业从事其他产业，从而留下了部分闲置农地，也有部分自耕农有扩大再生产的需要，但由于当时的土地制度不允许农户租佃超过一定数量的土地，使有规模再生产需求的自耕农也不能租赁土地，闲置农地也无法得到充分利用。因此，解除农地经营面积约束，促进农地流转与规模经营被提上改革议程。当前，台湾地区正通过"小地主、大佃农"政策，鼓励小农户释出农地，并向专业佃农转移。

第三章

农业发展中的劳动力

劳动力是农业发展必不可少的要素之一。马克思指出:"劳动首先是人与自然之间物质变换的过程,是人以自身的活动来引起、调整和控制人与自然之间的物质变换的过程。"一切经济活动的本质都是人类所主宰的、借助于劳动来改变自然资源的物质形态以满足自身需要的过程。劳动是经济增长的主要因素之一,经济增长不仅与劳动力的数量存在密切关联,而且与劳动力的质量密切相关。随着农业生产技术水平的提高,农业中不断出现大量的剩余劳动力,这些剩余劳动力被充实到了国民经济的其他部门。农村剩余劳动力向国民经济其他部门的不断转移是工业化和现代化的必然趋势,也会影响农业、经济和社会的发展。人类的未来将不是由空间、能源和耕地所决定,而是要由人类的知识,也就是劳动者的素质提高来决定,这一点对农业发展同样适用。因此,合理解读农业发展中的劳动力,探索提高农业劳动者专业素质的途径,是促进农业发展的前提条件。

第一节 农业劳动力供求理论

经典的经济学研究总是从需求和供给理论开始的。劳动力是最重要的生产要素之一,劳动力供给与需求作为劳动经济学的重要组成部分,其重要意义就像供需理论在基础经济学中的地位一样。而且,最重要的是,劳动力供给和需求是劳动力市场信号的基本决定因素,是劳动力市场制度建设的首要要素。在市场经济中,劳动力市场实际上是指劳动力供给与需求及其相互关系的总和,其劳动力供求必须遵循劳动力的供求规律。所谓劳动力供求规律,是指既定条件下劳动力供求变化的一般规律性。对劳动力供求可以从两个方面来理解:一是指劳动力资源供给量与劳动力资源需求量的关系分析;二是指劳动力使用中劳动能力发挥所能够创造的价值量与劳动过程对劳动能力支出要求的价值量关系分析,即所谓劳动力市场上的供求分析。本章主要从第一种理解来分析劳动力的供给和需求,其供求理论也是基于这一理解来阐释的。

一、农业和农村劳动力的概念

(一)农业劳动力的概念

马克思将劳动力或劳动能力理解为"人的身体即活的人体中存在的、每当人生产某种使用价值时就运用的体力和智力的总和"。在经济学中,劳动通常被定义为人的劳务对生产过程的投入,并依据劳动的边际生产力取得工资形式的报酬,因此劳动力就是指人力资源中从事各类劳动并获取报酬的那部分人口。农业劳动力一般是指参加农业劳动的劳动力数量和质量。其中,农业劳动力的数量是指符合劳动年龄并有劳动能力的人数以及虽未达到劳动年龄或者超过劳动年龄,但可以正常参加农业劳动的人数。农业劳动力的质量是指农业劳动者具有的认识世界、改造世界的条件和能力,具体表现为劳动者的体力强弱、技术熟练程度和科学文化水平的状况。农业劳动力的数量受自然因素(农业人口自然增长情况、达到或超过劳动年龄的人数及原有劳动力的自然减员等)和社会因素(国民经济发展速度、产业结构状况、人口生育和流动政策及社会福利政策)的影响;农业劳动力的质量状况主要取决于农民的生活水平、农村医疗保健条件、农村教育状况、农业专业化水平、农业科学技术的发展状况等。

(二)农村劳动力的概念

依据居住地情况进行划分,国家统计局将在某地居住半年以上的劳动力定义为常住劳动力,以此类推,住在城镇半年或以上的劳动力为城镇劳动力,住在农村半年或以上的劳动力就是农村劳动力。根据我国现行统计制度的规定,农村劳动力主要包括以下四类:(1)从事农林牧渔业、农村工业、建筑业、交通运输业、商业、饮食业等各种生产活动的劳动力,从事采集、捕猎、农民家庭兼营工业等副业生产劳动并从中直接取得实物、现金收入的劳动力;(2)从事农村房地产管理、公用事业、居民服务和咨询服务业,卫生、体育和社会福利事业,教育、文化艺术和广播电视业,科学研究和综合技术服务业,金融、保险业,以及乡镇经济组织(政务)管理等项工作,并取得实物、现金收入的劳动力;(3)国家向乡村调用的建勤民工,由集体经费支付工资或补贴的乡村脱产干部,到全民所有制单位或城镇集体所有制单位工作,并取得实物、现金收入的合同工、临时工;(4)自行外出就业但没有转走户口的劳动力。

二、劳动力供求理论

(一)劳动力供给理论

劳动力供给也称劳动供给,从宏观角度看,劳动力供给是一个国家或地区劳动力供给的总状况。现代劳动经济学上的劳动力供给是指在某一特定时期内、在一定劳动力市场与报酬条件下,劳动者个人及其家庭愿意且能够为社会提供的劳动数量以及与此相关的行为和活动。根据这一概念,如果劳动者有提供出售劳动力的愿望,而无提供出售劳动力的能力,就不能算作劳动力供给。这是比较严格的定义,是从劳动者供给的欲望和能力的角度来定义的,它实际指的是劳动力的有效供给。人们之所以向社会提供劳动,首先是为了满足自身对劳动产品的需要。只有通过劳动,劳动者才能获得与其他经济主体交换产品的条件,才能实现自身生存和发展的目的。劳动力供给的另一个原因是为了满足人们对劳动活动本身的需求,因为劳动活动过程本身是劳动者生命活动的重要组成部分。

在影响劳动力供给的非经济因素中,劳动适龄人口规模是其中的一个因素,这个因素可进一步细分为社会人口规模及其增长速度、人口年龄构成变化、社会劳动年龄规定、劳动参与率、劳动适龄人口负担系数。其中尤其是劳动参与率,即实际在业的劳动者人数占进入规定劳动年龄的人数的比例,是与劳动力供给相关的一个重要概念。劳动参与率是衡量一个社会在一定时期内从事经济活动的人口的相对规模,是反映劳动力市场活动水平的重要指标,也是影响劳动力有效供给数量的重要因素。另一个重要影响因素是工时。在人口数量一定的条件下,劳动参与率和工时的供给处于不停变动之中,劳动力供给量即使在一个短暂时期内,也会不停变化。

在分析劳动力供给模型时,传统的劳动经济学研究者对其做出了几个假定:(1)假定个人把时间用于一种或两种事情上,即工作或者享受闲暇。(2)假定一个人有一个不变的小时工资率,而且在这个工资率下能够按照自己的愿望工作尽可能多的时数。(3)假定人们追求效用最大化。为分析劳动力供给选择,把人们看作只从两个范畴获得效用是有益的;假定闲暇消费和物品消费都具有边际递减效用。在这些假定下,会出现四种情形的劳动力供给对工资的反应,即无限弹性的供给曲线、正弹性的供给曲线、无弹性的供给曲线、向后弯曲的供给曲线(见图 3—1)。

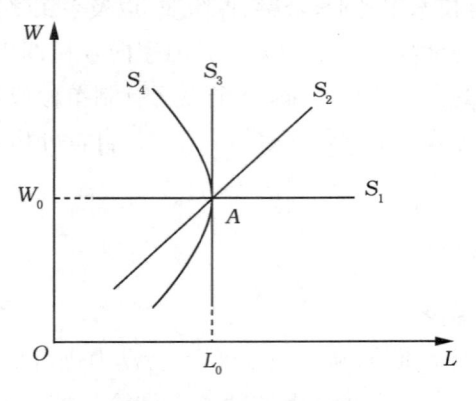

图 3—1 劳动力供给曲线

图 3—1 中，横轴表示劳动力供给的数量，一般可用工时或人数来表示；纵轴表示工资率。W_0 代表工资水平，S 代表劳动力供给。图中的不同曲线反映的是劳动力供给量与工资率之间的不同关系。

1. 无限弹性的劳动力供给（S_1 曲线）

无限弹性的劳动力供给就是在工资水平 W_0 一定时，有无穷的劳动力供给。依据此时的工资水平，企业和社会可以招聘到其需要的任何数量的劳动力但在低于这一工资水平时，劳动力供给为零，企业和社会不能招募到任何劳动力；高于这一工资水平时，劳动力供给也不增加。以刘易斯为首的发展经济学家认为，发展中国家的传统农业部门中存在着"就业不充分"的劳动力，他们只有微薄的收入。因此，城市现代工业部门提供 W_0 的工资就能够获得"无限供给的劳动力"。

2. 正弹性的劳动力供给（S_2 曲线）

劳动力供给的正弹性，即收入效应小于替代效应，反映了劳动力供给数量随着工资率的提高而提高。而当工资率降低时，劳动者愿意提供的劳动数量就会减少。S_2 曲线表示供给曲线向上倾斜，具有正的弹性；供给弹性越大，为吸引一定数量的劳动力进入或者退出一种行业所必需的工资变动就越小。

3. 无弹性的劳动力供给（S_3 曲线）

劳动力供给无弹性是一条垂直的劳动力供给曲线，反映了工资率对劳动力供给数量没有影响，即不管工资率如何变动，劳动力供给数量都不会增加或减少。这时的劳动力供给可能与在较短时期内出现的某些情况有关，或者是由过去而不是由现在的经济条件决定的。S_3 曲线还描述了当一个社会已经充分利用了它的劳动力资源，即使工资增加也不能吸引更多的劳动力，也即该经济社会的劳动力已经充分就业。

4. 逆变弹性的劳动力供给（S_4 曲线）

逆变弹性的劳动力供给是一条向后弯曲的劳动力供给曲线，表明在一定阶段，劳动力供给数量随工资率的提高而增加，但当工资率超过一定水平之后，随着工资率的进一步提高，劳动力供给数量反而减少。对于这种情况的解释是多样化的。比较典型的说法是"收入与闲暇的替代效应"，认为在低工资阶段，由于收入水平仅能满足个体基本的物质需要，还有更多的需要等待满足，这时随着工资率的提高，人们愿意向市场提供更多的劳动力，刺激劳动力供给的增加；当工资率高到一定程度，人们的总收入在满足物质需要后还有足够剩余，能够为闲暇的要求提供物质基础，这时闲暇所带来的满足感要超过收入带来的满足感。那么，伴随工资率的提高，人们将会更多地享受闲暇，而减少向市场提供的劳动数量，即工资率上升就会导致劳动力数量减少。

(二)劳动力需求理论

劳动力需求是商品需求的派生需求,是由消费者对商品和劳务的需求派生出来的,因而劳动力需求也决定了一个经济体的就业水平,并反映出一个国家或地区的经济活动水平。派生需求或"引致需求"是相对于直接需求而言的。在产品市场中,消费者对各种商品的需求是直接需求。但在生产要素市场,人们对生产要素的需求是由于消费者对产品存在需求派生而来的。劳动力作为一种重要的生产要素,对劳动力的需求是派生需求,是由消费者的需要引申而来的。

现代劳动经济学认为,所谓劳动力需求,是指在某一特定时期、一定报酬条件下,企业和社会愿意而且能够购买的劳动数量。即劳动力需求是企业和社会再生产吸收和容纳劳动力的能力和容量。这说明劳动力需求是有效需求,是以工资支付能力为前提的,而且工资所购买的是劳动力使用权,而非所有权。劳动力需求实际上是指企业和社会愿意雇佣的劳动力数量与劳动力价格这两个变量之间的关系。

简单来说,企业生产过程中所使用的要素主要是资本和劳动。短期劳动力需求的研究是在假定除劳动以外的其他生产要素已经给定的前提下进行的。当资本固定不变的时候,企业的产出决策与其招聘使用多少劳动力的决策是一致的。为了实现利润最大化的目标,企业必须将劳动力利用至边际生产率等于工资率的水平,这也是在一个市场机制完善的、工资和价格都能灵活地进行调整的竞争性市场中才能实现的。在一个竞争性市场中,企业对劳动力需求取决于在给定工资和产品价格下,增加的工人能否把产出增加到足以使企业提高利用水平以达到有利可图的水平上。对企业来说,劳动力需求曲线是向下倾斜的,即工资率与劳动力需求量之间存在负相关关系。

在经济学所定义的长期,劳动和资本两种生产要素都是可变的,同时资本和劳动这两种生产要素是具有一定的相互替代性的。因此,企业必须通过调整资本和劳动的使用量来达到其长期利润最大化的均衡。从长期来看,假定企业的行为基础是成本最小化、利润最大化。当工资率变动时,由于替代效应与产出效应共同作用,长期劳动力需求曲线也会呈向下倾斜态势。不过,长期劳动力需求曲线比短期劳动力需求曲线要平坦一些。

在分析劳动力需求数量变化时,往往会借用需求工资弹性来度量工资与劳动力需求数量的变化。通过前面关于企业短期劳动力需求和长期劳动力需求决策的阐释可知,工资变化反映的是企业劳动力需求变化的方向,而劳动力需求弹性则描述工资变化引起劳动力需求变化的数量关系。影响劳动力需求弹性的因素主要体现在派生需求的四个法则之中。派生需求的概念及其法则最早由马歇尔创立,希克斯于1934年对此又作了重要贡献,因此被人们称为"希克斯—马歇尔派生需求四大法则"：当其他因素保持不变时，①在生产函数上，劳动投入与其他生产要素之间可替代性越大；②产品的需求弹性越大；③其他生产要素的供给弹性越大；④劳动力成本在生产总成本中所占的比重越大，劳动力需求弹性越大。因此，具体劳动力需求弹性有多大，取决于四种情况：①生产中的替代弹性较大。在其他情况保持不变时，如果企业发现用资本替代劳动的可行性越大，这时劳动力的需求弹性就较大。②最终产品的需求弹性较大。在其他情况保持不变的条件下，劳动力数量引起的产品的需求减少量越大，就会越多地减少引致的劳动需求。③另外一种生产要素的供给弹性较大。在前提条件具备的情况下，企业对另外一种生产要素的吸收能力越强，就说明了它对劳动力需求弹性越大。④劳动力成本占总成本的比例较大，劳动力需求弹性越大。

（三）劳动力供求与均衡工资率理论

本章以完全竞争的劳动力市场为例来分析均衡工资率。在竞争性市场中，在较高工资率下，总的劳动力供给量一般会随着工资的上升而增加，即劳动力供给曲线是向右上方倾斜的。根据微观经济学理论，在完全竞争的劳动力市场中，单个厂商的劳动力需求曲线是向右下方倾斜的，在水平的方向上将各厂商对劳动力的需求曲线加总，即得到一条向右下方倾斜的市场劳动力需求曲线。它与劳动力需求曲线一起构成了劳动力供求曲线（见图3—2）。

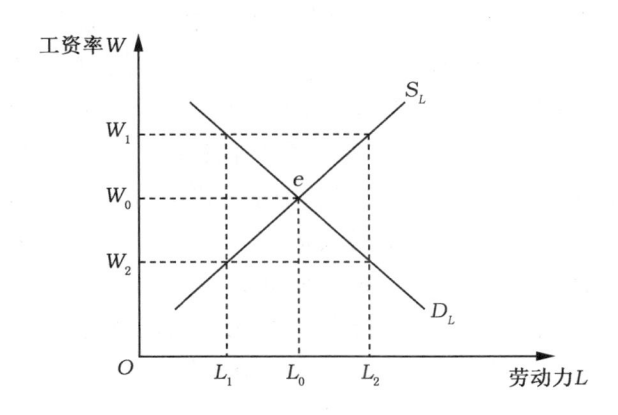

图3—2 劳动力供求曲线与均衡工资

将劳动力供给曲线和劳动力需求曲线结合在一起，就可以清晰地看到均衡工资的形成过程。S_L、D_L 分别代表劳动力的供给曲线和需求曲线。当工资为 W_1 时，劳动力的市场供给量是 L_2，而市场对劳动力的需求只有 L_1，劳动力供给过剩，迫使工资下调；当工资为 W_2 时，劳动力的市场供给量是 L_1，而市场对劳动力的需求达到了 L_2，劳动力供给不足，迫使工资上升；只有当工资为 W_0 时，劳动力的市场需求量与市场供给量相等，才能形成劳动力市场的均衡。这时，劳动者提供的劳动力正好等于厂商希望利用的劳动力数量。在竞争性市场条件下,一个特定的劳动力供给曲线和劳动力需求曲线会确定一个单一的实际工资率,即均衡工资率,W_0就是均衡工资率,L_0是均衡的就业量。

劳动力供求变化规律,也可称为劳动力价格规律,因为在市场上供求与价格工资之间是双向运动、相互作用的。劳动力市场运行正是在劳动力价格变化中调节着劳动力的供求,并使之趋向相对平衡的。这也就是市场经济中"看不见的手"在对社会劳动力调节方面的作用表现。然而,需要指出的是,如果说劳动力价格工资与劳动力供给成正比关系,那么,劳动力工资与劳动力需求则成反比关系,工资越高,劳动力需求越低。这是因为,在市场经济条件下,企业全部生产经营活动都是以追求最大利润为目的的。而企业的这种利润动机必然对劳动力市场产生具体行为。由此可见,在劳动力市场上劳动力的供求必须遵循一定的规律。当劳动力过剩,存在相当数量的失业或潜在失业人口时,劳动力供给的数量大于社会对其需求数量,即劳动力供大于求。造成劳动力供大于求的原因很多,或者是由于物质资源的供给数量不足,或者是由于人口、劳动力资源数量增长过快,还可能是由于经济运转中的一些问题所造成的。

一般来说,分析劳动力供求关系的变化应该从两个基本方面入手:一是总量变化,二是结构变化。总量变化反映了在不同时期内劳动力供求规模扩张或收缩过程,而结构变化反映了劳动力供求在不同时期不同部门及地区、行业、产业间所发生的增减关系变化。在经济发展中,人口的自然变动、制度改革、体制变迁、价值观念的变化都会影响到劳动力供求总量和结构上的变化,并且在外在与内在因素的共同作用下,劳动力的供给与需求将始终处于不断的变化过程中。当一个国家或地区缺乏劳动力,企业和社会扩大生产时,劳动力供给的数量小于社会对其需求的数量,即劳动力供不应求。在生产持续发展、经济增长率长期保持在高水平的状态下,人口、劳动力资源相对或者绝对减少,即可出现劳动力的供不应求。劳动力供给的数量与社会对其需求量达到均衡状态,即劳动力供求均衡。要达到宏观上的这种均衡,实际上还包括质量、职业类别、地区分布等在内的多方面的均衡。

三、农业劳动力供求的特征和作用

(一)农业劳动力的供给特征

农业劳动力供给是指在一定时间内劳动力进行农业劳动供给的数量及质量。一般而言,农业劳动力供给有以下基本特点:(1)农业劳动力供给的增长具有强劲的经济推动力;(2)农业劳动力的供给具有较强的弹性;(3)农业劳动力总供给量过大,而有效供给又严重不足。而农业劳动力供给的决定因素有如下几个方面:(1)农村人口规模和构成,直接决定着农业劳动力的供给资源的规模和构成;(2)农业部门经济效益的高低决定着农业劳动力实际供给的多少;(3)农业劳动力供给资源的素质状况决定着农业劳动力有效供给的多少;(4)农业劳动时间供给量的多少,同样是决定农业劳动力供给状况的重要因素。

(二)农业劳动力的需求特征

农业劳动力是农业生产的重要投入要素,由于农业生产有不同于其他生产部门的特殊性,因此对农业劳动力的需求也具有一定的特殊性。

1. 季节性

农业劳动在时间上具有强烈的季节性。由于农业生产的根本特点是自然再生产与经济再生产相互交织的过程,人们的劳动必须遵循生物的生长发育规律。在生物的不同生长发育阶段,对人类劳动的需要量不同,人们要按照生产对象本身的自然生长规律的要求,在不同的阶段及时投入劳动,否则就会耽误农时,影响生产。这就造成了不同季节农业劳动的项目、劳动量、劳动紧张程度的巨大差异,产生了农业劳动季节性需求的特点。

2. 分散性和地域性

农业劳动在空间上具有较大的分散性和地域性。农业生产深受自然条件的制约,不同地域由于自然条件不同,往往只能经营适合当地自然条件的生产项目。由于适宜条件的地域差异性以及空间上的位置固定性,使得农业劳动不得不在广大空间上分散进行,呈现出较大的分散性和地域性。

3. 多样性

农业劳动内容具有多样性。农业劳动不像工业生产那样分工细致,不可能由一个劳动者常年固定在同一农活上进行同一种劳动。农业发展应走专业化生产与多种经营相结合的道路。农业生产包括众多的生产环节和项目,即使同一项生产项目,在整个生产过程中的不同阶段,也需要采取不同的技术措施和作业方式,这使得农业劳动具有多样性。

4. 不稳定性

农业劳动成果具有最后决定性及不稳定性。农业生产的周期比较长,每个生产周期由许多间断的劳动过程组成。各个劳动过程一般不直接形成最终产品,而要等整个生产周期结束以后,农业劳动的最终成果才能体现出来。但各个农业劳动过程却互相关联,上一个劳动过程的质量对下一个劳动过程的质量或效果都有很大的影响,以致影响最终的生产成果,甚至给下一个生产周期带来影响。加上农业生产对自然条件的依赖性很强,从而使农业劳动的最终成果或效益具有不稳定性。农业劳动的特点将随着农业科学技术的进步,以及农业生产社会化程度的不断提高而发生变化。充分、合理地使用农业劳动力资源,必须适应农业生产的特点,以利于确定正确的途径,采取相应的措施,不断提高农业劳动生产率,促进农业发展。

(三)农业劳动力的作用

劳动是一切社会存在和发展的最基本条件。任何社会的一切社会财富,都是人们从事生产活动的结果,是人类劳动与自然界相结合的产物。没有农业劳动,就没有农业的存在与发展,也就没有整个国民经济或社会存在与发展的基础,因此农业劳动是农业乃至整个国民经济和社会存在与发展的基础。农业劳动在农业中的重要作用,还表现在农业劳动具有能动性,即它是在农业生产力各要素中唯一具有活力和发展最快的要素。农业劳动者的劳动能力,随着科学技术的发展和对自然、经济规律认识的加深而不断提高,从而推动了农业的发展,为社会的发展提供了日益丰富的物质产品。另外,农业劳动力具有生产者与消费者的双重身份,其能力的提升不仅促进了农业的发展,也将进一步扩大消费需求,拉动经济增长。

第二节 农村剩余劳动力的转移

农村剩余劳动力是伴随着农业生产力发展水平的提高而出现的。受政策的影响,我国农村剩余劳动力的转移经历了较为曲折的过程。结合农村剩余劳动力转移理论,对我国农村劳动力转移的历程、特征与趋势进行梳理,有助于理解我国农村剩余劳动力变动的现实与规律。

一、农村剩余劳动力转移的基本概念、历程、特征及发展趋势

(一)基本概念

剩余,一般是指在一定条件下供给超过需求的那部分多余的供给,当劳动力和生产资料不能结合或者不能充分结合时,即劳动力的数量多于生产资料能够接纳和吸收的数量时,就会出现剩余劳动力。剩余劳动力规模的大小具有动态变化性,与生产力发展水平和经济周期紧密相关。生产力发展水平的提高往往会引致劳动力的节约和剩余劳动力规模的扩大,如采用先进生产技术设备会替代原先使用的部分劳动力。在不同经济周期,对劳动力需求的不同也会引致剩余劳动力数量的差异。一般来说,经济高涨时期的剩余劳动力数量要小于经济萧条时期。农村劳动力剩余可以分为不同的类型:(1)季节性剩余。农业生产对劳动力的需求与劳动力对农业生产的可供给量之间在不同季节出现不均衡状态。(2)常年性剩余。在全年中的任何季节里,劳动力的可供给量都大于需求量。(3)潜在性剩余。主要是对劳动时间的利用率过低,隐藏着多余劳动力。(4)结构性剩余。某一产业部门、某一技术类别的劳动力出现剩余,而其他部门和技术类别的劳动力相对不足。农村剩余劳动力和农业剩余劳动力是既有区别又有联系的概念范畴。农业剩余劳动

力是从产业范畴出发,与非农产业剩余劳动力相对应,可以理解为农业部门供给大于需求的那部分劳动力;农村剩余劳动力是从地域范畴出发,与城市剩余劳动力相对应,是农村地区中超过农村经济需求的那部分劳动力。

(二)转移的历程

改革开放四十多年来,我国农业由自然经济向现代化商品经济过渡,剩余劳动力的规模也越来越大。总体来看,我国剩余劳动力转移大致可分为三个阶段。

1. "离土不离乡"的就地转移阶段(1978—1991年)

1978年12月,党的十一届三中全会拉开了我国经济体制改革的序幕。20世纪80年代初,农村经济体制改革首先开始,到1984年全国农村普遍实行以家庭联产承包责任制为主的家庭承包经营制度,农民有了生产经营自主权,极大地调动了农业生产的积极性。农业劳动生产率的提高给具有生产经营自主权的农村劳动力提供了参与非农就业的机会。1983年10月,政社合一的管理体制解体,1984年社队企业改为乡办、村办、户办、联户办的乡镇企业,经营范围涵盖农、工、商、建、运、服六大产业。农业产出出现剩余,极大地促进了乡镇企业的发展。在城市统包统配的用工制度约束下,空闲下来的农村劳动力进入乡镇企业,在农村内部实现了非农就业。

2. 以"离土又离乡"为主的异地转移就业阶段(1992—2001年)

1992年,邓小平南方谈话"三个有利于"将我国改革开放推进到一个新的阶段,城乡个体私营企业得到快速的发展。乡镇企业逐渐由粗放型扩张转向集约型发展,资本密集程度提高,吸纳劳动力的能力增强。20世纪90年代初,取消了居民粮食定量供应制度,对农村剩余劳动力又一次"解绑"。城市个体私营经济的发展和城乡收入差距的进一步拉大,吸引着农村劳动力进入城市寻找工作。

3. 城乡统一就业启动阶段(2002年至今)

2002年9月,中央和国务院召开的再就业会议指出,将扩大就业作为经济社会发展和经济结构调整的重要目标。按照科学发展观的要求,积极就业政策旨在建立城乡统一劳动力市场,实现城乡统一就业。政府首次在致力解决城镇就业问题的同时将农村剩余劳动力非农就业纳入政策范围。自此以后,针对农民工进城就业的一系列限制性政策逐步取消,农村剩余劳动力非农就业从数量扩张阶段过渡到就业质量的提高阶段。

(三)转移的特征

1. 转移数量巨大

改革开放后,家庭联产承包责任制的实施激发了农民的生产积极性,同时,劳动力被释放出来,农村剩余劳动力开始大规模进入城市。农村剩余劳动力离开农业进入城市工业部门,非农就业数量逐步增加,逐渐出现了一群特殊的劳动力群体——农民工。我国农民工的数量由2008年的22 542万人,迅速增加到2023年的29 753万人(见图3—3)。农民工大量涌入城市,通过就业增加自身收入的同时,也为我国工业化发展提供了大量相对廉价的劳动力,低廉的劳动力成本使我国在相当长的时期内拥有"劳动力红利",有效支撑了我国经济的快速发展。

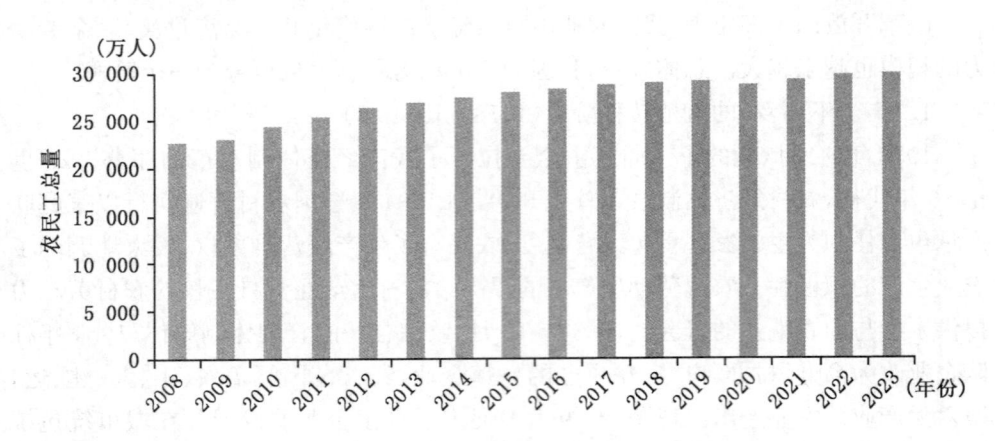

图3—3 2008年以来我国农民工人数变动情况

2. 就业的特点

(1)农民工就业具有自发性。大多数农民工自发自主地寻找非农就业机会。大部分农民工主要依托亲缘、地缘关系所形成的社会信息网络,获取就业信息,依靠亲友介绍或帮带实现非农就业。

(2)农民工就业主要以工业、建筑业、社会服务业为主。2023年,我国农民工从事制造业的比例为27.5%,相比之前的年份虽有下降趋势,但制造业仍然是吸纳农民工就业比例最高的行业。另外,在建筑业就业的比例呈现上升的趋势,2023年吸纳农民工比例达到了15.4%。近年农民工就业的行业分布状况如表3—1所示。

表3—1　　　　　　　农民工就业的行业分布　　　　　　　单位:%

年　份	2017	2018	2019	2020	2021	2022	2023
制造业	29.9	27.9	27.4	27.3	27.1	27.4	27.5
建筑业	18.9	18.6	18.7	18.3	19.0	17.7	15.4
交通运输、仓储和邮政业	6.6	6.6	6.9	6.9	6.9	6.8	7.1
批发零售业	12.3	12.1	12.0	12.2	12.1	12.5	13.2
住宿餐饮业	6.2	6.7	6.9	6.5	6.4	6.1	6.7
居民服务和其他服务业	11.3	12.2	12.3	12.4	11.8	11.9	12.7

资料来源:《全国农民工监测调查报告》相应年份。

(3)东部地区是我国农村剩余劳动力转移的主要目的地。2023年的监测数据显示,在全部农民工中,15 277万人在东部地区务工,比上年减少170万人,下降1.1%;6 982万人在中部地区务工,比上年增加211万人,增长3.1%;6 552万人在西部地区务工,比上年增加116万人,增长1.8%;872万人在东北地区务工,比上年增加29万人,增长3.4%。从中可以看出,尽管在东北地区务工农民工增速较快,但东部地区依然是我国农民工的主要转移目的地。另外,2023年跨省流动农民工比重有所提高,外出农民工中,跨省流动农民工6 751万人,比上年减少310万人,下降4.4%,占外出农民工总量的38.2%,比上年减少2.9个百分点。分区域看,东部地区外出农民工13.8%跨省流动,比上年下降1.2个百分点;中部地区外出农民工51.7%跨省流动,比上年下降3.9个百分点;西部地区外出农民工44.5%跨省流动,比上年下降3.0个百分点;东北地区外出农民工30.9%跨省流动,比上年下降0.5个百分点(见表3—2)。

表3—2　　　　　不同地区外出农民工在省内外务工的分布　　　　　单位:%

	2020年		2021年		2022年		2023年	
	跨省流动	省内流动	跨省流动	省内流动	跨省流动	省内流动	跨省流动	省内流动
全　　国	41.6	58.4	41.5	58.5	41.1	58.9	38.2	61.8
东部地区	15.5	84.5	15.1	84.9	15.0	85.0	13.8	86.2
中部地区	57.9	42.1	56.6	43.4	55.6	44.4	51.7	48.3
西部地区	46.6	53.4	47.8	52.2	47.5	52.5	44.5	55.5
东北地区	28.8	71.2	28.9	71.1	31.4	68.6	30.9	69.1

资料来源:《全国农民工监测调查报告》相应年份。

(4)农民工就业具有不稳定的特点。农民工外出就业呈现"候鸟式"转移,即农民工年轻时外出打工,中年后回乡务农;或者结婚前外出打工,结婚后在本地打工或务农。另外,本地农民工城乡"兼业式"就业状态也占有一定的比例,即从事非农业工作的同时兼营农业,或者农忙时节从事农业活动,农闲季节外出打工。

(四)转移的发展趋势

1. 规模扩大,趋势变缓

总体来看,我国剩余劳动力转移的规模还会不断扩大,但增速将趋向平缓。工业化、城市化的发展和制度性障碍的革除还会持续对剩余劳动力产生需求,农业规模经营和农业机械化程度提高,还会释放出更多的农村劳动力,城乡收入差距和对城市生活的向往也会吸引农村剩余劳动力源源不断地转移到非农产业。但目前来看,我国农村剩余劳动力转移高峰时期已过,农村潜在可转移的劳动力数量明显减少。另外,经济结构和产业结构的调整,将会提高用人单位对剩余劳动力的技能要求,长期以来企业对年轻剩余劳动力的偏好,使得农村剩余劳动力的年龄结构偏大,这些劳动力需要经过有针对性的专门培训才能较顺利地实现转移。总之,劳动供给增速趋缓和就业技能门槛的抬高将使未来农村剩余劳动力的转移步伐趋缓。

2. 趋向中部和中小城市转移

剩余劳动力就业有向中部地区和中小城市扩展的趋势。虽然目前东部地区和大中城市仍是剩余劳动力外出就业的主要去处,但是从各国区域发展和产业发展规律看,产业发展总是沿着一定的梯度动态变化的,东部地区和大中城市土地资源日趋紧缺,劳动力成本不断上升,企业资本趋向深化,客观上要求东部地区和大中城市将技术含量低的土地密集型和劳动密集型产业逐渐向中小城市和中西部地区转移,在此条件下,将产生对劳动力的需求。另外,小城镇的发展和中小城市的户籍改革也为剩余劳动力向中小城市转移创造了条件。

3. 转移、就业和居住的新动向

剩余劳动力外出就业将向"就地转移,稳定就业和城镇居住"方向发展。外出就业劳动力长期与亲人分离、居无定所、权益不保,进入中年后还面临失业风险,外出务工是农村劳动力维持生存不得已的行为而不是最优的选择。如果经济发展使城镇化率和农民人均收入达到一定水平,当地可以提供更多就业机会,农民将更偏好在当地就业,就地转移将成为理性选择。随着农村土地流转制度和土地流转市场的建立和完善,以及就业政策的保障,有条件的农民将实现完全离农就业;另外,农村青壮年劳动力的短缺以及劳动法律的约束,也会使企业延长对农民工的雇用年限。在这两方面的作用下,农村剩余劳动力外出就业将向长期化和稳定化方向发展。除此之外,小城镇建设和小城镇户籍放开也将会吸引就地转移就业的剩余劳动力向小城镇集聚,并最终在小城镇就业和安家。

二、农村剩余劳动力转移的理论脉络

(一)二元经济理论

刘易斯认为,发展中国家经济可以分为工业部门与农业部门,由此构成了社会的二元结构。生产要素从劳动生产率低的农业部门向劳动生产率高的工业部门集聚,是经济增长的主要推动力。农业部门的边际生产率较低甚至为零,存在着近似无限供给的剩余劳动力,那么从该部门抽出劳动力将不会减少其产出,加之资本家不断地把利润转化为工业资本,提高了工业部门从农业部门吸收劳动力的能力。在这个过程中,劳动力成本保持不变。因为工业部门的工资不是由边际生产率决定的,而是取决于农业部门劳动力的平均收入。只要工业部门的工资略高于农业部门的平均收入,劳动力就会源源不断地从农业部门流入工业部门,直到农业部门的剩余劳动力被工业部门吸纳完毕,劳动力成本才会上升。刘易斯开创性地分析了农业劳动力的转移机理,但其没有足够重视农业在促进工业增长中的重要作用,没有注意到农业出现剩余产品是农业劳动力转移的先决条件。随后拉尼斯和费景汉在刘易斯模型的基础上，把农业劳动力转移过程分为三个阶段：第一个阶段，农业劳动边际生产率等于零，劳动力由农业部门流入工业部门，不会影响农业生产；第二个阶段，农业劳动边际生产率大于零但低于既定工资水平，劳动力继续流入工业部门，但粮食产量不能同步增长，引起粮价相对上涨；第三个阶段，劳动边际生产率高于既定工资水平，农业部门已不存在剩余劳动力，农业劳动的报酬取决于其劳动的边际生产率。Jorgenson（1961）放弃了农业部门边际生产率为零（即无限供给）、农业工资和工业工资外生给定的假设，基于新古典经济学在工资水平上升的条件下分析了农业劳动力的转移。

（二）托达罗的城乡劳动力转移模型

美国发展经济学家托达罗对农村剩余劳动力的转移提出了以下假设：（1）农村人口向城市的迁移量或迁移率与就业概率呈正相关，城市就业机会越多，来自农村的劳动力移民规模越大。（2）农村劳动力依据自己对城市就业机会的了解而做出迁移的决策，带有很大的"盲目性"。（3）农村剩余劳动力进入城市后，并非全部立即进入现代工业部门，其就业过程分为两个阶段：第一个阶段，没有技术的农村劳动力迁入城市后，首先是在所谓"城市传统部门"找工作，如个体商贩、非熟练服务员、非熟练手工业者、非熟练建筑工人等；而到了第二个阶段，他们从"城市传统部门"中出来，到现代工业部门中找到固定工作。对此应当研究城市传统部门的规模、比例和城乡实际收入差异等。（4）影响农村劳动力移入城市的因素有三个：一是人们对城乡间"预期收入"的期望；二是城市就业的可能性，就业可能性越小，农村人口就会认真对待这种迁移行为的选择；三是城市人口自身的自然增长状况。托达罗模型的一个基本思想是：人口迁移过程是人们对城乡预期收入差异，而不是实际收入差异做出的反应；只有当一个劳动力估计他在城市部门预期的收益高于他在农村的收入时，迁移才会发生，否则，劳动力将会继续留在农村。因此，托达罗认为，决定劳动力流动的不是实际收入水平而是以实际收入乘以就业概率的预期收入水平。因为，劳动力流入城市后能否找到工作还是一个未知数；并且，只有当预期收入大于劳动力在农村中的平均收入水平时才意味着劳动力的迁移是有利可图的。引入就业概率是托达罗模型最突出的贡献，是对传统人口流动模型的重大修正。传统人口流动模型假定工业部门是能够充分就业的，但现实中城市工业部门并不能实现充分就业，失业现象时有发生。托达罗对就业概率的引用和对预期收入差异比较方法的使用，不仅使模型具有了不同于以往人口流动模型的鲜明特点，同时也使分析有了现实基础。

（三）推拉理论

推拉理论的起源可以追溯到 19 世纪。最早对人口迁移进行研究的学者是英国的 E. 雷文斯坦(E. Ravenstein),其在 19 世纪 80 年代便提出了"迁移法则"的基本框架。到了 20 世纪 60 年代,英国学者埃弗雷特·S. 李(Everett S. Lee)又在此基础上提出了系统的迁移理论,即人口流动和移民研究中最有影响的"推拉理论"。李首次划分了影响迁移的因素,并将其分为"推力"和"拉力"。该理论认为,在市场经济和人口自由流动的情况下,人们之所以迁移和流动,是因为人们可以通过流动就业改善生活条件。在流入地中那些使移民生活条件改善的因素就成为拉力,而流出地中那些不利的社会经济条件就成为推力。在影响农民工进城的因素中,属于农村不利的生活条件,也就是"推"的因素有:农村收入水平低,没有挣钱机会;农村太穷,生活太苦;农村缺乏更好的发展机会,对在家乡从事的职业不满意;农村税费过重;待在家里没事干;家乡学习条件差,受教育机会少;不愿意从事农业;家乡封闭保守,思想不解放;村干部作风恶劣;等等。属于"拉"的因素有:城市收入高,出外见世面;别人都出来了,受别人影响;城市生活条件好;想外出多生孩子;等等。随后推拉理论又被发展为成本收益理论,它是将劳动力的流动决策视为一种能给劳动者带来收益和成本的投资战略。

(四)新迁移理论

从行为主义来研究劳动力流动现象,则是将劳动力流动的影响机制从宏观视角放射到微观视角,从而形成了新迁移理论。新迁移理论是在成本收益理论的基础上,将劳动力的个体特征、家庭特征与劳动力的迁移自选择行为联系起来。新迁移理论认为,首先,收入激励是人口迁移最重要的影响因素,劳动力迁移和流动也受到流动成本的约束。其次,受教育程度的高低也对劳动力是否迁移构成影响。再次,作为非货币变量,劳动者个人的年龄、性别、婚姻状况也是微观决策机制下的劳动力迁移影响因素。最后,在新迁移理论中,家庭条件也是影响劳动力迁移决策的重要因素。一般来说,剩余劳动力进入城市中工作所获得的收入会高于农村,而进入城市后其家庭的整体收入和生活水平也会相对有所提高,因此,尽管劳动力转移通常以单个转移者的形式出现,但是劳动力转移的决策往往是由家庭做出的。新迁移经济学用投资组合理论来解释劳动力转移与家庭决策的关系,即为减少家庭收入波动,家庭劳动力资源要在农业与非农业之间适当配置。

(五)劳动力市场分割理论

劳动力市场分割理论,也被称为双重劳动力市场模型,是美国经济学家多林格尔和皮奥里于 20 世纪 60 年代提出的。劳动力市场分割是指,由于社会和制度性因素的作用,形成劳动力市场的部门差异;不同人群获得劳动力市场信息以及进入劳动力市场渠道的差别,引致不同人群在就业部门、职位以及收入模式上的明显差异,比较突出的如在种族、性别与移民之间的分层等。劳动力市场分割理论有两个主要特点:(1)劳动力市场不再被视为一个连续的统一体,而是被分割为几个不同的市场,市场间存在着某种形式的流动壁垒和工资决定机制;(2)各个劳动力市场之间是相对封闭的,形成劳动力市场壁垒的根本原因是利益集团的诉求和制度因素的约束。劳动力市场分割理论在我国的主要体现是户籍制度的限制,户籍制度将城市劳动力市场分割为主要劳动力市场和次要劳动力市场,剩余劳动力进入城市二元劳动力市场中,主要是在城市劳动力不愿意从事的行业或者岗位中就业,即在次要劳动力市场中工作。

三、农村剩余劳动力转移的溢出效应

(一)经济溢出效应

改革开放以来,农村剩余劳动力的城乡和区域流动是我国最重要的社会经济现象之一,根据国家统计局的抽样调查结果,2023 年全国农民工总量为 29 753 万人,这一数据还将继续上升。农村剩余劳动力的流动在促进劳动力资源有效配置的同时,也存在着城乡分割的二元劳动力市场结构引起的农村转移劳动力价格扭曲(包括工资、福利、社会保障等方面的歧视)现象,并成为我国劳动力成本的比较优势(吸引包括资本在内的各种要素集聚)参与国际分工、发展制造业特别是出口加工业。在过去 30 多年中,城乡之间的劳动力流动对我国 GDP 增长的贡献在 16% 左右。再从区域流动看,如果以全部人力资本的存量作为创造财富的来源,在主要外来劳动力输入省份的 GDP 中,由外来人力资本创造的比例在 20% 以上,其中上海和广东的比例达到 39.84% 和 27.52%。

(二)人力资本溢出效应

一般来讲,在经济学上人力资本的溢出效应表现为教育的私人投资具有对社会的正外部性。卢卡斯认为,"人力资本投资具有溢出效应,每一单位人力资本的增加除了引起产出的提高外,还同时引起社会平均人力资本水平的提高,而社会平均的人力资本水平决定社会平均的运作效率,总体效率的提高又使每个企业和个人从中受益"。在现阶段,不但教育外部性使家庭的教育投入产生了对社会的溢出效应,同时劳动力的地区流动又产生新的人力资本溢出,即随着人口的流动,教育投资的社会收益流入其他地方,使其他地方获益。对地区性经济增长来说,在存在知识外溢的情况下,劳动力的流动能够产生地区间收入的均等化;相反,对劳动力流动的禁止将使得人均收入出现分化。在国内的研究中,劳动力流动所产生的人力资本溢出效应主要关注的是城乡溢出和区域溢出。我国城乡人力资本投资及外溢差异是导致城乡收入差距的重要原因,缩小我国城乡收入差距,必须加大对农村的人力资本投资。

第三节 农业劳动力现状与未来趋势

农业发展中的劳动力包括农业劳动力和农村劳动力。农业劳动力具有区别于其他劳动力的特殊性,其既是重要的生产要素,又是消费者。当前,我国农业劳动力的规模巨大,但是整体素质偏低,随着农业劳动生产率水平的提高,从事农业生产的劳动力数量将进一步下降,从事非农生产的劳动力数量将进一步上升,农业剩余劳动力逐渐转移,并呈现多元化就业趋势。

一、农业劳动力的现状

(一)农业劳动力的数量

改革开放以来,随着农业劳动生产率的提高,农村剩余劳动力规模越来越大,并产生向外转移的强烈需求,并且工业化和城市化的快速推进,为农村剩余劳动力的非农就业提供了广阔的空间。在此背景下,我国农业从业人员在全社会从业人员总量中的比重迅速下降,越来越多的农民不再单纯从事农业生产,而是大规模向城市、城镇的非农行业转移。从1980年第一产业就业人员占总就业人员比重的68.7%,下降到2023年的24.1%(见表3—3)。

表3—3　　　　　　　　第一产业劳动力就业变化情况

年份	就业人员合计(万人)	第一产业就业人员(万人)	比重(%)
1980	42 361	29 122	68.7
1985	49 873	31 130	62.4
1990	64 749	38 914	60.1
1995	68 065	35 530	52.2
2000	72 085	36 043	50
2005	74 647	33 442	44.8
2010	76 105	27 931	36.7
2015	76 320	21 418	28.1
2020	75 064	17 715	23.6
2021	74 652	17 072	22.9
2022	73 351	17 663	24.1

资料来源:《中国人口和就业统计年鉴》相应年份。

(二)农村劳动力的状况

我国是农业大国,农村劳动力基数较大,占了总劳动力中的大部分比重。1953

年第一次劳动力普查,我国农村劳动力达5.34亿,占全国劳动力的比重为88.7%;1964年第二次劳动力普查,农村劳动力达到5.90亿,占全国劳动力比重的81.6%;1982年第三次劳动力普查,农村劳动力为8.20亿,占全国劳动力的比重为79.5%;1990年第四次劳动力普查,居住在乡村的劳动力为9.05亿,占总劳动力的比重为75.39%;第五次劳动力普查,居住在乡村的劳动力为80 739万人,占总劳动力的63.91%;第六次劳动力普查,居住在乡村的劳动力为67 415万人,占总劳动力的50.32%;第七次劳动力普查,居住在乡村的劳动力为50 979万人,占总劳动力的36.11%。随着计划生育政策的实施,加之大量的农村劳动力向非农行业和城镇转移,农村劳动力增长速度逐渐放慢,最终呈现下降的趋势,2011年城市劳动力的比重首次超过了农村劳动力,但目前我国农村劳动力的规模依然巨大。

从农村劳动力质量来看,我国农村劳动力的质量还有待进一步提升。以受教育水平为例,近年的统计表明(见表3-4),我国农村居民受教育程度为初中及以下水平的占比较高,超过了50%。2022年,我国农村居民家庭户主中高中文化程度仅占11.6%;大专及以上的比重更低,仅为2.1%。但从变动趋势来看,我国农村劳动力文化水平逐渐提高,农村居民文盲(不识字或者识字很少)的比例从1990年的20.73%逐渐下降至2.7%;高中以上文化程度的比重,从1990年的7.57%上升到2022年的13.7%。我国农村劳动力的受教育水平、农村劳动力的质量仍有待进一步提升。

表3-4　　　　　　　　　　农村居民受教育水平状况　　　　　　　　　　单位:人

平均每百个劳动力中:	1990年	1995年	2000年	2005年	2010年	2015年	2020年	2021年	2022年
不识字或识字很少	20.73	13.47	8.09	6.87	5.73	3.8	3.4	2.7	2.7
小学程度	38.86	36.62	32.22	27.23	24.44	30.7	32.3	28.9	28.7
初中程度	32.84	40.10	48.07	52.22	52.44	53.1	51.3	54.6	54.9
高中程度	6.96	8.61	9.31	10.25	12.05	11.1	11.2	11.7	11.6
中专程度	0.51	0.96	1.83	2.37	2.93				
大专及大专以上	0.10	0.24	0.48	1.06	2.41				
大学专科程度						1.2	1.6	1.7	1.8
大学本科及以上						0.2	0.2	0.3	0.3

注:2010年前统计为农村居民家庭劳动力文化状况,2015年后统计为农村居民家庭户主文化程度。

资料来源:《中国农村统计年鉴》相应年份。

二、农业劳动力的未来趋势

(一)农业现代化需要高技能人才

农业劳动人口的减少以及农业现代化发展的要求,将促使农业经营走向适度规模化,农业在生产方式、组织形式等方面都将发生变化,对农业劳动力也提出了新的要求。当前,我国农业劳动力已具有较高的成本,未来随着劳动力不断离开农业,迫切需要对农业生产方式进行变革,用更多的物质和服务投入替代劳动投入。在此条件下,农业生产将趋向"物质化"与"服务化"。另外,在资源要素约束的条件下,农业技术将在农业发展中起到越来越重要的作用。总体来看,资本代替劳动的生产趋向,以及依靠农业技术提高农业全要素生产率的趋向,都在某种程度上对农业劳动力的素质提出了要求。

(二)农业社会化需要专业化人才

随着农业生产力的发展和农业商品化程度的不断提高,传统上由农民直接承担的农业生产环节越来越多地从农业生产过程中分化出来,发展成为独立的新兴涉农经济部门。这些部门同农业生产部门通过商品交换相联系,其中有不少通过合同或其他组织形式,在市场机制作用下,同农业生产结成了稳定的相互依赖关系,形成一个有机整体。农业由孤立的、封闭的生产方式,转变为分工细密、协作广泛、开放型的生产方式和过程,可以称之为农业社会化。农业社会化是传统农业向现代农业转化的重要标志之一。农业社会化服务分为供应服务、销售服务、加工服务、储运设施服务、科技服务、信息服务、经营决策服务、生活服务及社会保障服务等,农业社会化服务的逐渐细化,对应着农业人才的专业化,需要更高水平、更专业的农业服务人才。

三、当前农业劳动力的制约

(一)素质质量的制约

当前,我国农村劳动力文化素质偏低,不利于新知识、新技术的接受和学习,制约了我国农业技术的进步和整体发展。首先,农民受教育的程度整体偏低,我国农民平均受教育的年限是7.8年,初中、小学文化程度占70%以上,高中文化的约占16.8%,与之相对应,城镇居民受教育程度平均在11年。其次,我国农村劳动力接受职业培训的比例不高,大部分农民没有受过系统、正规的农业技术教育和职业培训。农村劳动力素质偏低的状况,直接影响了其对农业科学技术的认知,大部分农民对新知识、新技术存在疑虑,怕担风险,致使农业科学技术的推广和应用的"最后一公里"问题非常突出,同时也导致大多数农民驾驭市场能力差,在种植作物的选择上往往随大流,生产经营具有很大的盲目性,进而影响了我国农业劳动生产率。

(二)数量结构的制约

当前,越来越多的农村年轻劳动力走出家门奔向城市,妇女、老人和儿童成为农业生产的主力军。农忙时人手不够,催生了农业雇工需求,短缺的临时工价格也水涨船高。第二次全国农业普查显示,全国农业从业人员中 50 岁以上的占 32.5%。另一项调查显示,20 岁以下的农民工中多数人愿意留在城市。城市良好的生活设施、多向的发展空间、优越的子女教育条件,吸引着农业人口逐渐向城里流动,农村人口尤其是年轻人口越来越多地脱离土地。[①] 未来的 10~15 年,我国农业劳动人口还将继续下降,特别是年轻劳动力将迅速减少,有研究表明,到 2025 年,49~64 岁的农村劳动者占比将达到 70%。[②]

第四节 农业劳动力质量提升

随着经济的持续增长,我国非农就业比重不断上升,即从事第二、第三产业的劳动力在全部就业劳动力中的比重不断增加。改革开放初期,我国非农就业比重只占 20% 左右,绝大多数劳动力聚集在第一产业,呈现典型农业社会的特征。而到 2022 年末,全国就业人员 73 351 万人,第一产业就业人员仅占 24.1%,与之相对应,第二产业就业人员占 28.8%,第三产业就业人员占 47.1%。"三农"问题的本质是农民的问题,将绝大多数农民逐步转移出来,实现非农就业的同时促进城镇化的发展,并着力培育专业农民,提高从农收入水平,是解决"三农"问题的基本方略。

一、提高基础教育和职业教育水平

教育是促进农村发展、提高农村劳动力素质的主要手段,因此,未来应加大投入力度,提高农村基础教育和职业教育水平。

(一)必须稳固基础教育的投资力度。

基础教育由于其社会效益大,是农村教育发展的重要节点。政府应加大农村基础教育投资力度,按照公共财政的要求,进一步推进财政改革,调整支出结构,特别是调整经常性支出结构,把国民初等教育的开支尤其是农村基础教育的开支列为国家财政支出的重点。保证农村教育的校舍、基础设施和师资队伍等,从而保证我国义务教育法在农村的贯彻实施。进一步加大贫困地区农村教育投资,改善农村教育发展不均衡现状,帮助贫困农村脱贫致富。

[①] 农村年轻劳动力日益流失,种地"断代"危机渐显[N]. 黑龙江日报,2012-05-21.
[②] 下一个十年:从人口变迁的视角看未来农业发展[R]. 华泰证券,2014-09-04.

(二)必须强化农业知识的普及范围,重视职业教育。

农业本身是一个弱质产业,其劳动生产率低于其他产业,所以在经济发展的过程中,农村劳动力流出农业,流向其他产业是一种必然趋势。这种产业间的劳动力转换可以促进劳动者的收入提高和整个社会的经济增长,但是也导致了农村人力资本外流和农村经济增长缓慢。因此,对农业劳动者的教育应该考虑农村地区的发展特点和农业就业人群的分化趋势。比如,西部地区、少数民族地区、贫困地区人群;农村党员和乡村干部及后备储备干部;农业企业厂长、经理及后备储备管理人员;农村科技人员及后备储备技术人员;农村妇女劳动力;农村在校青少年学生;农村各种专业大户、示范户等。对他们采取更有针对性的文化素质和劳动力技能培训,使不同基础的农民基本素质和专业水平都得到提高。

二、农民的专业化

从新农村建设和我国农业发展方向看,农民将来不再是身份象征,而是一种职业,农业从业者将是真正懂得农业技术的农场主、农民合作社成员、农业企业经营者等,未来需要培养各种类型的高素质农民,形成新型农民的集聚效应,增强农村发展动力,提高农村经济发展竞争力。新型农民的主要培育方向有:

(一)科技型农民

农业发展的根本出路在于科技进步。顺应世界科技发展潮流,立足于农业现代化建设,大力推进农业技术自主创新,是我国未来农业发展的方向。未来的新型农民应该具有较高的人力资本水平,即较高的知识储备和专业水平,依靠科技的力量来从事农业生产活动。政府、企业、科研机构或者协会等组织,应通过不同方式,使更多的农民掌握技术,促进农业技术人才的集聚,为当地的特色产业发展提供人才基础。

(二)市场型农民

市场经济和全球化双重背景下的现代农业面临越来越激烈的竞争。当前,我国农产品市场还存在信息不对称、市场供需不平衡等现象,农村信息渠道相对闭塞,应进一步加强农村信息供给,提高农民获取市场信息与把握市场机会的能力。此外,一方面应充分发挥中间组织的作用,如培养和发展农民经纪人;另一方面,还应着力减少流通环节,使农民有机会直接参与市场。将农民从事的范围从农产品生产领域扩大到农产品流通与销售领域,间接扩大农民的从业范围,增加获得收益的途径。

(三)管理型农民

新型农民培育要立足培养一支能够担负起新农村建设历史任务的农村基层干部群体和农村合作经济组织管理者。从我国农业发展趋势和政府农业政策导向来看,农村专业合作社将进一步发展和壮大,另外,激烈的市场竞争和繁杂的内部管理也对农村专业合作社的发展提出了要求,需要具有管理能力的管理者来有效地组织和协调资源,提高合作社的管理能力。

(四)企业家型农民

未来的农业将逐渐走向产业化发展的道路,农业产业化就需要一大批农民企业家。随着市场经济的发展,一部分具有经营思路、市场意识和领导能力的农民可以向"企业家型农民"转化,创办农业公司,拉长农业产业链,推进农产品深加工,从单纯的农业种植向农业产业链下游附加值高的部分挺进。

在未来新型农民的发展方向上,不同类型农民的知识结构和能力模型各有侧重。比如,科技型农民强化生产技术,利用科技武装农业;市场型农民强化信息和服务,构建农业生产与市场销售的桥梁;管理型农民着重经营和管理,组成农民专业合作经济组织的龙头力量;企业家型农民强调综合能力,是农业产业化经营的"领头羊"。四种类型的农民相辅相成,共同构成新型农民的主要发展方向。

三、农民的组织化

农民进入市场后的专业化和组织化问题已经成为当前和今后一个时期农村经济社会发展中的重要现实问题。发展农民专业合作组织,是农村经济体制改革和完善的方向。同时,农民专业合作社更是培养新型农民的重要载体。农民专业合作社经过多年快速增长,已进入了一个量质并举、规范提升的新阶段。要从加强规范建设、提升服务带动能力和推动联合发展等方面着力,加快推进农民专业合作社转型升级,具体可以从如下几个方面加以完善:

(一)实现股权均等

合理的利益分配机制才可以充分调动社员和投资方的积极性,激发经济组织的活力。目前农村专业合作社最突出的问题就是股权太集中,基本上还是一个大户领着一批散户,大户与散户之间基本上还是买卖关系。合作社股权平均,才能实现利益共享。现在,合作社的股权越来越集中到少数人手中,带头人更像是具有较大买卖能力的经纪人,这背离了成立合作社的初衷。[①] 因此,做好收益分配,实现股权均等,按照法律和章程规定依法公平、合理地进行盈余分配,才是升级合作社分配机制的最好体现。

(二)管理规范化

有的农民专业合作社只是在工商部门登记注册,拿了营业执照,没有实际运作;有的仅仅停留在提供几项统一服务上,没有进行实体化经营。另外,一些依托

---

① 农业合作社,升级还需内外用力[N]. 新华日报,2014-10-17.

龙头企业等载体组建的农民专业合作社,合作特征不明显。因此,农民专业合作社要以章程为指导,切实规范运作。章程是农民专业合作社的内部规章制度,是合作社顺利发展的基础。为此,有关部门要加强对章程条款制定的规范指导,根据国家的政策、法律规定进行规范性指导,要求合作社的章程经全体成员讨论通过,并报送地方政府相关部门或行业主管部门,使章程真正成为约束合作社的制度规章。

(三)优化发展环境

在认真落实国家各项优惠政策的前提下,依法制定出具体扶持措施,在注册、信贷、税收、用地、用电等方面给予农民专业合作社更多的帮扶引导。将发展农民专业合作社与扶贫开发工作结合起来,选择有实力的农牧业龙头企业,或由村级党组织与贫困地区农牧民联合起来,实行"公司(村委会)+合作社+基地+农户"的合作模式,因地发展适宜产业,把分散的农村劳动力和土地资源集中有效地利用好,走合作发展、脱贫致富的新路子。在财政扶持上,整合与统筹各类扶持资金的利用;在指导服务上,健全基层服务指导的机构,提高部门服务水平,落实服务承诺制度,增强合力推进的氛围。

(四)破解融资困境

由于农民专业合作社存在自身规模较小、内部管理机构混乱等问题,因此未被纳入信用评级体系,很难申请到商业银行贷款,从而封闭了农业合作社的融资渠道。此外,农村的金融制度不完善,农业合作组织缺乏制度层面的资金支持机制,难以获得外部资金。因此,需要建立适合农民专业合作社的信贷评级制度,制定适合农民专业合作社的信贷管理政策,合理确定信用评级标准;加强银行信贷管理体制改革,完善信贷投放激励机制;针对农民专业合作社的融资需求特点,创新金融服务产品,解决其融资难题,使其具有更加强大的生命力,不断促进农民专业合作社的健康发展。

第四章

农业增长阶段与技术变革

农业是国民经济的基础,农业增长是经济增长的重要组成部分。在经济长期增长和结构变迁的过程中,农业的增长发挥着重要作用。经济学家库兹涅茨曾说过:"经济增长就是向本国居民提供种类日益增多的产出能力的长期提高,且这种日益增长的能力是以不断进步的技术以及制度和思想意识的调整为基础的。"根据这一思想,我们把农业增长看作技术进步推动下农业产出结构的不断优化及农业供给能力的不断提高。农业增长不仅可以为不断增长的人口提供粮食保障,而且为其他部门的持续增长奠定基础。与增长相关的另一个概念是发展,经济发展要求产出的增加,它包括经济增长,但不等于经济增长。一般认为,经济发展意味着经济增长过程中经济质量的提高、经济结构的改善以及经济体制的创新。

第一节 经济增长阶段理论

经济学家罗斯托在其著作《经济增长的阶段》一书中,基于主导产业的序列变化,把经济增长分为五个阶段,即传统社会阶段、起飞前的准备阶段、起飞阶段、向成熟推进阶段和高消费阶段,1971年又添加了一个阶段,即追求生活质量阶段。罗斯托从经济因素和非经济因素两个方面对各个阶段进行了描述,此理论的提出为后续很多学者的研究提供了重要的理论基础和依据。

一、传统社会阶段

传统社会阶段是指近代科学技术产生以前的社会。在此阶段还没有产生近现代的科学技术,人们普遍缺乏现代的科学意识和思想观念,所以传统社会阶段的最大特点就是生产技术水平落后,劳动生产率低下,人们的生活水平很低,而且没有持续的经济增长,即使在某一时期实现了一定程度的经济发展,也很难持续下去。由于生产率低下,无法创造出充足的生活资料,人们为了满足生活的需要又必须在农业生产中投入更多的生产资源和劳动资本,因而从这种农业体系中产生了一种分层的社会结构。这种社会结构的纵向流动性很小，家庭和宗族关系在社会组织中发挥很大的作用。人们尊奉的价值观是长期的宿命论。但这种宿命论不排除短期的个人选择权，在一个较大的范围内，个人在一生中为改善自己的命运而努力是可能的和合法的。虽然中央政治统治经常以各种形式在传统社会中存在，但是政治权力的重心在那些土地所有者手中。

罗斯托认为，传统社会最具代表性的就是地中海文明、古代埃及文明、中世纪的欧洲以及处于封建社会时期的中国。他还认为，"把这些多种多样的、经常变化的社会归为一类的根据是它们有一个共同的特点，即经济技术生产率的进步是有限的"。可以看出，罗斯托定义传统社会的标志就是生产率低下、进步缓慢，然而当这些缓慢的、有限的进步开始发生并逐渐发展成为一种常态的时候，社会就进入了转变的过程中，即罗斯托所说的起飞前的准备阶段。

二、起飞前的准备阶段

起飞前的准备阶段也就是为起飞创造前提条件的阶段。这一阶段是从传统社会向"起飞"阶段发展的"正在过渡中的社会"。起飞的前提条件最初是在17世纪末18世纪初的西欧发展起来的，那时世界范围内的殖民扩张和国际竞争产生了一个动态环境，在这个环境下，现代科学知识开始在农业和工业中发挥效力。大量先进的近代科技知识开始应用于工业和农业生产，使得农业生产水平和生产率都有了大幅的提高，有能力为人们提供更多的食品等基本的生活物资，同时也为工业的加快发展提供了更加广泛的市场。与此同时，银行等金融机构也开始出现，这为资本的循环和积累创造了条件，投资率也有了很大的提高。随着交流的增加，外国资本也开始大量流入，在很大程度上加速了资本市场的扩大。在这种情况下，"新型企业家在私人经济和政府部门中出现了，他们愿意在追求利润或现代化过程中调动储蓄和承担风险"（罗斯托，2001）。随着这些企业家实力的迅速增长，扩大投资和增加就业的机会也开始增加。

西欧国家中，英国由于地理、自然资源、贸易机会、社会和政治结构的优势，成为第一个充分做好起飞前准备的国家。在这一阶段，产业结构发生变化，在农业迅速发展的同时向工业化过渡，社会经营资本或者基础资本迅速积累，为现代工业结构准备了一个可以持续存在的基础。在社会中，人们受到重视不是由于氏族和阶级关系，甚至不是由于他们的行会，而是由于他们履行某些特殊的、日益专门化的职能的个人能力。而当起飞需要的各种条件逐步成熟、完善的时候，现代社会生活中巨大的分水岭、社会发展阶段中最重要的阶段——起飞阶段就到来了。

三、起飞阶段

"起飞"在某种意义上可以看作是罗斯托经济增长阶段论中一个核心的概念,"起飞"的理念和思想至今仍然产生着重要的影响。而究竟什么才是起飞,罗斯托在《经济增长阶段论:非共产党宣言》一书中曾经这样说过:"起飞是稳定增长的障碍和阻力得以最终克服的时期。"所以在这一阶段,各种阻碍经济发展的力量已经被逐渐克服,传统的、缓慢的、低效的经济发展模式已经被突破,经济增长成为一种稳定的、持续的状态。就像罗斯托所描述的那样,"起飞"被定义为一种工业革命,与生产方法的剧烈改变直接相关,在比较短的一段时间内产生有决定意义的后果。

起飞阶段可以看作是工业化的开始阶段,在这个阶段中,社会经济结构和生产手段发生了重大变革,引入新技术后的工业制造水平发展迅速,工业制造业也已颇具规模,而从农业转移到新兴工业的资本和劳动力更大大加速了工业化的进程。同时,工业的发展反过来又带动了农业、服务业及其他产业的发展,例如,工业部门的扩张必然加大对农产品的需求,这就相应地要求农业生产水平的提高,农民为了提高生产率就要采用新技术和新方法,农业生产率也相应地随之提高,而"农业生产率革命性的变化是成功起飞的一个必要条件,因为一个社会的现代化将急剧增加对农产品的需求"。同时,通过对罗斯托起飞理论的研究,我们可以看出在经济增长阶段论中,罗斯托很重视对不同时期经济发展中主导部门的研究,而对主导部门在经济发展中的作用和影响,他也给予了充分的肯定。"在任何阶段中,甚至在一个成熟并且继续增长的经济中,前进的势头能够得以保持是因为少数主要增长部门迅速扩大的结果,而这些部门的扩张具有重要的外部经济效应和其他间接效应。"当起飞所需的因素产生并且稳定以后,持续而稳定的增长便有可能继续下去,在这种情况下,经济的发展不仅高效而且持久,也就迎来了社会的第四个发展阶段——向成熟推进阶段。

四、向成熟推进阶段

在《经济增长的阶段》中,罗斯托关于成熟阶段的论述表明,成熟主要是指技术上的成熟。在成熟阶段,大量先进的生产技术已经有效地推广到各个经济领域,使得国家有能力生产自己想要生产的任何产品。同时,现代科学与工业生产技术的结合日益紧密,工业发展朝着大型化、多样化的方向迈进,很多新兴工业迅速崛起,经济结构也相应地随之发生了明显的变化,产业重心也不再是起飞阶段的铁路运输业、纺织业等传统经济部门,而是钢铁、机械、化学等部门,而且各个产业之间的关联度也大大增加。

传统部门的发展在这一阶段趋于稳定,通常情况下,建筑、铁路、钢铁工业以及大量使用钢铁的通用机械、化工设备、采矿设备、造船工业和电力工业的发展可以看作是一国经济成熟的标志。同时，伴随着工、农业之间的劳动力转移，越来越多的人离开农村向城市集中，劳动力也逐渐高学历化、专业化和熟练化。在罗斯托看来，成熟阶段有一个非常明显的特点，即"在这个阶段中，经济展现出超越曾推动它起飞的初始工业的能力，以及在非常广泛的资源范围吸收和有效地采用现代技术的最先进成果的能力"。基于此，罗斯托给成熟阶段下了一个准确的定义，即"成熟阶段是一个社会已经把（当时的）现代技术有效地应用于它的大部分资源的时期"。随着经济的发展、科技水平的提高以及国际贸易的扩大，经济发展的主导部门也逐渐转向了耐用消费品和服务业，在这种情况下，社会就进入了另一个发展阶段——高消费阶段。

五、高消费阶段

罗斯托认为，当社会达到成熟后，注意力就将从供应方面转到需求方面，从生产问题转到消费问题和最广义的福利问题。大众高消费阶段有两个特征：一是人均实际收入提高，使得众多的人可以消费耐用消费品、家用电器等；二是劳动力结构改变，城市人口和脑力劳动者及熟练工种的人数比重增加。经济增长对消费需求从而对充分就业的依赖性并不强烈。也正是在这个成熟以后的阶段，西方社会通过政治程序选择把更多的资源用于社会福利。如果消费者主权占优势，则资源越来越倾向于被引导到耐用消费品的生产和大众化服务的普及上。

美国是第一个由成熟阶段迅速进入大众高消费阶段的国家。在20世纪20年代，汽车、家用电器、社会福利和社会服务等改变了美国人的基本生活方式。在第二次世界大战之前，加拿大、澳大利亚等国也相继进入了这一阶段。到了20世纪50年代，由于战后几年经济水平的迅速增长，西欧和日本也进入这一阶段。随着生产力的进步和发展，人们的基本生活需要等物质方面的欲望得到了满足，这时科技与经济的发展带来的负面效应开始受到人们的关注和重视，人们开始意识到经济发展带来的并不总是好的方面，这就引发了人们的反思。越来越多的人开始思考如何才能真正生活得更好，人们也不再片面地追求经济的发展和物质需要的满足，转而开始追求生活质量的提高。这时，社会的发展就进入另一个阶段——追求生活质量阶段。

六、追求生活质量阶段

1971年，罗斯托在《经济增长阶段论：非共产党宣言》的基础上稍作修改，在最初对社会阶段划分的基础上又增加了一个阶段，即追求生活质量阶段。社会的发展引发了罗斯托的思考，在经历了高消费阶段之后，由于工业生产水平的高速进步,尤其是汽车工业的迅速发展带来了诸如环境污染、交通拥挤、噪声污染等许多城市问题,人们不再一味地追求汽车一类的耐用消费品,转而追求更高的生活质量,如优美的生存环境、舒适的生活和精神生活方面的享受,也就是说,人们开始更加重视生活质量的提高,而不仅仅是物质条件的改善。在对这些社会现实进行观察研究的基础上,罗斯托在经济增长阶段论中增加了追求生活质量阶段。当经济增长到这一阶段,主导部门不再是生产有形产品的工业部门,而是提供劳务和改善生活质量的服务业,其中包括公共投资的教育、文化娱乐、旅游、市政建设、社会福利等。这一阶段主要是以改良和渐进的态度对大众高消费阶段引发的环境污染、犯罪增加、城市衰败等问题进行解决。

罗斯托的经济增长阶段强调了物质积累和确立主导产业部门对区域经济增长的重要性。在这六个阶段中,最重要的两个阶段是起飞阶段和追求生活质量阶段。起飞阶段主要是使社会经营资本、农业、出口等部门现代化,向工业化过渡,而追求生活质量阶段的主要任务则是促进新的主导部门的技术进步。如果说起飞阶段相当于工业化的开始,那么追求生活质量阶段则是工业社会生活中人们生活的一个真正的突变。

第二节 农业的发展阶段及其特点

农业的发展呈现出明显的阶段性特征,一般来说,人类农业的发展可以划分为原始农业、传统农业和现代农业三个阶段。农业发展既有其内在的规律性,又受制于整个国民经济的发展。在不同的发展阶段,农业表现出不同的特征,发挥着不同的作用。

一、原始农业

原始农业是人类农业的初级阶段,是人类从直接利用天然生产的动植物和微生物到初步圈养和驯化野生动物、开始栽种植物的农业活动阶段。这一时期的基本技术特征是以人力为作业动力,依靠人类自身手足、天然石器、骨器和树木或对石、木、骨加工后形成的简陋工具来从事农业活动。随着劳动经验和知识的不断积累,原始农业在下述几个方面获得了进步:

第一,在农产品方面,人类不再局限于采摘野生植物、狩猎野生动物、采伐林木、捕捞水生动物,开始努力圈养和驯化野生动物并栽种植物。公元前7000年的中国长江流域已经开始种植水稻,今天人类种植的小麦、水稻、玉米和饲养的猪、牛、羊、犬、鸡等都是在原始农业阶段驯化的,这一演变使农产品生产从天然生产延伸到人类生产,开启了农业再生产的人类活动过程,有效地促进了农产品产量的增加和农作物疆界的扩大。

第二,在工具进化方面,越来越多、越来越广地开始对工具(农具和战具)进行加工,使之成为更顺手、更有效的工具。从把天然石器、骨器和树木作为工具发展到打制、打磨工具,甚至发展到以青铜器为代表的冶炼金属工具。

第三,在农业耕作制度方面,创造了火垦火燎的撂荒制耕种方式。虽然这种原始耕作技术对自然环境产生一定程度的破坏,但毕竟为农业生产提供了种植面积、熟化土壤和草木灰肥。

第四,在农业生产条件改善方面,人类开始认识到农业生产条件与农产品产量的关系。突出的例子是人类对水与农业关系的认识,如中国历史上大禹治水的传说,反映了公元前约2200年人类大规模利用和改造自然的水利活动。除了排涝活动外,甚至在一些地方还出现了简陋的灌溉农业,如公元前5000年的埃及尼罗河流域出现的灌溉农业。

第五,在劳动关系方面,由于原始农业的工具简陋,农业生产条件较差,原始农业需要集体合作,因此,原始农业主要是氏族制度以及后来出现的领主制度中的共同耕作方式。不可否认的是,原始农业的生产力水平依然十分落后,只是单纯依靠物质循环来恢复地力,维持最低的生存需要。

二、传统农业

人类农业在原始农业的基础上过渡到传统农业。传统农业在人类农业发展史上经历了一个很长的阶段,经由奴隶社会、封建社会,在发达国家一直延续到18世纪中期。在农业工具方面,传统农业不再像原始农业那样依靠天然石块、兽骨和树木加工形成的简陋农业工具,而是大规模地使用人类有意识制造的符合科学原理的生产工具。铁制农具或铁木结合农具成为基本农具,并且人类已经拥有了农业生产所需要的一整套基本农具系列。同时,传统农业不再像原始农业那样单一地以人力为农业作业动力,而是大量采用畜力为动力。由于农业实践经验的积累,形成了一套行之有效的生产经验,如掌握了一整套精耕细作栽培体系以及一整套动、植物疾病的诊治知识和处理体系。农业生产已经有一定的科学知识作为依据,比如中国农业气候上指导农事活动的"二十四节气",又如秦朝吕不韦在公元前239年编成的《吕氏春秋》中的《上农》《任地》《辩土》《审时》4篇世界上最早的农学专著向农民传授农业生产技术和经验。家庭不仅仅是生活单位,也是农业生产单位和财产单位。主流农业史认为,我国战国时期是传统农业的奠基时期,战国时期的中国农业和印度农业处于世界农业的先进水平,因此,从公元前475年中国的战国时期算起到1918年美国率先用机器广泛替代畜力作为农业作业动力,传统农业时期经历了近2 400年。

经济学家对传统农业进行了大量的研究,综合起来,传统农业具有以下主要特征:

1. 技术停滞

美国经济学家西奥多·W. 舒尔茨指出,传统农业的农民世世代代都以同样的生产方式进行耕作,产品和要素的变化并没有进入社会,对他们来说,消费和生产都不会增添什么新花样。通过长期的经验,他们熟悉了自己所依靠的生产要素,而正是在这个意义上,这些生产要素是"传统的"。[1] 这就意味着,农民年复一年耕种同样类型的土地,播种同样的谷物,使用同样的生产技术,并把同样的技能用于农业生产。美国农业经济学家罗伯特·D. 史蒂文斯和凯瑟·L. 杰勃勒把传统农业定义为"由缺乏或无法获得科学技术知识的人们通过对自然的敏锐观察而发展起来的技术农业,它建立在对本地区生产的长期而大量的观察和经验之上"。[2] 美国发展经济学家马尔科姆·吉利斯也指出,"传统技术的特征是变化很慢。这样,农民就不会必须对变化的农业生产方式不断做出反应;相反,他们对各种可供选择的技术进行长期的实验,直到发现适合于一定技术的正确方法为止。这种情况下,所说的长期指几十年,甚至若干个世纪"。[3]

2. 低水平均衡

由于技术停滞和劳动力剩余,土地生产率和劳动生产率呈下降的趋势,加之可供开垦的荒地有限,扩大耕地面积的增长方式越来越失去发挥作用的余地,传统农业的生产水平很低。但是,舒尔茨认为,虽然传统农业生产率低,但依靠重新配置传统农业的生产要素不会使农业生产有显著的增加,传统农业的资源配置已经达到了最优,只是处于一种低水平的均衡,因此,传统农业是"有效而贫穷的"。

3. 自然经济

传统农业是生计农业,是自给自足的自然经济。印度学者苏布拉塔·加塔克和肯·英格森特指出,"传统农业是以小型的家庭农场为标志的。作为一个生产单位,传统农业不仅以其规模小为特征——无论是以所利用的资源量还是以产出量加以衡量,而且以高度的自给自足为特点"。[4] 传统农业的主要投入要素是劳动力和土地,劳动力主要由家庭成员构成。当更多的劳动投入日益缩小的小块土地上时,收益递减规律发生作用。同时,传统农业生产的一两种主要作物通常就是人们摄取热量的主要来源,由于技术停滞,传统农业的产量和生产率很低,产出与消费几乎大小一致,形成自给自足的自然经济。

---

[1] 西奥多·W. 舒尔茨. 改造传统农业[M]. 梁小民译. 北京:商务印书馆,1999.
[2] 罗伯特·D. 史蒂文斯,凯瑟·L. 杰勃勒. 农业发展原理——经济理论和实证[M]. 叶长生译. 南京:东南大学出版社,1992.
[3] 马尔科姆·吉利斯. 发展经济学[M]. 北京:经济科学出版社,1989.
[4] 苏布拉塔·加塔克,肯·英格森特. 农业与经济发展[M]. 吴伟东等译. 北京:华夏出版社,1987.

三、现代农业

2007年"一号文件"对现代农业作出了如下概括：现代农业是指用现代物质条件装备农业、用现代科学技术改造农业、用现代产业体系提升农业、用现代经营形式推进农业、用现代发展理念引领农业、用培养新型农民发展农业。具体可以分为三个领域来表述：产前领域，包括新技术和新品种的研究推广、种子处理及农资储备和供应等；产中领域，包括耕地、播种、植保和收获；产后领域，包括农产品产后加工、贮藏、运输和营销等。

（一）现代农业的特征

1. 生产程序机械化

农业生产程序机械化是指在农业生产的各个环节中广泛使用机械设备，以替代人力和动物力，从而提高生产效率、降低劳动强度、提升作业质量和农产品附加值。具体来说，农业生产程序机械化包括以下方面：一是耕地机械化，使用拖拉机、犁地机和耙地机等机械设备进行耕地、整地和准备播种床，确保土地的均匀和高效处理。例如，1889年美国芝加哥的查达发动机公司制造出世界上第一台使用汽油内燃机的农用拖拉机。二是种植机械化，利用播种机、插秧机和覆土机等设备进行精准播种和移栽，保证种植的均匀性和作物生长的良好条件。例如，1825年美国生产出第一台马拉棉花播种机，1839年美国出现马拉玉米播种机。三是田间管理机械化，在作物生长期间，使用喷雾机、施肥机、灌溉设备和除草机等机械设备进行病虫害防治、施肥、灌溉和除草等管理工作，提高田间作业的效率和效果。四是收获机械化，使用收割机、脱粒机、打捆机和收获运输车等设备进行农作物的收割、脱粒、打包和运输，提高收获的效率和减少损失，确保农产品的质量。五是农产品初加工机械化，在农产品收获后，使用清洗机、烘干机、分选机和包装机等设备进行清洗、烘干、分类和包装，提升农产品的市场价值和附加值。六是运输和仓储机械化，利用运输车辆、装卸设备和现代化仓储设施进行农产品的运输和储存，优化物流效率，改善储存条件，减少农产品损失。

2. 生产技术高新化

随着无人驾驶播种与收割机、智能化全品类叶菜收获机器人、精准打药机器人等智能机械设备的推广应用，农业领域中的新质生产力在逐渐融入农业机械中，改变了农业落后的面貌，成为农业现代化发展的鲜明注脚。从传统的"镐锄镰犁"到如今的"金戈铁马"，从昔日的"人畜劳作"进化到现在的"机器换人"，农业生产技术不断更新换代以确保国家粮食安全。以新质生产力为引领，构建更加系统、完备、高效的农业科技创新体系，是推动农业可持续发展、加快建设农业强国、助力农业现代化的必然要求。

3. 产供销一体化

农业生产的社会化程度有很大提高，如农业企业规模的扩大，农业生产的地区分工、企业分工日益发达，"小而全"的自给自足生产被高度专业化、商品化的生产所代替，农业生产过程同加工、销售以及生产资料的制造和供应链紧密结合，实行集约化、规模化生产，产生了农工商一体化的产业链。

4. 经营管理科学化

经营数学方法、电子计算机等现代科学技术在现代农业企业管理和宏观管理中运用越来越广，管理方法显著改进。现代农业的产生和发展，大幅度地提高了农业劳动生产率、土地生产率和农产品商品化率，使农业生产、农村面貌和农户行为发生了重大变化。

5. 农业主体知识化

现代农业采用先进的技术和科学的管理手段，进行高效益生产，因此对从事农业的各类人员要求较高，具备科技知识和技能以及管理才能的人员才能更好地进行生产。新型农民指的是懂技术、有文化和会经营的较高素质水平的农民。培育新型农民可以将最新的科学技术、农机等操作技巧、农业种植技术、先进养殖技术等诸多具备专业化、现代化的文化和科技知识传递给广大农民，真正解决"谁来种地"的问题。

(二)现代农业的主要形态

1. 精确农业

精确农业是20世纪90年代初在美国明尼苏达大学的土壤学者倡导下开始探索的环保型农业的通称，是未来数字农业发展的基础。它是将现代信息获取及处理技术、自控技术等与地理学、农学和生态学等基础学科有机结合，实现农业生产全过程对农作物、土地、土壤从宏观到微观的实时监测，以实现对农业作物生产发育状况、病虫害、水肥状况以及相应环境状况进行定期获取和动态分析，通过诊断与决策制订实施计划，并在信息技术的支持下进行田间作业的信息化农业。

2. 可持续农业

可持续农业是指通过管理和保护自然资源，调整农作制度和技术，提高经济效益和生态效益，以确保持续地满足目前和今后世世代代人们的需要。可持续农业的特点是"三色农业"，包括以生物工程、工厂化为特点的"白色农业"，以开发海洋和内陆水域为特点的"蓝色农业"，以安全生产、营养、无污染、无公害产品为特点的"绿色农业"。

3. 绿色农业

绿色农业是一种以生产并加工出售绿色食品为轴心的农业生产经营方式，将农业与环境协调起来，促进可持续发展，增加农户收入，保护环境，同时保证农产品安全性的农业。与高度依赖大型农机具、化肥和农药的黑色农业相对,绿色农业以"绿色环境""绿色技术""绿色产品"为产品,促使过分依赖化肥、农药的化学农业向主要依赖生物内在机制的生态农业转变。

4. 循环农业

循环农业是指运用物质循环再生原理和物质多层次利用技术,实现较少废弃物的生产和提高资源利用效率的农业生产方式。循环农业可以实现"低开采、高利用、低排放、再利用",最大限度地利用进入生产和消费系统的物质和能量,提高经济运行的质量和效益,达到经济发展与资源、环境保护相协调的目标。

5. 订单农业

订单农业是指农户根据其本身或其所在的乡村组织同农产品的购买者之间所签订的订单,组织安排农产品生产的一种农业产销模式。常见的形式有农户与科研、种子生产单位签订合同,农户与农业产业化龙头企业或加工企业签订农产品购销合同,农户与专业合作经济组织签订合同和农户通过经销公司、经纪人、客商签订合同等。

(三)中国式农业现代化

中国式农业现代化本质上是近代以来我国在内外交困的生存压力下被迫开启,立足于本国国情和农情,在中国共产党的领导下,沿着中国特色社会主义道路,由以农民为主体的全体人民推动的农业发展和进步事业。中国式农业现代化不是西方式的农业现代化,也不同于世界其他国家的农业现代化。它虽具有世界农业现代化进程的普遍性,但更加表现出中国情境下的特殊性,其发展目标、指导思想、发展路径与世界各国均存在较大差异。

中国式农业现代化具有以下特征:一是中国式农业现代化是以农村土地农民集体所有、权利分置为基础的现代化。从全球范围看,主要发达国家的农业现代化是在生产资料私有制基础上完成的,而我国推进的农业现代化,要在社会主义集体所有制基础上去实现。农村土地农民集体所有、家庭承包经营是社会主义公有制在农村的最重要体现,也是走中国式农业现代化道路的制度基础。从实践看,农村土地农民集体所有、家庭承包经营从根本上保证了广大农民平等享有基本生产资料,不仅适应以手工劳动为主的传统农业,而且适应采用先进科学技术和生产手段的现代农业,具有广泛适应性和旺盛生命力。

二是中国式农业现代化是超小规模经营、超大规模农产品需求的现代化。我国农业人口数量多,人地关系比较紧张。人地关系又包含两层含义:一方面,从资源占有量看,我国人均耕地面积小,人地关系紧张程度要远高于其他国家;另一方面,从功能角度看,农村土地不仅是一种生产要素,同时还承担一定的社会保障功能,关系到乡村社会稳定。与此同时,世界上没有任何一个发达国家像我们一样需要满足 14 亿人口的吃饭问题,超大规模人口引致的超大规模农产品需求,决定保障粮食安全和重要农产品供给必然是推进农业现代化的首要任务。

三是中国式农业现代化是与新型工业化、城镇化、信息化同步发展的现代化。与主要发达国家通过工业化、城镇化、农业现代化、信息化顺序发展的串联式来推进现代化不同,中国式现代化是工业化、城镇化、信息化与农业现代化同步推进的现代化,是一个并联式的伴生发展过程。从历史看,还不存在一个人口大国在工业化、城市化同时推进背景下实现农业现代化的先例,我国农业现代化面临着极具特色的时空背景。也要看到,工业化与农业现代化存在依存关系,城镇化与农业现代化也可以并行不悖。如果能够将农业现代化与新型工业化、城镇化、信息化有效同步起来,必将创造全球农业现代化新范例。

四是中国式农业现代化是区域资源禀赋高度异质性、实现模式多样化的现代化。尽管任何国家都在不同程度上存在区域资源禀赋差异,但我国不同地区自然资源禀赋差别之大在世界上也少有。我国国土广袤,地形地势复杂,不同地区水土资源、气候资源、物种资源等存在很大差别,农业生产地域特色鲜明,呈现出多层次性。这决定了各地区农业现代化的模式将是多种多样的。同时,不同地区经济社会发展水平不同,农业发展的区域不平衡性也十分突出。为此,中国式农业现代化不可能齐头并进,必然是以多元化模式推进的,实现现代化的时间会有先有后,程度上也会有高有低。

五是中国式农业现代化是以农民农村共同富裕为旨向的现代化。中国式农业现代化是以农民为主体的现代化,这与西方以资本为中心、生产力发展单纯服从于资本逻辑的农业现代化模式大为不同,而后者往往带来的是贫富分化、小农户破产甚至消亡。作为一个大国,如果没有农民农村共同富裕,也不可能有全体人民的共同富裕;没有农业现代化,整个国家的现代化也是不完整的。因此,以农民为主体、以农民农村共同富裕为目标的农业现代化,不仅是中国式农业现代化的特色所在,也是实践发展的客观要求。

第三节　农业技术创新模式

一、农业技术创新的内涵

农业发展离不开农业技术的发展,特别是农业技术创新。农业技术主要包括生物技术、工程技术、信息技术和其他技术,这些技术构成一个体系,在农业生产和农业经济活动的各个环节发挥不同作用,尤其是在改善和提高全要素生产率方面具有重要价值。然而,各种技术的价值在区域、行业以及具体产品和服务方面存在很大差异,这是在不同约束条件下形成的技术价值状态。

农业技术创新主要是指针对农业种植等生产活动和交换等经济活动的创新,包括栽培等生物技术和节水灌溉等工程技术。农业技术创新来源于人们对自然规律(比如遗传规律)的认识,或者基于工程原理的工具技术创新(比如滴灌)等。诸多经验事实表明,技术是重要的生产和经济活动要素,农业技术在农业增长与发展中具有重要价值,是产业增长的重要推动力量。随着社会和经济的发展,经济增长方式必然从以依靠物质投入为主转向以科技贡献为主,这在农业领域的表现也非常明显。我国当前农产品的科技含量较低,技术进步对农业增长的贡献率与发达国家还存在较大差距,较低的科技水平直接影响到农民收入水平的提高和整个国民经济的发展。因此,加快推进农业技术创新对中国农业发展具有重要作用。

二、农业技术创新的基本趋势

(一)系统化与集成化

由于信息技术的发展,农业技术创新整合了生产、交换和消费等环节,并且能够覆盖更广泛的地域。一套技术系统能够对很大范围内的农业生产活动进行调控和支持,有助于降低农业生产的系统性成本。目前,以网络技术为基础的物联网技术正在将农业各类技术进行集成化,这将对生产和交换等环节进行更加精细化的管理和规制,并且有助于降低农业经济活动中的各类资源消耗以及人工成本等。因此,这种系统化和集成化的技术具有广阔的发展前景。不过,由于成本等方面的原因,这种集成化技术的具体应用仍然存在很大的区域差异和行业差异。

(二)人性化与智能化

农业技术创新的人性化主要表现在降低农业生产和农业经济活动的高强度体力劳动、提高产出效率等方面。例如,使用机器人在矿业开采、复杂环境中作业等有助于降低劳动强度和工伤风险,而在农药喷洒等过程中使用无人机等技术和设备,能够减少这些作业过程对人体的伤害和影响。随着人工智能等领域的创新与发展,农业技术的人性化程度将显著提高,这将为农业经济活动带来更多便利和竞争力。

(三)标准化与信息化

标准化是降低成本的一种有效方式,而信息化有助于联通不同市场主体,便于有关主体做出风险较低的选择行为。例如,农产品包装方面的标准化有助于在产品运输方面降低成本,缩减流通环节的人工和能源消耗。今后,农产品需要在地理标志、成分清单等方面进一步推进标准化,而这些标准化过程需要各类技术的支持。一些致力于推进标准化的技术已经应用到生产和交换等领域,并获得了可观的经济效益。农业技术标准化也是强化我国农业的国际竞争力、适应国际贸易秩序和规则的重要条件。信息化进程特别是基于互联网的交易信息化将会倒逼产品的标准化建设。在这个方面,我国需要紧紧跟随国际标准化的动向来适度调整农产品的标准,以便在国际市场中获得相对竞争力优势。

三、农业技术创新的模式

(一)市场需求推动模式

市场需求推动模式是指微观主体从自身经济利益出发,以市场的技术供求关系为依据,自主地组织技术发明和技术创新活动的模式。具体来说,就是科研单位或个人按市场的技术需求情况来组织技术发明活动,强调技术发明的经济效益,使技术发明与技术需求紧密结合。农业企业或农户为农业科研单位提供市场技术需求的信息,促使农业科研单位组织技术创新活动,强调技术创新的经济效益,使技术创新与发展生产紧密结合。市场需求推动型技术创新模式如图4—1所示。

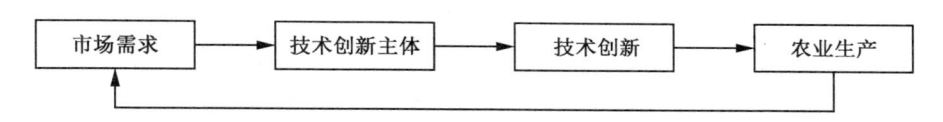

图4—1 市场需求推动型技术创新模式

在市场经济条件下,农业企业或农户将受要素价格变化的影响和诱导,从而致力于寻求那些能够替代日益稀缺的生产要素的技术选择,进而推动相关技术的创新。这种技术创新模式的优点是自主性强、机制灵活,能充分调动微观主体的积极性。在实行市场经济的国家中,多数技术发明和技术创新活动都属于这种推动模式。实践表明,这种模式也有缺陷:有些微观主体(包括技术供给主体和需求主体)由于势单力薄和受其他因素的影响,使技术发明与创新的规模以及某些项目的创新受到限制,或者无法涉足,一些效益较差的产业技术创新活动受冷落。

(二)技术发展推动模式

技术发展推动模式是指由于相关农业技术发展的推动作用而产生技术创新的模式。技术推动表现为科学和技术的重大突破,使科学技术明显地走到生产的前面,从而创造和激发出市场的潜在需求。技术发展推动型技术创新模式如图4—2所示。

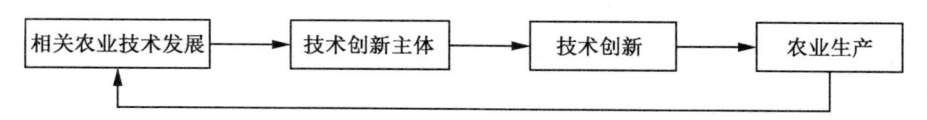

图4—2 技术发展推动型技术创新模式

在一个国家的一定时期发生这类农业技术革命,而不发生那类农业技术革命,这是有其深刻历史根源的,概而言之,大致有几种情形:原有技术潜力与新的社会需要的矛盾推进农业技术革命和技术创新;国际农业技术交流引发农业技术革命和技术创新;新材料、新能源等的应用推广带来农业技术革命;科学理论物化引致农业技术革命和技术创新。

(三)联合作用模式

联合作用模式是指在农业技术创新时,创新者在拥有或部分拥有农业技术发明或发现的条件下,受到市场需求的诱发,并由此展开农业技术创新活动的模式。联合作用型技术创新模式如图4—3所示。

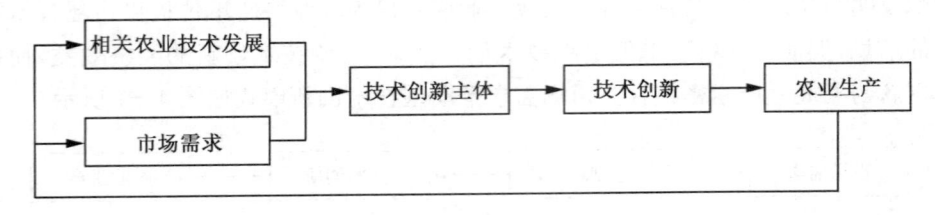

图4—3 联合作用型技术创新模式

事实上,由于技术和经济的相互渗透,以及农业技术创新的范围越来越广,技术创新过程越来越复杂和多变,诸多因素的作用下,很难断定农业技术创新活动的决定因素是农业技术推动还是市场拉动,实际上应当是农业技术推动和市场拉动的综合,因而许多专家认为农业技术创新的运行模式应当归结为农业技术推动和市场拉动的双重作用模式。

第四节 农业技术进步与全要素生产率

一、农业技术进步的内涵

(一)农业技术进步的含义

农业技术进步是指在农业经济发展中不断用生产效率更高的先进农业技术代替生产效率低下的落后农业技术。农业技术进步有广义和狭义之分,广义的农业技术进步是指除了土地、资金、劳动等经济要素以外,所有能使农业生产效率提高的方法、手段及其应用于生产中不断提高农业生产效率的过程;狭义的农业技术进步则是指农业生产技能和物化技术等"硬技术"水平的提高及其应用于生产中不断提高农业生产效率的过程。也有学者认为,技术进步是在原有技术的基础上进行更新、创新,而原有技术已经与一定的资本和劳动力相结合,在生产中起作用。从此角度分析,认为农业技术进步是技术进步在农业生产领域的具体化,是指将新知识和新技术推广并运用于农业生产实践活动中,使得一定数量的资源投入生产出更多产品,不断提高农业经济效益、生态效益和社会效益的发展过程。具体包括:生产技术措施的进步,如良种选育技术的进步、农作物耕作栽培技术的进步和土壤改良技术的进步等;生产条件方面的技术进步,如农业生产工具的进步、农业能源的进步和农业基本设施的进步等;管理技术的进步,如运用现代化的管理手段和管理方法,特别是运用电子计算机等现代信息技术来代替传统的管理手段等;生产劳动者与管理者的技术进步,如农业生产劳动者与管理者科学技术知识的丰富、劳动技能的提高及管理技能的提升等。

农业技术进步对农业发展具有重要作用。第一,提供先进农业技术装备,提高劳动生产率。农业技术进步可不断为农业提供大量先进的农业生产工具、运输工具及生产性建筑设施等,改善和提高现有农业生产技术装备水平,降低生产成本,提高劳动生产率,使生产效益最大化。第二,提高土地生产率和农产品质量。农业技术进步可以大大提高土地的生产效率或投入产出比率,改善和提高农产品质量。一方面,农业技术进步不断为农业提供高质量的生产资料,如化肥、农药、除草剂、地膜等,提高农业生产效率;另一方面,农业技术进步可为农业提供先进适用的耕作、栽培、病虫害防治、灌溉等技术,改善和提高各种农艺技术水平。第三,充分合理利用资源,提高农业经济效益。农业技术进步可扩大农业资源的利用范围,提高农业资源的质量和单位资源的利用效率,使有限的农业资源发挥更大的经济效益。此外,农业技术进步还可以促进生物因素与环境因素的统一和协调,按照因地制宜的原则优化农业资源的配置,以充分发挥农业生产的地域优势,从而提高农业的经济效益。第四,改善农民生产生活方式,促进农村全面发展。农业技术进步可以使农民的劳动条件不断改善、劳动强度不断降低、收入水平不断提高,从而调动农民推进技术进步的积极性,使农民有更大的动力学习和掌握科学文化知识与劳动技能。

(二)农业技术进步的内容

1. 农业生产技术

农业生产技术的内容十分广泛,归纳起来主要表现为五个方面:优良品种相关技术、栽培技术、饲育技术、动植物保护技术、中低产田土壤的改良技术。优良品种相关技术既包括动植物优良品种的培育、改良、引进,也包括种子加工、包衣、冷藏等技术的发明和改进。栽培技术主要有施肥技术、育秧技术、灌溉技术、农业机械技术、地膜使用技术和以间套复种为核心的耕作制度改革等。饲育技术主要包括配方饲料技术、配套饲养技术、畜禽舍饲管理技术等。动植物保护技术包括农作物重大病虫草害的防治和预测预报技术、畜禽鱼虾主要疫病流行预报与综合防治技术、新农药的研制及病虫抗药性监测治理技术等。中低产田土壤的改良技术包括盐碱土改良利用技术、红黄壤改良利用技术、风沙土改良利用技术等。其中优良品种相关技术对于动植物产量和质量起着关键的决定作用，对农业增长的作用极其重要，如杂交水稻的育成、高产矮秆小麦及杂交玉米的培育等。栽培技术、饲育技术一般是与动植物良种配套使用的技术，良种技术效率能否充分发挥与其推广采用程度关系密切。中低产田土壤的改良技术是建立高产、高效农业的基础和保障，它对于提高农业综合生产能力有重要作用，但随着土壤不断稳定化，其作用逐步降低。动植物保护技术主要是把由于病虫害的侵袭而导致的减产降到最低程度而采取的技术措施。

2. 农业政策与经营管理技术

农业政策与经营管理技术对农业产出增长的作用是经过国内外农业发展实践证明的。制度创新在农业增长中同样具有非常重要的作用。政策和制度本身并不增加资源总量，但却可以改变技术进步的方向、要素配置的效率和收入分配的方式，进而影响经济增长和社会公平。这方面的内容主要包括新的农业方针政策、新的经济体制、农业产业结构调整、新的经营管理方法等。其中，新的农业方针政策主要是指具体的有利于调动农业生产者的积极性、有利于农业增产增收的各项起着直接作用或者间接作用的政策措施，如中央一号文件中对农民种粮的补贴政策、农业税费的减免政策等。新的经济体制是指国家的宏观决策，是一种新的制度安排，是从整个国家的决策意志来反映是否有利于资源的合理配置，是否能促进农业生产的增长和稳定发展。如1978年的家庭联产承包责任制的实行，以及由计划经济向市场经济的转轨等。农业产业结构调整是指在原有产业布局和安排的基础上重新安排作物种植品种和比例，以取得较高经济效益。例如可以通过优质、高产作物品种代替传统作物品种，或扩大经济作物面积，或者依靠多元化经营取得较高收益。新的经营管理方法，是与农业生产者以及基层管理者密切相关的管理措施和方法，如农业产业化经营，通过将产前、产中、产后各个利益主体连接起来，产生比单个农户经营更高的效率和效益，促进农业经济增长。

3. 农业服务技术

农业服务技术主要是为农业生产者提供教育培训服务以及生产资料供给方面的服务。为农业生产者提供教育培训服务旨在促进生产者素质的提高。生产资料供给方面的服务主要是指农业物资的购销、分配过程中技术的发明与应用，如现代物流与配送技术。

农业技术进步内容分解如图4—4所示。

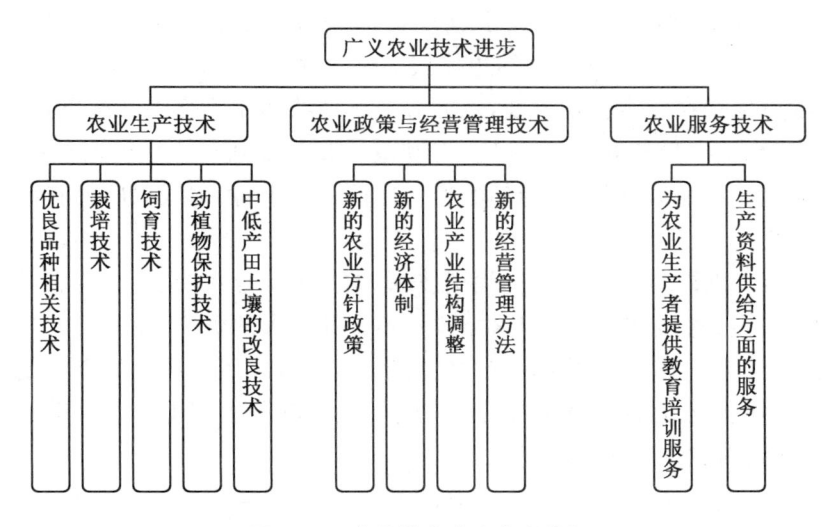

图 4—4 农业技术进步内容分解

二、农业技术进步的类型

速水佑次郎(Hayami Yujiro)和弗农·W.拉坦(Vernon W. Ruttan)在其农业发展的诱致性技术变迁理论中认为,一个国家农业生产的增长受其资源条件的制约,但这种制约可以通过农业技术进步来突破。土地、劳动这类初始资源的相对稀缺程度及其供给弹性的不同,在要素市场上表现为它们相对价格的差异。相对价格的差异会诱导出节约相对稀缺而价格相对高昂的资源的技术变迁,以缓解供给缺乏弹性的稀缺资源给农业发展带来的限制。劳动供给缺乏弹性或劳动相对于土地价格昂贵,会诱导出节约劳动的机械技术进步;土地供给缺乏弹性或土地相对于劳动价格高昂,则会诱导出节约土地的生物化学技术进步。

(一)传统的农业技术进步类型

这里采用农业技术创新与资本—劳动比率相结合的方法,将农业技术进步分为资本节约型技术进步(capital-saving progress)和劳动节约型技术进步(labor-saving progress)两种类型。

1. 资本节约型技术进步

资本节约型技术进步即节约资本的技术进步。它可以提高资本边际生产率对劳动边际生产率的比率。资本节约型技术使劳动的边际产量比资本的边际产量增加更快,因此,人们就会相对多用劳动而少用资本,从而引致资本的节约大于劳动力的节约。

资本节约型技术进步示意图如图 4—5 所示。技术进步引致等产量曲线从

$Q_{期初}$ 位移到 $Q_{期末}$，但由于这种技术进步在 K 和 L 组合比例相同情况下，能使 MP_L/MP_K 的值增大，从而劳动的边际技术替代率变大，等产量曲线 $Q_{期末}$ 就会变得比 $Q_{期初}$ 更陡。在要素价格不变，从而等成本曲线斜率不变的情况下，这种技术进步就会引致资本量从 K 减少到 K'，劳动量从 L 增加到 L'。由于资本减少较多，而劳动增加较少，所以，资本与劳动的投入比例将变小（由射线 OE 的斜率减小到 OE' 的斜率）。

资本节约型技术（又称资本替代型技术）的主要优点：一是它符合农村资金不足、劳动力有余的实际情况，采用这类技术不必花多大的资本，而又能充分利用劳动力丰富的优势。二是采用资本节约型技术，通常可以用一定量的资本创造出更多的劳动就业机会，从而有利于改善经济收入的均等分配。因此，资本节约型技术比较容易在农村和贫困地区得到普及推广。

资本节约型技术的缺点：一是这类技术相对来说，劳动生产率不高，人均所得增长慢。二是采用资本节约型技术，比较不利于社会资本存量和经济实力的积累与增长。三是采用资本节约型技术会助长农村的人口增长趋势，不利于农村摆脱"人口陷阱"的桎梏。

2. 劳动节约型技术进步

劳动节约型技术进步即节约劳动的技术进步。它可以降低资本边际生产率对劳动边际生产率的比率。劳动节约型技术使资本的边际产量比劳动的边际产量增加更快，因此，人们就会相对多用资本而少用劳动，从而引致劳动力的节约大于资本的节约。

劳动节约型技术进步示意图如图 4-6 所示。技术进步引致等产量曲线从 $Q_{期初}$ 位移到 $Q_{期末}$，但由于这种技术进步在 K 和 L 组合比例相同情况下，能使 MP_L/MP_K 的值变小，从而劳动的边际技术替代率变小，等产量曲线 $Q_{期末}$ 就会变得比 $Q_{期初}$ 更为平坦。在要素价格不变，从而等成本曲线斜率不变的情况下，这种技术进步就会引致资本量从 K 增加到 K'，劳动量从 L 减少到 L'。由于资本增加，而劳动减少，所以，资本与劳动的投入比例将变大（由射线 OE 的斜率加大到 OE' 的斜率）。

劳动节约型技术（又称劳动替代型技术）的主要优点：一是采用劳动节约型技术具有较大的连锁反应，可以带动许多相关产业技术的发展。二是采用劳动节约型技术能有效地增加生产的产出，从而大幅度地提高生产效率和劳动生产率。三是采用这类技术可以帮助一部分劳动力不足的地区缓解劳动力短缺的难题。

劳动节约型技术的缺点：一是这类技术的适应性有限。那些资本不足、劳动力丰富的地区，用不起这类技术，不仅经济上负担不起，而且不利于发挥当地劳动力资源丰富的优势。二是劳动节约型技术虽然可以减少部分劳动力用量，但它又要

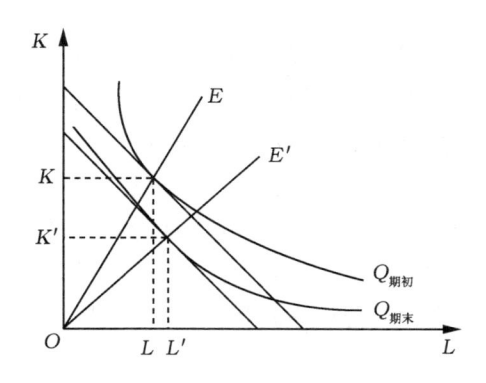

图 4—5　资本节约型技术进步　　　　图 4—6　劳动节约型技术进步

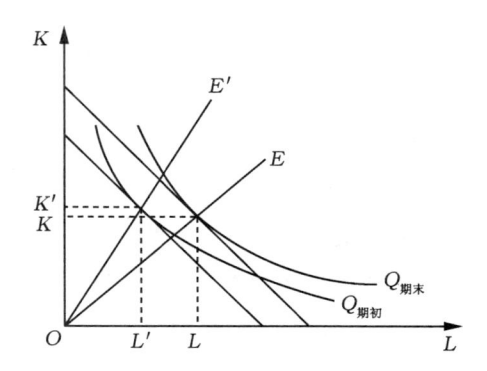

求劳动者具有较高的科技文化水平。三是农村风险承担能力有限,这类技术较难推广普及。劳动节约型技术的采用,意味着投资的增加,投资越多,所要承担的投资风险越大,而发展中国家或贫困地区对投资风险的承担能力是有限的。

(二)农业技术进步类型的扩展

土地和劳动这些初始资源虽然可以被替代,但不可能被完全替代。农业技术的进步不仅表现为对传统资源的替代,而且体现在传统资源自身的进步之中。传统资源在农业发展过程中由于质量的提升而带来的技术进步,在速水佑次郎和拉坦的农业技术体系变迁中被忽略了。

1. 劳动改进型技术

在农业现代化进程中,滞留在农业部门的劳动力会发生适应性变化。劳动力的变化主要表现为劳动者知识水准和技术能力的提高,它通常用人力资本概念来表示。农业部门的人力资本是指通过对农民进行教育、培训、健康、迁徙等方面投资而形成的更高生产能力。"这些能力与资本品一样是被生产出来的生产资料",并随着经济发展和向人的投资的增加而成为"一种不断完善的生产力"。

经济发展过程中,劳动者素质的提高是一个很容易被观察到的经验事实。经济发展水平和农业现代化水平高的发达国家,劳动者的受教育程度明显高于发展中国家。与发达国家相比,我国劳动者的人力资本存量明显偏低。

2. 土地改进型技术

土地资源的质量,在农业现代化过程中也在改进。这种改进是通过向土地投资获得的。即土地改进型技术主要表现为土地资本存量的增长。土地改进的结果,一是土地内在质量的提高,包括土壤土质改良、土地的工程化;二是土地外在条件的改善,包括道路、水利等基础设施建设和农业生态条件的改善。由于向土地投资可以带来土地生产率的明显提高,与其他类型的技术变革具有相似的性质,所以，可以将其归为一种独立的技术类型。

随着社会生产力的进步，土地改进型技术呈现出新的发展趋势：一是土地工程化建设进一步加强，主要表现为"工厂化农业"的出现。所谓工厂化农业，是利用现代工程技术建立"农业生产车间"，使农业生产摆脱或部分摆脱自然条件的制约，配合集约型农业生产技术，实现人工控制栽培和饲养。二是农业生态环境保护和农业资源的可持续利用。如果说工业经济时代农业技术的发展主要表现为对大自然的掠夺和征服，那么，进入知识经济时代，农业技术发展的一个突出特征是对大自然的保护和回归。工业化农业发展的代价，使人们充分认识到"人与自然世界的重新和好已经不只是合乎需要，而且是必要的"。

（三）替代性技术与改进型技术间的关系

1. 共同的资源结构基础

凡劳动资源稀缺而土地资源丰裕的国家和地区，在替代型技术的选择上，更加重视节约劳动的机械技术进步；在改进型技术方面，偏重于提高劳动者素质的技术进步。这是因为：其一，节约劳动的机械技术，对劳动者的技术素质有较高的要求；其二，单位劳动推动的非劳动资源规模较大，提高劳动者素质是合理利用非劳动资源的要求。土地资源稀缺的国家和地区，偏重土地节约型的生物化学技术进步，同时，对土地改进型技术也有着较高的需求。因为提高单位土地面积的产出，是这一资源结构的国家和地区农业发展的重要目标之一。土地质量的改进与生物化学技术的进步对于实现这一目标具有同样重要的意义。但在现实经济中，土地改进型技术进步，不仅取决于土地资源稀缺程度所决定的改进土地质量的要求，而且取决于资本丰裕程度所提供的改进土地质量的能力。

2. 替代性技术引致改进型技术进步

在工业经济时代，替代型技术与改进型技术之间，替代型技术居于主导地位。首先，替代型技术一出现就成为传统农业向现代农业转变的首要推动力。从世界农业发展的历史进程来看，机械技术和生物化学技术是现代农业转型过程中发生最早和最主要的技术变革，正是由于这些技术变革，才使现代农业开始走上历史舞台。因而，人们一般把机械技术和生物化学技术的进展作为衡量现代农业的主要标准。其次，改进型技术在很大程度上是由替代型技术所引致的，具有从属性和依附性特征。而土地的改进，或者是为了适应农业机械更好地作业的需要，或者是为了使生物化学技术更好地发挥作用。

3. 改进型技术推动替代型技术发展

改进型技术在很大程度上又是替代型技术运用的依赖条件。以土地改进型技术为例，速水佑次郎和拉坦指出："为了维持农业增长，有必要从资源开发转变到资源保持型或增进型技术（如作物轮作或施肥）的开发；用化肥这样的现代工业投入品代替自然土壤肥力;化肥反应性的现代作物品种的开发。为了获得这些增长的新源泉,一个社会必须对土地和水利基础设施进行投资。""农业技术的扩散和土地基础设施的投资是相互加强的。环境条件的改变(如通过灌溉更好地控制水)常常是有效使用新技术(如现代半矮脚水稻品种)的前提条件。"由于发展基础设施将使新技术更具生产性,因而,对改进土地基础设施投资的预期收益率相应提高,土地改进型技术的运用在经济上也具有合理性。

三、全要素生产率视角下的农业技术进步

全要素生产率作为研究农业技术进步效果的主流经济学评价视角,其基础理论研究较为成熟。通常,生产率即产出投入比是衡量技术进步效果的主要指标,可分为单要素生产率与全要素生产率两种具体的体现方式。与单要素生产率不同,全要素生产率反映的不仅是某单一要素的产出贡献,而且能较为全面系统地反映要素组合的综合贡献,因而其变化被广泛应用于反映技术进步的效果。全要素生产率技术进步的理论基础源自新古典经济学经济增长模型中 A 所代表的无形的知识积累与改进。经过上述技术进步相关理论研究的积累,其基本的作用原理可由图 4—7 所示。

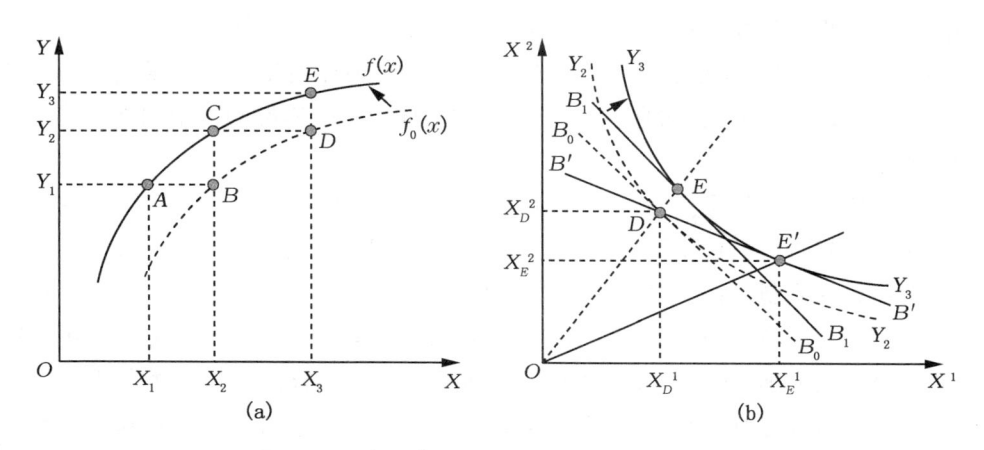

图 4—7 全要素视角下的技术进步分解原理

图 4—7(a)中,横纵轴分别代表投入与产出。其中,B、D 点在上一期生产前沿面 $f_0(x)$ 上;而 A、C、E 点在当期前沿面 $f(x)$ 上。以 B 点为例,是某一要素组合 X_2 生产的决策单元所得到 Y_1 产出的情况,其产出 Y_1 也可以由更少的要素组合 X_1 所对应的 A 点获得,而在该要素组合上,其最优产出为 C 点所对应的 Y_2,因此,B 点的技术效率为 OY_1/OY_2。技术效率所表现的是在某个时期,单个决策单元以某一要素组合进行生产所得到的实际产出相对于最优产出的差距。同理,对

于 D 点,其最优产出是 E 点,当前技术效率为 OY_2/OY_3,但在当期 D 点的技术效率要高于 B 点。假设具有 X_2 要素组合的决策单元在最优产出的生产前沿面函数为 $f_0(x)$ 的初始时期的实际产出为 B 点,在最优产出的生产前沿面函数为 $f(x)$ 的下一时期的实际产出为 C 点,则其通过跨期的技术效率的变化实现了个体的相对技术进步,因此技术效率体现的是相对技术进步水平。另外,当最优产出的生产前沿面向外扩张时,例如图中函数为 $f_0(x)$ 的实际生产前沿面向函数为 $f(x)$ 的生产前沿面扩张时,则体现了狭义技术进步所实现的绝对意义上的整体技术进步。

图 4-7(b)为全要素生产率视角下,每个决策单元实现技术进步的具体途径。假设两种生产要素 X^1 和 X^2,B_0B_0 表示上期生产可能性曲线即充分利用要素所能实现的最大产出,B_1B_1 与 $B'B'$ 分别表示当期的生产可能性曲线;从原点 O 出发的不同斜率的射线分别代表各种要素配置结构,Y_2Y_2 和 Y_3Y_3 是图 4-7(b)中对应的两条等产出曲线。那么,如图 4-7(b)所示,每个决策单元的技术进步可以由两种具体途径来实现:一种途径是考虑一个个体的实际产出在 D 点,其原本的生产性可能曲线为 B_0B_0,当其投入要素综合产出能力增加时,相当于其生产前沿面向右上方平移至 B_1B_1,并与等产出曲线 Y_3Y_3 相切于 E 点,其产出增加;另一种途径是考虑另一个个体,其实际产出仍为 D 点,但是其原本的生产前沿面是 $B'B'$,当决策单元将两种要素从以 $X_D^1X_D^2$ 比例组合结构向 $X_E^1X_E^2$ 的比例组合结构进行调整时,生产性可能曲线 $B'B'$ 与 Y_3Y_3 切于 E' 点,同样促使其产出增加。而所有决策单元在以上两种途径的技术进步就分别形成了生产前沿面扩张的绝对技术进步与相对技术效率改进。

由于研究目的与层次的差异,农业技术进步过程中决策单元可能是地区、产业或者农户,因此,产出具体是以产值还是产量的形式体现需要视不同情况而定。由于量纲比较的限制,对农业技术进步效果的地区间比较只能采用产值的形式;在开放市场的流通环境下,农产品价格外生性较强,从产量的角度做产业的技术进步比较相对合适且准确;而在研究农业技术进步的主体——农户的技术水平提升的具体影响因素与改进方式时,考虑农户家庭生产的商品化率与消费者对农产品需求质量标准的不断提升,体现质量提升的价格可能是引入新技术的结果,在这种情况下,产值可能是更为客观的技术进步比较变量。

第五章

现代农业发展中的金融支持

第一节 农村金融体系与融资渠道

一、农村金融的概述

(一)农村金融的产生

农村中的货币流通和借贷行为的产生是农村金融的形成基础。社会出现私有制后,一般意义上的借贷行为即已产生。初期的货币流通主要发生在奴隶主、商贾和平民之间,实物性借贷是农村借贷的主要表现形式。农村金融活动产生于封建社会,在封建社会末期得到进一步发展。封建社会制度下的农民虽然对封建领主和地主有较强的人身依附关系,但租佃制、雇佣制的确立和自耕农、半自耕农阶层的产生,为农村借贷活动奠定了必要基础。早期农村金融业务主要是以谋取高利为特征的放款,货币借贷的一方是地主和高利贷者,另一方是为缴纳税赋、应付天灾人祸、解决生产急需而举债的农民。封建社会的自然经济形态使农村借贷始终是以实物借贷为主体内容。这个时期出现的典当业,是带有浓厚封建色彩的农村金融机构。封建社会末期,农村商品性生产在一定程度上的发展,使农村货币流通领域进一步扩大,货币的收支与农民的生活、生产进一步紧密联系,此时为解决生产资金紧缺的资金融通活动才真正确立自己的地位。

资本主义生产方式的建立,特别是现代银行体系的建立,使农产品市场扩大,农村金融活动也迅速演化发展,达到更为完备的阶段。除信用活动外,其他与资金融通有关的业务也相应产生、发展。农村金融在封建社会末期前后具有明显的不同特征,前一阶段长期停滞,以高利贷性质的消费性借贷为主,后一阶段逐步演化为以生产、流通性借贷为中心。这是农村商品经济活动发展的必然结果。

(二)农村金融的内涵

农村金融是指农村货币资金的融通,即如何通过信用手段筹集、分配和管理农村货币资金的活动。农村金融的本质是信用关系制度化的产物,是不同产权主体基于信息、信任、信誉和制度约束基础上的信用交易活动,它通过信用工具将分散资金集中有偿使用,并通过组织这些活动的制度安排构成经济系统及其运动形式。[①] 农村金融形态的变迁,应该内生于农村经济发展,其概念内涵表现在三个方面。

1. 农村金融是具有促进农村经济发展功能的金融

农村金融作为"农村的""金融",在功能范式的认知框架下,是指与"农村经济发展"的金融需求相对应、具有促进农村经济发展功能的"金融",而不是被人为认定"农村"身份,或只为农业生产提供信贷服务的农业金融,或仅在农业和农村领域为自身需要而开展业务活动的地理意义上的农村金融机构及其组织体系。只有那些为适应农村经济发展的金融交易需求,在分工和交换体系中逐渐形成和发展起来的金融机构、金融市场和组织体系才属于农村金融的范畴,即农村金融的交易功能决定了农村金融机构和组织体系的形态,而不是相反。农村金融的有效性不在于其机构的多少、规模的大小和现代化程度的高低,而在于其功能的发挥程度。换句话说,"只要能承担相应的金融功能,具体的金融机构形式则是无关紧要的","只有通过某种形式提供农村居民所需的金融服务才是问题的根本所在"。

2. 农村金融是农村经济与整体金融的交叉系统

农村金融从属于农村经济系统,研究农村经济问题应包括农村金融;研究农村金融问题,要考虑农村经济的影响。同时,农村金融又属于金融范畴,是整体金融系统中的一个单元,研究金融问题不能回避农村金融;同样,研究农村金融问题,不能不考虑整体金融的影响。农村金融系统运动既是金融系统运动的一部分,又是农村经济系统的一部分;既具有金融的一般特征,又具有与农村经济需求相一致的独特形态,是宏观经济环境下农村经济与整体金融双重作用的结果。

3. 农村金融是内部功能和结构复杂多样的系统

农村金融的内涵既要从理论层面上根据整体金融状况和农村经济发展目标来理解,又要从现实层面上根据农村金融的现实状态和农村经济发展的实际需求来理解。在理论上,农村金融应当包含一系列内涵丰富的金融产品和服务,如储蓄、信贷、结算、保险、投资、理财、信托等,以及与之相对应的金融组织体系,或者说与整体金融应该是保持一致的组织体系。在现实中,农村金融则是适应农村经济发展的金融需求,具有自身特点的不断演化的资金融通活动。

现代农村金融的作用主要体现在筹集资金、供应资金和货币流通管理等职能

---

① 熊德平. 农村金融与农村金融发展:基于交易视角的概念重构[J]. 财经理论与实践,2007(2):8—13.

上。农村金融活动不仅包括农村金融机构的活动,而且包括农村民间借贷活动。目前的农村金融活动大致包括:①吸收农村各类企业、事业机构和个人的各项存款;②对农村各类企业、事业机构和个人的贷款;③现金管理和转账结算;④有价证券的发行、代发行和交易;⑤汇兑、信托、租赁、咨询等业务;⑥保险业务;⑦政府及有关机构的委托业务;⑧有关的国际金融业务。这些活动是与农村商品经济活动的不同方面相对应的,是农村商品经济发展的客观需要。

(三)农村金融的功能

农村金融具有筹集、分配和管理货币资金的职能,从而发挥其支持、调节与稳定农村经济的作用。

1. 筹集资金,支持农村经济

筹集资金包括直接融资和间接融资两种形式。直接融资在农村主要有合伙、民间自由借贷、股份合作等形式,其优点是方便灵活,能在一定程度上弥补间接融资的一些不足;而间接融资主要通过银行和信用社进行。相对于直接融资而言,间接融资具有明显优势,是主要的融资形式。一般来说,通过间接融资筹集资金具有以下特点:一是可以积少成多,把零星分散的货币结合成巨额的资金,形成规模。二是可以变死为活,把进入分配以后的补偿基金、积累基金等已经离开生产周转的死钱,变为可以利用的活钱。三是可以续短为长,在此存彼取、频繁交错的过程中,把短期待用资金的余额连接成可供长期贷放使用的资金。

筹集资金有财政手段和信用手段两种方式,多数情况下信用方式优于财政方式。以信用方式筹集资金,更加符合农村生产的特点。一是符合农业中以生物生产为主的特点。由于生物生产的季节性,各个生产经营单位的生产周转资金没有一个经常的、稳定的余额,所需资金为临时性、季节性,要临时占用而非长年备足,适合通过信用手段筹集。二是符合农村以双层经营为主的特点。双层经营以农户家庭承包经营为基础,土地也为集体所有。对于农户和集体经营单位的资金需要,既不宜单纯靠拨款支持,也不能搞无偿平调,只适合采用信用方式进行融资。

2. 分配资金,调节农村经济

就农村经济而言,粮食和其他农产品的供给既直接影响城乡生产和人民生活,又影响农村消费水平。多数国家对农业和农村经济的干预和调节力度总是大于城市和其他行业,因为农村经济往往难以适应市场经济的要求。从农村经营单位的角度看,以家庭经营为基础的亿万农户和大量存在的乡镇企业经营分散,小生产与大市场之间的矛盾十分突出。因此,进行微观调节,通过贷多贷少、利率高低等方面的变化,可以使农民能够更好地适应市场,提高经济效益。

农村金融是调节农村经济的重要杠杆。与其他经济杠杆相比,农村金融具有两个显著的特点:一是调节时间上的灵活性。可以经常地适时进行调节,而不像价格、税收杠杆那样,只能在一定时期内通过改变原定标准而一次性地进行。二是调节对象上的机动性。它的贷款对象标准和利率差别可以直接作用到某一经营单位、某一经营项目,而不像价格和税收杠杆那样,每一次变动都涉及全局,牵涉到各个方面。

农村金融主要是通过资金分配来调节农村经济,它渗透到生产、分配、交换、消费各个环节,贯穿于农村经济活动的全过程。在生产环节,通过金融支农,可以提高农业投资在国民经济投资中的比例;通过调整借贷结构,可以调节农村产业结构;通过农业产业化贷款,可以提高农业生产的专业化、社会化程度。在分配环节,通过贷款的发放与回收、利率的提高和降低,可以调节积累与消费的比例,调节生产与生活的比例。在交换环节,通过对农产品收购和工业品供应采取不同的信贷管理办法,可以调节农村商品流通的规模、流向、品种和渠道。在消费环节,通过鼓励储蓄或发展消费信用,可以抑制或促进农村消费需求,调节农村居民的消费水平和结构。

3. 管理资金,稳定农村经济

农村经济要稳定发展,首先要稳定货币,从而稳定农产品和农村生产资料的价格,稳定农村市场的供求平衡关系,并稳定地提高农村居民的生活水平。为此,要采取两方面的措施:一是控制货币投放,根据实际需要适当扩大或压缩需求;二是搞活农村经济,尽量扩大供给,使供给和需求在总量上和结构上都保持平衡。

农村金融部门通过信贷活动,可以控制农村经济中的货币量,执行管理资金的职能。发放贷款、兑付存款就是货币投放,收回贷款、吸收存款就是货币回笼。农村金融部门可以控制农村货币流通总量,以保证与流通中的商品总量相适应;可以调节农村货币流通结构,以保证与商品流通结构相适应;可以调节地区货币分布,以保证地区之间商品的正常流通。

二、中国农村金融体系

农村金融体系通常是指农村各种金融机构及其活动所构成的有机整体。广义的农村金融体系不仅包括正规的农村金融机构及其活动,而且包括非正规的农村金融组织以及个人借贷活动。新中国成立以来,我国农村金融体系在其形成和发展过程中,经历了多次重大变革,正在不断改革与发展中逐渐趋于完善。

(一)中国农村金融体系的形成与发展逻辑

1. 中国农村金融体制的发展阶段

新中国成立以来,中国农村金融体制经历了从建立到改革和发展的巨大历史变革。中国农村金融体制的发展以改革开放为分水岭,可分为两大阶段。新中国成立初期,为适应尽快恢复经济、发展生产的战略目标,中国建立了以国有银行为主、信用合作和民间借贷为辅的农村金融体制。随着社会主义改造完成和公有制体制的建立,中国农村金融体制逐渐转为国有银行一体化的计划体制。

改革开放后,农村金融体制经历了改革与发展两个方面的变革:一是改革,即对已有的农村金融机构进行改革,为存量改革;二是发展,即建立和发展新的农村金融机构,属于增量发展。沿着这两条主线,中国农村金融体制在改革中发展、在发展中改革,且不同时期各有侧重,可分为四个次阶段:一是专业银行体制主导阶段;二是银行商业化改革阶段;三是农村金融市场开放阶段;四是农村普惠金融建设阶段。其中,前两个阶段的主要内容是对既有农村金融机构进行的存量改革,第三个阶段的主要内容是增加新型农村金融机构和小额贷款公司等非存款类金融服务主体的增量发展,第四阶段主要是推动获得金融服务机会均等化的普惠金融体系建设。

2. 中国农村金融体系的演变逻辑

新中国成立之初,中国农村金融体系由非正式金融主导变为正式金融主导,由传统的民间自发和社会主导迅速转变为行政主导;改革开放四十年期间,又经历了由行政主导到市场主导的改革进程。中国农村金融改革的逻辑,持续受到国家行政、市场体系和农村社会三者之间不断演变的关系的塑造。具体而言,1949—1978年的改革,打破了几千年来农村社会自治和社会主导的逻辑,迅速建立起行政主导体系。由此,几乎将非正式金融一网打尽,建立起正式金融体系。1978年以来的改革,是渐进式、阶段性地打破行政垄断金融,更多发挥市场作用。"社会主导—行政主导—市场主导"三阶段的转换,是中国农村金融70年之变的发展逻辑。

资本短缺是1949年至20世纪90年代中后期长达50年的主旋律。无论是1949—1953年的新民主主义革命,还是1953年后逐渐建立的计划经济,资本短缺是基本背景,农村金融体系是国家用来动员农村储蓄、为工业发展融资的工具。1978年的改革开放到20世纪90年代中后期,资本短缺仍是基本背景,虽然向市场分权的改革不断深化,行政主导的信贷分配仍是主旋律,对农村的金融压制仍然是中央与地方政府控制金融资源的重要措施。从1996年起,国内资金供求形势逐渐由短缺走向过剩。20多年来的资本过剩,使得汲取农村资金的主目标,让位给反哺农村的主目标,国家开始对农村金融体系进行方向性转变的深入改革,意图重振农村地区的金融服务。然而,国家的发展战略受到了其执行能力和市场化手段的妨碍。在城乡间投资回报率和收入差距不断扩大的情况下,市场体系继续将农村资金抽取到利润更丰厚的城市部门,将农村留在低水平陷阱之中。随着乡村振兴战略和城乡融合发展战略的推进,农村金融体系将会不断完善与发展,逐步建立起多层次、广覆盖、可持续、适度竞争、有序创新、风险可控的现代农村金融体系。

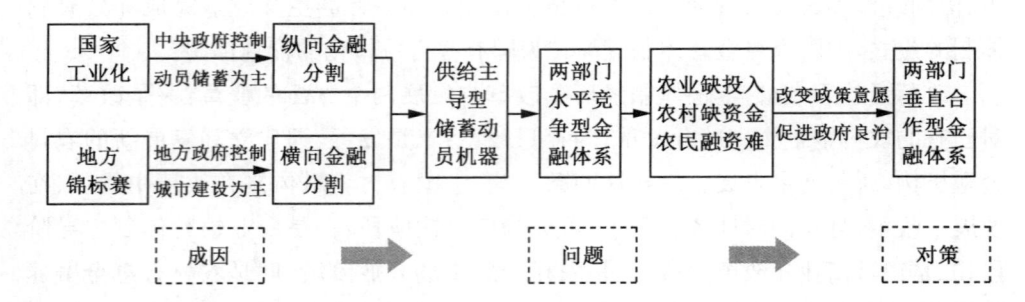

资料来源：周立. 中国农村金融体系的政治经济逻辑(1949—2019年)[J]. 中国农村经济,2020(4):78—100.

图 5—1　中国农村金融体系形成逻辑与改革思路

(二)中国农村金融体系的构成

随着农村金融改革的深入发展,我国农村金融机构和组织不断丰富和完善,已基本形成以农村信用社为核心,以正规金融机构为主,非银行金融机构与民间金融为辅的多层次、广覆盖、适度竞争的农村金融服务体系,政策性金融、商业性金融和合作性金融功能互补、相互协作,推动农村金融服务的便利性、可得性持续增强(见图 5—2)。

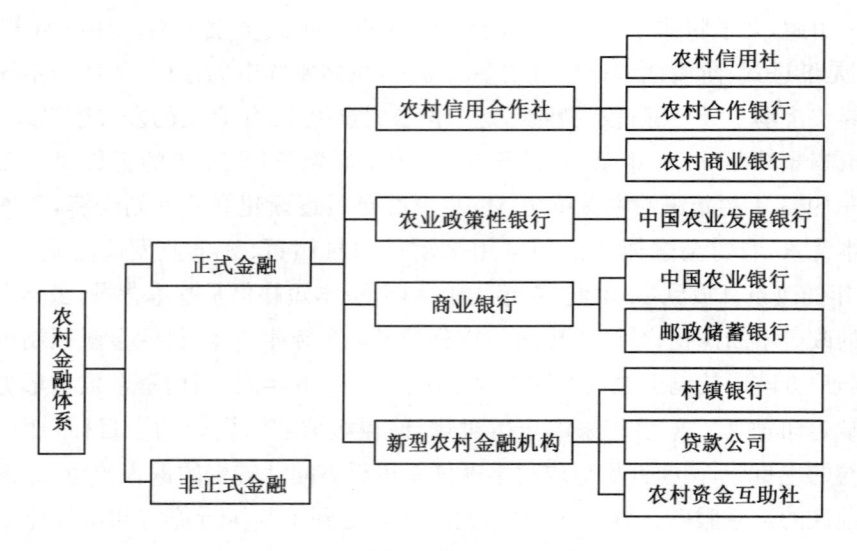

图 5—2　中国农村金融体系的基本框架

1. 农村信用社

农村信用合作社是我国分支机构最多的农村正规金融机构,其分支机构几乎遍布所有的乡镇,是农村正规金融机构中唯一与农户具有直接业务往来的金融机构,是农村正规金融机构中向农村和农业经济提供金融服务的核心力量。

2003年6月,国务院正式发布了《深化农村信用社改革试点实施方案》,提出要按照"明晰产权关系、强化约束机制、增强服务功能、国家适当支持、地方政府负责"的总体要求,加快农村信用社产权制度和管理体制改革。改革内容主要有两方面:一是以法人为单位,改革农村信用社产权制度,明晰产权关系,完善法人治理,区别各类情况,确定农村商业银行、农村合作银行与保持合作制的农村信用社三种不同的产权形式,由县乡两级法人体制转变为以县为单位的统一法人;二是改革农村信用社管理体制,将对农村信用社的管理交由省政府负责。同时,国家将从补贴、税收、资金和利率四个方面为纳入改革试点地区的农村信用社提供政策优惠支持。

农村信用社的改革方向是农村商业银行,农村合作银行只是改革过程中暂时存在的一种中间形态。2011年,银监会在农村信用社体制问题上作出了最终选择,明确"去合作化",今后将不再组建新的农村合作银行,现有农村合作银行也要全部改制为农村商业银行,稳步推进省联社改革,形成省联社与基层法人社的利益共同体。通过公司制改革,农村信用社能够有效改善其治理结构,增强抗风险能力,有利于更好地发挥农村金融机构普惠金融的作用。根据银保监会相关资料,截至2023年底,农村信用社数量为499家,农村合作银行为23家,农村商业银行为1 606家。2022年末,全国农村合作金融机构总资产规模达到47.62万亿元,涉农贷款余额超13.38万亿元,同比增长8.84%,涉农贷款余额超过贷款总额的一半。根据Wind数据,2020年底,农村商业银行涉农贷款余额为18 595亿元,农村合作银行涉农贷款余额为429亿元,农村信用合作社涉农贷款余额为15 620亿元。

表5-1　　　　　　　　2017—2023年农村合作金融机构数量

年　份	2017	2018	2019	2020	2021	2022	2023
农村信用社	965	812	722	641	577	548	499
农村合作银行	33	30	28	27	23	23	23
农村商业银行	1 262	1 397	1 478	1 539	1 596	1 606	1 606

资料来源:根据历年《银行业金融机构法人名单》整理。

2. 中国农业发展银行

中国农业发展银行是提供涉农金融服务的主要政策性金融机构,自1994年成立以来,在服务"三农",特别是支持粮棉油收储、农业开发和农业农村基础设施建设等方面发挥了重要作用。中国农业发展银行不直接涉及农户,它的主要任务是承担国家规定的政策性金融业务并代理财政性支农资金的拨付。中国农业发展银行牢牢抓住新农村建设和乡村振兴的重大历史机遇,着力拓展业务领域和业务范围,强化支农功能,逐步形成了以粮棉油收购贷款业务为主体、以农业产业化经营和农业农村中长期贷款业务为两翼、以中介业务为补充的"一体两翼"的支农格局。

中国农业发展银行紧紧围绕着包括办理粮食、棉花、油料、猪肉、化肥等重要农产品收购、储备、调控和调销贷款,办理农业农村基础设施和水利建设、流通体系建设贷款,办理农业综合开发、生产资料和农业科技贷款,办理农业小企业、产业化龙头企业贷款,办理易地扶贫搬迁、棚户区改造和农民集中住房建设贷款等惠及"三农"各领域的扶持性贷款业务,积极推进金融服务创新,加大信贷投放力度,促进金融资源有效配置,弥补"三农"资金短板,为现代农业提质增效提供有力支持,普惠金融实践成绩突出。如图5—3所示,从2013年到2022年,中国农业发展银行全年累放贷款从1.33万亿元增长至2.91万亿元,年均增长率为8.14%,年末贷款余额从2013年的2.5万亿元增长至2022年的7.74万亿元,年均增长率为11.96%。根据中国农业发展银行年度报告,2022年累计发放支农贷款7.74万亿元,为服务粮食安全、脱贫攻坚和乡村振兴等国家战略作出了积极贡献。

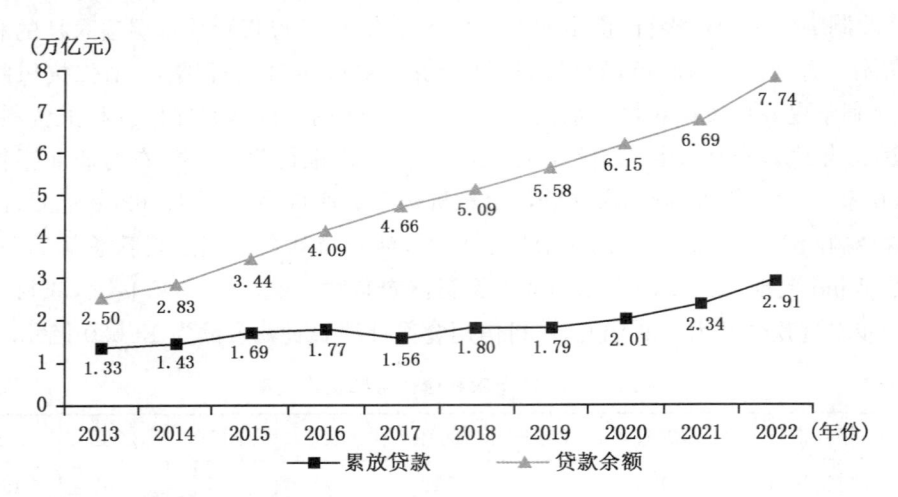

资料来源:历年中国农业发展银行年度报告。

图5—3 中国农业发展银行支农贷款与放贷余额

3. 中国农业银行

中国农业银行是中华人民共和国设立的第一家国有商业银行,成立于1951年,1979年重建,是中国四大国有商业银行之一。中国农业银行全面恢复农村金融工作并领导和推动农村信用社的改革。与其他国有商业银行一样,从20世纪80年代起中国农业银行就一直进行着商业化改革。1996年,农村信用社与中国农业银行脱离行政隶属关系,中国农业银行开始向国有独资商业银行转变。1997年,根据全国金融工作会议精神,包括农业银行在内的国有商业银行开始逐步收缩县域及县域以下机构业务重点向大城市、大企业、大项目集中。从1998年至2002年初,四大国有商业银行共撤并了3.1万个乡镇乃至县级经营机构和营业网点。随着国有商业银行逐步撤出县域以下区域后,农村金融资源日益向农村信用社和邮政储蓄集中。

2003年,我国国有独资商业银行股份制改革进入实施阶段。2007年1月,第三次全国金融工作会议召开,明确提出了中国农业银行股份制改革的总体思路,要求中国农业银行进一步强化为"三农"服务的市场定位和责任,充分利用在县域的资金、网络和专业等方面的优势,更好地为"三农"和县域经济服务。2008年3月,中国农业银行开始进行"三农"金融事业部改革试点。随后,中国农业银行创造性地提出了"地域为界、条块结合、有统有分、多方协同"的"三农"金融事业部改革思路,有力地促进了"三农"服务工作的进展,初步扭转了多年来涉农贷款徘徊不前的局面。

从2013年中国共产党第十八届三中全会正式提出"发展普惠金融,鼓励金融创新,丰富金融市场层次和产品"开始,工、农、中、建、交等传统大型商业银行近年来涉农贷款余额逐年上升。但在传统的大型商业银行中,中国农业银行仍然是服务农村普惠金融的核心力量。2017年6月,中国农业银行根据自身特色和已有的业务体系基础,设立普惠金融事业部,建成了"普惠金融事业部+'三农'金融事业部"双轮驱动的普惠金融服务体系。从2013年至2023年,中国农业银行占金融机构涉农贷款余额的比重从11.24%稳步提高至15.51%(见图5-4)。

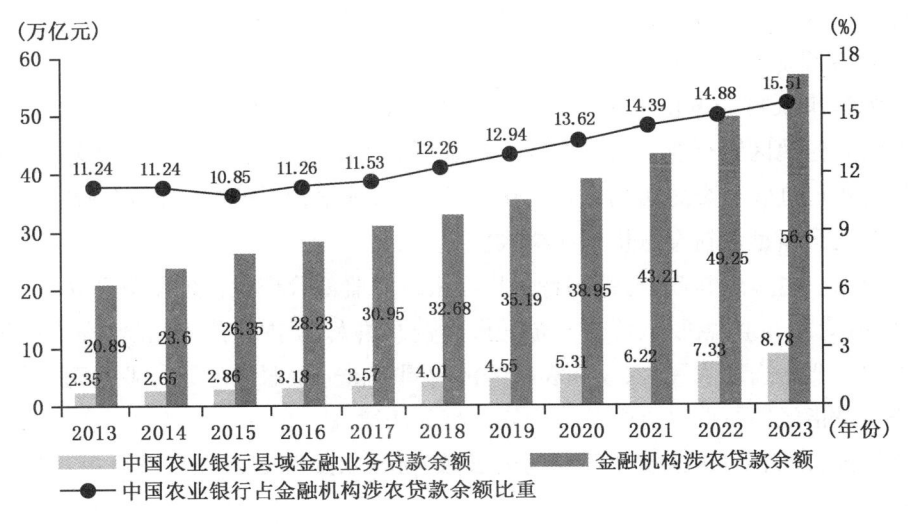

资料来源:中国人民银行公布的数据与历年中国农业银行年度报告。

图5-4 中国农业银行涉农贷款余额及其占比

4. 邮政储蓄银行

我国邮政储蓄始办于1919年。1986年,国务院批准邮政部门恢复办理储蓄业务,设置邮政储汇局,对邮政储蓄、汇兑等金融业务进行管理,邮政储蓄业务成为邮政企业的法定业务之一。从邮政储蓄设立以后,其业务发展非常迅速,2002年年底,邮政储蓄已联网覆盖全国31个省份,98%的县市实现了活期邮政储蓄的通存通取。由于邮储机构三分之二的网点分布在农村地区,而且"只存不贷"源源不断地从农村抽吸资金转存于中国人民银行,减少了农村信用社的资金来源,降低了农村信用社的放贷能力,加剧了农村的资金紧缺。虽然部分资金通过中国人民银行向中国农业发展银行转贷和对农村信用社再贷款的方式,返还给了农村,但这部分资金非常有限,远远不能补偿农村资金的流失。

2003年实行"邮政储蓄新政"[①],邮政储蓄通过与农村信用社办理大额协议存款的方式,使部分资金流回农村。2007年,中国邮政储蓄银行正式挂牌成立,定位于"服务城乡大众,支持三农发展",启动小额贷款业务试点,2008年初开始全国推广,其中的农户小额贷款最高额度为5万元,期限为12个月,加强了对"三农"的支持。截至2008年底,36家一级分行、312家二级分行和19 564家支行全部核准开业。中国邮政储蓄银行的成立,打破了我国邮政储蓄多年来"只存不贷"的格局,引导了邮政储蓄资金返还农村,为服务"三农"提供了资金支持。作为全国网点规模最大、覆盖面最广、服务客户数量最多的商业银行,邮政储蓄银行拥有营业网点近4万个,覆盖99%的县市。依靠着邮政遍布全国各地尤其是广大农村地区的网点,截至2023年底,邮政储蓄银行服务个人客户超过6.63亿户,涉农贷款余额2.15万亿元,目前也是我国农村金融服务体系的重要组成部分。

5. 新型农村金融机构

为解决农村金融供给不足的问题,2006年12月,银监会发布了《关于扩大调整放宽农村地区银行业金融机构准入政策更好支持社会主义新农村建设的若干意见》,稳步推进农村金融机构试点工作。随后,村镇银行、贷款公司和农村资金互助社等一大批新型农村金融机构相继成立。

根据农村金融新政,村镇银行是指经银行业监督管理机构依据有关法律、法规批准,由境内外金融机构、境内非金融机构企业法人、境内自然人出资,在农村地区设立的主要为当地农民、农业和农村经济发展提供金融服务的银行业金融机构;贷款公司是指经银行业监督管理机构依据有关法律、法规批准,由境内商业银行或农村合作银行在农村地区设立的专门为县域农民、农业和农村经济发展提供贷款服

---

① 2003年8月,按国务院要求,邮政储蓄资金开始实行"新老划断,新增资金自主运用"的改革,邮政储蓄机构可从事债券投资和协议存款业务,邮政储蓄机构从只从事负债业务向从事资产业务转变。

务的非银行业金融机构；农村资金互助社是指经银行业监督管理机构批准，由乡（镇）、行政村农民和农村小企业自愿入股组成，为社员提供存款、贷款、结算等业务的社区互助性银行业金融机构。三种新型农村金融机构在出资主体、资金性质、法律地位、首要目标等方面的比较如表5—2所示。

表5—2　　　　　　　　　新型农村金融机构的特点比较

类型	出资主体	资金性质	法律地位	首要目标
村镇银行	境内外金融机构、境内非金融机构企业法人、境内自然人	商业性投资	商业银行，企业法人	盈利
贷款公司	境内商业银行、境内农村合作银行	商业性投资	非银行金融机构，企业法人	盈利
农村资金互助社	乡（镇）、行政村农民、农村小企业	互助、互益	社区互助性银行业金融机构，企业法人	互助，解决资金困难

资料来源：孙同全. 农村金融新政中非政府小额信贷的发展方向探析[J]. 农业经济问题，2007(5)：52—55+111.

农村新型金融机构的建立是解决我国现有农村地区银行业金融机构覆盖率低、金融供给不足、竞争不充分、金融服务缺位等"金融抑制"问题的创新之举，其建立对于促进中国农村金融市场的资金供给主体多元化、农村金融机构的产权结构和治理结构规范化及推进农村金融改革的整体进程具有十分重要的意义。但在实践中，除了村镇银行，其他两种新型农村金融机构对农村金融发展的作用却依然有限。例如，2012年底三类新型农村金融机构各项贷款余额为2 347亿元，即使把它们都算作涉农贷款，也只占全部金融机构涉农贷款的1.3%。2019年12月，银保监会出台《关于推动村镇银行坚守定位提升服务乡村振兴战略能力的通知》，督促村镇银行更好坚守定位，有效提升金融服务乡村振兴战略的能力。根据银保监会的数据，截至2022年，全国已组建村镇银行1 655家，中西部占超过60%，覆盖全国31个省份的1 306个县（市、旗），县域覆盖率达70%。村镇银行贷款主要投向县域农户和小微企业，农户和小微企业的贷款占比超过90%，户均贷款余额约为30万元。

三、农业融资渠道

（一）农业资金的来源

农业资金是指各类投资主体投入农业领域的货币资金。按来源不同，农业资金分为自有资金、财政资金和信贷资金。

1. 自有资金

自有资金是农业资金的主要来源。在我国，农户是最主要的农业生产经营主体，也是农业资金的主要投入主体。农户投入农业的资金来源包括农业生产经营所得、非农生产经营所得、劳务所得以及财产性收入和转移性收入。随着我国农业经营体制改革的深化，农民专业合作社、农业公司、农业产业化龙头企业等越来越成为重要的农业生产经营主体，它们都是重要的农业资金投入主体。另外，一些地方的农村集体经济比较发达，这些地方的农村集体经济组织也为当地农业的发展提供资金支持。

2. 财政资金

财政资金是农业资金的辅助来源。农业财政资金是政府为农业发展而预算的各项农业支出，包括农业科研推广、农业技术推广、农业基础设施、农村公共服务等公共支出，以及为支持和调控农业而发放的各种农业补贴。财政资金一般都是无偿的，直接由政府财政预算并拨付，但为了提高财政资金的使用效率，部分财政资金也采用有偿使用的形式或转成银行信贷资金。

3. 信贷资金

信贷资金是农村资金的重要来源。农业信贷资金是金融机构或个体给农业生产经营者融资所形成的各种农业贷款。农业信贷资金的提供者既有以营利为目的的商业性金融机构，也有配合政府实现某种政策目标提供政策性贷款的政策性金融机构，还有基于互助合作原则建立起来的合作金融机构。由于现有正规金融仍然难以满足农户的贷款需求，民间借贷方式筹集的资金也占有相当大的比重。农业信贷资金的使用一般是有偿的，到期要偿还本金并支付一定的利息。

随着农村融资环境有效改善，农业融资渠道由间接融资转向直接融资。农业融资主要通过资本市场实现。农业资本市场包括农业证券市场和农业信贷市场，其中证券市场主要包括股票市场和债券市场；借贷市场一般是金融机构或组织对农户、农牧企业等提供的信贷。中国人民银行、国家发改委、中国证监会等部门积极发挥股票、债券市场的融资功能，支持农业产业化企业上市融资，不断改进和完善市场体制机制，优化直接融资环境，有效拓宽涉农企业的多元化融资渠道，持续扩大涉农企业发行股票、公司债、短期融资券、中期票据、中小企业集合票据等债券融资工具的规模。

(二)农业信贷市场

1. 农业信贷市场的资金来源

(1)政策性农业信贷资金。政策性农业信贷资金是指由政策性农业信贷机构提供的农业信贷资金。政策性农业信贷机构是由政府出资成立、专门为农业提供政策性信贷服务的金融机构。政策性农业信贷机构一般不直接吸收存款，其信贷资金来自政府提供的信贷资本金及其公积金，并且不以盈利为目标，因此提供的贷款利率一般比较优惠。在市场经济条件下，由于农业信贷的特殊性（低收益、高风险、高交易成本等），商业性的农业信贷供给往往不足。因此，通过政策性农业信贷为农业发展提供资金是纠正信贷市场失灵、支持农业发展的一种政策工具。中国农业发展银行提供的大部分信贷资金属于这类资金。

（2）商业性农业信贷资金。商业性农业信贷资金是指由商业性信贷机构提供的农业信贷资金。商业性信贷机构是依法注册成立的以营利为目的的金融中介组织。商业性信贷机构吸收存款、发放贷款，从存款贷款利率差中获取盈利，贷款的资金主要来自吸收的存款。商业性信贷机构提供的信贷资金的利率一般较高，常常用于营利性较强的农业项目。中国农业银行和各地的农村商业银行等提供的农业信贷资金大部分属于这一类。

（3）合作性农业信贷资金。合作性农业信贷资金是由农业合作信贷组织提供的农业信贷资金。农业合作信贷组织一般由农业信贷需求者按照合作制原则和国家有关政策组建。一些有信贷需求的农业生产经营者共同出资组成信贷资本金，一般只在合作信贷需求者间相互融通，从而提高农业资金的使用效率，并且降低农业信贷的使用成本。农村信用社在 2003 年开始实施产权制度和管理体制改革之前提供的信贷资金大多具有这种合作性质，但商业化改革后的农村信用社已不再具有合作金融的性质。目前中国的合作性农业信贷资金主要来源于农民合作社和供销合作社开展的内部信用合作提供的资金。

（4）民间农业信贷资金。民间农业信贷资金是指由民间个人信贷供给者利用其自有资金提供的农业信贷资金。民间的农业借款情况较为复杂，但大致上可以分为两种：一种是在亲朋邻里之间进行的"友情借贷"，一般不收取利息，借贷的范围仅限于互相了解、互相信任的亲戚、朋友或邻里之间。资金出借人的动机主要是出于人情，获得的收益也主要是人情。另外一种是以营利为目的的由个人发放的贷款，民间借贷者将其自有资金贷给他人使用，获取利息收益。这里的民间借贷实际是一种风险投资，所以利率一般高于正规金融机构。

（5）国外农业信贷资金。国外农业信贷资金主要是联合国、世界银行等国际经济组织通过委托国内金融机构以长期农业贷款的形式进行投资，也有小部分国外基金以小额信贷的方式进行投资。因此，国外的农业信贷资金也是农业信贷资金的一个组成部分。

2. 信贷市场对"三农"的作用

一是全面推进农业产业振兴。"十三五"时期，我国农业现代化建设取得了重大进展，脱贫攻坚战取得全面胜利，乡村振兴实现了良好开局。但是，全面建设社会主义现代化国家，实现中华民族伟大复兴，最艰巨最繁重的任务依然在农村，最广泛最深厚的基础依然在农村。立足新发展阶段，一项重要任务就是抓紧抓实"三农"工作,特别是要切实做好巩固拓展脱贫攻坚成果同乡村振兴有效衔接,让脱贫基础更加稳固、成效更可持续,进而加快农业农村现代化步伐,全面推进农业产业振兴和乡村振兴。而这一切都离不开农业信贷的有力支撑。

二是推动金融资源更多向"三农"倾斜。习近平总书记2017年12月在中央农村工作会议上的讲话中提出"把更多金融资源配置到农村经济社会发展的重点领域和薄弱环节,更好满足乡村振兴多样化金融需求"。推动金融资源更多向"三农"倾斜的一个重要体现,就是加大对"三农"的信贷支持。推进农业信贷、担保、投融资等方面产品和服务的创新,既能更好地满足乡村振兴多样化融资需求的现实需要,也是深入推进金融供给侧结构性改革的内在要求。

三是改善农业产业结构调整,促进新型农业经营主体的发展。农业产业结构的调整需要资金投入。农业信贷不仅可以通过对农业基础设施投入提供资金,加大水利建设,扩大灌溉覆盖范围,发展设施农业,降低极端风险对农民造成的损失,而且可以通过为农业机械化操作提供资金,增加机械化农机的使用,加大对农业良种的培育,提高农业单产,提升农业经济增长和农民增收。在此基础上,大力培育和促进专业大户、家庭农场、农民合作社、农业企业等新型农业经营主体的发展,提高"三农"的整体竞争力。

(三)农业证券市场

1. 证券市场的分类

根据有价证券的品种,证券市场可分为股票市场、债券市场、基金市场以及衍生证券市场等子市场。股票市场是专门对股票进行公开交易的市场,包括股票的发行和转让。股票是股份公司发行的权益凭证,代表持有者对公司资产和收益的剩余要求权。债券市场是专门对政府债券、公司债券等债券进行交易的市场,我国债券交易集中在证券交易所市场和银行间市场进行。基金市场是指对基金进行交易的市场。基金是指集合一群人的资金,由经理人集中管理投资。基金所投资的证券包括股票、债券、外汇、货币、金融衍生品等。衍生证券市场是指以衍生证券为发行和交易对象的证券市场,主要包括期货市场、期权市场以及其他衍生证券市场,其中包括农产品期货市场。狭义的农产品期货市场是指进行农产品期货交易的场所,通常指农产品期货交易所。

2. 证券市场对农业的作用

一是拓展农业发展融资渠道。融通资金是证券市场的首要功能。证券市场一方面为资金需求者筹集资金,另一方面为资金供给者提供投资对象。符合证券市场要求的农业企业可以通过在证券市场上发行股票和债券,把分散在社会上的闲散资金集中起来,形成大额的可供长期使用的资本,用于农业生产和经营,从而开辟不同于间接融资的直接融资渠道,有利于克服农业发展的资金约束。

二是推动农业资本合理定价。证券市场的第二个基本功能就是为资本决定价格。符合证券市场要求的农业资本可以通过证券市场提供的市场机制获得定价。由于不同的农业资本在同一个市场中竞争,不同类型的资本也在同一个市场中竞争,这就会推动农业资本获得相对合理的定价。具有良好投资回报预期的优质农业资本将会获得较高的价格;反之,会获得较低的价格。

三是促进农业资本优化配置。证券市场的第三个基本功能是通过证券价格引导资本的流动,从而实现资本的合理配置。证券投资者对证券的收益十分敏感,而证券收益率很大程度上取决于企业的经济效益。从长期来看,经济效益高的企业的证券拥有较多的投资者,证券交易也会更加活跃。因此,证券市场会引导社会资金逐渐汇集到经济效益较好的农业企业,使农业资本配置得到优化。

第二节 政策性金融与农业发展

一、农业政策性金融的内涵和功能

(一)政策性金融的概念

政策性金融是在一国政府支持下,以国家信用为基础,运用各种特殊的融资手段,严格按照国家法规限定的业务范围、经营对象,以优惠性存贷利率直接或间接为贯彻、配合国家特定经济和社会发展政策而进行的一种特殊性资金融通行为。它是一切规范意义上的政策性贷款,一切带有特定政策性意向的存款、投资、担保、贴现、信用保险、存款保险、利息补贴等一系列特殊性资金融通行为的总称。[①] 它具有如下三大特征并且是三者的统一:(1)政策性,即服务于政府的某种特殊的产业或社会政策目标;(2)优惠性,即以比商业性金融优惠的利息率、期限、担保等条件提供贷款或保证提供贷款(即可得性);(3)融资性、有偿性,即在一定期限内有条件让渡资金使用权的资金融通活动。

一般而言,财政资金安排的功能主旨一般定位于社会基本需求的满足。政策性金融在此基础之上嵌入了商业性金融运营模式,通过银行机制提升财政资金配置效率,可谓农村金融制度的重大创新。在当前的经济社会大环境下,其战略地位更加突出,它在贯彻落实国家宏观经济发展战略(如农业政策性金融)、社会发展战略(扶贫性金融)等方面,较之于传统的商业金融体系更具有效性。这种金融模式不是市场经济发展进程中的一种短期的权宜安排,更不是现有金融体系中一个可替代品,而是一国经济体系中相互补充、相互对称的金融制度框架;在某些特定领

---

① 白钦先. 政策性金融论[J]. 经济学家,1998(3):80—88+127.

域中,政策性金融可能起主导作用,在国民经济中发挥承前启后的作用,如图5—5所示。

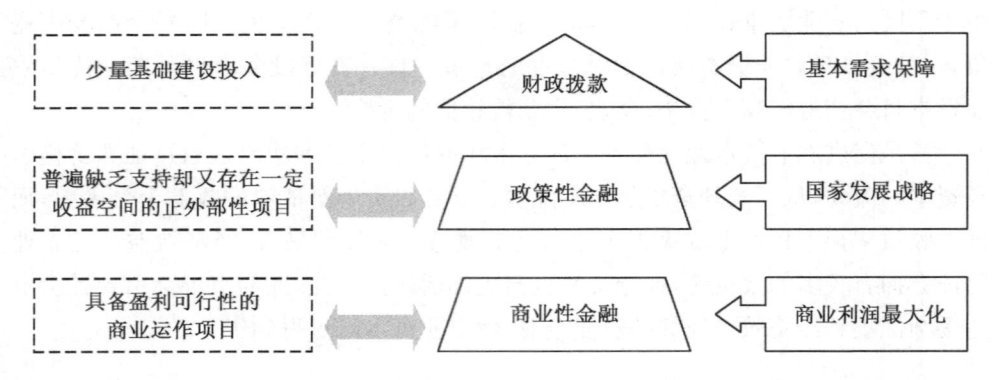

图中内容：
- 少量基础建设投入 ↔ 财政拨款 ← 基本需求保障
- 普遍缺乏支持却又存在一定收益空间的正外部性项目 ↔ 政策性金融 ← 国家发展战略
- 具备盈利可行性的商业运作项目 ↔ 商业性金融 ← 商业利润最大化

资料来源:周良伟,杨绿,彭大衡,吴非. 农业政策性金融:理论解构、实践进展与启示——基于中国农业发展银行广东省分行的调研分析[J]. 财政科学,2017(5):74—89.

图5—5　政策性金融在金融体系中的地位层次

(二)农业政策性金融的内涵

农业政策性金融是指政府为了实现特定农业政策目标,对农业生产和农产品贸易等实施的金融支持。所以,农业政策性金融是指在国家和政府支持下,以国家信用为基础,运用各种特殊的融资手段和优惠的存贷利率,严格按照国家政策的界定,以支持农业和农村经济发展为主要职责,直接或间接地体现国家对农业和农村经济支持和扶持政策的一种特殊的资金融通行为。各国政府为了弥补金融市场的不足,普遍设立了农业政策性金融机构。我国于1994年设立了中国农业发展银行(简称农发行),专门从事农业政策性金融活动。政策性金融涉及农村政策性金融机构和其他商业性金融机构所从事的政策性业务。中国农业发展银行建立了粮食收购资金管理模式,保障农民能够及时收到卖粮款,解决了农民过去面临的"卖粮难""打白条"等问题。此外,其他政策性银行也在支持农村发展和乡村振兴中发挥了重要补充作用。例如,国家开发银行与财政部合作,将财政资金和社会资金结合,通过贷款贴息和财政补助两种方式,积极支持国有农场、家庭农场等各类农业经营主体开展高标准农田建设。国家开发银行还积极探索在现代农业示范区创新融资模式等。

农村政策性金融应当遵循农业发展的生命周期特质,通过差异化的金融支持来实现社会整体效益最大化。在初始农业阶段,以简单再生产为主的农业金融需求基本上定格在了少量信贷资金上,此时的农业政策性金融对这类金融需求主体应更侧重金融资源的可获利性与便利性,保证涉农企业能够及时获取相应的资金注入,还应尽可能地降低授信成本。在农业工业化阶段,农产品实现了规模化生产,其资金需求的"碎片化"倾向有所减弱,取而代之的是规模化的资金需求,信贷资金的风险相对降低;此外,农产品交易所衍生的金融需求逐步显现,并有着向多元化金融服务需求演变的趋势。在城市化阶段,农业生产的比重已经面临大幅缩减,传统的零散式的信贷已经逐步退出金融市场,以农业基础设施建设和技术创新为主的新型金融需求成为农业政策性金融需求的主力军,这种农业基础设施建设周期较长,需要金融供给方具备一定的资本实力。同时,农业的金融需求不再简单注重资金的可获利性,而在于多样化的金融服务。

表5—3　　　　农业经济不同生命周期下的政策性金融"需求—供给"结构

	传统农业阶段	农业工业化阶段	城市化阶段
金融需求特质	以农业简单再生产需求为主,资金需求量较小、周期较短,具有明显的季节性和突发性,还款缺乏有效保障	以农产品生产机械购置、产品交易所衍生的金融需求为主,资金需求相对较大,季节性强,有一定的还款保障	以农业基础设施建设和农产品商业交易所衍生的金融需求为主,资金需求较大、期限较长,还款来源明确且具备一定保障
金融供给特质	金融资源供给更注重可获利性和便利性,简化信贷流程,同时应降低单位贷款成本	金融供给转型与延伸:政策性金融引导商业性金融需求	信贷资金供给＋多元化服务 注重国家政策引导

资料来源:课题组．从需求角度重造农村政策性金融[J]．上海金融,2006(3):28—31．

值得强调的是,在农业经济发展的高级阶段,农村政策性金融更应注重产业结构调整和引导,做到结构性的资金引导,加快落后产能的淘汰,促进先进技术的引进,从而优化农业产业结构。从另一个角度来看,农村基础设施建设具有十分明显的社会正向外溢收益,在该模式下的收益难以收敛到具体的经济个体中,这种正外部性现象本身不属于市场机制调节的范畴,因此只能通过政府(即农业政策性金融支持)进行调控。在该境况下,农业政策性金融的作用比以往更强大(农业产业发展与政策性金融的关系见图5—6)。

(三)农业政策性金融的功能

1. 政策性导向功能

政策性导向功能是农业政策性金融的最基本功能,政策性金融需要以政策为导向,服务于政府确定的农业农村发展战略。世界各国的政策性金融是国家的一种特殊的金融制度安排,紧紧围绕乡村发展政策开展工作,在不同时期实现政府政策目标方面都发挥着不可或缺的作用,是实施乡村振兴的有效载体。日本从1953年开始实施复兴乡村的计划,明确了一些具体政策的目标,同时通过组建包括农林渔业金融公库等"两行九库"的政策性金融体系,为农业农村发展提供政策性资金支持。美国为乡村农场提供贷款、补贴、保险、担保等金融服务的政策性金融体系

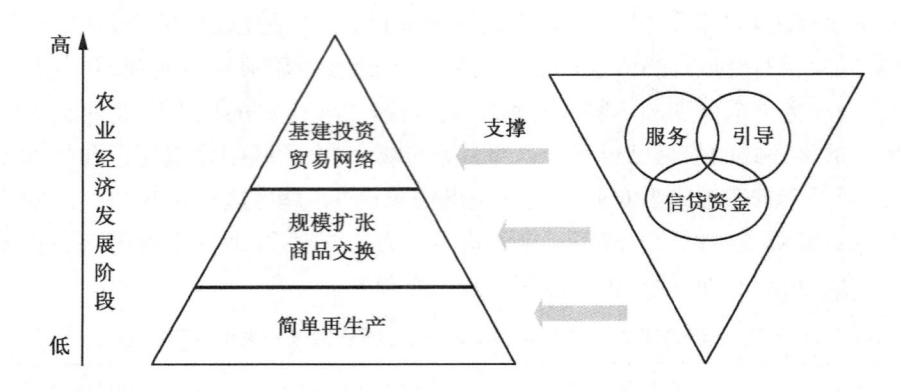

资料来源：周良伟，杨绿，彭大衡，吴非. 农业政策性金融：理论解构、实践进展与启示——基于中国农业发展银行广东省分行的调研分析[J]. 财政科学，2017(5)：74—89.

图 5—6　农业发展与农业政策性金融服务体系

比较完善，能根据乡村金融需求及形势发生变化，对乡村振兴采取持久、坚定、全面的保护和支持政策，带有很强的政治色彩。

2. 专业性服务与协调功能

政策性金融可以充分利用特有的专业性强的有利条件，有效发挥专业优势，提供诸如农业教育培训、咨询、经营诊断、信息发布、政策制定等方面的服务，全方位地支持农业发展。加拿大农业信贷公司为了提高乡村生产者的利益，服务已扩展到整个乡村生产领域，为乡村提供个性化和专业化服务。韩国农协银行为乡村居民提供法律服务、农业管理、技术教育、环境保护等一系列专业性服务，对农业贸易政策、农业技术推广、农产品收购计划、农业生产结构调整等进行战略研究。为了提升农民在购买农机设施、生产资料以及销售农产品时的议价能力，泰国农业部与泰国农业和农业合作社银行合作建立了泰国农业有限责任公司和农产品销售合作社。

3. 逆周期调节功能

乡村农产品供需的周期性波动与农产品价格的逆周期调节，赋予政策性金融发展新动能。政策性金融有别于农村商业性金融的顺周期作用，可以根据乡村农业生产的特殊性要求，有针对性地及时开发设计政策性金融产品，有效地发挥对农业生产的逆周期调节功能。"干别人不愿意干、干不了的事，进入别人不愿意进入的领域"，这一理念是日本农林渔业金融公库一贯坚持的。在遭受台风等自然灾害的时候，农林渔业经营者处于困难之中，商业金融、社会金融不愿意提供支持，农林渔业金融公库发挥逆周期调节功能，为乡村资金需求提供更多的政策性融资空间。巴西政策性金融就是要选择那些得不到资金支持而真正需要扶持的项目，发放贷款给中小农业生产者,使金融资源能够流向商业金融滞后选择或社会金融不予选择的农业或农村领域。

4. 首倡诱导与虹吸扩张性功能

政策性金融通过以较少的政策性资金对乡村建设等特定领域项目进行倡导性投资,来向市场释放积极信号,在此基础上以小博大,间接地引导一些商业资金进入乡村建设领域或行业,进一步提高社会金融、商业金融在农业农村发展方面的配置。因此,无论发达国家还是发展中国家都比较重视政策性金融的诱导功能。泰国农业和农业合作社银行为保护和改善乡村环境,通过了诱导性环境贷款计划,为乡村提供"环境贷款"。为发挥再融资的杠杆性作用,印度国家农业和农村发展银行为那些在农村地区提供开发性生产投资和信贷的机构提供再融资安排。摩洛哥乡村政策性金融体制从政府补贴与银行信贷两个渠道,诱导和鼓励私人投资乡村,并通过建立农业发展基金和国家农业信贷银行,诱导性资助农业项目。

二、政策性金融推动农业发展的典型模式

(一)发达国家的农业政策金融

农业政策性金融是随着工农业生产和商品货币关系的发展而出现的,它的兴起和发展是农业保护主义兴起与发展的结果。农业政策性金融最早出现在发达国家,西欧、美国、日本等在实行农业保护的过程中,将政策与金融有机结合起来,于是农业政策性金融应运而生。

1. 法国:"金字塔"模式

法国的农业政策性金融体制最具代表性。17世纪末,世界上首家农业政策性银行——农业信贷银行在法国成立。农业信贷银行一经成立,即在政府与农业信贷组织之间搭建了桥梁,有效促进了政府农业发展政策和意图的贯彻与落实。农业信贷银行是法国最大的银行,设立多级机构且均为独立法人,实行多级核算、多级营业、多级管理,职能和权责清晰明确。19世纪90年代,法国建立"金字塔"的第二层,即地区银行,负责分配政府的贷款。20世纪20年代,法国建立了"金字塔"的最高层,即全国农业信贷办公室(后改为全国农业信贷银行),负责监督和协调。"金字塔"模式的优势是基础牢固、运行成本相对低廉,以合作金融组织为载体;缺点在于统一管理有一定的难度且设立周期较长。"金字塔"模式在农业合作经济发达、政府干预力度较大的国家和地区较为适用。

2. 德国:直接资助模式

德国政府采取直接给予农场资助的方式,为想扩大规模的农场主和青年农民提供优惠贷款。德国农业土地抵押银行是一个再融资性质的金融机构,总部位于法兰克福,没有任何分支机构,不直接对农村企业发放贷款,而是采取转贷给商业银行、储蓄银行、合作银行的模式,再由商业银行、储蓄银行、合作银行向最终借款方提供贷款。德国农业土地抵押银行既不接受存款,也未开办直接信贷业务,通过与其他商业性银行一起发放贷款,由商业性银行承担信贷风险。

3. 美国:多元机构模式

18世纪初,美国通过《联邦农业信贷法》,建立包括联邦土地银行在内的互助合作性质的农业信贷体系,由农业信贷管理局监督和管理,在美国农业信贷市场上所占份额近一半。美国涉农的政策性金融机构主要包括政府金融机构和政府资助企业两大类别,农业政策性金融体系复杂且庞大。其中,政府金融机构主要指由美国政府出资成立并运营管理,以某些金融手段为农业、农村和农民提供服务的机构,包括农村发展局、农作物保险公司、农民家计局、农场服务局、农村电气化管理局、商品信贷公司等专门支农机构,也包括小企业署等跨行业服务机构;政府资助企业通常是政府特许经营的私营企业,享受一定的扶持政策,承担部分公共职能,既包括农场信贷系统、联邦农业抵押公司等专门支农企业,也包括房地美、房利美等存在涉农业务的企业。两类政策性金融机构,加上商业银行、储贷机构、人寿保险公司等商业性金融机构,共同构成覆盖全国的农村金融服务体系。这一多元机构模式的优点在于能够顾及地区差别、满足多元化需求,业务操作机构与管理机构各负其责、恪守其职、独立运行,有利于国家监管;缺点在于机构复杂、体系庞大,导致运行成本高、效率不高,同时由于机构之间性质不同,难以实现政策和制度的统一,不太适合发展中国家或中央高度集权的国家。

4. 日本:农业合作社中央银行模式

1945年,日本成立名为"农林渔业金融公库"的政府农业政策性金融机构,作为农业合作社的中央银行而存在。广义上,日本各地的农业合作社是包括当地农民、渔民和林业主的组织,再由农业合作社组成高一层级的地方性合作组织。日本"农林渔业金融公库"的中央组织在整个合作社体系中扮演资金供给中介的角色,具备对资金余缺进行调剂的职能,并为其他农业合作组织(国家级)提供融资。该模式的优点在于能够突破行政区域划分进而体现差别化特征,不设分支机构,因而运行成本低,快速成为日本农业政策性金融的重要渠道和载体;缺点在于如果没有发达的农业合作经济组织为基础,就难以有效运行,难以发挥国家农业政策性金融应有的作用。该模式适用于农业合作经济比较发达的国家。

(二)发展中国家的农业政策性金融

1. 总分行模式

对于农业政策性金融机构,大多发展中国家实行总分行制的单一型金融机构,即总行设立各类职能部门,各地区设分支机构,典型的有印度的农业与农村发展银行、菲律宾的土地银行、泰国的农业和农业合作社银行、摩洛哥的国家农业信贷银行等,我国的农业发展银行也属于这种类型。这种模式的优点在于统一领导、统一政策制定和实施,可将相关的政策性金融业务纳入统一机构经营,便于协调管理,运行成本较低;缺点在于机构单一,容易形成体制僵化、业务过程中"一刀切"的现象,难以兼顾地区差异。这一模式比较适用于发展中国家和中央集权的国家。

2. 单一机构模式

单一机构模式是指仅有一个主导机构,未设置或设置的分支机构很少。政策性金融机构往往具有主导地位,协助带动农业农村发展。例如,巴西开发银行总部设在巴西利亚,在里约、圣保罗和累西腓设有办公室,但里约的工作人员占机构总人数的95%。这类模式之所以不设置分支机构,与其业务模式密不可分。这类模式的优点在于成本低廉,通过单一机构的设置,保证了较高的服务效率和较低的不良贷款率;缺点在于机构单一,很难顾及不同区域之间的差别,较难实现精细化管理与服务。

三、我国的政策性金融与农业发展

(一)我国的农业政策性金融

政策性金融兼具政策性和金融性双重属性,在增加农村地区基础性投入、增强金融支持普惠性发展等方面能够发挥巨大作用,是助力乡村振兴战略、支持农业农村协调发展、促进共同富裕的重要政策工具。在金融市场上,追求最大利益的资金往往会导致那些低于平均收益水平的企业或行业无法得到充足的资金支持。农业是基础工业,其自身的行业特点决定了其所面对的风险有:自然风险、市场风险、技术风险、体制风险等。由于市场机制的自发作用,农业无法获得必要的投资,并且导致农村的资金流向非农产业。我国农业政策性金融的形成,主要是由于国家对农村金融市场失灵后的干预。

经过多年发展,我国政策性金融发展取得长足进步,市场更加立体、机构更加多元、产品更加丰富,传导宏观调控政策和支持"三农"发展的能力显著增强。促进共同富裕,最艰巨最繁重的任务仍然在农村,应继续发挥好政策性金融的积极作用,以提高农业农村发展的平衡性、协调性、包容性为目标,引导更多金融资源支持农村地区实现高质量发展。

我国目前的农业政策性金融体系形成于20世纪90年代中后期,由中国农业发展银行承担政策性金融业务,对主要农副食品如粮、棉、油等的购销、流通和加工以及农村基础设施建设提供融资服务。中国农业发展银行作为我国唯一的农业政策性银行,以国家信用为基础,以市场为依托,支持"三农"事业发展,弥补民间金融供给的不足,对我国推动农业基础设施建设、促进农业和农村经济发展服务、促进农业产业化具有巨大作用。随着社会的发展,"三农"领域的金融需求、融资主体和资金使用日趋多样化,在全面推进乡村振兴的新形势下继续发挥作用,是农业政策性金融的长期任务。

(二)以完善政策性金融推动农业发展

1. 健全农村政策性金融的内部协调配合机制

随着农业现代化进程的加快,农村地区居民尤其是新型经营主体对金融服务的需求出现快速增长,需求结构也更加多元,这对农村政策性金融供给质量提出了更高要求。为适应新特点、新需求,应进一步提高政策性金融服务的可得性,积极搭建政策性金融供给方的常态化合作平台,推动政策性金融由独立运作向协同发展转型。以数据信息共建共享为切入点,充分发挥各级大数据主管部门的引导作用,整合各部门和相关金融机构的涉农数据和信息,建立支农信贷、农业保险、涉农融资担保、涉农直接融资等领域的数据动态共享机制,形成包含各类农业数据和农业金融数据的大数据信息库,动态掌握农业领域金融供求总量、资金流动趋势和风险聚集情况。同时,健全农业政策性金融风险防控体系,探索建立政策性金融机构间的信息互通机制,增强监管部门间的工作协同,优化政策性金融监管大数据集成和使用制度,切实提高风险监测预警能力。

2. 健全农村政策性金融工具的协同创新机制

我国农业正处于向高质量发展转型升级的关键时期,农业经营主体的创新活力不断被激发,定制农业、创意农业、康养农业等新兴业态纷纷涌现,并因此形成大量新的金融需求,这对金融机构加大金融产品和服务创新力度提出新的要求。目前,农村政策性金融的底层产品已经比较健全,特别是政策性担保和农业保险的快速发展,对传统信贷、债券等金融资源流动形成重要牵引,也进一步凸显了政策性金融为农业农村发展增信、避险等方面的作用。未来可以探索建立以政策性金融为纽带的农业融资新模式,通过提高各类金融工具与相关政策的配合度,形成信息互通、优势互补、环环相扣的金融服务供给,不断优化政策性金融供给体系。为更好地满足农业农村地区新的金融需求,应积极推进政策性金融工具的统筹联动,充分发掘其促进金融资源流入乡村的纽带作用,扩大保单质押贷款等创新产品的覆盖范围,稳步提高农业信贷担保的放大倍数,形成"政银保担"协同创新、联合助力农业农村发展的良好局面。

3. 完善农村政策性金融发展的配套服务体系

我国城乡地区发展存在不平衡、不充分的问题,农村地区在经济发展基础、基础设施建设、金融生态环境等方面仍有不少短板,在一定程度上制约了政策性金融的发展,也影响其更好地发挥助农支农的作用。比如,农村居民金融知识普及率不高,农村地区基础金融覆盖面不足,不少农村地区资产抵押、流转、处置体系不健全等。发挥好政策性金融的作用,应坚持在加强政策性金融自身建设的同时,积极做好外部环境建设,增强对政策性金融资源及其他金融资源的承载保障能力。一是健全基层金融服务体系,科学布局政策性金融、商业金融、互助性金融等各类金融机构,积极整合金融机构网点和人才队伍,加强村级综合金融服务平台建设,疏通金融资源向基层地区流动的传导机制。二是着力优化农村金融生态环境,推动政府性担保机构的信用评级工作,加快完善农村信用体系建设。三是统筹完善配套政策,积极开展财政引导、金融支持、土地流转等方面政策创新,调动政策性金融机构和经营主体两方面的积极性。四是夯实政策性金融的科技支撑,推进无人机、卫星遥感等科学技术的应用,不断提升服务的精准化水平。

4. 充分发挥财政资金投入的引导带动作用

财政投入是政策性金融的重要资金来源,也是政策性金融兼顾政策调控目标和自身可持续发展的重要支撑。政策性金融服务的供给者众多,对于财政资金支持的诉求也有所区别。应立足各类政策性业务的特点,有针对性地给予资金和政策支持,更好地实现财政资金投入的预期效果。首先,破解农业政府性担保机构的发展瓶颈,持续扩大业务规模。健全针对此类机构的可持续资本补充、风险补偿机制,加快完善银行与担保机构合作机制。对于支农成效显著、经营管理规范的政府性融资担保机构,依法合规提高其倍数上限。其次,坚持农业保险的政策属性,推动农村政策性保险保费补贴总量稳定增长。进一步提高对主要粮食作物农业保险的补贴力度,守牢粮食安全底线。用好用活财政资金奖补政策,推动地方特色农产品发展,鼓励保险机构通过市场化手段满足农业新兴业态的避险需求。最后,健全信贷风险补偿机制,对各类金融资源形成有效引导。在当前以银行为主的融资体系下,应鼓励各级财政立足实际出台贷款贴息、风险补偿等措施,积极解决金融支农中面临的信息不对称等问题,引导各类金融资源更多流入关系农业农村高质量发展的关键领域,同时,通过引导各类金融工具实现功能互补、优势互助,反哺农村政策性金融体系建设,增强农业农村发展的可持续性。

延伸阅读

强化农业政策性银行责任担当 高质量服务全面推进乡村振兴

"十三五"期间,中国农业发展银行(简称"农发行")坚持以服务脱贫攻坚统揽业务全局,扶贫贷款累计投放额和余额均位居金融同业首位,连续五年获得全国脱贫攻坚奖,切实发挥了金融扶贫先锋主力模范作用。"十四五"时期,随着我国"三农"工作重心转向全面推进乡村振兴,农发行将持续强化"服务乡村振兴的银行"战略定位,贯彻落实党中央、国务院战略部署,明确全力服务国家粮食安全、巩固拓展脱贫攻坚成果同乡村振兴有效衔接、农业现代化、农业农村建设、区域协调发展和生态文明建设"六大领域",推动全行政策体系和工作机制向服务乡村振兴衔接转换。截至2022年底,贷款余额7.74万亿元,涉农贷款余额超7万亿元,居金融同业首位,发挥出农村金融体系主体和骨干作用。

1. 坚决守住"两条底线",助力夯实"三农"压舱石

(1) 全力服务国家粮食安全。统筹支持政策性收储和市场化收购,出台优惠定价、限时办贷、"一企一策"等支持粮食市场化改革与发展的30条措施,持续巩固"粮食银行"品牌形象,2022年,投放粮棉油贷款7 483亿元,支持企业收购粮油4 820亿斤,支持企业收购量占全社会收购量一半以上。创新"农地+"系列融资模式,集中支持耕地数量、质量、生态为一体的保护与提升,擦亮"农地银行"特色品牌,2022年,投放农地贷款2 673亿元,支持新增高标准农田等耕地保护与质量提升,切实服务"藏粮于地"战略。健全投贷联动机制,重点支持种子"卡脖子"技术攻关、关键核心技术成果转化和育繁推一体化等,全年累计投资和贷款金额486亿元。

(2) 全力服务巩固拓展脱贫攻坚成果。聚焦监测对象、脱贫人口、易地搬迁群众"三类人群",出台放宽担保条件、延长贷款期限等精准帮扶贷款7项倾斜政策,促进建立利益联结机制,2022年,投放精准帮扶贷款6 363亿元,累计服务脱贫群众2 089万人。突出支持国家乡村振兴重点帮扶县、脱贫县、定点帮扶县和对口支援县、易地扶贫搬迁安置点"四大区域",出台31条差异化政策,开展十大专项行动,健全梯度化倾斜政策体系,2022年,向832个脱贫县投放各项贷款3 560亿元,投放易地搬迁后续扶持贷款931亿元,实现全国70个万人以上大型安置区帮扶全覆盖。

2. 切实加大支持投入,助力推进农业农村现代化

(1) 全力服务农业现代化。研究出台推动产业信贷高质量发展的意见,积极探索"线上+线下"、供应链金融等新模式,用好用足科技创新、交通物流等再贷款政策,大力支持农业产业示范园、优势特色产业集群等平台建设,积极支持农业科技创新、农村流通体系建设等,推动各地走规模化、园区化、融合化发展道路,2022年以来,投放农业现代化贷款5 451亿元。制定绿色信贷指引,用好碳减排支持工具,聚焦支持生态环境、农业面源污染防治等重点领域,支持发展绿色低碳农业产业链,着力打造"绿色银行"品牌,2022年,投放绿色贷款6 258亿元,支持绿色项目8 245个,支持国家级绿色改革发展试验区先行先试。

(2) 全力服务农村现代化。制定推动乡村建设行动的指导意见,积极参与各地乡村规划编制,探索创新水权、生态产品等权益价值在乡村建设中的应用,重点支

持农村人居环境整治,积极支持"四好农村路"建设提质扩面,大力支持国家重大水利工程、国家水网、防洪工程,着力打造"水利银行"品牌,2022年,累计发放农业农村基础设施建设贷款1.14万亿元。综合运用各类金融产品和服务手段,全力支持长江大保护、黄河流域生态保护和高质量发展、新时代西部大开发等国家重点区域发展战略,2022年,投放长江大保护贷款1.22万亿元、黄河流域生态保护和高质量发展贷款5 329亿元。

3. 统筹推进服务乡村振兴,推动系列重大任务落实落地

(1)切实保障重点领域重点项目融资需求。坚决落实国家对农发行新增3 000亿元信贷投放任务、年度信贷计划达9 000亿元的要求,及时出台增加信用贷款投放、延期还本付息等30条举措,聚焦国家"十四五"规划纲要确定的重大项目、国家级专项规划项目、国家重大水利工程等领域,加大加快信贷投放。2022年以来,累计投放贷款1.85万亿元,同比多投放3 021亿元,贷款净增8 547亿元,同比多增4 130亿元,贷款余额、增量均创历史同期新高;新投放贷款平均利率比同业低53个基点,让利实体经济力度进一步加大,充分发挥政策性银行逆周期、跨周期的调节作用。

(2)高效发挥政策性金融工具重要作用。2022年6月,国务院常务会议确定运用政策性、开发性金融工具支持重大项目建设的举措,农发行迅速成立基金领导小组,建立"统一领导、专班运作、部门协同、分行响应"工作机制,一周内完成基金公司组建,一天之内完成首笔基金投放,一月内全面完成第一期900亿元基金的投放任务;在此基础上,10天完成第二期基金投放1 000亿元。两期基金共支持重点领域重大项目1 282个,涉及总投资2.3万亿元。

《人民日报》(2022年10月1日07版)

第三节 农业供应链金融

一、农业供应链金融的概念和特点

供应链金融(Supply Chain Finance,SCF)是为满足企业发展金融需求而衍生出的一种创新型的金融服务方式。简单来说,供应链金融就是金融机构将核心企业和其供应链上下游企业联系起来,为其提供灵活的金融产品和服务的一种金融模式。具体来说,供应链金融中银行在对核心企业提供融资和其他金融服务的同时,还依托核心企业的信用情况,对其供应链上下游的配套企业提供贷款、存货融资等金融服务,避免因配套的中小企业"融资难"问题导致的资金链断裂和供应链失衡。

供应链金融的最大特点就是以供应链中的核心企业为出发点,为供应链提供金融支持:一方面,将资金有效注入处于相对弱势的上下游配套中小企业,解决中小企业融资难和供应链失衡的问题;另一方面,将信用机制融入上下游企业的购销行为,增强其商业信用,促进中小企业与核心企业建立长期战略协同关系,提升供应链的竞争能力。

农业供应链金融是指金融机构以特色农业和优势农产品的供应链核心企业为中心,对其上下游中小企业、合作社、农户或消费者利益进行捆绑,通过科学合理设计金融产品满足供应链各环节融资需求,为供应链主体提供金融服务。农业供应链金融的产品设计较为灵活,包括应收账款融资、动产质押融资、信用担保融资等方式,常见的具体方案有内部融资、订单融资、仓单质押、电商主导等。

与传统农业金融模式相比,农业供应链金融在服务模式上主要有两个特点。首先,农业供应链金融的产生和发展改变了传统融资授信准入标准的制约。农业供应链金融本质上是从动态经营角度对融资方进行信用评级,弱化了传统贷款的抵押担保方式,银行风险防范方式从实物担保转向供应链中债权、物权控制,有效地增强了农业供应链的整体融资能力。其次,商业银行将整个农业供应链纳入信用评价对象,把在农业生产中不同环节形成的互联交易充当"抵押担保",利用龙头企业和组织的信用条件,对供应链上信用等级较低的中小企业或农户进行信用增级,并保证信贷资金在供应链中封闭运行。

二、农业供应链金融的风险特征

农业经济和农业供应链的特点决定了农业供应链金融风险的主要特征,具体包括道德风险、整体性风险、农产品质押物风险。

(一)道德风险突出

道德风险一般指在信息不对称条件下,处于信息劣势的一方因无法知晓另一方的真实行为而可能蒙受损失,即交易某一方为了获取不当利益而主观违约的可能性。一方面,农业供应链金融存在广泛的信息不对称现象;另一方面,农业面临自然灾害风险与市场波动风险双重风险,但农户和农业小微企业经济实力普遍不强、抗风险能力较弱,因此农业供应链金融的道德风险突出。除此之外,当遭遇严重自然灾害或市场波动,其对整个农业产业链主体都会造成严重负面影响,可能会引发蝴蝶效应,产生大面积的信贷违约现象。

(二)整体性风险难识别

农业供应链金融最鲜明的特色之一在于商业银行依托龙头企业的经济实力和生产辐射力,根据供应链上的交易关系、信用关系、担保关系等为众多上下游的农户、中小微企业提供金融支持,以有效解决"三农"融资难的问题,保证农产品生产的良种优植、原料供应、加工制造、储存运输、分销等全过程的协调顺畅。农业供应链金融通过系统协调整合，可以成倍降低风险，但当遭遇严重风险时对整体性的破坏和无序也会成倍放大。当前农业生产的自然属性和广泛存在的信息不对称容易触发由偶然事件引起的被动违约和道德风险，这些被动违约和道德风险经蝴蝶效应和羊群效应放大后，可能破坏农业供应链各主体、各要素之间的协调有序性，造成信用链断裂，由此暴露供应链金融的整体性风险。由于农业供应链金融的整体性风险常常由偶发因素和供应链系统运行方式导致，再加上农村地区信息不对称现象严重，整体性风险在初始聚集期一般难以识别。

（三）农产品质押物风险

价格波动和变现风险是质押农产品不可回避的重要问题。"谷贱伤农"是常见的农业经济现象，由于农产品属于必需品，其需求价格弹性小于1，农产品的需求量对于价格变动不够敏感，即使农产品价格下降，但价格下降只会引起农产品需求量小幅增加，而价格下降的幅度远大于农产品需求量增加的幅度，导致农民的收益因农产品价格的下降而减少。在这种情况下，农民通过农业供应链金融所获得的信贷资金难以偿还。由于农产品质押物具有保鲜要求高、地域依赖性强等特性，给农产品质押物变现带来难度。因此，农产品作为质押物所具有的风险可能导致农业供应链金融业务损失，挫伤金融机构开展农业供应链金融业务的积极性。

三、农业供应链金融的典型运作模式

结合各地农业供应链金融的实践案例，可将农业供应链金融按照核心主导对象的不同总结为三种典型模式：龙头企业主导模式、交易市场主导模式以及电商平台主导模式。

（一）龙头企业主导模式

传统的农业供应链金融模式是以龙头企业作为核心，依托农业龙头企业在农村地区和农业产业中的影响力和带动能力，提高农业产业链上下游小农户和新型农业经营主体的融资可得性。

1."农业企业＋个体农户＋金融机构"模式

"农业企业＋个体农户＋金融机构"模式是以个体农户为融资主体，以农业企业为融资核心纽带的一种传统农业供应链金融模式。供应链中的个体农户利用农产品未来商品价值作为贷款担保向金融机构申请贷款，金融机构审核合格后，直接将农业贷款转入农业企业专门的银行账户，农业企业将对农户农业贷款的使用情况进行监督和管理，保证信贷资金在农业供应链中封闭运行。农业企业对下游农户的生产信息和信用情况具有一定了解，可以帮助农户销售农产品，并辅助金融机构从农产品销售收入中扣除农业贷款所需偿还的本金和利息，以此降低金融机构坏账风险,从而形成"农业企业＋个体农户＋金融机构"的供应链金融模式。

2. "农业企业＋农业园区＋个体农户＋金融机构"模式

"农业企业＋农业园区＋个体农户＋金融机构"模式是在传统农业供应链金融模式中引入农业园区。个体农户生产的农产品通过农业园区进行生产和销售,一方面可以保证农产品流通渠道稳定,依托农业园区品牌化实现优质优价,另一方面可依靠农业园区内资金支持、生产标准和仓储条件,降低个体农户生产成本和物流成本,由此在传统模式的基础上,进一步降低金融机构坏账风险,保证农业供应链正常运转,从而形成"农业企业＋农业园区＋个体农户＋金融机构"的供应链金融模式。

3. "农业企业＋农业合作社＋农户＋金融机构"模式

"农业企业＋农业合作社＋农户＋金融机构"模式是以农业合作社为融资主体,农业合作社代表个体农户申请农业贷款,农业企业为农业合作社提供信用担保、承担还款责任。金融机构对农业合作社申请情况审核合格后,将农业贷款发放至农业合作社专门的银行账户,农业合作社将根据农户的资金需求进行统一分配。在该模式中,合作社的嵌入在更有效地解决小农户融资难问题的同时,也有助于实现农业规模化经营和规避经营风险。

(二) 交易市场主导模式

除了以农业龙头企业主导的农业供应链金融模式外,农户与市场流通主体之间稳定的合作关系,为形成以交易市场为主导的供应链金融模式创造了条件。其主要模式包括两种:一种为传统的内源融资,可总结为"民间经纪人(市场商户)＋农户"模式。民间经纪人与市场商户合作,向农户提供生产资料赊销等方式的农业信贷,并口头允诺收购农产品,若农户向其出售农产品,将在收购结算时扣除垫付的生产资料成本;否则,农户需到期还款。另一种为外源融资,可总结为"金融机构＋市场商户＋民间经纪人＋农户"模式。金融机构在对市场商户进行全面信用评估后,与信用状况良好的市场商户签订合作意向书。市场商户负责为金融机构推荐民间经纪人或达到一定种植规模的农户,并为其提供贷款担保,双方签订正式的购销合同。被推荐的民间经纪人和农户自愿提出贷款申请,金融机构审核其资信状况后发放贷款。待农产品上市后,在双方履行购销合同的基础上,市场商户将通过金融机构支付货款,金融机构在扣除贷款本息后再划款至指定人账户。

(三) 电商平台主导模式

电商平台主导模式中,电商企业取代农业龙头企业成为农业供应链金融的核心,借助互联网及大数据技术,利用农业供应链上下游企业的生产、经营及销售数据进行风险管理,帮助上下游农户、中小企业获得农业信贷服务。其中,比较典型的是蚂蚁金服与龙头企业合作建立的供应链金融模式。在该模式中,首先,龙头企业与合作社或农户签订委托种植（养殖）或采购协议，合作社或农户按照合同约定进行养殖或种植活动。其次，龙头企业向蚂蚁金服提供与合作社或农户的交易信息，蚂蚁金服据此向合作社或农户发放贷款，贷款资金只能用于采购农资农具，农资农具的使用信息也会通过支付平台反馈到龙头企业和蚂蚁金服。最后，龙头企业从合作社或农户处收购农产品，并与蚂蚁金服建立合作关系，通过天猫（或淘宝）平台销售产成品，回款用于偿还贷款本息以及支付农户收购款。电商平台主导模式的特点是电商平台公司居于供应链的主导地位。传统模式中提供金融服务的外部商业银行被电商平台公司旗下的金融公司所替代。由于电商平台公司数字化和信息化水平高、市场辐射范围广，这一模式在客户选择、服务效率及风险控制水平等方面，相比传统金融模式具有更大的优势。

四、农业供应链金融的发展趋势

（一）数字化趋势

当前数字技术的快速发展及其与农村金融的日趋融合，为农业供应链金融提速增质注入了新的动力。农业供应链金融不仅可以利用大数据、云计算等数字技术，有效降低金融服务成本，还可以通过建立数字化信用评价体系，优化风险控制机制，提高金融供给效率。

（二）竞争化趋势

随着乡村振兴战略的全面实施，我国农业产业步入高速发展时期，农业供应链金融领域也呈现竞争化发展趋势。与一般企业间竞争不同的是，农业供应链之间的竞争不仅存在于龙头企业间或金融机构间，也存在于农业供应链系统中的不同链条间、不同要素间，以及不同的供应链系统之间。通过竞争打破平衡状态，实现了农业供应链金融的有序演化，在提高竞争能力的同时提高经济效益。

（三）平台化趋势

未来直接参与供应链运营的产业企业或信息化服务平台将逐渐替代传统商业银行成为农业供应链金融的主要推动力。农业供应链金融平台将供应链上下游企业、资金提供者、交易平台融合联结，整合信息流、物流、资金流和商流，能够进一步优化农业供应链内部资金配置。利用金融科技手段建立的农业供应链金融平台使融资企业信息更为透明，能够有效地在农业主体间以及农业主体与金融机构间传递信用信息，及时对接融资需求。

（四）普惠化趋势

长期以来，融资难问题一直制约着农村经济发展和农民增收。农业供应链金融把实力雄厚的核心企业的信用注入整个产业链条中，并对资金流、信息流、物流进行整合，将不可控的单个企业风险转变为可控的供应链整体风险，从而增强了金融机构信贷投放的积极性,提高了农村弱势群体的融资可得性,契合了国家和市场对金融普惠性的发展要求。因此,供应链金融既是普惠金融的重要形式,普惠性也是农业供应链金融发展的重要趋势。

第四节 农村普惠金融

一、农村普惠金融的概念及特点

普惠金融(Inclusive Finance)这一概念由联合国在 2005 年正式提出,是指立足机会平等要求和商业可持续原则,以可负担的成本为有金融服务需求的社会各阶层和群体提供适当、有效的金融服务。普惠金融的重点服务对象是小微企业、农民、城镇低收入人群、贫困人群、残疾人、老年人等弱势群体。

农村普惠金融是在普惠金融的基础上,基于农村金融排斥严重的背景下提出的。农村普惠金融强调金融服务对农村地区,特别是偏远、贫困农村的包容性,是指在成本可负担的前提下,为以往受到传统金融体系排斥的农村地区的弱势群体、贫困群体提供适当、有效的金融服务,提升农村金融服务的可获得性。

相较于传统金融,农村普惠金融具有四个方面特点:

一是主要服务对象的特殊性与被排斥性。农村普惠金融的核心服务区域是农村地区,服务对象是农民、农村小微企业以及残疾人、老年人等在内的弱势群体,服务对象本身具有特殊性和被排斥性。通常来说,由于农村地理位置的偏远、农业产业的弱质性和高风险性,农村地区是金融服务覆盖的相对边缘地区,农业是被金融排斥的产业,农民是金融服务获取困难的弱势群体。

二是服务对象的规模性。与传统金融相比,普惠金融以实现金融体系的公正性和共同富裕为基本目标,其服务对象重点偏向弱势群体,农村普惠金融则重点偏向农村地区、农民等弱势群体。我国是世界人口大国,农村户籍人口占比达 50% 以上,说明农村普惠金融的服务对象规模庞大。农村普惠金融服务对象的规模性使得中国农村普惠金融发展呈现出典型的规模经济特征,可降低农村普惠金融服务的成本。

三是金融产品的低端化。对于金融产品的设计与发展,金融机构应以服务对象的群体特点为基本考虑。与更为富裕的群体相比,农民群体的生活水平较低,金融理念较传统,且更偏向于低风险的金融活动,因而其对高端金融产品表现出低需求性,对初级金融产品需求更多。较为常见的农村普惠金融产品包括存款、银行贷款、汇兑以及支付等初级产品。

四是信用风险与适应性成本控制。农村普惠金融具有信用风险特征:一是农业自然灾害风险通常会传导至农村普惠金融产品，导致普惠金融产品风险较难控制；二是农村普惠金融的服务对象通常是低收入、少财富积累和无合格抵押品的农村弱势群体，这使得农村普惠金融产品的风险无法通过资产抵押的方式化解；三是由于农村居民居住地相对分散，金融产品需求规模通常较小，相关信息搜集较难，农村普惠金融难以有效化解道德风险。同时，农村普惠金融的信用风险也会反作用于成本控制环节，这就要求普惠金融机构进行适应性成本控制。

二、农村普惠金融的发展脉络

自普惠金融提出后，就以其独特优势受到了世界各国政府尤其是发展中国家的青睐，许多国家根据自身实际情况设计了符合本国国情的发展模式以推动农村金融发展，其发展过程经历了小额信贷、微型金融、传统普惠金融、数字普惠金融四个阶段。

一是小额信贷阶段。普惠金融最早的实践源于小额信贷，服务对象主要为低收入群体，如孟加拉国的乡村银行仅为贫穷的妇女提供小额贷款，以供生产和生活所需。贷款机构主要是政策性或公益性的小额信贷机构。例如，世界银行的扶贫协商小组是一个专业的小额信贷组织，包括众多国际援助机构和捐助者，致力于为发展中国家的贫困弱势群体提供小额信贷支持。这一阶段的服务主要限于贷款，很少涉及储蓄、保险等其他金融服务。

二是微型金融阶段。随着现代小额信贷的发展，其逐步发展为微型金融。微型金融的服务对象不仅限于低收入人群，其范围逐渐扩大到中小微企业及偏远地区居民，服务主体不仅包括小额信贷机构，还包括商业银行和其他金融机构。这一阶段的金融服务也从单一的信贷服务向信贷、储蓄、保险、汇款等综合性金融服务过渡。

三是传统普惠金融阶段。这一阶段从自主分散的微型金融机构向建立包容性的普惠金融体系转变，服务主体不仅包括小额信贷机构、商业银行等金融机构，还包括证券公司、保险公司等金融机构，服务对象囊括所有弱势群体。普惠金融被认为是一种"微型金融革命"，即通过金融机构的微型化以及抵押替代机制等手段，实现为所有弱势群体提供信贷、保险、投资等全面的农村金融支持。

四是数字普惠金融阶段。随着数字技术与金融服务的不断融合，普惠金融开始迈入数字化阶段。在发展理念上，数字科技信奉普惠、平等、兼容与协作，与普惠金融所追求的可得性与包容性目标基本一致。数字技术与金融产业深度融合，运用大数据技术，可以低成本、广覆盖地服务传统金融难以企及的弱势群体，金融产品和服务边界不断拓展，数字普惠金融也成为当前普惠金融发展的高级形式。

三、国外农村普惠金融的发展实践

(一)孟加拉乡村银行

孟加拉乡村银行(简称GB)是国际公认的成功的小额信贷模式,其主要服务对象是穷人和妇女。孟加拉乡村银行采用小额联保机制,即各成员之间通过互相监督,保证贷款偿还率,提高组内信誉,实现循环贷款。

总体来看,GB模式主要有以下特点:一是客户筛选方式独特。GB为了保证贷款能够按时收回,在贷款前就针对贷款对象开展金融知识素养培训,并且设定多项指标判断申请者的贫困程度以及信用情况,有针对性地进行贷款发放。二是还款方式灵活。GB采取无抵押无担保的方式贷款给贫困农户,在还款方式上,银行允许借款人在借款后的第二周开始还款,若不能按期偿还,可转入灵活贷款。三是采用小组内互相监督的方式。GB模式采取团体自治方式,分为中心—小组—会员三个层次,小组与中心不定时组织活动,讨论小组成员之间的借贷情况和各成员的收入现状,通过成员互相监督,避免违约风险。四是贷款利率设置灵活。GB对不同的贷款者执行不同利率,例如,生活困难的人群贷款可免息,学生上学贷款利率为5%,住房贷款利率为8%等。五是采用强制储蓄以及贷款成员入股的方式。GB要求贷款者须在机构进行储蓄或鼓励其入股,机构给予比其他银行更高的存款利率。六是采用人性化的客户管理模式。机构派遣信贷员到农村地区与当地村民交流,鼓励当地贫困群体加入贷款行列,并为其提供相关生产知识培训以及技术指导,增强其生产经营能力,降低违约风险。

(二)巴西非银行代理机构

由于巴西国土面积广阔,建立银行分支机构的成本较高,因此巴西农村普惠金融主要采用非银行代理机构方式。通过将超市、药店、邮局等发展成银行的代理机构,为农民就近提供简单的金融服务,这一模式在很大程度上节省了成本,提高了边远农村地区金融服务效率。非银行代理机构模式丰富了商业银行的服务方式,鼓励了大量小微企业进行贷款,提高了其信贷的积极性。巴西政府在发展前期给予了相应资金与政策支持,出台了一系列政策法规,鼓励更多机构与银行合作,通过多类网点与银行合作,降低金融机构覆盖成本,提高金融服务的可获得性。

(三)肯尼亚的手机银行

由于肯尼亚的金融服务体系尚不完善,金融网点覆盖率低,手机银行移动支付方式的出现解决了居民贷款、储蓄、转账不便的问题,提高了居民获得金融服务的可能性,满足了居民日常的金融需求。目前肯尼亚地区拥有手机的人数大大超过拥有银行卡的人数。手机支付产品M—PESA是由肯尼亚当地移动电话运营商与英国移动电话公司共同推出的一款短信转账业务,它的出现使得肯尼亚手机银行得到了普及推广。手机银行采取完全电子转账方式,具有便捷、灵活、高效率等特点,手机用户随时能够进行转账、汇款、查询业务,节约了到银行网点办理业务的时间成本。手机银行的推广弥补了当地金融基础设施不足的缺陷,同时提高了当地居民金融知识的普及程度,为农村普惠金融的发展拓宽了渠道,使越来越多的人可以获得金融服务。

四、我国农村数字普惠金融的发展模式

在政府的大力倡导以及日益增长的金融需求下,数字普惠金融得以迅速发展,农村普惠金融与数字科技结合呈现交叉化发展,衍生出多种形态。根据不同的金融服务供给主体,可将农村数字普惠金融的发展模式划分为以下三类。

(一)基于金融机构的农村数字普惠模式

金融机构提供的数字普惠金融服务包括移动金融业务、传统金融业务的数字化、金融机构与金融科技企业合作业务等。该模式依托网上银行、手机银行和电商平台,实现数字金融服务向农村群体和低收入群体下沉,既延伸了金融服务半径,又提高了服务效率,有效降低了传统金融机构的服务成本。农村用户可利用手机等通信网络设备,不受时间、地域的限制,即可获得金融机构提供的各类金融服务。当前包括所有国有大型银行和绝大部分股份制商业银行在内的银行业金融机构普遍已设立普惠金融事业部,部分银行直接针对小微企业、"三农"等重点服务对象,推行数字普惠金融。

(二)基于农业供应链金融服务商的农村数字普惠模式

随着农业龙头企业逐渐成了主导农业供应链、供应链升级发展的组织者、引导者,供应链金融成为农业供应链与农村数字普惠金融整合的重要方向。农业龙头企业借助互联网信息技术对全供应链资源进行数字化整合,使得农业供应链上下游小微企业或农户的历史交易信息可被记录追溯,从而可为小微企业或农户提供配套的金融服务支持。在该模式下,一方面,供应链中的龙头企业利用数字技术收集、整理、分析物流、信息流及资金流等相关数据信息,可全面掌握上下游企业或农户的信用状况,缓解信息不对称问题;另一方面,龙头企业基于产业链,与农户的农业生产环节和销售环节紧密联系,能够解决农户生产和销售环节的实际问题。因此,该模式受到供应链上下游涉农企业和农户的欢迎,在农村地区发展迅速,衍生出多种形态,例如,互联网+智慧农业平台、涉农第四方物流平台等。

(三)基于金融科技企业的农村数字普惠模式

随着大数据、云计算及人工智能技术的日趋成熟,一些大型综合电商平台和金融科技公司开始迅速向农村金融市场拓展,如阿里巴巴、京东和腾讯等,这些金融科技公司及旗下的电商平台在用户的覆盖广度和覆盖层次上具有独特优势。在涉农电商平台领域,阿里巴巴、京东等电商平台积极开拓农村金融市场,整合线上线下资源,运用电商的现金流、信息流和物流大数据,针对小微企业和农村居民在农业生产中遇到的农产品买卖、转账支付、融资等需求,以及日常生活对投资理财、保险、生活缴费等方面的金融需求,提供更加贴近农业、农村和农民日常需求的金融服务。由于大型综合电商平台在农村地区拥有庞大的客户群体,能为其提供涉及日常生活、农业生产、农产品销售等全方位的金融服务,因此这一模式在农村地区发展迅速。在实践过程中,蚂蚁金服推出了"旺农贷""旺农保""旺农付"等产品,京东金融推出了"乡村白条""京农贷"等产品,由金融科技企业提供的农村数字普惠金融服务基本满足了农村用户日常生活和农业生产中不同类型的金融需求。

第六章

农业家庭经营

第一节 农业家庭经营概述

农业的家庭经营在世界农业生产经营中占有重要地位,家庭农场在大多数国家的农场中占90%以上。全世界农场数量约有5.7亿个,而家庭农场的总数超过5亿个。从面积上来看,在一份包括30个国家的抽样调查中,平均约75%的农田由家庭或个人所有;根据每个国家家庭农场所有土地的比例和粮食产量价值,估计在这些国家中家庭农场生产了超过80%的粮食(FAO,2014)。就中国而言,农业农村部的调查数据显示,2014年全国仅有13.9万户家庭农场,2015年激增到34.3万户,截至2023年10月,全国家庭农场数量已达到近400万户,家庭农场经营得到进一步普及。①

一、农业家庭经营的含义

农业家庭经营的载体为家庭农场,家庭农场又是众多农业生产单位类型中的一类,其最典型的特征表现为经营者为家庭成员。在此,首先对农业生产单位、农业经营者以及家庭农场的含义进行介绍,然后引出农业家庭经营的概念。

联合国粮农组织(2005)对农业生产单位的定义为:一个在单一管理模式下的农业生产经济单位,包括所有家畜和全部或部分用于农业生产的土地,无论土地的权属、法律形式或规模。可由一个人或家庭完成,也可由两个或两个以上个人或家庭,一个家族或部落,一个法人如公司、合作社或政府机构完成。

联合国粮农组织(2005)将农业经营者界定为:对资源使用做重大决定并对农

---

① 我国家庭农场发展的现状、问题及培育建议——基于农业部专项调查34.3万个样本数据[EB/OL], https://kns.cnki.netkcms2/article/abstract? v=3uoglhG8C46NmWw7YpEsKMypi3gVi28LntHptynnzpiPCHBHXhEUVS70GBQ1VsSO — bUgzKR039 — scjKUlyCgfn5XRgRNtnUq&-uniplatform = NZ-KPT;农业农村部网站,http://www.moa.gov.cn/ztzl/ymksn/jjrbbd/202404/t20240425_6454364.htm。

业生产单位经营活动进行管理控制的自然人或法人。农业经营者对农场负经济和技术责任，可以直接承担一切责任，或将日常工作管理方面的责任转交给受聘管理者。

家庭农场是农业生产经济单位的类型之一，虽然对于家庭农场的定义并无一致的意见，但许多定义都提到有关所有权和管理、劳动以及实体规模和经济规模等因素。Garner et al. (2014)在对36个关于家庭农场定义的研究中发现，几乎所有定义都明确规定农场至少部分地由一名家庭成员所有、经营和管理；许多定义明确了所有者及其家庭贡献的劳动所占的最低比例；许多定义设定了农场面积或销售规模上限；有一些还设定了来自非农活动的家庭收入所占比例的上限。需要指出的是，国际上关于家庭农场的认知与新近我国所推进的家庭农场经营模式内涵存在一定的差异。在我国对家庭农场的认知中，更倾向于将家庭农场与小农经营相区分，其在某种程度上包含了现代经营与适度规模经营的特征。例如，钟甫宁（2011）指出，家庭农场是以家庭为基本经营单位，农户拥有生产资料的使用权或所有权，能够自主经营管理并具有一定规模的农业经营组织。这个定义不仅强调了家庭农场的家庭经营属性，而且强调了规模化。

关于农业家庭经营，"2014国际家庭农业年"国际指导委员会给出了如下定义：家庭农业（包括所有以家庭为基础的农业生产活动）是组织农业、林业、渔业、牧业和水产养殖生产活动的一种手段，这些活动由家庭管理经营，主要依靠家庭劳力，包括男女劳力，家庭和农场相互关联、共同发展，综合了经济、环境、社会和文化等功能。

二、农业家庭经营的特点

（一）对象是农业

农业家庭经营的对象主要为农业，既包括种植业，也包括林业、渔业、牧业和水产养殖业等。农业独有的产业特征决定了家庭是最佳的农业经营主体。从农业自身特点来看，农业是自然再生产与经济再生产相交织的过程，农业劳动对象的生命性、生产的季节性、自然环境的复杂多变性和不可控制性等因素，都要求生产者收益与生产过程直接相关。只有家庭能满足决策者和生产者的同一性，在农业生产领域具有其他经营主体无法比拟的优势。家庭经营可以实现对农业生产全过程和最终产品负责，以及对各种难以预料的变化做出反应，符合农业作为生物再生产过程的特点。

（二）主要为家庭经营

大多数家庭农业经营的定义要求家庭农场部分或完全由某一个人或其亲属所有、经营和管理。联合国粮农组织近年的农业普查表明，在几乎所有可以提供农业经营者法律地位的国家,超过90%的农场经营者是个人、一群个人或一个家庭,有的有正式合同,有的没有。在其余的情况下,经营者为某种实体,如一家企业、一个合作社或一个公共组织或宗教机构。

（三）以使用家庭劳动力为主

一些对家庭农场的定义还要求家庭应提供大部分农场劳动力。联合国粮农组织报告(2014)指出,一份来自15个国家的统计数据显示,平均约有一半家庭成员部分或全职参与农场劳动。相比之下,几乎在所有能够获得长期雇工数量数据的国家中,家庭农场平均长期雇工数量很低(远低于每个农场1人)。在农场工作的家庭成员与农场长期雇工数量的平均比率为20∶1。监管成本往往高于规模经济所产生的效益,使家庭农场成为农业经济的最佳解决方案。家庭农场的规模也往往限制在家庭能够管理而无需过多使用雇佣劳动力的范围内。

三、农业家庭经营的类型

按不同的标准,可以将农业家庭经营或家庭农场划分为不同的类型,例如:

按是否雇工,可以将家庭农场划分为不雇工型家庭农场和雇工型家庭农场。尽管雇工型家庭农场需要雇用一定数量的劳动力,但雇工数量一般不超过家庭自有劳动力。

按经营内容,可以将家庭农场划分为专业型家庭农场和综合型家庭农场。专业型家庭农场是指农场只经营单一产品,专业型家庭农场依据产业的不同又可以细分为种植型、渔业型、林业型和畜牧养殖型四种。综合型家庭农场是指农场经营多种产品,一般以种养结合为主。

按经营规模和销售额,可以将家庭农场划分为小型家庭农场、中型家庭农场和大型家庭农场。例如,美国依据家庭农场的销售额来划分家庭农场的类型,年销售额高于25万美元的农场为大型家庭农场,其中包括大型家庭农场和超大型家庭农场;年销售额低于25万美元的为小型家庭农场,其中包括资源有限型、退休休闲型、居住生活型和耕种型四种。澳大利亚依据土地经营规模来划分家庭农场类型,土地经营规模在150~200公顷的农场为小型家庭农场,土地经营规模在300~800公顷的农场为中型农场,土地经营规模在1 000公顷以上的为大型农场。欧盟执委会农业及乡村发展署在评估共同农业政策(Common Agricultural Policy,CAP)执行效果时,根据农地面积将农场分为小型农场(农地面积未满5公顷)、中型农场(5公顷以上、未满50公顷)、大型农场(50公顷以上)。另外,由于农地面积不一定能充分反映农场产能(例如园艺作物、养猪或养鸡农场通常不需要大面积农地),欧盟辅以调查农场的年度产值,并据以区分为小经济规模农场(年产值未达4 000欧元)、中经济规模农场(4 000欧元以上、未达50 000欧元)及大经济规模农场

(50 000 欧元以上)。

近年来,专业型与兼业型家庭农场引起了较多的关注。各国关于兼业农户的划分标准有所不同,有的国家是依据农业外部收入的多少或者比例来划分的,有的国家是依据农业和非农劳动时间分配来划分的。如在德国,专业农户是指非农业收入不超过总收入10%的农户,一兼业农户是指非农收入超过总收入10%但不到总收入50%的农户,二兼业农户是指非农业收入超过总收入50%的农户。在日本,专业农户是指家庭成员全部从事农业生产、以务农为生的农户,而家庭成员中有一个以上的劳动力从事农业生产以外工作的称为兼业农户,在兼业农户中,从农业中取得的纯收入高于非农收入的称为第一兼业农户,非农收入超过农业纯收入的称为第二兼业农户。美国1969年把兼业农场定义为,每年从事非农业劳动100天以上的商业性农场。除了年销售额不到2 500美元的农场以外,只要非农业劳动在100天以上者,不论农场的大小,都算是兼业农场。从我国的情况来看,一般将农户划分为纯农户、农业兼业户、非农业兼业户以及非农户四类。具体来说,纯农户是指农户家庭中劳动力以从事第一产业劳动为主,第一产业收入占家庭纯收入80%以上(含80%)的农户;农业兼业户是指家庭劳动力既有从事第一产业劳动也有从事非农产业劳动,但以第一产业为主,第一产业收入占家庭纯收入50%~80%(含50%)的农户;非农业兼业户是指家庭劳动力既有从事第一产业劳动也有从事非农产业劳动,但以非农行业为主,第一产业收入占家庭纯收入20%~50%(含20%)的农户;非农户是指家庭中劳动力以从事非农行业劳动为主,第一产业收入占家庭纯收入20%以下(不含20%)的农户。根据相关最新数据显示,我国农户产业结构仍以纯农户为主,纯农户与兼业户分别占总农户的63.65%与26.75%。2018年全国及各省农村住户经营产业结构具体情况如表6-1所示。

表6—1　　　　　　2018年中国各省份农村住户经营产业结构

地区	总农户数	纯农户数	农业兼业户数	非农业兼业户数	非农户数	总人口数
	万户	万户	万户	万户	万户	万人
全国	27 325.3	17 392.9	4 941.6	2 368.4	2 622.5	100 181.5
北京	133.6	17.5	31.1	31.1	53.8	312.5
天津	138.2	55.8	27.2	17.3	37.8	406.1
河北	1 600.6	1 127.2	274.9	115.6	83.0	5 760.7
山西	870.3	545.9	197.8	62.9	63.8	2 521.9
内蒙古	468.5	363.1	58.4	19.7	27.3	1 487.4

续表

地区	总农户数 万户	纯农户数 万户	农业兼业户数 万户	非农业兼业户数 万户	非农户数 万户	总人口数 万人
辽宁	688.8	542.1	67.4	26.3	53.0	2 216.4
吉林	409.6	360.6	25.1	8.6	15.2	1 468.9
黑龙江	532.7	441	49.3	18.9	23.5	1 884.7
上海	117.6	13.7	18.2	23.1	62.6	329.1
江苏	1 538.5	603.1	426.7	228.5	280.2	5 271.5
浙江	1 215.3	338.9	309.2	247.5	319.7	3 784.8
安徽	1 461.0	815.5	358.4	159.2	127.9	5 594.6
福建	801.3	459.3	178.4	73.6	90.0	3 029.1
江西	889.5	541.7	187.9	78.0	81.9	3 988.5
山东	2 324.5	1 570.1	408.3	153.7	192.4	7 718.7
河南	2 155.1	1 411.1	399.6	201.5	142.9	8 777.4
湖北	1 111.5	811.6	149.1	69.4	81.4	4 117.6
湖南	1 551.1	1 136.9	210.3	93.5	110.5	5 922.7
广东	1 454.9	860.2	268.7	127.9	198.1	6 383.1
广西	1 138.7	758.7	228.6	89.8	61.5	4 662.4
海南	135.5	111.6	13.1	3.7	7.2	600.9
重庆	718.5	306.4	169.4	120.6	122.1	2 267.2
四川	2 068.4	1 308.8	398.9	197.5	163.2	6 829.0
贵州	951.8	732.1	109.9	49.4	60.4	3 872.4
云南	1 035.8	822.5	102.8	46.9	63.6	3 891.4
陕西	772.8	534.9	140.9	53.0	43.9	2 872.7
甘肃	517.7	419.9	57.8	19.4	20.6	2 136.7
青海	101.1	68.6	15.8	9.2	7.5	412.6
宁夏	126.7	84.0	19.4	8.8	14.5	467.6
新疆	296.1	230.2	38.9	14.1	12.9	1 193.0

资料来源：2018 年中国农村经营管理统计年报。

第二节 农业家庭经营发展与现状

一、各历史阶段的农业家庭经营

农业家庭经营有着悠久的历史。我国的史料表明,在母系氏族公社和父系氏族公社内,农业和畜牧业已经从采集和渔猎活动中分离出来,逐步成为原始人谋生的补充手段,但仍以原始农业为主,劳动工具以木制、石制、骨制工具为主,耕地分布在村落的附近,农忙季节全体氏族成员进行集体劳动。随着生产工具的改进和劳动技术的提高,父系氏族公社开始解体,农业生产开始由氏族成员集体共同劳动,产生了少量的以家庭为主的农业和畜牧业,家庭私有制也逐步形成。这一时期的家庭农业是一种初级形态的家庭经营。

商周时,"普天之下,莫非王土",全部土地都归王室,实行井田制。奴隶主驱使成千上万奴隶进行大规模的集体耕种。依靠这种集体劳动,使劳动生产率有了一定程度的提高。作为奴隶集体劳动的重要补充,自由民的家庭农业仍少量存在。

春秋时期,铁制农具和耕牛开始在农业生产中普遍使用,小麦在平原地区广泛播种,一年两熟的农业种植模式大大提高了农业劳动生产率。随之私田开始大量产生,井田制开始崩溃,农奴主为提高奴隶的生产积极性,在私田上改行收取地租。到公元前594年,鲁国实行"初税亩"制度,对私田按亩征税,私田由此获得了合法地位。在管仲任齐国的大臣时,齐已有农户45万家,占齐国家庭总数的91.5%。在秦汉以来2 000多年的封建社会中,除地主阶级采用出租土地让佃户经营和雇佣劳力自己经营外,还有大量的自耕农存在。农业的家庭经营方式一直占统治地位。

在资本主义国家,虽然随着机械化、自动化水平的提高,农业劳动生产率和生产规模也不断提高,但家庭农场一直是最基本的经营方式。家庭农场在发达国家的农场总数构成中占有绝对优势,并且是最具有竞争力的农场形式。英国较早进入了资本主义阶段,1851年英格兰和威尔士共有农场、牧场215 571个,平均每个农牧场有111英亩土地,农业劳动力179万人,约占总劳动力的26%,平均每个农牧场雇佣工人6.4人。到1911年,靠农牧场主家庭自己经营自己生产的农牧场大量增加,与1851年相比,农业工人减少25%,雇佣工人大幅度下降。美国农业生产组织形式也主要是家庭农场,1979年全美农业劳动者有330万人,共有233万个农场,平均每个农场只有1.42个劳动者。

社会主义制度在苏联诞生以后,苏联首先在农村普遍建立了集体农庄,中国等其他社会主义国家也纷纷效仿,试图以农业的合作化、集体化、国有化来代替家庭经营、消灭家庭经营,结果经济效率普遍低下,农产品的供给长期难以满足日益增长的社会需要。在经历了惨痛教训之后,社会主义国家农业的集体经营模式逐步被家庭经营所替代,如我国采取的家庭联产承包责任制,并在此基础上创新土地制度改革,实现农村土地所有权、承包权与经营权"三权分置",是继家庭联产承包责任制后农村改革又一重大制度创新,大大提高了农业的产出水平。

二、发达国家的农业家庭经营

(一)美国

美国农场数量在1935年达到了顶峰,共有325万个家庭农场;到了1982年,美国农场的数量下降到240万个,较战后的1955年减少了3/5;2000年时,美国有217万个农场,与美国农场数达到最高峰的1935年相比则减少了近2/3。近年来,美国农场数量在200万个左右波动,2022年美国农场数量大约为190万个。而从规模方面来看,近些年美国农场平均规模一直维持在400英亩(约160公顷)以上,2022年美国农场平均规模为463英亩。尽管美国农场规模很大,但是这些农场基本以家庭经营为主。根据最新的美国农业部(USDA)数据,2022年家庭农场占美国所有农场的98%,其贡献了农业生产总值的87%。[①] 与此同时,近年来合伙农场以及公司农场也有了一定的发展,尤其是公司农场,进入21世纪以来数量有所扩张。在美国所有农场中,种植业农场占了大多数,2022年大概有139万个,占所有农场数量的比重超过70%,详见表6—2。可见,在种植业领域,家庭经营的主导地位更为突出。

表6—2　　　　　　　　　美国农场基本状况统计

	年份	1997	2002	2007	2012	2017	2022
全部农场	数量(万个)	221.59	212.90	220.48	210.90	204.22	190.05
	家庭(%)	86.76	89.7	86.46	86.71	85.75	84.71
	合伙(%)	8.38	6.09	7.9	6.54	6.37	6.60
	公司(%)	4.08	3.46	4.36	5.06	5.72	6.72
	其他(%)	0.78	0.75	1.28	1.69	2.16	1.97
种植农场	占全部农场比重(%)	83.82	82.27	76.44	73.56	72.26	73.35
	平均规模(英亩)	240	248	241	251	269	274

资料来源:Census of Agriculture 2022, https://www.nass.usda.gov/Publications/AgCensus/2022/Full_Report/Volume_1,_Chapter_1_US/usv1.pdf。

---

① 美国农业部网站,https://www.ers.usda.gov/publications/pub-details/? pubid=105387。

近年来，美国的家庭农场也出现了一些变化。2001年，美国家庭农场平均规模为235英亩，中点规模为900英亩。规模小于49英亩的家庭农场在数量上占主导地位，其占比达到43.7%，但其经营的耕地面积却仅占3.7%。不难发现，美国也存在着大量的小规模家庭农场，规模小于10英亩的家庭农场数量占比超过了11%，但其经营的耕地面积却仅占0.2%。与此同时，规模超过1 000英亩的家庭农场尽管在数量上占比不大，仅为5.6%，但其经营的耕地面积却接近全部耕地面积的50%。尤其是规模超过2 000英亩的家庭农场，数量占比不足2%，但其经营的耕地面积占比超过了20%。到了2022年，美国家庭农场规模的分布发生了显著的变化，尽管小规模家庭农场的数量占比有一定增加，规模不足10英亩以及10~49英亩的家庭农场数量占比与2011年相比分别增长了0.3和1.4个百分点，但是，其经营的耕地面积占比却没有多大变化。土地更加向大规模家庭农场集中，规模超过2 000英亩的家庭农场数量增加了2.2个百分点，而且其经营的土地面积增加更为明显，其占比相较2011年增加了近12个百分点以上。2022年，美国家庭农场平均规模是238英亩，与2011年相比几乎没变。但同时，大规模家庭农场经营的耕地面积进一步扩张，导致中点规模变大。2022年的中点规模是1 250英亩，比2011年提高了150英亩。①

（二）欧盟

2020年，欧盟28国实际农场劳动人口为2 500万人，其中有2 370万人为农场主人或其家庭成员，占农场劳动人口总数的94.8%。依全时劳动时数换算（以每人每年工作1 800小时作为全时劳动时数，即225个工作日），相当于880万个全时农场劳动人口。在880万全时农场劳动人口中，82.4%来自农场主人或其家庭成员，说明欧盟农场主要劳动力来自家庭成员，尤其在马耳他、克罗地亚、爱尔兰及波兰，其家庭劳动人口均超过各该国农业劳动人口的90%。

2020年，欧盟28国约有910万个农场，涵盖农地面积共1.57亿公顷，占欧盟28国总土地面积的38.4%，单个农场的平均农地面积为17.3公顷，平均年产值约为25万欧元。在910万个农场中，约562万个农场为小型农场（即农地面积小于5公顷，占欧盟28国总农场数的61.8%），这些小型农场的农地面积总和为957.7万公顷，仅占欧盟28国总农地面积的6.1%；农地面积大于50公顷的大型农场虽仅约65万个（占总农场数的7.1%），但其面积合计占总农地面积的比例高达67.8%。

---

① 美国农业部（USDA）和美国国家农业统计局（NASS）发布的2022年农业普查报告（USDA Ag Stats）。

表 6—3　　　　　　　　　　　　　欧盟农场规模

		<5 公顷	5~50 公顷	>50 公顷	欧盟 28 国总和
农场数 (万个)	欧盟 28 国合计	562.4	283.1	64.6	910.0
	占欧盟 28 国比例	61.8%	31.1%	7.1%	100.0%
农地面积 (万公顷)	欧盟 28 国合计	957.8	409.8	1 064.5	1 570.1
	占欧盟 28 国比例	6.1%	26.1%	67.8%	100.0%

资料来源：Eurostat，https://ec.europa.eu/eurostat/statistics-explained/index.php?title=Farms_and_farmland_in_the_European_Union_－_statistics。

从农场经济规模（即年度产值）来看，910 万个农场中，约 560 万个农场（占欧盟 28 国总农场数的 58.3%）的年度产值小于 4 000 欧元，属于小经济规模农场，这些农场的产值合计约 112 亿欧元，仅占欧盟 28 国总农业产值的 5.0%；而农场产值大于 50 000 欧元的大经济规模农场，数量虽仅约 95 万个（占总农场数的 9.9%），但其产值合计达 2 380 亿欧元，占总农场产值的 79.7%。

表 6—4　　　　　　　　　　　　　欧盟农场经济规模

		<4 000 欧元	4 000~50 000 欧元	>50 000 欧元	欧盟 28 国总和
农场数 (万个)	欧盟 28 国合计	560.0	255.0	95.0	910.0
	占欧盟 28 国比例	58.3%	31.8%	9.9%	100.0%
产值 (亿欧元)	欧盟 28 国合计	149.3	456.9	2 380.0	2 986.2
	占欧盟 28 国比例	5.0%	15.3%	79.7%	100.0%

资料来源：Eurostat，https://ec.europa.eu/eurostat/statistics-explained/index.php?title=Farms_and_farmland_in_the_European_Union_－_statistics。

法国是欧盟农地面积最大的国家。据欧盟统计局和联合国粮食及农业组织（FAO）最新数据统计，2022 年法国生产谷物类粮食 6 260 万吨，占欧盟谷物类粮食总产量的 21%，居欧盟成员国首位。与其他欧洲国家类似，法国农业也是建立在家庭经营的基础上的，即使到 20 世纪中期，小规模农场分散经营和人力畜力耕作仍占主要地位。战后半个多世纪以来，公司化经营或合作经营的农业组织快速发展，但家庭农场仍然是最主要的经营主体。如表 6—5 所示，21 世纪之前，法国家庭农场占全部经营主体的比重均在 90% 以上，但进入 21 世纪后这一比例快速下降，到 2020 年法国家庭农场仅占全部农场的 58%，低于 2010 年的约 70%。

表 6—5　　法国不同经营模式的农业组织数量和比重　　单位:万个、%

	1955 年	1970 年	1979 年	1988 年	2000 年	2010 年	2022 年
独立经营的家庭农场	—	156.78	121.48	94.61	53.76	33.99	27.41
		(97.97)	(94.19)	(93.5)	(80.99)	(69.37)	(53.67)
公司化经营或合作经营的农业组织	—	2.02	4.79	6.55	12.36	14.66	23.65
		(1.26)	(3.71)	(6.44)	(18.62)	(29.92)	(46.33)
其中:农业有限责任经营单位	—	—	—	0.16	5.59	7.86	14.28
				(4.24)	(8.42)	(16.04)	(27.98)
农业共同经营组合	—	<0.39	1.53	3.77	4.15	3.72	4.76
		(<0.24)	(1.19)	(3.71)	(6.25)	(7.59)	(9.33)
农业经营民事企业	—	0.4	0.56	0.99	1.73	2.37	2.98
		(0.25)	(0.43)	(0.97)	(2.61)	(4.84)	(5.84)
其他经营组织	—	>1.23	2.7	0.52	0.26	0.35	1.63
		(>0.77)	—2.09	—0.51	—0.39	(0.71)	(3.19)
全国农业经营主体总数	230.7	160.03	128.97	101.68	66.38	49.00	51.06
	(100)	(100)	(100)	(100)	(100)	(100)	(100)

注:括号中数据为占比。

资料来源:周应恒,胡凌啸,严斌剑.农业经营主体和经营规模演化的国际经验分析[J].中国农村经济,2015(9):80—95;OECD-FAO. OECD-FAO Agricultural Outlook [EB/OL]. FAO Country Showcase[2023—09—30]. https://www.fao.org/country-showcase/fra/en/.

1970—2022 年,与家庭农场数量下降同时发生的是,以公司化或合作等方式经营的农业组织的数量快速增长,它们占全部农业经营主体的比重从 1.26% 上升到 46.33%。而且这类农业组织的平均规模是家庭农场平均规模的 3 倍以上,且呈不断上升的趋势。家庭农场数量下降以及耕地越来越向以公司化或合作等方式经营的农业组织集中,使得 2022 年法国农场平均规模达到 61.9 公顷,相比 2010 年提高了 13.5%。

表 6—6　　法国不同规模家庭农场数量占比和经营耕地面积占比概况　　单位:%

年份	数量占比					面积占比				
	<5 公顷	5~20 公顷	20~50 公顷	50~100 公顷	>100 公顷	<5 公顷	5~20 公顷	20~50 公顷	50~100 公顷	>100 公顷
2005	32.74	22.86	20.54	16.75	7.1	2.03	7.72	21.5	36.52	32.24
2007	31.92	22.97	20.35	17.01	7.75	1.96	7.41	20.61	36.07	33.95

续表

年份	数量占比					面积占比				
	<5公顷	5~20公顷	20~50公顷	50~100公顷	>100公顷	<5公顷	5~20公顷	20~50公顷	50~100公顷	>100公顷
2010	34.93	22.78	18.61	15.9	7.78	2.13	7.6	19.43	34.84	36.01
2013	33.38	23.04	18.77	16.49	8.33	2.05	7.39	18.73	34.97	36.86
2020	38.68	31.82	19.76	6.94	2.80	2.36	11.94	20.72	18.38	46.60

资料来源：Eurostat, http://ec_europa.eu/eurostat/web/agriculture/data/database; FAO, https://www.fao.org/fsnforum/resources/reports-and-briefs/what-do-we-really-know-about-number-and-distribution-farms-and-family。

（三）日本与韩国

在日本，尽管近年来农业经营主体呈现多样化，公司制等组织经营体快速发展，但农业的家庭经营依然占有绝对比重。2023年，日本农业经营体共有92.94万个，其中家庭经营体为88.87万个，占农业经营主体的比重为95.62%（见表6—7）。

表6—7　　　　　　　　　日本农业经营主体状况　　　　　　　单位：万个，公顷

年份	农业经营体		家庭经营体		组织经营体						
					合计(2)=(3)+(4)	法人化					非法人化(4)	平均耕作面积
	合计(1)+(2)	平均耕作面积	小计(1)	平均耕作面积		小计(3)	农事组合法人	公司	各种团体	其他法人		
2005	200.94	1.86	198.13	1.74	2.81	1.39	0.2	0.63	0.51	0.05	1.42	17.89
2010	167.91	2.19	164.81	1.94	3.1	1.71	0.36	0.89	0.41	0.05	1.39	19.14
2011	161.76	2.27	158.61	2	3.15	1.78	39	0.9	0.42	0.07	1.38	25.12
2012	156.39	2.32	153.27	2.04	3.12	1.78	0.42	0.92	0.38	0.06	1.34	24.95
2013	151.41	2.39	148.24	2.08	3.17	1.82	0.45	0.94	0.37	0.06	1.34	24.65
2014	147.12	2.45	143.91	2.13	3.21	1.89	0.49	0.96	0.36	0.07	1.32	24.63
2015	137.73	2.50	134.43	/	4.06	2.71	0.62	1.66	0.34	0.09	1.35	/
2016	131.84	2.74	128.44	2.32	3.40	2.38	0.62	1.35	0.32	0.10	1.02	25.30
2017	125.80	2.87	122.31	2.37	3.49	2.48	0.71	1.37	0.30	0.10	1.02	27.50
2018	122.05	2.98	118.50	2.42	3.55	2.55	0.76	1.41	0.28	0.10	1.00	28.49
2019	118.88	2.99	115.28	2.45	3.60	2.61	0.79	1.45	0.27	0.10	0.99	26.55
2020	107.57	3.10	103.73	/	3.84	3.07	0.73	2.00	0.21	0.13	0.77	/
2021	103.09	2.00	99.14	1.80	3.95	3.16	0.75	2.09	0.20	0.12	0.78	13.60

续表

年份	农业经营体 合计(1)+(2)	农业经营体 平均耕作面积	家庭经营体 小计(1)	家庭经营体 平均耕作面积	组织经营体 合计(2)=(3)+(4)	法人化 小计(3)	法人化 农事组合法人	法人化 公司	法人化 各种团体	法人化 其他法人	非法人化(4)	平均耕作面积
2022	97.51	2.10	93.50	1.80	4.01	3.22	0.77	2.12	0.20	0.12	0.79	15.60
2023	92.94	2.10	88.87	1.80	4.07	3.30	0.78	2.21	0.20	0.12	0.77	14.90

资料来源：2005年、2010年、2015年、2020年数据来自日本农林水产省：《農林業センサス》http://www.maff.go.jp/j/tokei/kouhyou/noucen/index.html；其他年份的数据来自日本农林水产省：《農業構造動態調査》, http://www.maff.go.jp/j/tokei/kouhyou/noukou/index.html。

2020年，日本农户总量为174.7万户，为1990年的45.6%、2000年的56.0%、2010年的69.1%。在农户数量快速减少的同时，农户中没有或很少有农产品销售的自给农户比例快速增加，2020年达到41.2%。曾经快速提升的农户兼业化程度在1990年以后开始下降，到2010年，兼业农户占销售农户的比例下降了近20个百分点。日本农户中专业农户的比例逐步有所回升，1990—2010年的20年间提升了5.6个百分点，农户类型分化明显。从经营规模来看，1960—1985年，日本全国农户户均耕地面积从0.88公顷上升至1.05公顷；1990—2020年，全国农户户均耕地面积从1.31公顷上升到2.02公顷。

表6—8　　　　　　　　1990—2020年日本农户的构成　　　　　单位：万户，%

年份	总农户数	销售农户 专业农户	销售农户 占比	销售农户 兼业农户	销售农户 占比	自给农户 数量	自给农户 占比
1990	383.4	47.3	12.3	249.7	65.1	86.4	22.6
1995	344.4	42.8	12.4	222.4	64.6	79.2	23.0
2000	312	42.6	13.7	191.1	61.2	78.3	25.1
2005	284.8	44.3	15.5	152	53.4	88.5	31.1
2010	252.8	45.1	17.8	118	46.7	89.7	35.5
2020	174.7	102.8	58.8	71.9	41.2	/	/

资料来源：周应恒，胡凌啸，严斌剑．农业经营主体和经营规模演化的国际经验分析[J]．中国农村经济，2015(9)：80—95．日本农业、林业和渔业部网站，https://www.maff.go.jp/e/data/stat/97th/index.html。

同为东亚发达国家的韩国，其农业经营方式也表现为以小农户家庭经营为主。近年来，韩国农业经营主体及经营规模发生了显著变化。首先，农户规模逐渐分化。经营面积超过3公顷的较大规模农户数量从1985年以来一直处于上升的趋势,其占比从1.19%上升至2010年的8.23%,此后该规模的农户占比略有下降,但仍稳定在6.3%左右,2023年,这类农户占农户总数的比例为6.34%。自1990年以来,规模低于0.5公顷的小规模农户的数量和经营的耕地面积占比都有一定的增加,2023年,这类农户占农户总数的比例为52.24%,较1990年增长了近25个百分点。而规模为0.5~1公顷、1~1.5公顷的农户数量和经营的耕地面积占比都有所下降。其次,在小农户外,韩国还有意促进以法人经营体为代表的生产经营组织的发展。农业公司法人和营农组合法人的数量都有了很大程度的提高,从2000年的5 208个增加到2017年的21 659个,在20年里增长超三倍。其中,营农组合法人的增长速度最为突出,从2000年的3 852个增加到2017年的13 363个,几乎翻两番。

表6—9　　韩国不同规模农户数量占比和经营耕地面积占比概况　　单位:%

年份	无耕地	0~0.5公顷	0.5~1.5公顷	1.5~3.0公顷	>3.0公顷	0~0.5公顷	0.5~1.0公顷	1.0~1.5公顷	1.5~2.0公顷	>2.0公顷
1970	2.9	31.7	51.15	12.77	1.49	32.6	34.2	18.5	8	6.70
1975	3.95	29.05	52.92	12.57	1.51	30.2	36.2	18.9	8.2	6.50
1980	1.3	28.37	54.98	13.91	1.44	28.8	35.1	20.6	9	6.50
1985	2.39	27.73	55.87	12.82	1.19	28.4	36.5	20.7	8.5	5.90
1990	1.36	27.33	50.71	18.11	2.49	27.7	31.2	20.2	11	9.90
1995	1.6	28.87	46.47	18.4	4.67	29.3	29.2	17.9	10.4	13.10
2000	1.01	31.81	43.24	17.79	6.15	33	29.4	16.4	9.9	14.80
2004	1.61	35.92	40.27	15.58	6.62	36.5	26.4	14.5	8.4	14.90
2010	1.19	40.12	36.47	13.99	8.23	40.2	24.5	12.1	7.4	14.90
2011	1.04	41.07	35.89	13.67	7.48	40.26	24.18	11.70	7.13	14.87
2012	1.00	41.25	35.56	13.61	7.70	40.05	23.93	11.63	7.20	14.99
2013	0.87	41.56	35.27	13.64	7.72	40.28	23.60	11.68	7.12	15.18
2014	0.86	42.01	34.82	13.61	7.75	40.73	23.34	11.48	7.04	15.27
2015	0.96	44.67	33.92	12.30	7.21	42.65	23.23	10.46	6.55	13.90
2016	0.92	46.44	33.02	11.87	6.93	44.20	22.90	10.12	6.28	13.35
2017	0.91	46.59	33.10	11.64	6.84	44.49	23.13	9.98	6.16	13.24
2018	0.90	47.17	32.70	11.56	6.72	44.89	22.81	9.89	6.10	13.13
2019	0.85	47.51	32.38	11.60	6.73	45.81	22.49	9.89	6.13	13.13
2020	0.88	51.89	30.25	9.93	6.16	50.81	21.56	8.70	5.34	11.62

续表

年份	无耕地	0~0.5 公顷	0.5~1.5 公顷	1.5~3.0 公顷	>3.0 公顷	0~0.5 公顷	0.5~1.0 公顷	1.0~1.5 公顷	1.5~2.0 公顷	>2.0 公顷
2021	0.79	51.87	30.09	9.99	6.32	50.01	21.30	8.79	5.38	11.86
2022	0.69	52.19	29.90	9.99	6.28	50.44	21.28	8.63	5.43	11.79
2023	0.64	52.24	29.77	9.93	6.34	50.50	21.28	8.49	5.32	12.02

资料来源：韩国统计局，https://kosis.kr/index/index.do。

三、发展中国家的农业家庭经营

相较于发达国家的农业家庭经营，发展中国家的农业家庭经营有着自身的特点，突出表现在农地的经营规模较小、生产效率较低、现代化程度不高等方面。

（一）经营规模较小

相对于发达国家，发展中国家的家庭农场规模更小（见表6—10）。在中下等收入国家，规模不超过2公顷的农场占有超过30%的农田，规模不超过5公顷的农场占有约60%的农田。在低收入国家，规模不超过2公顷的农场占有约为40%的农田，规模不超过5公顷的农场占有约为70%的农田（见表6—11）。与发达国家农场平均规模扩大的趋势相反，自20世纪60年代起，在多数低收入和中等收入国家，即世界多数农场所在地，农场平均规模逐渐缩小。在非洲撒哈拉以南地区和亚洲，许多国家农村地区人口快速增长，导致土地持有者数量增加，因此农场平均规模普遍减小。在拉丁美洲及加勒比地区，该趋势不太明显，有些国家农场平均规模增加，有些则减少。联合国粮农组织（2014）考察了8个低收入和中下等收入国家的农户的特点，揭示了更小型家庭农场在发展中国家粮食生产中的重要性。尽管调查并未显示家庭农场产量在全国农业总产量中所占比例，但调查表明，规模最小的75%的家庭农场所生产的粮食占家庭农场所生产粮食的大部分。

表6—10　　　各国被调查的家庭农场数量、平均规模和最大规模　　　单位：个，公顷

国　家	农场数量	平均农场规模	最大农场规模
孟加拉国	14 950	0.40	2.00
玻利维亚	680	1.50	151.00
埃塞俄比亚	N.A.	1.90	19.00
肯尼亚	4 320	0.90	8.90
尼泊尔	3 260	0.90	17.00
尼加拉瓜	310	9.50	282.00
坦桑尼亚	4 700	1.50	21.00

续表

国　家	农场数量	平均农场规模	最大农场规模
越南	11 460	0.70	12.00

资料来源：*Innovation in Family Farming*，*The State of Food and Agriculture* 2014，Rome：FAO Press，2014。

表6—11　　　　　　　　　世界农业经营主体规模分布　　　　　　　　单位：%

		<1公顷	1～2公顷	2～5公顷	5～10公顷	10～20公顷	20～50公顷	>50公顷
低收入国家	生产单位	63	20	13	3	1	0	0
	面积	20	22	31	16	9	1	2
中下等收入国家	生产单位	62	19	14	4	1	0	0
	面积	15	16	26	15	9	8	11
中上等收入国家	生产单位	27	15	27	13	8	6	5
	面积	0	1	3	3	4	7	81
高收入国家	生产单位	34	18	15	9	7	7	9
	面积	1	1	2	2	4	8	82
世界	生产单位	72	12	10	3	1	1	1
	面积	8	4	7	5	5	7	65

资料来源：*Innovation in Family Farming*，*The State of Food and Agriculture* 2014，Rome：FAO Press，2014。

（二）生产效率较低

大量研究显示，不同农场规模与土地生产率之间存在"反向生产率关系"现象，即许多国家更小型农场的作物单产高于更大型的农场。Larson et al.（2013）研究表明，在撒哈拉以南非洲国家的一个抽样调查中，每个国家小规模玉米种植者的土地生产率都高于更大型的农场。而劳动生产率的情况恰恰相反，在多数提供数据的国家中，与更大型的农场相比，更小型的家庭农场劳动生产率更低。简言之，与更大型的家庭农场相比，更小型的家庭农场土地生产率更高，劳动生产率更低。劳动生产率低下意味着家庭收入和消费水平更低。

Rapsomanikis（2014）调查表明，与拥有更大型农场的家庭相比，拥有更小型农场的家庭的收入和消费水平更低、贫困率更高。相较于发达国家，发展中国家的家庭农场规模较小，劳动生产率相对较低，农户也相对更加贫困。

（三）现代化程度不高

发展中国家小型农场劳动生产率低下不仅反映出劳动力的过度使用，还反映出农业技术的应用情况。各国在农资投入使用量方面存在较大差异,以化肥的投入为例,低收入国家的化肥施用强度远低于中高等收入国家。另外,在高收入国家,全要素生产率增长已经成为提高农业产量的主要推动力。低收入国家全要素生产率增长的贡献率相对较小,农业产量的提高大部分都是依靠扩大农业生产面积实现的(FAO,2014)。

表6—12　　　　　　　　　不同类型国家化肥投入量

年份	中高收入国家 单位面积耕地氮含量	中高收入国家 单位面积耕地磷含量	中高收入国家 单位面积耕地钾含量	低收入缺粮国家 单位面积耕地氮含量	低收入缺粮国家 单位面积耕地磷含量	低收入缺粮国家 单位面积耕地钾含量
2003	77.38	10.93	22.71	13.43	1.94	1.71
2004	75.25	10.60	22.52	13.88	2.12	2.02
2005	73.17	10.15	20.62	13.70	2.10	1.89
2006	73.45	9.83	21.10	14.38	2.06	1.82
2007	80.09	11.01	22.95	14.25	1.96	1.81
2008	70.50	6.74	13.51	14.75	1.56	1.52
2009	68.92	6.90	12.72	14.32	1.99	1.63
2010	75.49	8.08	17.49	15.10	2.26	2.07
2011	73.54	7.75	16.08	14.71	2.61	2.53
2012	76.01	8.43	16.44	14.23	2.81	2.87
2013	78.93	8.68	17.74	14.53	2.76	2.64
2014	80.68	8.43	17.83	15.75	2.72	2.75
2015	82.29	8.67	17.60	15.45	2.85	3.06
2016	83.67	8.79	18.48	16.35	3.04	3.29
2017	84.24	9.23	19.21	17.02	3.22	3.53
2018	80.78	9.39	19.41	17.09	3.23	3.31
2019	79.69	9.70	18.99	17.41	3.56	3.54
2020	78.77	9.61	20.02	18.63	3.90	3.83
2021	74.88	8.82	18.14	18.75	4.16	3.49

资料来源:FAOSTAT,https://www.fao.org/faostat/zh/#data/ESB。由于数据限制,表中中高收入国家的化肥投入量以欧盟27国的数据来反映。

第三节 家庭农业生产经营行为分析

一、家庭(农户)生产理论

(一)农户理论的发展

家庭农业的生产经营决策,有着自身的特点。由于农户具有生产和消费的双重性,其生产、消费以及要素配置等决策都是相互制约、互相促进的,这种决策间的关联性使得传统经济理论在分析农户经济行为时存在严重的局限性。农户经济理论正是因此而逐步兴起的。美国经济学家舒尔茨是主流经济学界较早关注农户经济的学者,他在研究如何改造发展中国家的家庭农业时提出了著名的"贫穷但有效率"的假说,即"在传统农业中,农户在生产要素的配置上很少出现无效率的现象",由此而提出了理性小农假说。

早在 20 世纪 20 年代,俄国经济学家恰亚诺夫就已对农户经济进行了研究。他所著的《农民经济组织》或许是将农户经济理论模型化最早的尝试,但他的理论当时并没有得到及时传播,直到 20 世纪 60 年代才被人们重新"发现"而广为流传。根据对俄国农户经济行为的分析,恰亚诺夫认为农户家庭农业经营追求的绝不是利润最大化,而是"家庭成员需求满足程度与劳动力辛苦程度之间的某种均衡",即家庭整体效用的最大化。但其理论最大的缺陷在于,假设劳动力市场不存在和农户对土地的自由获得。这与大多数国家特别是发展中国家农户经济的特征存在一定的不一致。但他的思想仍具有重要的开创意义,也为后来的农户研究奠定了基础。

近年来,农户理论不断发展,不仅在解释农户生产与消费决策的功能上不断增强,各种外部限定也逐步放宽。而这得益于贝克尔等人(Becker,1965;Michael and Becker,1973)开创的"新家庭经济学"。新家庭经济学明确地把家庭(户)而不是个人作为效用最大化的分析单位,并认为效用不能一般化地从市场上购买的商品(X产品)中直接获得,而是从家庭内生产的最终消费品的"使用价值"(Z产品)中获得的。Z产品是该理论的一个关键概念,它可以由家庭用 X 产品和花费在其上的时间来生产。新家庭经济学最后通过效用的最优化过程来解释家庭生产与消费联合决策的问题。巴鲁姆和斯奎尔(Barnum and Squire,1979)则较早地将"新家庭经济学"应用到农户经济分析中。他们的理论不仅拓展了新家庭经济学,如农户的产品可以出售,而不像新家庭经济学中户内产品只能用于直接消费,生产函数主要是指农业生产而不是 Z 产品的生产等,也改进了恰亚诺夫模型中的要素交易约束,如允许劳动力市场的存在、限定农户的土地数量等。因此,建立在"新家庭经济学"和恰亚诺夫思想基础上的巴鲁姆—斯奎尔模型常常被称为农户模型或农业家庭模型（Agricultural Household Model，AHM）。

然而，巴鲁姆—斯奎尔假定了完全的劳动市场和产品市场，这使得该模型较适用于接近完全商业化的家庭农场。而在市场不完全或不完善，甚至还没有形成的条件下，这一模型的解释力将大大下降。所以，此后不断有学者在巴鲁姆—斯奎尔模型的基础上对劳动、土地、保险和金融市场不完善条件下的 AHM 进行修正和改进。

(二)巴鲁姆—斯奎尔农户模型

农户会对家庭变量(如家庭规模和结构)与市场变量(如农产品价格、投入价格、工资、技术等)的变化做出反应。而巴鲁姆—斯奎尔模型为预见农户的这些反应，提供了一个思考框架，所以这个模型很重要。本部分主要引用了艾利思(2006)中关于巴鲁姆—斯奎尔模型的介绍予以说明。巴鲁姆—斯奎尔模型做出的假定如下：

(1)存在劳动市场，因此，农户可以根据给定的市场工资雇入或雇出劳动。

(2)农户可用的耕地数量一定，至少在所研究的生产周期内不变。

(3)"户内"活动(Z产品的生产)和"闲暇"两者合并，作为一个消费项目来实现效用最大化。

(4)农户需要出售部分产品以便购买非农业消费品即工业品 M，所以，农户的一个重要选择是，多少产品用于自我消费(C)，多少产品用于出售。

(5)不考虑不确定性，也不考虑农民的风险行为。

巴鲁姆—斯奎尔模型的结构与新家庭经济学逻辑十分接近。两者的主要区别在于巴鲁姆—斯奎尔模型研究的不仅是家庭，而且是农户，而农户习惯上也被看作生产单位。这一点意味着，农户的产品可以出售，而不像新家庭经济学里的"户内"产品只能够用于直接消费。此外，巴鲁姆—斯奎尔模型中的生产函数指的是农业产出。同时，依据市场工资，农户既可以雇入劳动，也可以雇出劳动。在巴鲁姆—斯奎尔模型的效用函数内，共有 3 个自变量，即用于 Z 产品生产以及闲暇的时间 T_Z，家庭自我消费的农产品 C 和购买的商品 M。效用函数的形式如下：

$$U=f(T_Z,C,M) \quad (6-1)$$

农户对这三种消费项的偏好，不但受到家庭规模的影响，也受到家庭里劳动人口和抚养人口结构的影响。农户的生产函数形式如下：

$$Y=f(A,L,V) \quad (6-2)$$

其中，A 是耕地，假设为常数；L 是用在农业生产上的所有劳动，包括家庭自有劳动和雇入劳动；V 是生产中的其他可变投入。效用最大化的约束条件是生产函数、时间约束与收入约束。时间约束条件为：

$$T = T_Z + T_F + T_w \tag{6-3}$$

其中，T_Z 是用于 Z 产品生产和闲暇（两者不再区分）的时间；T_F 是用于农业生产的时间；T_w 是雇佣劳动，它可以是正数或负数。如果雇入劳动，$T_w > 0$，总的可支配时间增加；如果雇出劳动，$T_w < 0$，总时间减少。为方便起见，我们把家庭自己的时间之和，即 T_Z 与 T_F 之和称为 T_G。收入约束是指家庭的净收入应当等于家庭用于市场商品购买的总支出，即：

$$p(Q-C) + wT_w - vV = mM \tag{6-4}$$

式中，p 是农产品价格，Q 是农产品产量，$Q-C$ 是出售的农产品产量，w 是市场工资，wT_w 可以是提高家庭收入的正数（如果雇出劳动的话），也可以是减少家庭收入的负数（如果雇入劳动的话），v 是可变投入 V 的价格，m 是市场商品 M 的平均价格。把时间约束与收入约束合并起来，得到单一的支出约束 F：

$$F = pC + wT_w + mM = \pi + wT_G \tag{6-5}$$

F 是扩大了的"完全收入"概念。公式中，wT_w 是用于 Z 产品生产的时间的机会成本。pC 是家庭自我消费的农产品的市场价值，mM 是出售购入品的价值。F 又等于农业净收入或利润 π 与农户自用时间的内在价值 wT_G 之和。

巴鲁姆—斯奎尔模型的均衡条件是：

（1）劳动的边际产品（MVP_L）等于工资（w），其他可变投入的边际产品（MVP_V）等于其平均价格（v）；

（2）效用函数中任意两个自变项之间（例如 T_Z 与 C，T_Z 与 M，C 与 M 之间）的边际替代率等于它们之间的价格比（w/p，w/m，p/m）。

由于巴鲁姆—斯奎尔模型中有三对消费权衡，其生产函数又有三个自变量，所以巴鲁姆—斯奎尔模型不能用单个图形来说明。不过，可以将其部分思想用图 6—1 表示出来。这些思想是：

（1）农民需要决定把更多时间用在消费 Z 产品上（T_Z），还是消费更多的农产品 C。这里的均衡条件是：边际替代率 $MRST_{Z,C} = w/p$。

（2）农户生产函数中如果只有一种产出，也只有劳动一种可变投入，那么，均衡条件是：边际物质产品 $MPP = w/p$。

（3）研究农户不雇出但雇入劳动时的经济行为。

在图 6—1 中，横轴表示农户可以支配的总时间 T。T 又分为家庭成员的农业劳动时间 T_F、雇佣劳动时间 T_w 和家庭成员的户内劳动时间 T_Z。w 是货币工资，p 是农产品价格，w/p 是相对市场工资，也是时间的机会成本。直线 OW 表示劳动增加时，总劳动成本提高的程度。它的斜率是 w/p。农户可支配的劳动时间包括自有的和雇入的劳动时间。但无论自有还是雇入，W 代表了家庭可利用的所有时间的总的内在成本。

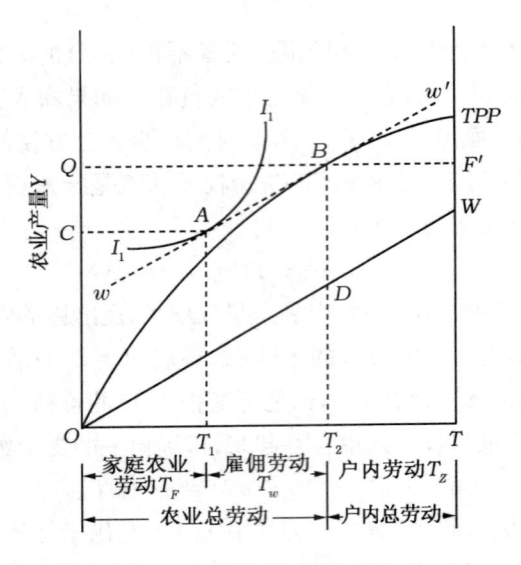

图 6−1 农户决策模型

图 6−1 中还有另外三条曲线。第一条是农业产量的生产函数 TPP；第二条是无差异曲线 I_1，表示户内时间与家庭农产品自我消费两者的不同组合给家庭带来的同等效用；第三条是位移了的工资成本线 ww'，表示农业生产的相对工资成本。农业的生产均衡点是 B，消费均衡点是 A。A 同时给出了农户自我消费的农产品数量 C，由此我们又可以得到农户的农产品出售量 $Q-C$。图 6−1 没有考虑农户的市场采购行为，所以，农户满足支出约束的条件，仅仅是农户销售农产品的收入 $p(Q-C)$，等于农户雇入劳动而支出的费用 wT_Z。

显然，如果农户自我消费 C 增加，农户的市场销售 $Q-C$ 就会减少，家庭劳动就会更多地用于农业生产 T_F，雇入劳动会更少。新增的 T_F 来源于原先的 T_Z（在图 6−1 中，它表示由于家庭没有非农业用途的时间可以转移到农业生产上，直线 T_1A 和 T_2B 将以相同距离向右推移）。

农户的"完全收入"是图 6−1 中的 F。注意，F 是用实物量表示的。这使得图 6−1 横轴上标出的各个时间范畴，需要用它们代表的到直线 OW 的垂直距离来定价。"完全收入"可以用两种不同的图示法来说明：第一种方法从支出角度出发，F 等于 $pC+wT_Z$。这里，pC 是家庭自我消费的农产品的价值，wT_Z 是被当成消费的家庭非农业，即劳动时间的价值。第二种方法从收入角度出发，F 等于 $\pi+wT_G$。π 是图 6−1 中的线段 BD，表示利润。$wT_G=wT_F+wT_Z$。这里，wT_Z 是非农业的家庭时间价值，它出现在两种方法内，但在第一种方法内作为消费项，在第二种方法内作为完全收入的组成部分。

图 6-1 对巴鲁姆—斯奎尔模型做了很大简化。但即使如此,简化了的巴鲁姆—斯奎尔模型对工资水平或农产品价格两者的变化给农户决策造成的影响,也有强大的预见能力。这里,我们只是简要地考察一下工资上升或价格上升带来的不同或相反影响。

(1)市场工资的上升,提高了价格比率 w/p,并使位移了的工资成本线 ww' 变得更陡,因此,市场工资上升将引致:①家庭农业产量下降以及"完全收入"的相应下降;②家庭农业劳动时间上升和雇入劳动时间下降;③家庭自我消费增加,而市场采购减少。

(2)农产品市场价格的上升,降低了价格比率 w/p,并使位移了的工资成本线 ww' 变得更平,因此,农产品价格上升将引致:①家庭农业产量提高和"完全收入"的相应提高;②家庭农业劳动时间减少和雇入劳动时间增加;③家庭自我消费下降,而出售到市场的农产品数量增加。

二、风险与不确定性

以上关于农户经济模型的分析,并未考虑风险因素,而在农户农业经营过程中,风险是影响其决策的重要变量。一方面,农业经营过程中存在着各种不确定性与风险;另一方面,家庭相对企业等主体来说更加脆弱,对风险也有着更强的规避心理,必然会影响其生产行为与相关决策。

(一)风险与不确定性的含义

许多事件会影响决策的后果,这些事件的发生,如果能够用概率来表示,我们便称之为风险。如果一个事件的发生不可能用概率来表示,我们称之为不确定性。这些事件发生的可能性大小,既不为决策者所知,也不为其他人所知。但是,经济分析中通行的风险概念,并不建立在对客观风险的理解上,而是决策者对事件是否发生的个人感觉程度。例如,在农业生产中对降雨可能性的理解,重要的不是对干旱平均发生年数的历史知识(用历史知识推断未来无论如何是极不可靠的),而是农民对干旱是否发生的个人观点。正是这样的个人观点,决定了农民为应付干旱而要采取的措施。经济学中对风险和不确定性的分析,使之从客观因素变为主观因素。因此,风险和不确定性的定义可作如下改变:

风险始终与概率有关,是农业决策者对不同事件发生可能性的主观判断。风险分析不仅包括这些概率,而且包括这些概率影响经济决策的方式,因此,"风险"这个概念指的是农民在不确定事件面前做出决策的整个机制。不确定性与概率无关或者没有概率。在描述性意义上,它指的是农民家庭所处的经济环境的特征。这个环境包含了各种各样的不确定性事件。农民将根据自己对这些事件是否发生的主观判断,来确定不同的风险程度。

(二)农业家庭经营中的风险

农业生产广泛存在着各种各样的不确定性。不确定性对于分析农业经济、对于展望农业经济的未来,有着重要意义。不确定性是以不同程度影响市场经济中所有经济行为的条件。但是,考虑到天气和其他自然因素对农业产量和农业生产周期长度的影响,所以不确定性对农业生产比对工业生产的影响更大。此外,发展中国家的农民还面对着许多在工业化国家有组织的生产结构中很少出现的不确定性。基于以上定义的解释,如果农民将不确定性主观视为事件发生的概率,则事件的发生便可以用风险来表示,艾利思(2006)把农民面临的不确定性归纳为四类。

1. 自然风险

自然风险是指气候、瘟疫、疾病和其他自然灾害给农业产量造成的不可预期的影响。这里,不利的气候可以在从播种到收割的各个阶段影响农民生产决策的后果。因此,我们不应当仅仅注意长期干旱的灾难性后果。同时,农民克服瘟疫与疾病的能力,取决于他们购买相应市场产品的能力。而在农业社会中,不同家庭具有的购买能力有着极大的差别。自然灾害风险也可以称为收益或产量不确定性。联合国粮农组织(FAO)2023年数据显示,过去30年,灾害事件造成的作物和牲畜产量损失约为3.8万亿美元,相当于平均每年损失1 230亿美元,即全球年度农业总产值的5%。相较而言,过去30年的损失总额大致相当于巴西2022年的国内生产总值。①

2. 市场波动

农民从做出种植或饲养牲畜的决策到取得产品之间有一段很长的时间,这意味着农民做出决策时,并不知道他销售时的产品市场价格。世界上所有农民都遇到这个问题。它是各国政府干预农产品市场的一个原因。但这个问题在发展中国家的农业中更为严重。发展中国家农业的普遍特征是缺乏信息与市场不完全。而对种植多年生作物(如可可和咖啡)的许多农民来说,因为栽种与第一次收成要相隔若干年,这个问题更为严重。市场波动也可以称为价格不确定性。从我国的情况来看,近年来农产品价格波动剧烈。以猪肉价格为例,2016年价格快速上涨,上半年价格与上年同比上涨超过50%,价格的波动严重影响了饲养者的行为决策,造成了"猪周期"现象。以羊肉价格为例,"新冠"疫情引起的波动导致羊肉价格由2021年3月的87.73元/千克下降至2023年6月的78.58元/千克,下降了11.6%,且该价格下降的趋势还没有结束。

3. 社会不确定性

---

① 联合国粮农组织网站, https://openknowledge.fao.org/items/e0f5b9ca-565f-483d-a7ec-d75a3beed9be。

社会不确定性主要是指农民对资源控制权的差别所造成的不确定性。它也指一些农民家庭因为分成制或高利贷等因素造成的对他人的依附和由此产生的生活无保障。这类不确定性出现于土地所有权不平等的农民社会中,并特别表现为一些农民能够使用土地,而另一些农民不能够使用土地的高度不确定性上。这种社会不确定性在一些国家比另一些国家更为严重。我国农业家庭经营中,保障农户承包经营权的长久不变,在某种程度上便是为了防范农户可能面临的社会风险。

4. 国家行为与战争

农民遇到的不确定性,不仅仅来自气候、市场以及当地地主或高利贷放款人。作为一个整体,农民经济很容易受到国家机构反复无常行为的危害。一些国家的决策常常从此时到彼时、从一届政府到另一届政府便发生重大的变化。农民也经常被卷入反叛的战争中,有时作为战争的拥护者,但更多作为旁观者,而受着战争双方的掠夺。这样的不确定性显然随着时间与空间的不同而有着很大的高低差别。但农业经济研究不能够完全忽视它们。这里要提及的还有农民作为难民的无保障性。这一点的重要性正在全世界不断提高。农民难民在接纳他们的国家中,几乎享受不到社会和法律权益。

(三)预期效用与农户决策

当农户面临风险时,其决策机理往往是追求效用最大化而不是利润最大化,以下将对农户的风险决策进行简要分析。

如果决策主体对不确定事件及其后果有着自己的主观判断,他在选择中将追求预期效用最大化,在此用 $E(U)$ 表示预期效用。预期效用理论的核心概念是确定性等价(CE)。参考图 6-2,它描述了效用(竖轴)与收入(横轴)的关系,直线 DC 表示效用与收入之间的简单线性关系,其斜率为正(更多货币带来更大幸福)。I_1 和 I_2 是两个不同而有风险的收入水平。它们发生的概率也不同,分别是 p_1 和 p_2,其和等于 1。不失一般地,假定 $p_1=0.6$,$p_2=0.4$。这样,与风险有关的预期效用的定义和选择就可以表述如下:

预期效用:$E(U)=p_1U(I_1)+p_2U(I_2)$。

换句话说,预期效用是考虑了两个收入水平 I_1 和 I_2 发生的概率之后,从这两个收入中获得的效用之和。

预期货币价值:$EMV=p_1I_1+p_2I_2$。

如果一个人决定在 I_1 和 I_2 中试运气,EMV 就是他可以预期的平均收入。EMV 有时又被称为 I_1 和 I_2 的综合精算值。

风险规避:如果一个人可能获得一笔确定性收入 $I_A<EMV$,I_A 和 EMV 带给他的效用或是同等的,即他在 I_A 与风险收入 EMV 之间是无差异的,也就是说,他准备放弃一个等于 EMV 减去 I_A 的收入以获得确定性,那么,我们就说这个人是

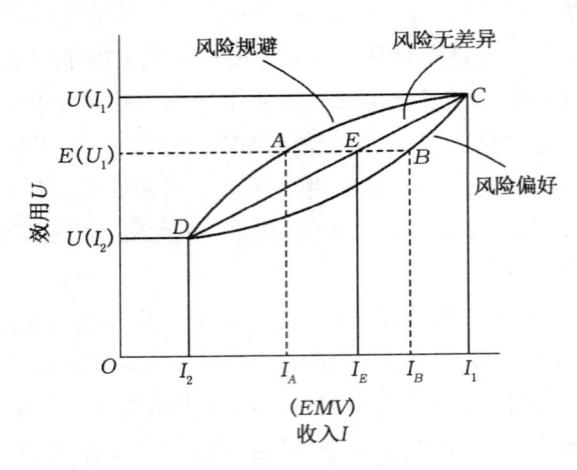

图 6—2　包含风险的选择理论

风险规避型的。在图 6—2 的相应区间内，他的效用函数呈现的形状是 DAC，其收入的边际效用递减。对风险规避的另一种表达方式，把所放弃的收入 $EMV-I_A$ 看成是这个人为了获得确定性而付出的保险溢价。

风险中性：如果一个人认为确定性收入 I_E 和两个风险收入的预期货币价值 EMV 对他没有差异，即 $U(EMV)=U(I_E)$，或者说确定性收入 I_E 的效用和两个不确定性收入的预期效用对他同样大，我们就说这个人是风险中性的。在图 6—2 中，他的效用函数是直线 DC。

风险偏好：一些人可能更喜欢试运气。试运气的目的是取得更高收入 I_1，尽管 I_1 只是两个风险结果之一，而第二个结果会使他们的状况比不试运气更差。显然，如果问这些人，多高的确定性收入能够让他们觉得自己与试运气并得到更高收入一样幸福，他们不会满足于 I_A 和 I_E。这两个收入水平都没有高得足以让他们不再去试运气。事实上，如果让他们在一笔确定性收入与试运气之间达到无差异的话，他们所接受的确定性收入要高于试运气的 EMV，或者说 I_B。我们说这样的人是风险偏好的。对这些人的一个不礼貌但准确的概念就是"赌徒"。I_B-EMV 就是他们为了获得"赌博"机会而付出的溢价。在图 6—2 中，这些人的效用函数是 DBC，其收入的边际效用在相应区间内是递增的。

农户的风险偏好直接影响了其农业生产决策。在此采用施肥的例子进行说明。基本的情景为：农户在农业生产中面临着天气的不确定性，一种是正常降雨的好天气，另一种是缺乏降雨的坏天气，天气的状况将影响农户增加氮肥投入所能取得的农业总产值。农户会依据以往的经验对天气状况存在主观风险认知，在此利用决策树对农户决策进行说明。图 6—3 是一个简单的决策树。决策树中各个部分的解释如下：

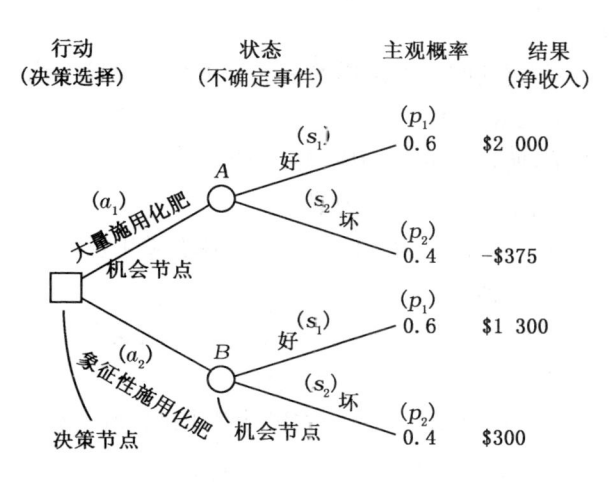

```
       行动           状态        主观概率      结果
    （决策选择）   （不确定事件）              （净收入）

                              (s₁)   (p₁)
                         A   好    0.6      $2 000
              (a₁)
           大量施用化肥         (s₂)坏  (p₂)
                                    0.4     -$375
       □       机会节点
     决策节点            (s₁)   (p₁)
              (a₂)    B   好    0.6      $1 300
           象征性施用化肥      (s₂)坏  (p₂)
                   机会节点         0.4      $300
```

图 6-3　风险决策问题的决策树分析

行动：它是一套互不相容的行动，决策者只能在其中选择。行动 $a_1,\cdots,a_j$ 是互相排斥的，它们包括所有可能选择的行动。一套有限的离散行动，可以代表连续变量（比如化肥施用量）。图 6-3 列出了两个行动：①根据农艺学的建议而大量地施用化肥，即 a_1；②仅仅象征性地施用一些化肥，即 a_2。两个行动从同一个决策节点（正方形符号）出发，展开自己的分支。

状态：假定存在着不确定的事件或自然状态。它们可能发生并影响每一种决策的后果。状态 $s_1,\cdots,s_j$ 是互相排斥的，它们包括了所有可能发生的事件。一些状态变量是连续的（例如降雨），但在决策理论中，往往用离散状况表示它们（例如好、平均、差年头）。图 6-3 列出了两种状态：①"好"年头，即 s_1；②"坏"年头，即 s_2。不管决策者采取什么行动，这些状态都可能发生，因此它们反复出现在每一个行动的机会节点（圆形符号）后。

概率：概率是决策者对每一状态发生可能性的信念。它们是主观概率 $p_1,\cdots,p_j$。第 i 个状态发生的概率在 0 到 1 之间。至少有一个状态发生的概率必须等于 1，也就是说，所有状态的概率之和必然等于 1。在图 6-3 中，对应状态 s_1 和 s_2 的概率分别是 p_1 和 p_2，它们的取值是 0.60 和 0.40。

结果：在两种或更多选择与行动中做出决定，会产生特定的结果或者收益。结果或收益的高低取决于发生的是哪个不确定状态。第 j 个行动和第 i 个状态导致的结果是 C_{ij}。为说明实际问题，结果应当限定为净货币收益，否则的话，我们就无法比较不同的结果。在图 6-3 中，这些净收益列在决策树的右端。行动 a_1（大量施用化肥）有两种可能收益：好年头获得利润 2 000 美元，坏年头承受亏损 375 美元。行动 a_2（象征性地施用化肥）也有两种可能收益：好年头获得利润 1 300 美元，坏年头获得利润 300 美元。

选择标准：在各种行动间加以选择的标准是预期效用最大化。我们已经知道，预期效用是收益产生的效用用各事件发生的主观概率加权的总和。因此，预期效用最大化的标准表示，所选择的行动应当在考虑了个人对这些行动所涉及的风险判断后，能够最好地满足个人对收益的偏好。

求解程序：决策树问题的求解方法是从决策树右端出发，然后逆向考虑决策节点(s)。整个决策程序包括：

(1)计算每个机会节点结果的 EMV。在本例中，机会节点 A 的 EMV 是 1 050 美元，B 的 EMV 是 900 美元。

(2)对应于每个行为的风险结果，为农民计算出确定性等价的净收入。在本例中，a_1 的 CE 是 850 美元（<1 050 美元），a_2 的 CE 是 900 美元（=900 美元）。

(3)拒绝确定性等价较低的选择。在本例中，a_1 应当被拒绝，农民通过选 a_2 最大化自己的效用。

这个例子同时表明，风险规避型决策的结果与利润最大化是不同的。本例中的利润最大化选择应当是行动 a_1（EMV=1 050 美元），但风险规避者选择的是行动 a_2。a_2 使农民在不确定情形下获得最大效用，但不会获得最大利润。

（四）风险对家庭农业经营的影响

大量的研究表明，农民是风险规避型的。农民的风险规避行为造成许多农业现象，比如农民耕地地块分布在不同的地形上，又比如间作现象。这些现象提高了农民的粮食安全性，但不会增加利润。换句话说，农民要在生计保障与经济效率之间做出权衡。另外，农民的风险规避行为有时会对农业发展带来不利的影响，如阻碍了农业创新的传播和采用，尽管这些创新能够提高农民家庭的产量和收入。这一点又与缺乏信息或信息不足的风险概念密切相关。农民对创新持怀疑态度。我们设想这种态度的主要来源是农民掌握的创新信息不完善，适合他们的农艺学信息太少。其他像信贷成本高或者干脆没有信贷等因素，也是阻碍农民采用创新技术的重要原因。

三、家庭经营行为的外部性

（一）农业外部性的内涵

外部性是指一个经济主体的行为对另外一个经济主体的福利产生的影响，但这种影响并没有通过货币或市场交易反映出来。或者说，外部性是指市场交易对交易双方之外的第三者所造成的影响，而造成影响和受到影响的行为人都不对这些影响付费。从外部性产生的效果来看，主要包括两种类型——正外部性和负外部性。正外部性是指一个经济主体的经济活动引致其他经济主体获得额外经济利益，此时，社会收益大于私人收益，正外部性也称为外部收益、外部经济。负外部性是指一个经济主体的经济活动导致其他经济主体蒙受到额外损失，此时，社会成本大于私人成本，负外部性也称为外部成本、外部不经济。

农业的外部性是指农业生产经营过程中，对社会造成的非市场化影响。农业的外部性也存在正外部性与负外部性。从正外部性来看，农业不仅具有生产功能，还具有生态与文化等功能，而农业的这种功能目前在大多数国家并未内化为农户收益；另外，如果农业生产经营不当，农业也会表现出负外部性，如对土地可持续生产能力的破坏、农业污染等。以下将重点从农业的负外部性视角，以过量投入化肥农药这一现象为例，对我国农业家庭经营所带来的外部性进行分析。

(二) 家庭经营外部性的表现：以农药、化肥投入为例

农户家庭作为农业生产经营决策主体，其经营的目标在于追求效用最大化，而农产品的产量直接决定了农民家庭收入与其效用，因此，在家庭经营过程中，为了追求收益或迫于生计，农户往往追求单一的产量目标，过度投入外源物质，从而造成了农业家庭经营过程中的外部性。由于我国目前缺乏外部性内部化的相应制度，如投入约束或是生态补偿等，改革开放以来，农户有了自主经营权，在价格激励的作用下，农户为了增产增收，不断加大对化肥、农药等外源物质的投入，给我国农业环境造成了严重影响。

从世界化肥投入情况来看，目前发达国家化肥投入强度已呈现下降趋势。世界银行统计数据显示，从2002年到2021年间，美国每公顷化肥投入量基本在120~130千克，2021年为每公顷128.74千克，德国、法国则分别从198.92、160.79千克下降到每公顷130.14和153.32千克。日本也从每公顷292.87千克下降到216.96千克，而同期我国则从每公顷333.51千克快速上升到每公顷374.81千克。2021年，中国每公顷化肥投入强度是世界平均水平的2.68倍。从化肥的利用率来看，我国的化肥利用率随着投入强度的增加而降低，与发达国家甚至世界平均水平相比，存在较大的差距。以氮肥为例，目前国内的利用率不足30%，而欧洲则达到了60%以上。

表6—13　　　　　不同国家化肥施用量的变化情况　　　　　单位：千克/公顷

年份	美国	德国	法国	日本	中国
2002	111.88	220.07	211.28	292.87	333.51
2003	124.19	219.7	223.36	301.86	328.66
2004	119.23	215.13	212.11	295.09	352.26
2005	115.92	208.76	192.46	296.78	375.1

续表

年份	美国	德国	法国	日本	中国
2006	126.65	194.42	190.38	294.39	374.77
2007	120.38	221.87	209.34	327.14	385.31
2008	99.97	159.58	152.45	235.86	372.66
2009	383.97	181.41	120.56	208.49	383.97
2010	124.7	211.6	150.54	255.09	425.24
2011	130.23	191.49	141.3	249.84	444.65
2012	134.9	198.92	160.79	252.83	457.33
2013	135.56	203.47	169.42	244.64	458.52
2014	127.98	217.7	168.43	253.2	477.58
2015	129.03	202.27	170.4	225.33	480.24
2016	127.82	197.23	163.14	236.02	474.32
2017	127.72	178.12	177.62	243.23	467.32
2018	129.15	166.48	170.97	236	450.37
2019	128.84	174.1	156.66	226.5	399.6
2020	131.15	163.24	173.36	216.01	385.32
2021	128.74	130.14	153.32	216.96	374.81

资料来源：世界银行，https://data.worldbank.org.cn/。

农药在防止生物侵害、减少农业劳动投入等方面起到了积极作用，但与化肥一样，不适当的投入会造成严重的负外部性，甚至相对于化肥来说危害更大。近年来，许多国家纷纷出台规制措施，一方面淘汰中高毒农药，另一方面通过生物防治等方法对农药投入实施减量化行动，多数国家农药使用量呈逐年下降趋势，或稳定在较低的水平。如日本农药施用强度从2000年的16.53千克/公顷降至11.24千克/公顷，法国农药施用强度则从2000年的5.02千克/公顷降至3.67千克/公顷。美国、德国的农药施用强度一直稳定在较低水平。我国近年来也加强了对农药的管制，农药的总体施用强度已有所降低。中国农药施用强度从2000年的1.91千克/公顷，上升至2014年的2.64千克/公顷，又回落至2021年的1.9千克/公顷。

表 6—14　　　　　　　　不同国家农药施用量的变化情况　　　　　　单位：千克/公顷

年份	美国	法国	德国	日本	中国
2000	2.41	5.02	2.93	16.53	1.91

续表

年份	美国	法国	德国	日本	中国
2001	2.31	5.12	2.78	16.43	1.89
2002	2.37	4.23	2.87	14.75	1.95
2003	2.41	3.83	2.95	14.33	1.96
2004	2.48	3.91	2.89	13.72	2.04
2005	2.3	4.02	3.01	13.6	2.13
2006	2.36	3.68	3.19	13.97	2.23
2007	2.43	3.99	3.37	13.15	2.34
2008	2.32	4.07	3.58	12.69	2.39
2009	2.22	3.3	3.24	13.23	2.43
2010	2.34	3.21	3.39	12.1	2.51
2011	2.46	3.18	3.68	11.36	2.57
2012	2.59	3.31	3.84	12.03	2.62
2013	2.65	3.45	3.65	11.63	2.63
2014	2.6	3.9	3.87	11.85	2.64
2015	2.66	3.44	3.98	12.05	2.63
2016	2.82	3.72	3.93	11.41	2.58
2017	2.8	3.63	4.04	11.76	2.48
2018	2.85	4.45	3.78	11.84	2.28
2019	2.85	2.85	3.8	11.82	2.12
2020	2.85	3.42	4.07	11.18	2.01
2021	2.85	3.67	4.14	11.24	1.9

资料来源：FAOSTAT，https://www.fao.org/faostat/zh/#data。

(三)外部性的治理：以农药、化肥投入为例

家庭农业经营在保障我国粮食安全的同时，也带来了一定的外部性，突出表现在对生态环境的影响方面。为了应对化学物质过量投入带来的负外部性，我国农业农村部于2022年发布了《到2025年化肥减量化行动方案》和《到2025年化学农药减量化行动方案》，这两项行动方案旨在进一步减少化肥和化学农药的使用量，具体目标包括：化肥方面，通过提高有机肥还田量、测土配方施肥覆盖率和化肥利用率(即"一减三提")来减少化肥使用量，到2025年三大粮食作物化肥利用率达到43%；农药方面，到2025年主要粮食作物化学农药使用强度降低5%，果菜茶类经

济作物农药使用强度降低 10%。为了达成提效和减量目标，借鉴发达国家经验，可以考虑如下措施：

第一，完善制度体系，制定具有约束力的化肥农药管理规则。从肥料管理制度来看，我国目前尚未出台《肥料管理条例》或《肥料法》，《农业法》中仅有两条与肥料相关的法律条文，且界定模糊。2000 年颁布的《肥料登记管理办法》(2004 年 7 月 1 日修订)，仅对肥料的登记作出规定。对农药的管理来说，国家虽然出台了《农药管理条例》等一系列的规定，但规定的内容大多是基于生产层面的约束，对于农药的施用方面，则缺乏细致的规定。从欧盟的经验来看，欧盟不仅有统一的规制指令，欧盟各国也都根据各自情况出台相关规制规定，如德国的《肥料施用条例》，对肥料的施用作出了详细的约束性规定。因此，我国也可借鉴欧盟及德国等关于化肥农药约束制度经验，制定肥料及农药管理规定，特别是对肥料及农药的施用层面出台相应约束，以完善的制度保障化肥、农药的减量化行动。

第二，建立农地营养平衡数据库，引入良好的农业作业规范。对现实的了解是治理的前提，我国目前虽然通过土壤监测、测土配方等措施对当前农地的化肥、农药投入状况有基本的了解，但还缺乏细致的农地营养平衡数据库，特别是对农户来说，目前的施肥与用药政策体系主要以外部农技服务人员建议为主，农户的地位相对被动。可借鉴欧盟相关国家的经验，将农户作为农地营养平衡状况信息的收集主体，既可实现对农地营养状况的动态掌握，又可激发农户的主体地位，促进农户的农药、化肥减量行为。除此之外，农业良好作业规范是化肥、农药控制的基础，可以较为显性地对农户行为予以引导和约束。由于农业的外部性，加之政府对农业进行了较高的补贴力度，农户的生产作业行为并非农户个体之事，从欧盟及其他发达国家情况来看，良好的农业作业规范是农户必须遵守的基础要求。我国近年虽然开始提及农业的标准化，但在微观农户的参与及执行层面与发达国家还存在较大的距离。实施良好农业作业规范，不仅是农药、化肥减量化的基础措施，也是促进农业生态价值功能实现的基础途径。

第三，创新化肥、农药施用模式，提高化肥、农药利用率。我国在化肥、农药的利用率方面与发达国家存在较大差距，如何提高利用率是降低化肥、农药投入并减少污染的主要途径。我国应通过技术创新、生产模式创新，发展精准农业，降低化肥农药的损失率。如要研究符合我国不同地区农业生产特点的化肥施用机具以及农药喷洒机具，防止施撒过程中的浪费；通过化肥、农药施用方式的创新研究，提高农药、化肥的利用率；将测土配方做细做实，发展按需精准施肥；等等。另外，还可以适当鼓励绿色农业、有机农业的发展，减少化肥、农药施用量。

第四，探索农业补贴的交叉承诺机制，规范农户化肥、农药投入。化肥以及农药的减量，关键在于农户行为的改善。根据欧盟经验，对不当行为进行征税往往不易操作,而补贴则是较好的替代。我国在农业方面采取了越来越多的补贴,如农业综合补贴(农作物生产补贴、农机购置补贴、农业保险保费补贴及农业保险大灾风险保费补贴、农业组织化经营奖等),以及土地流转费用补贴、各类农业项目补贴等,因此有条件借鉴欧盟经验,制定交叉承诺机制,只有满足相关肥料管理规范以及良好的农业作业规范的农户,才有申请补贴的资格,以此来激励农户改善化肥、农药施用行为,促进减量化。另外,为了规范农户行为,还可以通过充分发挥合作社等中间组织作用,设立良好的农业作业规范农场标识机制以及培育产地品牌等措施,以市场机制激励农药、化肥的减量化。政府要综合运用经济激励与强制监管手段,综合治理化肥、农药的过度施用。

第五,加强培训与技术推广体系支撑,培育职业农民。培训一方面可以转变农户的认知与态度,使之从根本上重视对化肥的管理;另一方面,精细的养分平衡管理,还需要一定的技能,目前我国农民总体文化程度还不高,对化肥、农药的认知还不充分,因此,为了因应化肥管理规定的实施,达到减量的目的,对农民的培训与技术支撑是十分必要的。另外,从长远来看,农户认知与技能提高主要依靠农民自身素质与职业水平的提高。在欧盟国家,要经过严格的教育认证,才能获得农场经营的职业资格,我国也应从长远层面培育职业农民。

第四节 我国农业中的家庭经营

一、家庭承包经营制的产生

(一)改革开放前的农业经营制度

新中国成立前,中国农村土地占有极不平衡,占农村人口90%左右的贫农、雇农和中农只拥有耕地的20%～30%,不到农村人口10%的地主和富农却占有耕地的70%～80%。1947年9月中共中央召开全国土地会议,制定了《中国土地法大纲》,在解放区开始了土地革命运动。新中国成立后,1950年中央颁布了《中华人民共和国土地改革法》,在全国范围内开展了土地改革运动。经过土地改革运动,我国建立起了土地农户所有与农户自由经营的农业经营体系。但这一农业经营制度持续不久,从1953年起,我国进入了农业合作化运动时期,1953年中央发布《关于发展农业生产合作社的决议》,肯定了1951年发布的《关于农业生产互助合作的决议》,开始了由互助组到初级社再到高级社的运动,诱致性和强制性相结合的措施逐步将农地产权变"私有"为"公有",在所有权收回以及集体合作经营的情况下,农民不仅失去了农地所有权,同时也失去了自主经营权。1958年中央出台了《关于在农村建立人民公社问题的决议》,推进"政社合一"的管理体制,农地的权属进一步上升到公社层面。之后的灾荒促使1962年《农村人民公社工作条例(修正草案)》(俗称"农业六十条")的出台,下放了基本核算单位,明确"以队为基础"的核算管理模式,即"生产队范围内的土地,都归生产队所有",但依然保持了农业的集体经营。"农业六十条"抛弃了农业家庭经营的模式,违反了农业经营的基本规律,对中国农业的发展造成了严重影响。

(二)逐步建立家庭联产承包责任制

农业的集体经营严重束缚了农村生产力的发展,到了20世纪70年代后期,全国农村有1/3的人不能解决温饱问题。为了解决吃饭问题,1978年底安徽省凤阳县小岗村的18户农民,冒着风险搞起了大包干,私下自发恢复了农业的家庭经营。1978年秋十一届三中全会召开之时,虽然仍对农业生产责任制存在一定的争论,但由于农业家庭经营的巨大优势,农村地区仍在推进。1980年9月,中共中央下发《关于进一步加强农业生产责任制的几个问题》,农业生产责任制开始在全国铺开,至1981年10月,建立各种责任制的生产队占97.7%,其中包产到户占10.9%,包干到户占39.1%。1982年,中共中央一号文件《全国农业工作会议纪要》指出,包产到户、包干到户都是社会主义集体经济,从理论上对联产承包责任制予以认可,农业的家庭经营制度正式确立。需要说明的是,尽管中央肯定了农业家庭经营制度,但此时家庭经营还受到一定的限制与约束,如1982年中央1号文件规定,"为了保证土地所有权和经营权的协调与统一,社员承包的土地,必须依照合同规定,在集体统一计划安排下,从事生产",并且,"社员承包的土地,不准买卖,不准出租,不准转让,不准荒废,否则,集体有权收回"。

(三)稳定阶段

1984年1月,中共中央在《关于1984年农村工作的通知》中指出,土地承包期一般应在15年以上,生产周期长的和开发性的项目,如果树、林木、荒山、荒地等,承包期应当更长一些。并且,农户的经营权有了更大的自由,1985年中央1号文件规定,"任何单位都不得再向农民下达指令性生产计划"。1991年11月,十三届八中全会通过《中共中央关于进一步加强农村和农村工作的决定》,把家庭联产承包为主的责任制和统分结合的双层经营体制作为乡村集体经济组织的一项基本制度长期稳定下来。1993年11月,中共中央、国务院《关于当前农业和农村经济发展的若干政策措施》指出,以家庭联产承包为主的责任制和统分结合的双层经营体制是中国农村经济的一项基本制度,要长期稳定并不断完善;原定的耕地承包期到期后,再延长30年不变;开垦荒山、营造林地、治沙改土等开发性生产的,承包期可以更长;提倡在承包期内稳定承包合同;允许土地使用权依法有偿转让;在尊重农民意愿的前提下可作必要的调整,实行适度的规模经营。

(四)推进阶段

1998年《中华人民共和国土地管理法》颁布,其中规定"土地使用权可以依法转让",把农地转让权上升到法律的高度予以保护。1998年中共十五届三中全会通过了《中共中央关于农业和农村工作若干重大问题的决定》,要求坚定不移地贯彻土地承包期再延长30年不变的政策,抓紧制定确保农村土地承包关系长期稳定的法律法规。1999年第九届人大二次会议通过的《中华人民共和国宪法修正案》规定,农村集体经济组织实行家庭承包经营为基础、统分结合的双层经营体制,从而将家庭联产承包责任制纳入国家根本大法。2002年通过的《中华人民共和国农村土地承包法》规定,农村集体组织成员有权依法承包由本集体组织发包的农村土地;任何组织和个人不得剥夺和非法限制农村集体经济组织成员承包土地的权利。这一时期一系列的法律规定的出台,保障了农业的家庭经营。

(五)新发展阶段

2005年至今,国家在明确现行农村基本经营制度长期不变的条件下,探索实现土地适度规模经营的实现方式,以克服小规模农户分散生产经营造成的市场竞争力低下的弊病,为激活农业的家庭经营创造有利条件。2005年12月,中共中央、国务院《关于推进社会主义新农村建设的若干意见》指出,要稳定和完善以家庭承包经营为基础、统分结合的双层经营体制,健全在依法、自愿、有偿基础上的土地承包经营权流转机制,有条件的地方可发展多种形式的适度规模经营。2007年出台的《中华人民共和国物权法》,将土地承包界定为用益物权,标志着中国农地物权制度正式确立,从而为农村基本经营制度的稳定进一步提供了有力的法律保障。2013年十八届三中全会通过的《中共中央关于全面深化改革若干重大问题的决定》指出,坚持家庭经营在农业中的基础性地位,鼓励承包经营权在公开市场上向专业大户、家庭农场、农民合作社、农业企业流转,发展多种形式的规模经营。并且,赋予了农民在家庭经营中更多的权益,如农地承包经营权抵押、担保权能等。2014年11月,中共中央办公厅、国务院办公厅印发《关于引导农村土地经营权有序流转发展农业适度规模经营的意见》,进一步对坚持家庭经营基础上的适度规模经营作出了部署。

之后,我国通过土地制度改革等对农村基本经营制度进行完善。2015年2月,中共中央、国务院印发《关于加大改革创新力度加快农业现代化建设的若干意见》,指出要推进农村集体产权制度改革,推进农村土地制度改革试点。2016年10月,中共中央办公厅、国务院办公厅印发了《关于完善农村土地所有权承包权经营权分置办法的意见》,成为我国新时期农村土地制度又一重大创新,对引导土地经营权有序流转、发展适度规模经营、推动现代农业发展和增加农民收入提供了制度基础。2017年中央一号文件要求落实三权分置办法,十九大提出"完善承包地'三权'分置制度","保持土地承包关系稳定并长久不变,第二轮土地承包到期后再延长三十年"。2018年中央一号文件要求"完善农村承包地'三权分置'制度"的同时强调"平等保护土地经营权"和赋予经营权融资担保、入股的权能。2019年中央一号文件进一步要求完善落实集体所有权、稳定农户承包权、放活土地经营权的法律法规和政策体系;2018年12月修订并于2019年1月1日开始实施的《中华人民共和国农村土地承包法》(以下简称《土地承包法》)正式确定了"三权分置",界定了"三权"各自的权能和"三权分置"下农地流转方式、流转原则,对农地"三权分置"作出了可操作性的规定。2021年1月1日开始实施的《中华人民共和国民法典》(以下简称《民法典》)明确了集体土地所有权的主体是"农民集体",强调了土地承包经营权的身份属性和用益物权属性,增设土地经营权制度。2022年,习近平总书记在党的二十大报告中强调,把实现全体人民共同富裕摆在更为突出的位置,将其作为中国式现代化重要特征和本质要求之一,并要求"深化农村土地制度改革,赋予农民更加充分的财产权益"。2023年中央一号文件提出"引导土地经营权有序流转,发展农业适度规模经营"。随着农业基本经营制度的改革完善,承包经营权得到强化,农地价值被进一步激活,承包经营功能实现延伸。我国正积极探索更加完善的农业基本经营制度,以适应现代农业发展的需求。

表6—15　第三次农业普查中农业生产经营户和农业生产经营单位数量及构成

分类	指标	合计	东部地区	中部地区	西部地区	东北地区
农业经营户	数量(万户)	20 743	6 479	6 427	6 647	1 190
	比重(%)	100	31.2	31	32	5.7
规模农业经营户	数量(万户)	398	119	86	110	83
	比重(%)	1.9	30	22	28	21
农业经营单位	数量(万个)	204	69	567	62	17
	比重(%)	100	33.8	27.5	30.4	8.3
农民合作社	数量(万户)	91	32	27	22	10
	比重(%)	44.6	35	30	24	11

资料来源:全国第三次农业普查。

二、我国农业家庭经营的特点

(一)农地的集体所有与相对均分

土地是农业经营的基础,尽管我国改革开放后确立了农业家庭经营的主体模式,但农地的所有权仍然属于集体,农户家庭拥有承包经营权,这是我国农业家庭经营体制中的重要特征。另外,家庭联产承包责任制确立了我国农业家庭经营中的土地均分模式,尽管其后逐步禁止农地的任意调整,采取了"增人不增地、减人不减地"的政策,但总体来看,我国农地的配置相对平等。并且,农地的集体所有使农民承包权不能交易,这也防止了农业家庭经营过程中土地过度集中。我国农地制度安排尽管在一定程度上造成了我国农地经营的细碎化,户均经营规模较小,但其适应了我国改革开放初期的农村社会现实,更重要的是,在我国农村社会保障体系不完善的条件下,相对固定的农地权属为农户提供了必要的生存与社会保障。

(二)统分结合的双层经营体制

"统分结合的双层经营体制"是我国农业家庭联产承包责任制的又一特征。集体在经营中的作用主要表现为土地发包,产前、产中、产后服务等,农户则成为基本的生产经营单位。"统"和"分"是相互依存、相互促进、共同发展的关系。其中,集体经济组织是双层经营的主体,承包家庭经营是双层经营的基础,离开了其中任何一方,联产承包责任制就不能成立,双层经营体制就不存在。可以这样说,家庭联产承包责任制如果离开了集体经济组织,离开了"统"的功能的发挥,家庭承包就失去了主体,家庭经营实质上就成为个体小农经济;如果离开了承包家庭的分散经营,农民的生产积极性就不能得以充分发挥,农业集体经济就失去了活力,集体经济的优越性也就不能发挥。

三、家庭经营存在的问题及完善方向

(一)问题

1. 农地权属安排不明晰

中国农业家庭经营的基本特征之一表现为土地集体所有、农户经营,但这种权属安排具有一定的模糊性,现实操作中造成了一系列的问题。一是集体所有权下的所有权实现形式与代理人越位问题。根据现实规定,农地所有权主体是农村集体,在承包经营权被强化的条件下,所有权被虚化,在各地实践中,往往以小组共议形式主张所有权主体权利,但很多情况下却出现代理人越位问题,政府或是村干部往往会以所有权人自居,对农地行使处置权。二是承包经营权的长久不变问题。党的十七届三中全会《关于推进农村改革发展若干重大问题的决定》明确提出,"要赋予农民更加充分而有保障的土地承包经营权,现有土地承包关系要保持稳定并长久不变"。2009年中央"一号文件"进一步要求,"抓紧修订、完善相关法律法规和政策,赋予农民更加充分而有保障的土地承包经营权,现有土地承包关系保持稳定并长久不变",但长久不变的具体实现形式并没有明晰。三是衍生权利的实现问题。如农地金融问题、农地换保障问题等。随着承包经营权的强化,并且为激活农

地价值,承包经营功能被延伸,农地金融功能被提出。虽然目前的土地制度改革实现了所有权、承包权、经营权三权分置,对土地经营权激活起到改善作用,但由于我国农地权属安排的模糊性,在延伸功能的实现方面,还存在较大的困境。

2. 家庭经营规模相对较小

正如陈锡文就2013年的中央"一号文件"答记者问时指出,从产业规律和世界发展规律来看,家庭是农业经营最有效的主体,我国面临的问题是家庭经营规模过于细小、成本高、风险高。1986年我国农户户均经营耕地9.2亩,分散为8.4块;2008年下降到7.4亩,分散为5.7块;2011年对全国931个村庄抽样问卷调查的结果是户均7.19亩,地块数为5.08块。2023年全国承包经营的耕地面积15亿亩,经营农户2亿户,户均仅7.5亩①,一系列的数据表明,我国农业的家庭经营几乎没有规模经济性。

3. 集体服务功能弱化

尽管我国农业经营的基本制度为统分结合的双层经营体制,但随着市场化的推进,在统的方面有所弱化,突出表现在集体服务功能的不完善。我国农业的突出特点是土地相对细碎的家庭经营,在生产、销售等各环节均缺乏规模效应。近年来,我国农业兼业化现象越来越突出,对集体服务存在较强的需求,而我国目前缺乏类似国外农协的农业服务组织,传统行政与事业性服务体系的功能不完善且服务效率较低。虽然我国目前大力推进农业合作社的发展,但从发展的成效来看,其对小农的带动作用还不够理想,在发挥集体服务的作用方面还有待进一步推进。

4. 农业老龄化问题严重

"21世纪谁来种田"成为继"21世纪谁来养活中国人"之后,又一令全社会关注的热点话题。农业老龄化已成为我国农业家庭经营中所面临的重要问题,有一个形象的比喻,说我国农村现在是"386199部队",农业的老龄化倾向严重。根据最新的人口普查数据,截至2020年,我国农业劳动力老龄化趋势继续加剧。45岁及以上农业劳动力比例进一步增加,达到52.3%,65岁及以上人口比例为9.4%。相较于2010年的数据,45岁及以上人口比例增加了5.2个百分点,65岁及以上人口比例增加了3个百分点。同时,35岁以下各年龄组人口比例持续下降。16~24岁年龄组和25~34岁年龄组所占比例分别下降了10个百分点和8个百分点。农业劳动力老龄化已经成为制约我国农业发展的重要因素,迫切需要通过政策和技术

---

① 央视网,https://news.cctv.com/2021/04/26/ARTI84jFWqfVaUt2spwEZhJc210426.shtml#:~:text=URL%3A%20https%3A%2F%2Fnews.cctv.com%2F2021%2F04%2F26%2FARTI84jFWqfVaUt2spwEZhJc210426.shtml%0A%0A%E3%80%900%E2%80%A0%E6%96%B0%E9%97%BB%E3%80%91%0A%0A%E3%80%901%E2%80%A0%E6%96%B0%E9%97%BB%E9%A2%91%E9%81%93%20%E3%80%91%20,100。

手段来应对这一挑战。

(二)完善方向

农业是事关吃饭问题的基础产业,特别是对人多地少的中国来说,促进农业的发展更是意义重大,并且,当前农民还是我国国民中最主要的构成,因此,我国必须重视农业,重视农业的家庭经营。总体来看,应对我国农业家庭经营中的问题,需要实现两个转变:一是家庭经营要向采取先进科技和生产手段的方向转变;二是统一经营要向发展农户联合与合作,形成多元化、多层次、多形式经营服务体系的方向转变。具体来说:

1. 明晰农地权属,促进土地流转

当前,在农业的家庭经营过程中,我国农地面临着流转不规范、农地权属功能没有有效激活、农民承包权益受到侵害的现象,影响了农业现代化的推进。究其根源,在于没有很好地厘清土地权属安排及合理的实现机制,政策推进过程中农民承包经营权得不到充分落实,农民与土地利益相关方存在不透明、不对等的博弈。解决这一问题的关键在于明晰农地权属的安排,并可以以正式的合约方式对农地权属进行市场化处置。明晰权属安排,即对各类权利的边界、行使主体以及附着利益等进行明确的界定,将相关活动与交易置于可以以法律合约调整的市场系统。在此基础上,推进农地流转,逐步解决我国农业家庭经营过程中的细碎化问题。

2. 推进合作发展,完善社会服务体系

小农的联合以及社会服务是促进农业家庭经营可持续发展的基础,探索我国农户的实质性互助合作以及社会服务的高效实现,不仅是克服我国农业家庭经营细碎化的主要措施,也是降低农业生产成本、提高农业竞争力的有效途径。当前,我国大力推进合作社的发展,但大部分合作社的服务功能还不强,下一步应着力解决合作社的规范性、带动性的问题,使合作社真正成为为农服务的主体。另外,还应进一步探索农业社会化服务的具体形式,基于我国人多地少的现实情况,完全依靠农地流转实现家庭规模经营并不现实,在促进农地流转的同时还应从服务的规模化层面予以推进。

3. 发展第六产业,实现小农户与大市场的衔接

农业产业的特性决定了农业是相对弱质的产业,比较收益较低,为了提高农业家庭经营收益,保障农产品供给,结合新近的发展理念,可以着力推进农业产业的"接二连三",发展第六产业,通过家庭农业经营与第二产业、第三产业的结合,增加农户收益。如大力发展"公司＋农户""公司＋合作社"的农业产业化经营,加强产地市场体系建设,支持发展直销、配送、电子商务等农产品流通业态,引领种养业品牌培育与产业升级,推进农业供给侧改革,让农民更多地分享产业链增值收益。

4. 培育职业农民,培养农业后继者

农民的职业化是现代农业的主要特征,但从目前情况来看,我国农民务农的意愿并不高,特别是"农二代",这就造成了我国农业的老龄化现象突出。为了推进农业经营的职业化,一方面要让农民有里子,提高农业的农业经营收入;另一方面还要让农民有面子,通过现代生产手段与社会化服务措施,提高人们对农业经营的认知和对农业职业的认同感。除此之外,还应建立农业经营的职业发展体系,完善农业职业的保障体系,如学习中国台湾等地区经验,建立老农津贴制度等。再次,吸引年轻人从事农业。农业老龄化是世界农业面临的难题,农业的发展,需要更多的年轻人从事农业,可以以职业发展为切入点,通过教育体系、资助体系以及保障体系的改革,吸引年轻人,特别是"农二代"从事农业经营。

5. 不断进行制度创新,持续加大对农业的支持

首先,要进行制度创新。中国改革开放四十多年来农业取得的巨大成就,离不开制度创新。为保障我国粮食安全,促进农业现代化发展,应在坚持农业家庭经营的基础上,进一步通过农业制度创新激活农业资源禀赋价值、促进资源合理配置、提高农业生产效率。其次,建立稳定的农业投入与支持体系。农业不仅是一个经济产业,还具有较强的外部性。当前我国已到了工业反哺农业、城市支持农村的阶段,应持续加大对农业的支持力度。另外,为了克服农业家庭经营的外部性,促进农业的可持续发展,还应探索农业支持方式的创新,如支持强度与农业良好作业规范相挂钩等。

第五节　家庭农场

一、家庭农场的概念及特征

我国对家庭农场的定义与国际的普遍认知存在一定的差异。一般来说,国际上关于家庭农场的定义并无经营规模的限制,而在我国,为了与普通农户家庭经营相区分,家庭农场被赋予了特定的含义与特征。

尽管我国目前大力推进家庭农场发展,但对家庭农场的具体条件并没有统一的规定,2013 年 3 月,农业部首次对全国家庭农场发展情况开展了统计调查,在此次调查中对家庭农场作了以下限定:农场经营者应具有农村户籍;以家庭成员为主要劳动力;以农业收入为主;经营规模达到一定标准并相对稳定。具体的经营规模限定为:从事粮食作物的,租期或承包期在 5 年以上的土地经营面积达到 50 亩(一年两熟制地区)或 100 亩(一年一熟制地区)以上;从事经济作物、养殖业或种养结合的,应达到县级以上农业部门确定的规模标准。另外,2014 年农业部出台的《关于促进家庭农场发展的指导意见》指出,现阶段,家庭农场经营者主要是农民或其

他长期从事农业生产的人员,主要依靠家庭成员而不是依靠雇工从事生产经营活动。家庭农场专门从事农业,主要进行种养业专业化生产,经营者大多接受过农业教育或技能培训,经营管理水平较高,示范带动能力较强,具有商品农产品生产能力。家庭农场经营规模适度,种养规模与家庭成员的劳动生产能力和经营管理能力相适应,符合当地确定的规模经营标准,收入水平能与当地城镇居民相当,实现较高的土地产出率、劳动生产率和资源利用率。

实践中,我国各地区也对家庭农场的定义及特征进行了不同的表述,如上海市在《关于本市加快推进家庭农场发展的指导意见》中指出,家庭农场是指以家庭成员为主要劳动力,从事农业规模化、集约化、商品化生产经营,并以农业为主要收入来源的新型农业经营主体。其基本特征主要表现在四个方面:一是家庭经营。家庭农场的经营者是本地专业农民,主要依靠家庭成员从事农业生产活动;除季节性、临时性聘用短期用工外,一般不常年雇用外来劳动力从事家庭农场的生产经营活动。二是规模适度。家庭农场经营土地规模要与经营者的劳动生产能力相适应。现阶段粮食生产家庭农场的土地规模以100～150亩为宜,今后随着农业生产力水平的进一步提高、农业劳动力的进一步转移,可逐步扩大土地规模。三是一业为主。家庭人员的主要职业是农业,家庭主要收入来源于农业收入。四是集约生产。家庭农场经营者要接受农业技能培训;家庭农场经营活动有比较完整的财务收支记录;对其他农户开展农业生产要有示范带动作用;与小规模农户相比,家庭农场的劳动生产率、土地产出率和资源利用率要有明显提高。

2020年,中国农村政策与改革统计年报数据显示,我国家庭农场发展迅速,并表现出了较高的专业化和规模化水平。一是纳入名录管理的家庭农场大幅增长。截至2020年底,全国农业农村部门名录管理家庭农场(含种养大户、专业大户)达348.1万个,比2019年增加262.8万个,增长了3倍多。其中,86.1万个家庭农场在市场监管部门注册登记,4.5万个家庭农场拥有注册商标,9.1万个家庭农场通过了农产品质量认证。二是各类家庭农场持续稳定发展,种粮家庭农场数量占比近半。在全部家庭农场中,按行业划分,从事农业(种植业)的家庭农场232.3万个,占家庭农场总数的66.7%;从事畜牧业的家庭农场63.9万个,占家庭农场总数的18.4%;从事渔业、种养结合、林业、其他类型的家庭农场分别为19.1万个、23.8万个、0.9万个、8万个,分别占家庭农场总数的5.5%、6.8%、0.3%、2.3%。种粮家庭农场达161.7万个,占家庭农场总数的46.5%。三是家庭农场生产经营规模较大。家庭农场经营土地面积4.7亿亩,平均每个家庭农场经营134.3亩;其中,种粮面积2.1亿亩,平均每个家庭农场经营129亩;种粮面积在50亩以下的家庭农场数量仅占种粮家庭农场总数的29.1%,种粮面积在50亩及以上的家庭农场占种粮家庭农场总数的70.1%。四是中国家庭农场的总收入处于较高水平。2020

年,各类家庭农场年经营总收入 8 896.3 亿元,平均每个家庭农场 25.6 万元;其中种粮家庭农场年经营总收入 4 563.4 亿元,平均每个种粮家庭农场 28.2 万元。五是家庭农场财政扶持和融资情况持续改善。截至 2020 年底,各级财政扶持家庭农场资金总额 153.5 亿元;获得财政扶持资金的家庭农场 7.9 万个,平均每个获得财政扶持资金 19.5 万元。其中,77.0 万个家庭农场购买了农业保险,占家庭农场总数的 22.1%。

二、家庭农场与农业企业、家庭农户的区别

首先,从土地角度来看,农业企业经营的土地主要靠租赁。除东北地区之外,我国大部分地区的家庭农场要达到一定的经营规模,也需要租赁土地。可见,土地能否顺利流转,是农业企业和家庭农场得以生存的前提条件,而普通农户往往成为土地的供给方。其次,从资本角度来说,农业企业是以营利为目的的经济组织,主要靠外部资本,具有明晰的资本收益率。与之相对,普通农户是一个生产与消费相结合的经营单位,其生产主要以自有资本为主,以生计成本来衡量效益,而不是资本收益率。而家庭农场则需要外部资本与自有资本相结合,资本收益率更接近于农业企业。再次,从劳动角度来说,除一些农户联合经营组成的合伙企业之外,农业企业的劳动要素主要依靠雇佣劳动力,而普通农户的劳动要素主要依靠自有劳动力,偶有邻里间换工。家庭农场的劳动要素则同时来源于自有劳动力与雇佣劳动力,但是以自有劳动力为主。又次,从经营者劳动性质来看,农业企业的经营者更多地表现出企业家才能,以管理性劳动为主。普通农户主要以生产性劳动为主。而家庭农场主处于一种过渡形态,以生产性劳动与管理性劳动相结合,二者之间的比例会根据经营规模与经营项目不同而有所变化。最后,从产品属性上看,农业企业和家庭农场的农产品主要用于出售,担负着交换赢利功能,而普通农户生产的农产品既以交易为目的,也担负着维持生计功能。

可见,相对于普通农户,家庭农场更加注重农业标准化生产、经营和管理,重视农产品认证和品牌营销理念。在市场化条件下,为了降低风险和提高农产品的市场竞争力,家庭农场更注重搜集市场供求信息和建立农产品营销体系。同时,为了追逐更大的收益,家庭农场有针对市场需求,依托当地的自然资源条件,采用新技术和新设备,生产高附加值农产品的动力和能力。家庭农场区别于普通农户的根本特征,就是以市场交换为目的,进行专业化的商品生产,而非满足自身需求;而区别于农业企业的根本特征,就是以自有劳动为主,依靠家庭劳动力就能够基本完成经营管理。

三、家庭农场的优势

回顾四十多年来我国农村以家庭承包经营为基础的农村改革,极大地调动了农民的生产积极性,促进了农村的发展,保障了国家农业安全和农产品供给,是中国高速发展的重要基础。但另一方面,我们也要看到,这种传统分散农户经营也确实遇到了种种弊端,其存在的缺陷与问题日益显露。因此,党的十八大提出要积极创新农业生产经营体制机制。农业组织的最基本形式应该是在坚持家庭经营基础上发展一定规模的家庭农场。家庭农场的优势是其他农业组织形式不可替代的。与其他农业组织形式相比,朱启臻(2013)概括了家庭农场的五个方面的优势。

第一,家庭农场的稳定性和规模性有利于科学技术的运用。小面积的分散农户经营以及农业的短期行为是制约农业科技转化为生产力的重要因素,只有形成家庭农场才能刺激农业科技需求,才有利于职业农民生产经验的积累和传递。家庭农场比分散的农户更需要科学技术,因为技术的采用可以通过家庭农场的规模经营获得较高的收益。

第二,家庭农场有利于耕地的保护和可持续利用。人们常说农民是耕地的保护神,但是近些年农民主动失地现象普遍,特别是年轻人不再像老一辈农民那样珍惜土地。家庭农场的形成有助于恢复农民对土地的感情,强化农民与土地的关系,家庭农场的特点决定了农民耕地保护的主体地位,不仅使耕地数量得以保护,耕地质量也会得到保护,使子孙后代永续利用。

第三,家庭农场有利于集约化、专业化和组织化。目前农民组织化程度低的重要原因在于分散的小农户缺乏组织起来的驱动力,通过培育家庭农场为农民的组织化提供了基础。由于家庭农场具有较大规模,从而刺激了农户合作的需求。合作社是实现农民利益的有效组织形式,2007年我国颁布了《农民专业合作社法》,但是并没有显著激发农民的合作行为,其中小规模的生产方式是限制农民合作需求的主要原因之一,因为小规模的农户经营加入合作社与否,并不能带来明显的利益。家庭农场则不同,加入合作社与否对其利益的获得具有显著影响,合作的需求就会被激发出来。因此,家庭农场是农民合作的基础和条件。家庭农场为集约化经营创造了条件,家庭农场的专业化经营通过合作社的经营得以实现。

第四,家庭农场有利于政府支农政策的落实。目前政府的各项支农政策落实过程不仅成本高,而且支农效果由于过于分散的经营方式难以表现出来,如农业补贴长期以来存在象征意义大于实际意义,难以达到激励农民种田积极性的目的。家庭农场的形成使政府的支农政策更具针对性,有助于促进农业发展目的的实现。

第五,家庭农场有利于农业文化的传承。文化传承的重要途径是家庭的代际传承,是在家庭环境下的濡化过程。家庭农场的代代相传对传统农业文化的保存和现代农业文化的发展具有重要意义。特别是传统农业文化中天人合一的理念,循环利用的传统,尊重自然、顺从自然与利用自然的智慧,对现代和谐社会与生态文明建设具有不可替代的价值。家庭农场是农业文化的理想载体。特别是综合家庭农场中的种植业与养殖业的有机循环,可以在更高层次上传承循环农业文化,对解决农业与农村环境污染、耕地退化、垃圾处理等难题以及保障农产品质量安全均具有重要意义。

四、家庭农场的培育

未来我国农业经营方式总的走向是通过改革、深化、完善,构建既适应中国国情,又符合本地实际,也与国际发展趋势接轨,更体现高效生态现代农业特征的农业组织体系、制度形式和运行机制。在发展家庭农场的过程中,要注意把握好以下三方面的问题:

首先,规模经营"度"的问题。农业生产如果没有规模,难以实现有效的经营,更谈不上高效的经营。那么,这个规模经营的"度"在哪里?由于地区发展阶段和生产力水平不同等原因,规模经营的"度"应当根据实际分类指导。从近期看,可重点发展农民专业合作社与家庭农场两种形式。其中,农民专业合作社发展重点在于抓好规范,提高农业生产的组织化程度;家庭农场发展重点在于健全机制,提高市场主体的素质。在规模经营的"度"上,从现有的生产力和各类农事生产情况看:在南方地区,一般粮食生产的家庭农场经营面积可为 10~15 公顷;由能人或村干部带头的农村集体服务组织,如农机服务队统一经营的集体合作农场的规模可为 30~50 公顷;而蔬菜生产规模经营面积则相对要小一些,一般家庭农场的经营面积为 1 公顷,园艺场经营的面积在 10~15 公顷为宜。

其次,土地如何"流转"的问题。农业如果没有持久稳定的适度规模经营,只能是短期行为的掠夺式经营。发展家庭农场的基础是土地怎么"流转"的问题,其深层次的问题是要在确保维护农民权益的基础上,深入研究农村土地"所有权""承包权"和"经营权"三者的关系,以及"三权"分离的有效实现途径。现阶段深化农村土地制度改革,顺应农民保留土地承包权、流转土地经营权的意愿,将土地承包经营权分为承包权和经营权,实行所有权、承包权、经营权(以下简称"三权")分置并行,着力推进农业现代化,是继家庭联产承包责任制后农村改革又一重大制度创新。"三权分置"是农村基本经营制度的自我完善,符合生产关系适应生产力发展的客观规律,展现了农村基本经营制度的持久活力,有利于明晰土地产权关系,更好地维护农民集体、承包农户、经营主体的权益;有利于促进土地资源合理利用,构建新型农业经营体系,发展多种形式适度规模经营,提高土地产出率、劳动生产率和资源利用率,推动现代农业发展。

最后,政策措施"扶持"的问题。实现家庭农场可持续发展,需要形成相应的政策体系。具体来说:

(1)政策扶持发展规模经营。出台政策措施,引导、鼓励出让方流出承包地,促进受让方发展农业适度规模经营,积极培育家庭农场、合作社、集体农场等多元化的适度规模经营主体,加快培养新型职业农民和具有核心竞争力的农户。

(2)强化农业服务体系建设。进一步完善现代农业服务业,为包括家庭农场在内的农民合作组织提供产前、产中、产后全方位的社会化服务,提供技术培训、动态市场信息,配送供应种子、农药、肥料等农业资料;规范生产组织系统,实行农业标准化生产,建立农业生产档案;组织农产品购销服务等。

(3)建立良好的投入增长政策。针对规模经营在生产初期投入集中、资金缺口的"瓶颈"问题,需要金融保障创新。通过政府引导及市场推动,建立贷款担保基金,推行小额担保贷款,发展农业保险,为农民提供多种形式的贷款保险,以解决融资难的问题。农业规模经营的办公、加工、仓库等建筑设施用地,应纳入用地规划或比照乡镇企业用地给予支持;水、电费的征收,仍应按农业用电、用水标准收取。

(4)培育新一代农业经营主体。发展农业规模经营,必须发挥科技的主导作用。当前,迫切需要提高经营者素质,培育新一代的劳动者、管理者,以适应农业规模经营的需要。

延伸阅读

依托家庭经营推进农业现代化
——李克强总理在联合国粮农组织的演讲

尊敬的格拉齐亚诺总干事,

女士们,先生们,朋友们:

很高兴在金秋时节来到联合国粮农组织总部,参加第34个世界粮食日系列活动。刚才,一进粮农组织大楼,我就看到一层大厅墙壁上多种语言镌刻的"Food for All"——人皆有食。这是粮农组织的神圣使命,也是世界各国的共同目标。长期以来,联合国粮农组织与世界粮食计划署、国际农发基金,紧紧围绕这一目标,帮助成员国以多种形式发展农业,为供养世界几十亿人口作出了十分突出的贡献。在此,我谨代表中国政府和人民,对粮农组织等机构、在座的各位和你们的同事所作出的不懈努力表示高度赞赏,对所取得的卓越成就表示诚挚敬意!

今年世界粮食日的主题是"家庭农业、供养世界、关爱地球"。我认为这个主题既立足现实,又着眼长远,勾画出了全球农业发展的美好愿景。依靠家庭农业解决吃饭问题,也符合中国的实际。2 000多年前中国的先哲说过,"民以食为天",这也是长久以来中国人所奉行的理念。大家都知道,中国人口多、人均耕地少,让十几亿人民吃饱饭,是我们最大的事情,也曾经是最大的难题。我年轻时在中国农村生活多年,亲身经历过吃不饱饭的艰难岁月。吃一顿饱饭可能很快就会忘记,但饥饿留下的印象永生难忘。30多年前中国实行改革开放,就是从农村改革开始的。我们通过改革实现了农业大发展,粮食产量由3亿多吨增加到6亿多吨,成功解决了人民的温饱问题。这里有一条最基本的经验,就是发展家庭农业。

20世纪80年代初的农村改革,最主要的就是推行家庭承包经营制度。这项改革,把农户确立为农业经营的主体,赋予农民长期而有保障的土地使用权和经营自主权,几亿农民的生产积极性迅速调动起来,每个人的力量都得到充分发挥,短短几年农业生产就迈上一个大台阶。在此基础上,几亿人摆脱了贫困,并提前达到联合国千年发展目标。近十年,中国粮食连续增产,今年又丰收在望。这些成绩的取得,家庭农业功不可没。

30多年来,中国家庭农业能够不断焕发出新的活力,也与科技、政策等创新密不可分。我们建立了一整套农业科技推广体系,大面积推广优良品种、农业机械,推广设施农业。仅杂交水稻一项,每年就带来数千万吨的增产。我们大力鼓励农民合作社、专业农户、企业公司以及政府服务组织等,为农民提供农业机械作业、农产品加工流通等服务。每年都有数十万台农业机械像候鸟一样,在中国大地上往返迁徙。当小麦成熟的时候,大批联合收割机一路由南往北,追赶着季节,为农民提供小麦收割服务,既解决了农民家庭机械作业的难题,也提高了农业机械的使用效率。中国政府还不断增加农业投入,支持建设农业基础设施、改善生产条件,农田有效灌溉率已提高到50%以上,农业抗灾能力不断增强。

我们也清醒认识到,中国家庭农业的进一步发展,面临着规模过小的制约,平均每户只有半公顷的耕作面积。在解决温饱问题的时候,农民在自己承包的小块土地上精耕细作,但要更大规模提高农产品产量和质量,小规模经营就显示出其局限性。中国农业生产要再上新台阶,必须适度扩大经营规模,提高劳动生产率、土地产出率,走农业现代化之路。中国正处在城镇化快速推进的阶段,预计从现在起到2020年,将有2亿左右的农村人口陆续到东、中、西部地区的城镇落户。这会为农民扩大耕种规模创造条件,给农民带来更多实际利益,也会给农业现代化提供更大发展空间。

中国是一个人口大国,国情复杂,在推进农业现代化的进程中,我们将坚持家庭经营在农业中的基础性地位,推进多种形式的农业经营方式创新。在严格保护农民土地权益、尊重农民意愿的基础上,鼓励有条件的农户流转土地经营权,鼓励农民联合与合作。这几年,中国家庭农场已增加到87万家,平均规模达到13公顷(200亩),农民专业合作社数量超过110万家,成为农业现代化的重要力量和发展方向。以家庭经营为基础,推进适度规模经营,发展现代农业,有利于更好地"供养中国",也会对世界粮食安全作出贡献。

中国政府高度重视农业,始终坚持立足国内实现粮食基本自给。同时,也高度重视农业可持续发展。我们用低于世界平均水平的耕地和淡水资源,解决了世界近20%人口的吃饭问题,这本身体现了一种集约。但我们不满足于此,还要进一步促进农业高效集约发展。与此同时,加强生态保护与建设,实施好退耕还林、天然林保护、防沙治沙、水土保持、草原治理等工程,支持农民改良土壤、减少污染、大规模建设高标准农田。通过努力,促进农业资源的永续利用,既满足当代人需要,也为子孙后代留下良田沃土、碧水蓝天。保护中国生态,也是关爱地球、保护地球。

女士们,先生们!

人人有饭吃,是人类最基本的生存权利,是一切人权的基础。全球农业发展取得了长足的进步,但饥饿和贫困依然是一种"无声的危机",是深深困扰全人类的"阿喀琉斯之踵"。目前世界上还有8亿多贫困人口面临着食物不足、营养不良的威胁。促进农业发展,消除饥饿和贫困,依然是世界面临的重大挑战,也是全人类肩负的共同责任。国际社会应当携起手来,加强农业合作,更多关注发展中国家尤其是一些最不发达国家的诉求。应减少贸易保护,加强对最不发达国家农业技术、资金等支持,提高全球农业生产水平和粮食安全保障水平。

中国与世界各国特别是发展中国家的农业合作发展很快。近些年,我们在亚洲、非洲、拉美、太平洋等地区近100个国家,建立了农业技术示范中心、农业技术实验站和推广站,先后派遣农业专家和技术人员3万余人次,同时帮助这些国家培养了一大批农业技术人员。我们这一代中国人经历过饥饿的痛苦,我们与仍处在饥饿状态的人们感同身受,我们希望看到饥饿和贫困在全球被消灭,我们愿意与各国分享农业技术、经验和农业发展模式。中国的杂交水稻良种已经使很多国家受益。这里我宣布,未来5年,中国政府将向联合国粮农组织捐赠5 000万美元用于开展农业南南合作,并加大对世界粮食计划署和国际农发基金的支持。

女士们,先生们!

中国作为世界上最大的发展中国家,任何时候都是维护世界粮食安全的积极力量。尽管中国农业进一步发展面临不少困难,但我们仍将不懈努力,用行动来兑现诺言,主要依靠自己的力量解决好吃饭问题。我们愿与世界各国携手奋进,共同创造一个无饥饿、无贫困、可持续发展的世界。

刚才总干事先生赠送我一本书,介绍他的国家提高粮食产量、减少饥饿的经验。我赠送给他一本反映大自然美好风光的画册。人们只有吃饱了饭,才有欣赏自然风光的心境,才有更高的精神追求。打牢粮食这个人类发展最重要的基础,人们的物质和精神生活才会更加美好,世界才会更加美好。谢谢各位!

《人民日报》(2014 年 10 月 16 日 02 版)

第七章
农业产业化经营与农产品供应链

农业产业体系是生产、经营、市场、科技、教育和服务等诸多方面相互作用和相互依赖的有机整体,是一个多部门的复合体,这个复合体将相关环节连为一体,构成一体化的、涵盖其价值形成和分配的经济系统。农业产业化(Agriculture Industrialization)是以市场为导向,以经济效益为中心,以主导产业、产品为重点,优化组合各种生产要素,实行区域化布局、专业化生产、规模化建设、系列化加工、社会化服务、企业化管理,形成种养加工、产供销、贸工农、农工商、农科教一体化经营体系,使农业走上自我发展、自我积累、自我约束、自我调节的良性发展轨道的现代化经营方式和产业组织形式。这种经营模式从整体上推进传统农业向现代农业的转变,是加速农业现代化的有效途径。

第一节 农业产业化经营的需求与制约因素

一、农业产业化发展的需求

随着中国特色新型工业化、信息化、城镇化、农业现代化道路深入推进,对我国农业发展,特别是农业产业化发展提出了新的要求。

(一)稳定粮食供应,确保粮食安全

伴随人口的加速转移,粮食供需长期以来的紧平衡状况将更加显著。按照现有生产水平,要生产2023年进口的农产品需要再增加10亿亩农作物播种面积,而现在我们的农作物播种面积只有24.8亿亩,这大约占当前播种面积的40%,完全自给仍然具有挑战性。加上国际市场石油、天然气等能源的价格居高不下,开发利用生物能源的压力与日俱增,进一步加剧了粮食供需矛盾。在我国粮食总体处于紧平衡的条件下,我国农产品生产却存在着结构不合理的现实,近年甚至出现了一方面国内有些粮食品种库存不断增加,另一方面有些品种的进口却不断增加的现象。因此,要在有限的耕地面积和生产条件下保障粮食安全,满足日益增长的粮食需求，必须加快传统农业向现代农业转型，推进粮食生产的技术化、规模化和产业化。农业的产业化不仅可以提高农民种粮的积极性，还可以以市场的力量改善农产品种植结构，对于保障我国粮食安全有着积极的意义。

(二) 提供健康食品，保证食品安全

食品安全与现代农业的发展息息相关，中国食品安全问题产生的主要原因是农产品供应链的流程中质量控制出了问题，集中反映在小农户和个体加工或小业主的经营模式无能力、无激励减少食品安全风险，政府部门无力面对大量生产者开展有效监管。而现有的公司加农户的简单连接方式，农户因不再直接面对消费者，降低了依靠质量寻求市场的动力。在生产条件和技术水平各异的现状下，对于处于产业链上游的龙头企业，现有监管体系和监督成本下也难以达到预期效果。要彻底解决食品安全问题，必须从农业产业化生产经营机制出发，解决现有"公司＋农户"模式的运行缺陷和产业链参与者的利益冲突问题，形成利益均衡、结构合理、风险控制完善的农业产业化体系，从根本上消除食品安全的隐患，为人民群众提供健康安全的绿色食品。

(三) 减少农业污染，维护生态安全

农业环境污染不仅是关系到农业生产能力的粮食安全问题，更是关系到人类可持续发展的社会问题。由于农业的自然属性，农业环境污染会严重破坏耕地，影响大气、水体质量，危害人类和其他生物的生存环境，对生态安全造成威胁。农业的产业化发展，一方面可以减少小农生产过程中的浪费问题，另一方面可以通过终端市场约束以及更有效的市场监管来解决生产端的过量投入问题，在提高经营效率的同时，实现人与自然的和谐共处。

(四) 增加农业收入，确保农民收入可持续增长

近年来，我国农民收入实现持续增长并保持了较高的年均高增长速度，2023年，农村居民人均可支配收入为 21 691 元，比上年增长 7.7%，扣除价格因素实际增长 7.6%，延续了快速增长势头，且农村居民人均纯收入实际增速快于城镇居民。但与此同时，农民的农业收入占所有收入的比重持续下降，2023 年已经降到 35% 以下，农业的比较效益低，很难调动农民从事农业生产的积极性。在此条件下，通过农业的产业化，可有效提高农产品的附加价值与农民从农收益，从而提高农民从事农业经营的积极性。

二、农业产业化经营的制约因素

从目前来看，我国要实现高效的农业产业化经营，依然面临着一些制约因素。

(一) 农业经营主体制约

农业产业化经营需要高素质的劳动力作支撑，但目前我国的农业劳动力文化程度低、年龄偏大,农村青壮年劳动力不断向城镇转移,农村劳动力以"三留守"人员为主。农村空心化、老龄化的问题日益突出,农业生产兼业化、副业化的倾向日益明显,劳动力以妇女和老人居多,而且以兼业为主。第三次全国农业普查显示,全国农业生产经营人员中接受过高中及以上教育的人口占比仅为8.3%。特别是中西部一些地区,80%的农民都是50～70岁的老人,我国农业劳动力中初中及以下文化程度者所占比重高达95%。将来谁来种地,谁来确保14亿人口的粮食安全是摆在我们面前不可回避的问题。

(二)农业生产经营方式制约

中国现阶段统分结合的农业生产经营体系的主导模式仍然是小农户直接面向大市场从事农业生产经营。作为统的一面,我国农业社会化服务体系存在很多问题,如相关服务内容供给数量不足,并且过分依靠政府资源,缺乏有效的激励机制,服务内容与需求相脱节等。而作为分的一面,家庭承包制满足了农民对土地经营权的需求,发挥了家庭经营的优势,但在市场经济体制下,农民的小生产模式与千变万化的大市场存在着矛盾。同时,家庭经营的地域性、分散性和自然经济性决定其存在生产成本高、技术含量低、生产盲目性大、抗御风险能力差和经营效率低的缺陷。人口越来越集中到经济发达地区,农产品消费地与产地距离越来越远。分散的小规模农户无法驾驭远离的大市场,农产品价格波动明显,分散农户小生产与大市场的矛盾更加突出。

(三)农业比较效益制约

农业比较效益是指在市场经济体制条件下,农业与其他经济活动在投入产出、成本收益之间的相互比较,是体现农业生产利润率的相对高低、衡量农业生产效益的重要标准。当前,我国农业比较效益普遍较低是不争的事实,这是加快"三农"发展不可回避的障碍。中国农业发展面临着深层次的矛盾,其核心问题就是农业比较效益低下。根据发达国家的发展经验,低效率产业的长期存在将会极大地拖整个产业市场竞争力的"后腿"。因此,提高农业比较效益是实现农业现代化和产业化的一个根本支撑点。

(四)农业的生产经营环境制约

当前,在经济发展新常态背景下,我国农业发展面临着外部竞争和内部资源约束双重压力。一方面,农业产业面临的国际竞争越来越激烈,且在竞争方式上日益多样化。随着农产品国际贸易的快速增长和经济资源的加速流动,国内劳动力等生产要素的相对优势会越来越弱,资源禀赋劣势、市场和经营体制不完善的相对劣势会越来越显著,从而影响我国农业的竞争力。另一方面,国内农业资源约束不断增强。中国人多地少,耕地和水资源更加短缺,加之农业基础设施依然薄弱,自然灾害和农业环境污染事件呈现多发态势,保持农业持续稳定增产的难度日益加大。

我国农业生产经营环境的变化,既对农业的产业化提出了要求,也在某种程度上对农业产业化带来了挑战。

三、现有农业生产经营的不足

(一)农业生产的组织化程度低

我国农业生产主要是以农户分散经营为主,生产规模较小,技术条件落后,农产品质量安全没有保障,抗自然和市场风险的能力差。常见的龙头企业带动型模式,建立了农民与企业的供销关系,抗风险能力有所增强,但多数龙头企业与农户之间基本上还是松散的买卖关系,农民处于弱势群体地位,经常出现企业压价收购等伤农行为,损害了农民的利益。

(二)产业化涉农服务体系尚未健全

为农业产业化提供资金、技术等服务的组织机构尚未完善,没有形成功能齐全、辐射面宽的服务网络,不能适应服务社会化、市场化的要求。这使得农产品供应链的各个环节缺乏全过程、全方位的综合服务,从而影响了整个供应链的高效运作。

(三)先生产后销售的落后理念

由于农业生产不是以市场需求为导向,而是先生产后出售,常常造成农产品品种和数量的供给不适应市场需求。供过于求时,相互杀价,出现"谷贱伤农"、增产不增收的局面;供不应求时,农产品商贩哄抬价格,农产品利润的很大部分被流通和销售环节占有,农民获利很少。图7-1描述了农户生产参与供应链的传统模式,可以看出原有的供应链已不能适应现代农业发展。

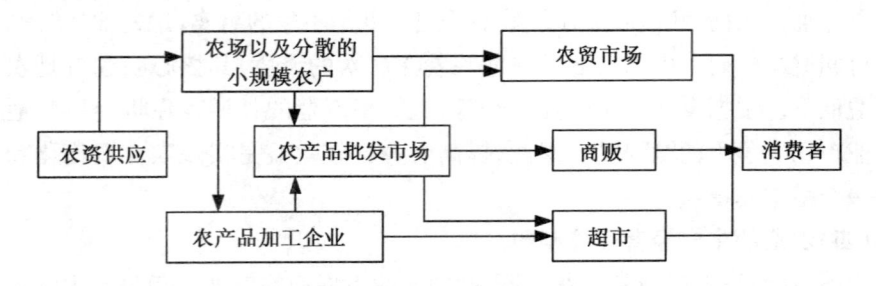

图7-1 农户生产参与供应链的传统模式

(四)流通环节多,渠道混乱

农产品集散环节较多,流通时间的增加使农产品的鲜活度大打折扣,损耗量增大,无效的物流成本增多。另外,流通环节的增多使得农产品的社会交易成本增加,销售价格上升,损害了消费者利益。市场信息和价格扭曲,不能反映农产品真实的供需状况。

(五)各主体联系不紧密,利益关系脆弱

企业与农户之间主要是一种松散的利益关系,没有形成"利益共享、风险共担"的利益共同体,双方地位不平等,农户仍只享有出售农产品的收入,而未享受到农产品加工增值的利润。在某些时候会因为利益不一致,导致合作难以深入进行下去,没有真正建立起风险共担、利益均分的产业化链条。一旦出现利益冲突,机会主义行为就会发生,产业链就会面临解体的风险,使产业的发展很难持续。比如,在农产品畅销或生产顺利时试图摆脱关联企业,而在生产或销售遇到困难时希望得到关联企业的帮助,农户的机会主义行为时有发生,难以形成相互依赖的利益共同体。

(六)供应链上下游缺乏协同运作的机制

农产品供应链各环节处于相对割裂的状态,各组织成员间缺乏紧密的利益联结和信息共享,加上无序的市场环境使得供应链上下游大多主要采用对抗的竞争方式。同时,供应链的运作没有围绕实力较强的企业来组织生产、流通活动,削弱了农产品供应链的整体竞争力,最终影响了农产品价值的实现和农民增收的目标。

第二节 农产品供应链建设的国际经验

从世界范围内看,保证供给与需求有效对接、保证生产者有效收益和稳定供应的路径就是打造从田头到餐桌的农产品供应链,建立现代农产品及食品产业。本节将通过剖析国外的现代农业产业化发展模式,为我国现代农业产业化发展提供相关经验。

一、欧洲(荷兰)

欧洲的小国荷兰是全球农产品出口的大国,是仅次于美国的世界第二大农业出口国。这个人口与北京人口差不多、国土面积不到4.2万平方千米的小国,在农业发展方面却成为典范。

(一)创建复合体模式

荷兰农业之所以取得成功,与荷兰农业一体化经营紧密相关。荷兰的农业产业是一、二、三产融合的一个农业综合体,涵盖了"从田头到餐桌"的整个农业产业链。随着商品经济的发育、资金的积累,小农逐步转变为小商品生产者,再进一步发展成为专业化的商品生产者,最终演变为追逐利润的、现代化的、规模不断扩大的农场,并且构成了"农工商综合体"(agribusiness 或 agri-complex)。从农业生产投入到消费者,所有的环节都相辅相成、紧密合作,并使农产品不断增值。整个农业产业各环节技术领先、管理高效、体系完善,为荷兰农业取得高效益奠定了基础。

荷兰的农民合作社主要有：购买投入物的合作社、销售产品的合作社、加工合作社、信贷即荷兰合作银行。农产品加工合作社通过不断改进技术来提高产品的附加值，是荷兰增加农产品出口额的重要"诀窍"。荷兰成立了许多的"行业协会""商品协会"等组织，以加强农场主的政治地位和社会地位。行业协会是横向组织，包括某一部门（如花卉）所有的农场；商品协会是纵向组织，包括在一个生产链中的所有农场和公司，即从原材料供应商到最终产品的零售商。此外，农场主还建立了各种技术性组织，在沟通信息、教育、研究和推广方面发挥作用。

（二）适度规模的家庭农场

荷兰农业国际竞争力的基础，依靠的是"农工商综合体"，而构成这些综合体的，主要是一个个具有生命力的家庭农场。荷兰农业生产是以农户为单位的家庭农场式生产，最新数据显示其农场总数约有 5.1 万个，近 1/2 的农场从事种植业，余下的为畜牧农场和园艺农场。约 71% 的农场平均仅有不到 2 个劳动力，农业劳动力约占全国总劳动力的 1.5% 和全国总人口的不到 1%。这些劳动力主要是农场主本人，家庭成员多为主要帮手，此外还雇些临时工。但荷兰家庭农场的规模在欧盟成员国中是最大的。规模经营有利于机械化操作、现代化管理，为农业生产带来巨大的规模效益。

（三）高度专业化和市场化

荷兰农场的一个重要特点就是农业生产高度专业化。荷兰农场中专业化农场占了绝大多数，而混合型农场从 20 世纪 80 年代数量就开始减少，现在混合型农场只占 7%。荷兰农业最突出的是园艺业，园艺业按种植的地点可分为温室园艺业和露天园艺业；然后又进一步划分为花卉业、蔬菜业、盆栽植物、苗圃植物等。在花卉业中，还进一步细分为鲜切花、球根花卉之类。许多花农只专注于一两种花甚至一种花的一两个品种的生产。此外，更有一些公司专门提供各类花卉的种子、苗木和其他服务。蔬菜种植业也是一样。高度专业化虽然增加了市场风险，但其优点也十分明显：专攻一个品种，有利于提高专业技术水平，提高产量和质量；有利于机械化操作，在生产管理、收获、分级、包装、保鲜等环节实现标准化；有利于降低生产成本和提高市场竞争力。

荷兰位处欧洲物流中心，素有"欧洲门户"之称。数百年来，荷兰利用其优越的地理位置，以及以鹿特丹港为主的沿北海的数个港口的优势，发展壮大了其农业物流业和农产品贸易。如今，荷兰充分利用鹿特丹港和阿姆斯特丹空港两个重要的门户和通往欧洲各地的铁路、公路和水路运输，将荷兰的农产品和食品运往世界各地，使荷兰的农产品和食品行销全球。荷兰充分利用其地理优势，利用国内国外的原材料，大力发展农产品加工业、农业物流业、农业贸易，使其农业产业赢得产业链高端的高附加值。这是荷兰现代农业取得高效益的要因之一。

二、东亚（日本）

（一）农协作用突出

日本的农业产业化经营模式可细分为两种具体形式：以工商业资本为主体的垂直一体化经营形式，以及以农协为主体的平行一体化经营形式。日本的农协包括综合农协和专业农协。综合农协主要从事全面而广泛的服务，专业农协则从事本专业范围内的服务项目。农协通过有机的组织和广泛的业务活动，同广大农户建立起各种形式的经济与社会联系，影响着农业生产、农村金融、农产品加工与销售、农资供应以及农民生活，控制着农村经济活动。据统计，日本农民销售农产品的90%、购买生产资料的80%和生活资料的60%都是经过农协系统进行的。农协为农民服务，并与农民结成经济利益共同体，基本上做到了农民需要什么服务，就提供什么服务。其功能主要表现在：生产指导服务、农产品销售服务和生产生活资料集中采购。

（二）金融支持农业作用显著

日本农业协同组合（Japan Agricultural Cooperatives）的贷款占整个农业贷款的比重约为90%。因此，日本政府可以通过农协贷款来调节日本的农业产业化经营和农村的其他各项经济活动。农协信用合作事业一直是日本农协的骨干事业之一，成为农协最大的盈利部门。农协信用合作的主要业务除了向农协成员发放支持农业生产的低息贷款外，还转向吸收农民和居民存款并向系统外其他部门提供资金，帮助农民解决富余资金的出路难题。另外，农协还负责为农户办理国家对农业发放的补助金和长期低息贷款业务，利用"政策金融"导入国家资金，实现国家通过金融来推动农业发展的政策意图。日本在世界上较早地实行了农业保险，日本农协的保险业务位居全国保险业第一位。

三、南亚（印度）

（一）"白色革命"

1964年10月，印度在全国掀开以"洪流计划"为主的"白色革命"。洪流计划是一个综合的乳业发展项目，把乳业合作社作为顺利完成这一综合性项目的重要内容。该项目是世界上首次为了发展乳业而采取的食品援助计划，它于1970年至1996年之间分三步实施。在第一阶段，先在2个地区试点，将广为分散的母牛和140万养牛户组织起来，采用合作经营的方式建立起固定的牛奶收购、检验、加工、运输和销售网络，逐步健全、完善诸如饲料、兽医、人工授精等服务设施。在第二阶段，将试点区扩展到15个，并在1985年前形成包括100多万养牛户的稳定的牛奶供应基地和四通八达的运输网络，使鲜奶每天能源源不断地运往全国各大城市。

在第三阶段，除了使现有设施进一步配套外，新增 1 500 个牛奶生产合作村。近年来，印度政府继续重视乳业的发展。在最新的农业政策中，印度将乳业纳入了重点发展范畴。例如，政府的"全国奶牛任务"(Rashtriya Gokul Mission)已经延长至 2026 年，并投入了 2 400 亿卢比，旨在提高奶牛的生产力和牛奶产量，通过基因改良和本地品种保护来促进乳业发展。此外，印度政府通过"农民信用卡"(Kisan Credit Card)计划为畜牧业和渔业农民提供信贷支持，帮助他们解决资金需求。2023 年，该计划已发放了近 300 万张新的信用卡。

(二)亚兰德合作组织

印度通过实施扶持和促进乳业发展的"白色革命"和"洪流计划"，在全国范围内建立起了奶农生产合作社组织。目前，印度乳业在组织结构上采用的是独一无二的奶收集与处理层级组织系统——亚兰德合作组织模式（Anand）。亚兰德模式起源于 20 世纪 60 年代，印度古吉拉特邦亚兰德地区建立起一种乳业合作模式，今天的亚兰德合作组织模式包括村级乳业生产合作社、地区级乳业合作联合会和邦级乳业合作联合会三个层级的组织。通过乳业生产合作社—地区乳业合作联合会—邦级乳业合作联合会这一纵向组织链条，农村分散的牛奶被收集到城镇加工成乳制品，然后再运到各大中城市销售。地区级乳业合作社一般设有乳品加工厂，从乳品加工的利润中提留 40% 用于扩大再生产，其余 60% 一部分返还农户作为股份和交售原奶的红利，另一部分用于补贴各种免费和优惠的社会化服务。邦级乳业合作联合会是印度乳业面向国际市场的窗口，是乳业相关利益主体通向国际市场的桥梁。它一方面负责向区级乳业合作社提供计划、营销以及咨询等服务，进行产业链的整合，减少或消除产、加、销各方利益冲突，增强市场竞争力，提高乳业的效率和效益；另一方面，邦级乳业合作联合会设有牛奶销售联盟，主要负责牛奶和奶制品出口。今天的亚兰德合作组织模式依然是印度乳业的支柱。村级乳业生产合作社负责初级奶收集和生产，地区级乳业合作联合会负责乳品加工和利润分配，而邦级乳业合作联合会则负责市场营销和出口，成为乳业面向国际市场的重要窗口。这一模式不仅提高了乳品生产的效率和效益，还减少了各环节的利益冲突，增强了市场竞争力。

四、经验总结与产业化发展方向

从国际农业发展经营来看，主要是要解决两大问题：一是经营主体问题，就是通过社会化服务和现代农民的培育来解决谁来种田的问题；二是经营方式问题，就是打造从田头到餐桌的农产品供应链体系，向国际通行的生产经营方式转变，以解决生产与市场的对接问题，实现产业效益的提升。

(一)提高农民组织化水平,培育现代农业生产主体

现代农业是高度组织化的,农户合作社和家庭农场是农业生产主体。农民大多是各类农业合作社的成员,是现代农业产业链上重要的利益相关者。从国际经验看,发达国家的农民或农场主具有较高的教育水平和运用现代化技术与设备的技能,这与政府长期以来对农民教育和培训的重视,以及对年轻农民务农采取的支持政策息息相关。当前我国农民组织化程度还比较低,在整个农业产业链中处于低端地位。中国要发展现代农业,推进农业的产业化发展,也应通过创新政策鼓励年轻人投身现代农业生产。通过职业培训等方式,提高农民的专业技能;通过发展农民专业合作社,切实提高农民组织化程度。鼓励农业龙头企业与农民专业合作社建立经营联盟。通过现代农业产业链中各个利益体的有效的分工合作,提高整体的农业生产效益。

(二)以专业化、市场化的生产服务替代一家一户的个体劳动

通过发展农业生产社会化服务体系,以专业化、市场化的生产服务替代一家一户的个体劳动,成为解决"谁来种地"问题的有效途径。从国际经验来看,农业产业过程中均存在较强的社会服务组织,对农民提供专业化的社会服务。通过农业生产社会服务体系,利用分工协作的优势,一方面可以提高农业资源利用效率和投入产出能力,带动农业节本增效和农民增收;另一方面可以将良种、良法等现代生产要素有效投入家庭经营中,在家庭经营的基础上发展规模经营、集约经营,引导一家一户的生产向专业化、标准化、区域化发展,促进现代农业发展。

(三)以市场为导向,打造农业优势产业

中国是一个农业大国,各地农业资源、区位和生产条件都不一样,必须因地制宜,根据市场需求,大力发展以技术为核心竞争力的农业、食品加工业、农业高新技术产业、生态农业,打造优势产业。我国内陆资源丰富地区,应发挥资源禀赋优势,研究开发创新的农产品和食品,为初级农产品增值。沿海及资源匮乏地区,可以充分发挥地理位置优势,可借鉴荷兰的经验,利用国内外的原材料,通过大力发展食品加工行业,提高农业产业经济效益。北上广等一线地区则可以依靠较为发达的物流行业,适度发展服务型农业,如农业会展、物流、贸易等。

(四)发挥产业集群作用,培育核心竞争力

产业集群是农业产业化发展进程中出现的一种经济现象。农业产业化发展提高了产业集中度,实现了区域化布局、规模化生产、供产销互动,通过将产、加、销集中起来,形成并延长了产业链,最终促使农户、企业、中介组织等不同利益群体形成利益共同体(涉农综合体)。在实践中,它表现为众多农户依靠合同或股份与具有龙头带动作用的农产品加工销售企业(经营实体)联结为一体,利用当地的资源优势和龙头企业提供的预付定金、生产资料与技术服务,按照龙头企业提出的产品数量与品质要求进行专业化、标准化生产，在区域内形成一定经济规模的生产基地，生产出的产品由龙头企业收购、加工销售。形成产品链和共同体的过程，也是特定农产品及其衍生品生产逐渐集中、产销互动的过程。多个同类农产品链的形成，必将推动区域化布局、规模化生产的实现，也将带动关联产业的发展，最终形成农业产业集群。荷兰"绿港"和"食品谷"的创新举措为保持和提升荷兰园艺产业和食品产业国际竞争力提供了坚实的物质和技术基础。

（五）构建利益联结机制，拓展产业链

利益联结机制是指集群农业产业化经营运行过程中各利益主体之间形成的各种利益关系，如企业与农户的利益关系等。产业链和产业集群的成员通过构建产业分工、利润分配的制度安排，明确各利益主体的地位，可以提高农业产业链的协同性，从而提升产业链竞争力。同时，要以优势产业为核心业务，全方位拓展产业链：一是延伸产业链的长度，尽可能提高农产品精深加工比例，实现价值增值，实现产业链的有效延伸；二是增加产业链宽度，通过增加产业链宽度，可提高农产品的综合利用程度，最大化产品增值空间；三是扩大产业链的厚度，壮大农业产业链的规模。

第三节 农业产业化经营与供应链建设策略

谁来种田和怎么种田不是孤立的问题，无论是社会化服务体系的构建，还是生产经营方式的创新，都必须在以市场为导向、产业为基础、经营为组织、服务为连接的"从田头到餐桌"的全产业链生产经营中加以解决。要寻求整体刚性、节点柔性以降低交易成本和保证安全，要推动建立和推广应用可供选择的新型农业生产经营机制。

一、构建相对完整的产业化供应链

（一）产业化供应链构建的关键因素

现代农业经营面临着更高的要求，现代农业链模式的设计必须考虑以下几个方面的影响：

1. 市场需求所引致的竞争方式的变化

当今农业的竞争，已经不再是农业中某个单一企业的竞争，而是表现为整个产业链及其运作体系的竞争，而供应链管理则提供了这一态势下有效的竞争武器。为了获取整个产业链绩效和竞争力的提升，必须将运营和管理视野外放于整个供应链，即农户、分销商、零售商直至最终用户。以协作式竞争为内核的供应链竞争模式的崛起，将引领整个农业产业化经营走向组织创新和管理创新相协调并互相推进的时代。

2. 提高农业产业链运作的效率与快速响应能力

农副产品总体消费模式的演变,对构建一个能准确把握消费者需求并快速响应的农业供应链提出了更为迫切的要求。这首先要求这个链条上的所有相关单位改变现有组织模式,面向效率与敏捷性,对自身实施组织流程进行再造。

3. 解决农副产品的内在特性造成的物流"瓶颈"

农副产品具有季节性、性状不稳定性及易腐性等特性(这些特性将不同程度地持续影响到最终用户),这些特性与各级用户的非对称性要求及其他外部因素相结合,决定了整个供应链对物流技术因素和物流管理能力的高度依赖。

4. 能否与农户建立合作关系是现代农业发展模式设计的关键

现代农业经营的成败很大程度上取决于供应链各环节联结机制的稳固与否,因此,与农户建立战略伙伴关系、整合整条供应链上相关企业的资源就成为农业经营创新的一个重要方向。而"合作与协同"的理念培养和能力形成,无论对于农业产业化还是对于农业产业化框架下的供应链实践都是非常必要的。

(二)实施"从田头到餐桌"的农产品供应链管理

农产品供应链以市场需求为导向,以供应链整体效益和效率最大化为目标,以利益机制为纽带,围绕核心企业联结上下游节点、调配资源并展开运作,实现多方共赢。形成以消费者为中心的"从田头到餐桌"的农产品供应链,更能适应现代农业的发展。体现以消费者为中心的"从田头到餐桌"的农产品供应链将把农产品生产经营相关的产前、产中、产后的一系列的生产和经营整合在一起,形成以市场需求为核心、农产品生产为服务对象,并将以此衍生的众多行业连为一体的系统化大生产经营模式。这种经营模式将不仅提高农产品的竞争能力,而且会形成和推动农业技术产业、农产品加工业、农产品连锁营销业、物流业以及信息技术在农业产业中的应用等的迅速发展,为农业产业化经营开拓一个崭新的天地和创造巨大的盈利空间。可以说"从田头到餐桌",延伸了农产品的产业链,以市场需求指导生产,提高了农产品的附加值,使农业产业化实现了新的跨越,不仅有利于提高农产品在国际和国内农产品市场的竞争力,而且可以增加农民收入,扩大农村剩余劳动力的就业途径,克服农户生产参与供应链的传统模式的弊端。

从图7-2中可以看出,以消费者为中心的"从田头到餐桌"的农产品供应链各环节之间的联系是双向的。供应链的构建要围绕核心企业来选择和联结上下游伙伴。核心企业的上游是农民合作社(或者农民)以及农资供应,通过合约、股份或产权方式与其建立稳定的经济联结。核心企业把农产品基地作为"第一车间",把农户作为农业工人,提供农资、技术、农教、产品收购等服务,与农户实现服务对接。为了增强对上游的控制,核心企业可以采取"后向一体化"战略,集农产品生产基

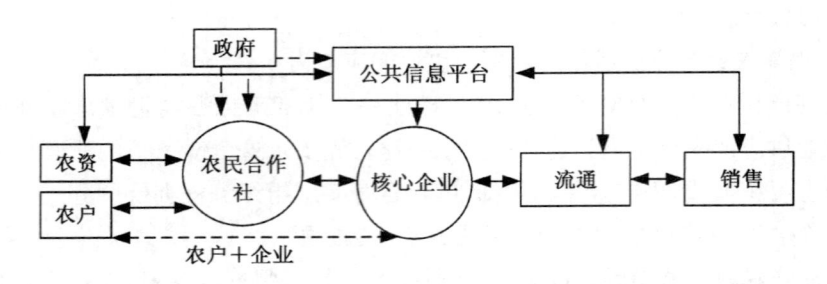

图 7—2　以市场为中心的"从田头到餐桌"的农产品供应链

地、农资生产供应于一体。核心企业对供应链下游（农产品流通、销售）的选择和利益联结方式主要取决于企业间核心能力的互补性和对下游的控制力等因素。在农产品的流通过程中，对仓储、配送、运输等环节的技术要求高、专业性强，核心企业如果不擅长农产品流通，可以通过契约的方式与农产品第三方物流企业建立动态的合作关系，形成优势互补。另外，为了增强对农产品流通、销售渠道的控制力，核心企业可以通过对下游企业控股或者"前向一体化"战略，与下游形成利益风险共担的战略联盟。

（三）优化产业化供应链治理机制

为了保证农业产业链体系效率实现，要求不同的交易对象，嵌入不同的治理机制，如策略性地匹配保障机制、风险机制、约束机制、激励机制、利益分享机制、收入分配机制等治理机制。运用各种治理机制的作用如下：

（1）保障机制。地理区域的分散性带来的生产不确定性增加了生产的风险性。一方面，产品市场的分割及其竞争的属性使得农户易采取投机行为；另一方面，当价格信号不畅通且存在市场垄断的情形时，龙头企业极易选择价格（及产品等级）的要挟方式。因此，合作组织必须存在产品供给与价格承诺保障机制。

（2）风险机制。生产与市场的可控性程度决定组织承受自然或市场风险的能力，风险机制就是可以按照合作主体不同的信息优势与控制优势分担风险。在农业领域，通常可以考虑将生产风险化解到农户，而市场风险主要由公司主体承担。

（3）约束机制。一方面，生产周期的长短影响着不确定性的大小及企业资金周转速度，约束机制就是通过企业内部管理降低不确定性，保证企业的有序积累。另一方面，生产周期的长短影响着组织对农户的谈判能力，或者说农户被"锁定"的时效，此时约束机制就是在农户仅仅被暂时锁定时，通过提供系列相关的专业化服务，延续彼此对合作的需要。

（4）激励机制。产品的同质性较强时，计量与讨价还价的成本就较低。为了激励农户提供标准化的产品，就必须以价格优势通过稳定的预期收益驱动农户按要求生产。

(5)利益分享机制。面对复杂多变、经营风险高的农产品市场,单家独户的单一产品小规模经营方式,抗风险能力弱。为此,产业化发展中所选择的主导产品不仅应具有较稳定的市场需求和较高的科技水平,而且要能带动相关产品的发展,具有复合的产品结构。在此基础上的合理的利益分配机制降低了农户生产风险,而且在保障农户获得必要的技术与物质支撑的同时,还可获得其他产品生产增值环节的好处。

(6)收入分配机制。一般市场化程度较高时,市场较为活跃,交易成本低,生产者倾向于市场交易;反之,则倾向于通过专业化中介组织交易。但由于农产品面对的市场不确定性较强,因此,对经济组织而言,就应通过服务及收入分配机制降低交易成本,使农户获得稳定的预期收益,从而保证产业化过程中经济组织稳定而充足的货源。

二、产业化经营模式与提升

在此,主要介绍农业产业化经营中农户与供应链结合的几种方式:

(一)"农户+企业"订单式的经营模式

1. 基本形式

"农户+企业"模式是农业产业化经营的一种可供选择的模式,在这种模式中,农户作为一个个分散的经济个体与供应链中的企业形成契约关系。农户与企业通过签订合同,在明确企业和农户双方严格的经济责任的基础上,工商企业负责向农户提供市场信息、技术服务以及部分农资用品,保证农产品加工和销售,而农户必须按合同的规定向公司按时交售符合合同质量和数量要求的农产品,二者进行直接的业务往来。由于双方均保持经济上、法律上的独立性,所以都能够发挥自己的经营灵活性。这种订单式的经营模式有以下基本特点:(1)以市场需求信息为基础、经济合同为纽带,有效地解决了农户由于市场信息的不对称而产生的"销售难"问题;(2)企业直接从农户手里收购农产品,直接进入加工、销售环节,与传统的农产品流通环节经过一级批发商—农贸市场—二级批发商相比,大大缩短了农产品的流通时间,降低了农产品在流通过程中的损耗,有利于整个农产品供应链的效率的提高。

2. 进一步提升

以市场需求为导向的"农户+企业"订单式农业组织模式,虽然在一定程度上可以解决农产品销售难的问题,增加农产品附加值,但是,公司与农户之间的利益关系并不紧密,基本上是一种纯粹的买卖关系,农户与企业并没有结成一个利益共同体,所以双方都存在着道德风险的危机,这种买卖关系也不具有稳定性。借鉴国外农业经济发达国家的经验,要想获得农户和企业的双赢,必须把农民和企业结合成为一个利益的共同体。而且由于"农户＋企业"这种组织模式有其存在的合理性,所以我们需要对这种组织模式加以完善来限制双方的机会主义行为。

(1) 可以采用浮动式的订单＋约束性的合同。企业和农户可采取浮动式的订单,而不是一个固定的价格,同时实施保护价格。保护价格是根据市场行情以合同的形式订立的最低保护价格,是农业合作过程中常见的一种非市场安排形式。一般还规定当保护价格高于市场价格时,供应链中的加工企业按保护价格收购;当保护价格低于市场价格时,按市场价格收购。保护价格保障了农民的利益,使他们能够获得比较稳定的合理收益,也保证了加工企业有较稳定的原料来源。

(2) 建立完善的农产品期货市场,规避市场价格波动带来的风险。适时推出以农业为基础的互换、期权等衍生工具,充分发挥其规避农产品价格风险、自然灾害风险和套期保值的作用。一方面可以开发能够规避因自然灾害等导致农产品价格波动风险的金融衍生产品,熨平农民收入的波动性;另一方面借鉴美国天气衍生工具的做法,直接开发出基于天气、温度等对农业影响较大的自然因素的衍生品,对冲自然因素所带来的农业经营风险。

(3) 提高公司和广大农户的合作意识和组织化程度,构建合理的利益分配机制。在认真分析产业化经营中的各个环节增值部分真正来源的基础上,把各要素和各类风险等综合到利益分配的方案中去,既尊重农户的劳动,又充分肯定公司的经营绩效。同时,加强农户自身组织(如各类农村合作组织)的建设,提高农户的组织化程度,从而提高农户与产业组织的谈判能力和维护自身利益的能力。

(二)"农户＋合作社＋龙头企业"的经营模式

1. 基本形式

荷兰的农业合作社大多从事单一项目的生产服务,使其服务对象和服务内容较为集中,不仅熟悉这些农产品的特性,而且懂得消费者的心理和市场趋势,成为特定产品的行家,能够很好地围绕单个品种农产品的生产、加工、销售等环节指引农民进行合作,同时对单一产品的质量改进、科研开发、深度加工和市场营销都较容易展开。由于我国目前农业合作社的发展还不成熟,在现有的条件下合作社不能完全取代龙头企业在农产品加工和流通领域的功能,所以不可能像荷兰农民那样形成专业化服务程度很高的合作社组织垄断市场。根据实际情况,目前可以采用"农户＋农民合作社＋龙头企业"经营模式,对现有的"农户＋龙头企业"的经营模式进行补充。分散的农户可以采取以土地入股的方式加入合作社形成一个利益共同体,合作社作为入社农民的利益代表与龙头企业进行地位对等的谈判,要求龙头企业返还部分增值利润,并进一步协同农户与企业之间的利益关系。

2. 进一步提升

(1)成为"车间型"的经营单位。农民合作社的内部组织可以借鉴荷兰合作社的组织结构和经验,促进加工企业向股份合作式的法人实体演化,而农户则成为股东,成为"车间型"的经营单位。以合资为基础的合作方式能够最大限度地保证供应链的稳定性与凝聚力,也能够促进供应链内部信息的顺畅,避免由于僵化的合约所带来的种种约束。但股份合作需要一定资本,这无形中会限制实力较为薄弱的农户采用这种合作形式。但从效率的角度出发,股份合作不失为一种促进供应链组织合作的有效形式。而且,土地入股的数量也将作为合作社分得加工和流通领域利润的基础。

(2)建立利润返还的机制。供应链的核心成员如龙头企业可以根据整个农业合作社提交的农产品的数量,在一个财政年度结束后,按适当比例把一部分利润返还给农业合作社,然后再由这种非营利性的农业合作社按照农民土地入股的数量对返还的利润进行分配。这样通过农业合作社这个强大的农民组织,农户与企业不再是简单的买卖关系,而成为较为紧密的整体。通过农产品利润的二次分配,农民就非常关心供应链整体的发展,不会轻易因市场价格的波动而撕毁购销合同,龙头企业也因此能获得更稳定优质的原料供应。

(三)"农户+社会化服务组织"的经营模式

1. 基本形式

农业生产社会化服务组织既有公益性服务,也有经营性服务;既有专项服务,又有综合服务。当前的问题主要是,政府公益性服务机构与市场经营性服务组织定位不清晰,政府公益机构职能太宽泛,将本来可交由市场机制解决的职能大包大揽,既增加了服务成本,也削弱了服务的针对性和有效性,加剧服务供求失衡。今后,除各类政府支持的公益性社会化服务组织,如各类农业技术推广机构外,以农民专业合作社为主体的新型生产社会化服务组织应得到大力扶持。从现代农业经营的需要看,社会化服务应主要着力在生产这个最为薄弱的环节。由各类社会服务组织对一家一户农民的耕、种、管、收提供服务,实现农业生产经营的规模化、组织化。

2. 创新形式

(1)采购合作社。农民可以以加入合作社的方式,联合采购生产资料,寻求技术服务,开展技术交流。分散的农户加入采购合作社后,由合作社集体统一购买小型农具、种子、化肥等农业生产资料,相对来说,购买量大有助于增强与农资供应商的谈判力量,降低购买成本,更易于享受到一些农资的技术服务。农业合作社由于购买量大且涉及农民人数多,所以在选择购买时会比较谨慎。而且作为一个合作组织的力量可以与农资供应商进行谈判,可以要求先试用再购买。

(2)服务合作社。采购合作社是一种产前合作社,而服务合作社则是帮助农民进行生产的产中合作社。由于提供大型农用机械、农产品仓储、救济服务等需要的成本较高，单靠一个村进行组织的话没有规模效应，所以这种服务合作社可以采用几个相近村联合起来形成跨地区的服务型的合作经济组织的方式。同时，在这种服务合作社建设的初期，当地政府应加以扶持。根据产中环节的特点以及我国的实际情况，服务合作社大致可分为大型机械合作社、农产品仓储合作社、救济服务合作社和农业技术与管理指导合作社。农民可以根据自身的情况同时参加几种合作社。

（3）农业技术与管理指导合作社。由于这种合作社具有很强的技术性和专业性，所以政府应在政策上予以扶持。在技术方面邀请一些种田能手加入合作社作为技术指导；同时政府还可采用购买合作社顾问或指导员岗位的方式，委派公务员、职业经理人或专业技术人员参与农民专业合作社的筹备组建和初期运作；鼓励各类志愿者（大学毕业生志愿者、青年志愿者、离退休志愿者、专业技术人员志愿者）下农村协助农民专业合作社的建设。

（4）农产品仓储服务合作社。农产品仓储环节也是减少农产品损耗的重要环节之一，是整个供应链上重要的环节，传统的一家一户的仓储模式已经不适应现代高效、安全农业的发展。由于农产品储运装卸设施水平低，导致鲜活农产品仓储成本在总成本中高达60%以上，这大大降低了农产品在国际市场上的竞争力。加上农产品具有新鲜易腐的特质，传统的农户分散仓储和露天仓储对食品安全问题也带来巨大的隐患。在政府的帮助下建立一个大型的多功能仓储中心是必要的。

（5）救济服务合作社。突如其来的台风、暴雪、干旱等自然灾害对农业生产具有毁灭性的影响，单靠分散的农户的力量，很难与自然灾害相抗衡。农民加入救济合作社可以得到合作社提供的风险防范服务，有助于安排好农业生产，对灾害性天气及早进行预防。而且，加入救济合作社的每一名农户都要购买农业保险，一旦遇到自然灾害，救济服务合作社可以向保险公司索赔。这样就可以有效地避免分散农户购买农业保险，由于力量小，保险公司恶意拖欠理赔费用的行为。

（6）大型农业机械合作社。大型机械合作社在我国可以说是开展较早的一种合作社，其组织模式相对比较成熟。随着私有机械的增多，由于缺乏有效的组织管理，一方面，大多数农户因无大型机械而出现了耕作难；另一方面，多数农机户因经营规模小，机械闲置未能充分发挥作用而影响经济效益。现代农业机械化的发展必须围绕全村农业的产前、产中、产后，能为农民提供系列化、市场化、专业化、社会化服务，而提供这些服务的根本所在就是要扩大农机经营规模，组建村级农机作业合作社，只有这样才能充分发挥机械效用，提高经济效益，确保农业丰产丰收。

（7）加工销售合作社。农户可以以土地入股的方式加入农产品加工销售合作社，合作社以市场需求为导向，实现土地的规模化经营，组织农户按市场需求生产农产品。加工销售合作社负责农产品的加工和出售,农户只负责生产农产品。其次,加工销售合作社根据不同农产品的不同特性以及销售市场的不同,对农产品进行不同级别的初加工,提高农产品的附加值。最后,合作社要对入股的农民进行农产品增值的利润分红。

(四)农业产业化联合体的经营模式

1. 基本形式

现代农业产业化联合体是以龙头企业为产业链的构建者、以农民合作社为产业链的服务纽带、以家庭农场为生产单位,形成的集生产、加工和服务为一体的新型农业经营组织联盟。当今市场的竞争已不是单个主体的竞争,而是整个产业链的竞争。在农业产业化快速发展过程中,龙头企业从最初的发展订单农业、指导农户种养,到自己建设基地、保障原料供应,但受农业生产监督成本较高的制约,难以快速扩大规模。发展农业产业化联合体,能够让家庭农场从事生产、农民合作社提供社会化服务,龙头企业专注于农产品加工流通,从而形成完整的产业链条。

2. 联合方式

联合体以龙头企业为引领、家庭农场为基础、农民合作社为纽带,各成员具有明确的功能定位。与家庭农场相比,龙头企业管理层级多,生产监督成本较高,不宜直接从事农业生产,但在技术、信息、资金等方面优势明显,适宜负责研发、加工和市场开拓。与龙头企业相比,合作社作为农民的互助性服务组织,在组织农民生产方面具有天然优势,而且在产中服务环节可以形成规模优势,主要负责农业社会化服务。家庭农场拥有土地、劳动力,主要负责农业种植养殖生产。安徽省宿州市是全国最早探索农业产业化联合体的地区。在培育新型农业经营主体实践中,发现单一主体"单打独斗"存在诸多困难。龙头企业需要稳定原材料供应和保障质量安全,虽然建立了订单基地,但有时合同难以履约,质量也难以保证;家庭农场存在技术、资金、市场等问题,开展标准化、品牌化生产难度较大,在产品销售上处于弱势地位;合作社缺少稳定的服务对象,需要东奔西跑找活干,效益也难以保证。于是,联合体从无到有发展起来。以上海市为例,目前全市联合体共 230 家,覆盖了粮食、畜禽、果蔬等主导产业,年产值超过 200 亿元。

第四节 支持政策

一、农业产业化供应链的支持政策

在农业产业化进程中,财政支农资金和金融部门信贷支农资金必须发挥主渠道和导向作用,发挥好自身的机构优势、资金优势、经验优势,审时度势,把重槌敲向农业产业化经营和产业链的构建。

(一)培育龙头企业和合作组织,增强牵引机制

龙头企业和专业合作社等合作组织上连市场、下连农户,是产业链的核心,具有开拓市场、引导生产、加工增值、提供服务的综合能力,建好一批"农"字号龙头企业和合作组织,就能为推行农业产业化提供依托,发挥"龙头"带"龙尾"的牵引作用,"接二连三",从而达到带动一个产业发展的效果。建立现代农业产业体系,一是重点扶持一批规模大、起点高、带动农民增收能力强的农产品加工企业和市场竞争力具有显著优势的合作组织;重点扶持促进本地区农业结构调整、联结本地农产品基地、带动本地农户发展生产、增加本地农业出口创汇的重点企业和合作组织。二是支持企业和合作组织科技创新。引进和推广应用农产品精深加工、包装、储藏、保鲜等新技术,支持建立研发中心,开展科技攻关,加快新产品的研发储备,发展科技含量和产品档次高的精深加工,拓展产业链条,提高农产品附加值。三是支持实施品牌战略。鼓励率先采用先进标准,以标准创品牌,靠品牌拓市场,向品牌要效益,尽快打造一批拥有自主知识产权、技术含量高、市场占有率高的农产品知名品牌。四是积极扶持和鼓励龙头企业、专业市场、农产品加工企业以及农村专业合作经济组织与生产基地、农户之间,通过建立风险基金、保护价收购、按农产品经营收益进行二次分配等途径,建立多种形式的"利益共享、风险共担"的联结机制,构建产加销一体化、贸工农一条龙的现代农业产业体系。

(二)构建研究、教育、推广三位一体的知识更新体系,夯实产业供应链的基础

研究、推广、教育三个部分的相互结合以及其与农民的紧密联系,是现代农业取得成功的重要因素。首先,公共财政必须支持构建健全的教育服务体系。农业教育的目的是培育职业的农民和农业企业管理者,每年教育预算的规定部分要用于农业教育。除了农村的正规教育外,国家要资助兴办初级和中级的农业技术学校,以培养高素质的农民及农业经营者。其次,公共财政必须支持构建强大的农业推广服务体系。我国的农业推广体系应由国家推广系统、企业或合作组织推广体系及 NGO 的咨询服务系统组成。国家推广系统在整个农业推广体系中起主导作用,统一协调其他各方面的力量,财税要对企业或合作组织推广体系及 NGO 的咨询服务系统给予适当的资助或税收优惠。最后,公共财政要加大鼓励基础研究、前瞻性战略研究、应用研究并重,互相交叉,最终目的是应用于农业生产、管理实践,产生较高生产力水平,创造高价值、高利润。要支持荷兰"食品谷"这样的产学研基地的打造,致力于农业和食品科学的创新研究和开发。另外,农业科研要与生产紧密结合,生产者与推广人员之间保持紧密的联系,相关问题可通过推广系统迅速被发现,并在适当的研究计划中加以解决。

(三)形成供应链资金扶持体系,提升支农资金使用效益

由于农业问题的复杂性和多样性,造成支农支出种类繁多,资金分散,投入交叉重复,整体效益不高。因此,要优化财政支农支出结构,压缩各项不合理支出,明确财政支持现代农业的重点,在充分发挥市场机制、市场主体作用的前提下,促进现代农产品产业供应链建设。应创造性地开展财政支农资金整合,把各种渠道和各部门管理的支农资金集中起来,做到"多个龙头进水,一个池子蓄水,一个龙头出水",形成左右联合、上下联动的支农资金整合态势,以有效提高资金使用效益,形成供应链资金扶持体系,以供应链为基础打造支农资金整合的平台。

要加大对供应链各环节的资金支持。农产品供应链要求环环相扣的每一个企业与流程紧密合作、互相依赖,财政金融必须参与到整个农产品生产、物流、交易、资金流转与运作的过程中去。这就要求深入各个环节内部,发掘潜在需求,为构建农产品生产、冷藏、保鲜、销售链提供资金支持。此外,推进现代农业发展,仅靠财政投入是远远不够的。要积极创新财政支农机制,通过政策的导向和资金的引导,充分发挥财政支农资金"四两拨千斤"的作用,吸引信贷资金、外资、民资、工商资本投入现代农业,形成以国家公共财政稳定增长机制为主,包括农业信贷资金的保障机制、农户增加投入的激励机制、工商资本投入的引导机制、资本市场直接融资的运行机制、境外资本进入农业的疏通机制等在内的长效联合机制。

二、推进社会化服务体系的支持政策

总体思路是以市场为导向,将政府引导与市场推动相结合,按照"明确定位、突出重点、完善政策"的思路,推动农业生产社会化服务发展,推进现代农业组织制度创新。

(一)明确政府和市场的边界

妥善处理政府与市场的关系,充分运用市场机制。农业生产社会化服务的主体既包括各类公益性的农技推广机构、兽医管理等公益性机构,也包括市场化运作的农民专业合作组织、协会、农业服务公司等。各级财政部门在对承担公益性服务的职能机构安排相应的补助资金时,充分尊重市场规律,引入竞争激励机制。通过竞争性立项、购买服务、招投标、择优选择等方式确定服务承担主体。在同一个试点区域内,也可由两个或两个以上服务组织承担同类服务工作,切实保障服务效果。同时,按照市场机制的原则,科学确定农业生产服务各主体的职能定位、服务边界,以"支持稳定、促进健全、鼓励放活"的不同要求有针对性地促进各主体发育完善。

(二)促进健全农民专业合作组织

促进服务组织内生性发展。农民专业合作组织既包括各类直接从事种植业、畜牧业生产的生产型合作组织,又包括提供病虫害防治、机械化服务的各类服务型专业合作组织。健全农民专业合作服务组织机制,要将支持合作社数量扩张与能力提升并重,将支持合作社生产与支持合作社服务并重。扶持壮大一批服务能力强、市场应对水平高、管理规范的合作组织。目前,中央财政已有一些支持农业生产社会化服务体系发展的扶持政策,要不断完善政策,加大现有政策扶持力度,弥补政策空白。要继续完善农民专业合作组织扶持政策,在加大中央财政农民专业合作组织发展专项资金投入力度的同时,出台政策措施,优先支持农民合作组织承担发展农业和农村经济建设的涉农项目,提高合作组织自我发展能力。

(三)发挥各类协会的服务作用

培育、发展农产品行业和商品协会,把分散化、小规模的农业生产者和企业组织起来,是我国提高农业国际竞争力的有效手段,也是适应全面建设小康社会新形势、新任务的需要。借鉴荷兰的经验,由政府主导的协会通过现代计算机互联网连接供应商、生产商、农户、批发商、零售商,形成现代的农产品供应链,提高效率,保障安全。政府对农产品行业协会的扶持已经成为世界惯例。许多国家的政府都对农产品行业协会有资金或税赋等诸多方面的支持。这既可以巧妙地避开WTO不能直补农民的规则,又可以达到扶助本国农民和农业的目的。

另外,要进一步拓展农业行业协会的功能,使其成为农业经营主体与政策之间的桥梁。从宏观上来看,农业行业协会应具有如下功能:(1)制定行业标准和进入行业的准则,进行行业统计等。(2)代表本行业与政府和立法机构处好关系,疏通会员与政府之间、会员与金融机构之间的渠道。(3)行业协会还要与金融机构建立良好的合作关系,为本行业内的农户和龙头企业提供良好的金融保障。在进出口贸易方面,代表行业,组织企业开展反倾销、反补贴申诉,增强本行业在国际农产品行业中的谈判力量和地位。(4)开展贸易信息、贸易事务服务,帮助企业开拓国际市场。行业组织可以发挥集团军的优势,组织企业在生产、销售、价格、开拓市场、售后服务等方面的联合行动。(5)向行业内的会员提供业务指导、技术培训、市场咨询、经验交流、促进销售等多功能服务,尽心尽力地帮助会员单位解决在经营管理中遇到的难题。

延伸阅读

中粮集团的全产业链发展实践

一、中粮集团简介

中粮集团有限公司(简称"中粮集团",China Oil & Foodstuffs Corporation,英

文简称"COFCO"),创建于1952年,当时主要是起到维护国家粮油食品安全与储备调节的功能,以粮油食品进出口为主业。改革开放之后,随着粮食供给的平衡与中国市场机制的完善,中粮集团的职能也面临着转变。从1992年开始,中粮集团的主营业务开始由传统的贸易代理向粮油食品加工等领域转化,走向了多元化发展的道路,目前已成为中国最大的粮油食品进出口公司和实力雄厚的食品生产商。在与大众生活息息相关的农产品贸易、生物质能源开发、食品生产加工、地产、物业、酒店经营以及金融服务等领域成绩卓著。

2006年,国资委批准中谷集团(主营粮食内贸)并入中粮集团,为中粮集团贯通大宗农产品供应链条提供了平台。现今,中粮集团旗下产业涉及包括粮食贸易、粮食及农产品加工、生物能源、品牌食品、地产酒店、土畜产、包装和金融等在内的众多领域,其也成为中国最大的综合型粮油食品企业,2015年,中粮集团实现了4 054.42亿元的营业收入。从1994年至今,中粮集团一直位列《财富》世界500强企业之列。在国际化竞争的背景下,中粮集团逐渐完成了"粮油贸易企业—实业企业—全产业链企业"的企业战略转型。

二、中粮集团的全产业链战略

由于农业、粮食、食品上下游的紧密联系及联动的错综复杂,而且涉及中国最广大的消费者、最广大的农民及行业中的众多经营者,有多方面的因素可能导致农产品供应与价格的大起大落,不仅会影响到种粮农民的积极性,影响到国家的粮食安全,而且会影响到城市居民的生活水平,甚至社会稳定。作为中国粮油行业最大国企,中粮集团承担着更多的社会责任,因此如何控制"从田间到餐桌"的各产业链的关键环节和终端出口,统领农业、食品产业链上的其他环节或其他企业,从而形成对多条产业链的全程控制;进而通过收购兼并推动行业整合,优胜劣汰,进一步强化控制力,提高整个行业的效率和资源利用率,成为中粮集团思考的战略课题。在这一背景下,打造"全产业链"的大型国有企业集团是一个可持续发展的模式,具有很强的竞争力。

中粮集团的"全产业链"模式是以客户需求为导向,涵盖从田间到餐桌,即从农产品原料到终端消费品,包括种植、收储物流、贸易、加工、养殖屠宰、食品制造与营销等多个环节,通过对全产业链的系统管理和关键环节的有效掌控以及各产业链之间的有机协同,形成整体核心竞争力,奉献安全、营养、健康的食品,实现全面协调可持续发展。

三、中粮集团的全产业链实践

中粮从现有的业务基础出发,打造小麦、玉米、油脂油料、稻米、大麦、糖、番茄、饮料、饲料及肉食等多条产业链,并将这些产业链有机组织起来。如小麦,从小麦的种植(订单农业)开始,进入面粉、面包、面条等品牌产品;玉米也进入玉米加工中的玉米淀粉、糖浆、酒精、饲料等产业;其中的饲料又与油脂行业大豆加工中的豆粕一起进入饲料、养殖、肉食加工产业;等等。在此基础上,做到上下游很好的链接,在加工过程中提高效率和质量,最终通过中粮集团的大型国有企业的品牌信誉,形成一批农产品品牌,也最大限度地保证了产品质量和食品安全。

以猪肉及其制品为例。从2002年开始,中粮集团在湖北武汉投资建设了一条完整的猪肉产业链,包括饲料、种猪繁育、商品猪养殖、屠宰、加工和配送等环节。从饲料原料到肉制品,中粮集团建立了全程品质控制的质量保证体系。其中,在源头的饲料环节,中粮严格把好饲料原料采购关,对玉米等饲料原料入库前进行农药、重金属含量检测,防止不符合要求的饲料原料入库。在养殖环节,通过引进全球最好的种猪,保障猪肉的高产和瘦肉率,严禁使用促生长素及违禁药品。中粮武汉基地还与37家万头以上规模的养猪企业建立"公司+基地"的合作社模式,实行订单养殖,公司为农户提供猪苗、饲料、疫苗及技术服务,农户按标准养殖,带动了农民就业,有效增加了农户收入,带动了规模化、标准化养猪业的发展。在屠宰加工环节,中粮采用出口食品卫生标准加工鲜冻肉及肉制品,并在国内率先推出工厂化小包装,避免猪肉在售卖过程中的二次污染。中粮所生产的猪肉实现了零药残,获得国家绿色食品认证,最终向消费者提供优质安全的猪肉食品,赢得了消费者的认可和信赖。

四、中粮集团全产业链存在的问题

1. 中粮集团的全产业链整合难度大

对中粮集团而言,业务范围涉及从农产品原料到终端消费品,包括种植、采购、贸易和物流、食品原料和饲料生产、养殖与肉类加工、食品加工、食品营销等多个环节,涉及多条产业链,因此"全产业链"模式需要各大产业链实现均衡发展,不能此强彼弱、分化明显。多产业链的整合和运营是一项庞大而复杂的工程,产业链之间的衔接成为全产业链建设最大的困难。

2. 集团品牌与子品牌之间的关联度较难把握

中粮集团的意图是以"中粮集团"品牌的强大背书和美誉度,以及消费者"爱屋及乌"的消费心理,来辐射并带动子品牌们在全国各地的销售,进而整体推动产业链条的形成。但背书品牌管背书品牌的管理模式,对品牌管理能力要求很高。首先是集团品牌推广的资源投入要很大,其次是集团品牌背书的"双刃剑"效应明显,"全产业链"模式既能"一荣皆荣",也会"一损皆损",加大了品牌经营管理的未知风险。因此"全产业链"模式下的集团品牌与子品牌之间的关联度较难把握。

3. 集团内部管理挑战较大

由于中粮集团的"全产业链"战略涉及较多的产品和品牌,现有的企业决策、经营管理、文化理念等各个子系统之间融合的难度加大。中粮集团下的企业必须能够经受住两个重大挑战:一是整个管理系统的市场化运营能力强弱如何;二是"多所有制模式"之下企业文化力融合度如何。因此,中粮集团倡导的"从田园到餐桌"的产业链集团内部管理有较大的挑战。

光明集团产业链发展实践

一、光明集团简介

光明食品集团是一家以食品产业链为核心的现代都市产业集团,成立于2006年8月8日,由上海益民食品一厂(集团)有限公司、上海农工商(集团)有限公司、上海市糖业烟酒(集团)有限公司、锦江国际(集团)有限公司的相关资产集中组建而成。集团核心业务主要包括现代农业、食品制造业和连锁商贸业。其中,现代农业主要是奶牛、生猪、大米、蔬果和花卉等产业,食品制造业主要是乳制品、糖、酒、休闲食品和罐头食品等产业。光明食品集团业务网络覆盖全国,与160多个国家和地区的上万家客户建有稳定的贸易关系,并与可口可乐、百事可乐、雀巢、达能、三得利、麒麟、统一、谢赫、大金等国际著名公司开展了广泛的合资合作,目前拥有光明、大白兔、冠生园、梅林、正广和、一只鼎、海丰、爱森、大瀛、石库门、金枫、和酒、玉棠、天喔、佛手等众多中国驰名商标、中国名牌产品和上海市著名商标、上海市名牌产品。

近年来,光明食品集团致力于打造一、二、三产业为一体的完整食品产业链,形成了覆盖上游原料资源、中间生产加工、下游流通渠道的大格局,逐渐成为在国内名列前茅、具有国际竞争力的大型食品产业集团。

二、光明食品集团的全产业链实践

光明食品集团拥有跨越一二三产的完整的食品产业链,集团重点发展以种源、生态、装备和标准农业为核心的现代都市农业,以食品和农产品深加工为核心的现代都市食品制造业,以商业流通和物流配送为核心的现代服务业。虽然光明食品集团并未像中粮集团那样明确提出"全产业链"模式,但作为上海最大的国有农业食品龙头企业,近年来光明食品集团践行的也是这样一种理念,重视产业链的延伸及全产业链的打造,加强价值链的纵向整合,逐渐形成乳品、牧业、物流、连锁四大相互衔接的业务。

从全产业链的角度来看,光明食品集团的上下游之间具有战略协同性,例如,石库门黄酒生产的主要原料是大米和糯米,需求量很大,可以有效依托集团下属的海丰农场,通过市场化的途径与金枫酒业进行战略合作,提供给金枫酒业一部分大米和糯米等原料。类似这样的产业链协同合作,在集团内部范围也越来越扩大。例如,集团下属的食品加工企业所生产的产品,通过集团下属的食品批发代理和零售的通路得以展示和销售。

除了产业链内部的协同合作之外,光明食品集团通过海内外合作或收购项目践行全产业链战略,如与贵州领先集团合资组建华东地区第一家生产新型方便食品的基地,延伸米业产业链;收购全兴酒业,将其业务延伸至白酒行业,打造白酒产业链;收购澳大利亚 SCR Ltd. 旗下糖业及再生能源业务 Sucrogen Ltd.,着力打造全产业链。此外,光明集团旗下上市公司金枫酒业一直以黄酒为主营业务,光明集团酝酿收购葡萄酒资产,收购澳洲最大酒业集团 Foster's,试图扩张产业链;而且,集团筹划扩张南美、新西兰等地的食糖业务,以充实光明的国际化战略。

第八章
农产品流通与贸易

第一节 农产品流通概述

一、农产品流通的意义

广义来看,农产品流通是围绕市场消费需求而进行的社会化再生产全过程,即农产品买卖行为及农产品形态发生改变而形成的循环过程。狭义来看,则有多种主流观点:一是"过程说",指农产品从供给者向需求者的转移过程,包括销售和购买两部分;二是"环节说",将农产品流通视为马克思政治经济学中的"交换"环节,即是以货币为媒介的商品农产品的交换过程,是连接农产品生产与消费的必不可少的环节;三是"商品说",认为农产品流通包括商流、物流、资金流、信息流等维度;四是"空间说",认为农产品流通不包括国际贸易,而是国内农产品从生产到消费的转移过程。农产品流通不仅是对农业生产本身的发展,而且对于满足工业生产和人民生活的需求、保证社会经济的稳定发展都具有重要的意义。

农产品流通是保证农业再生产过程的实现、加速农业商品经济发展的重要前提。通过农产品流通才能使农产品的价值得以实现,使农业再生产能够顺利进行;通过农产品流通,促进农业内部分工,有利于地区优势的发挥,提高农业生产的专业化和社会化程度;通过农产品流通,促进农业生产者面向市场,改善经营管理,运用新技术,不断提高产品质量,降低消耗,增强市场竞争能力,以获得更大的经济效益。

农产品流通为工业的发展提供必要的条件。一方面,通过农产品流通,为工业特别是轻工业提供各种原料,保证工业生产过程的顺利进行;另一方面,通过农产品流通,使农产品价值顺利实现,增加农民的货币收入,可以提高农民对工业品的购买力,从而扩大工业品在农村的销售市场,推动工业生产的进一步发展。

农产品流通对于保障市场供应、满足人民生活需要、保持社会稳定具有重要作用。随着人们经济收入的增加和生活水平的提高，消费者对农产品的数量、质量和品种等将不断提出新的要求。只有通过农产品流通，才能将消费者的需求传达给生产者，指导生产的发展，生产出更多更好的适合市场需要的农产品，并通过顺畅的流通去保证消费者对这些农产品的需求，而只有人们对农产品的需求不断得到满足，才能保证社会生活的基本稳定。

二、农产品流通的特点

农产品流通与一般商品流通相比有其自身的显著特点，主要是：

(1)季节性。农业生产季节性与农产品消费常年性的矛盾，使得农产品在流通领域停留时间相对较长，需要通过必要的储备和均衡上市，来保证人们对农产品的正常消费。

(2)区域性。农业生产的地域性与农产品需求的普遍性的矛盾，要求农产品具有合理的流向，以保证非生产区居民的消费需求。

(3)时效性。农产品的生物学特性，如易腐、易损、体积偏大等，使农产品流通具有较强的技术性，经营农产品具有较大的风险性。只有采取有效的技术措施，加强经营管理，才能减少或避免损失，才能提高农产品营销的经济效益。

(4)分散性。农产品的生产是由众多农户分散进行的，而农产品流通面对的是国内外的广阔市场，因此，必须通过多种途径妥善解决小生产与大市场的矛盾。

三、农产品流通的渠道

农产品流通渠道，是指农产品从生产领域进入流通领域衔接消费的通道，即农产品从生产者手中转移到消费者手中所经过的途径。农产品流通渠道可以从以下不同角度去划分：

(1)依据农产品的销售形式，划分为直接流通渠道和间接流通渠道。直接流通渠道是指农产品由生产者直接转入消费者手中的一种流通渠道，如农民向消费者直接出售自己的产品；农业原料生产基地与加工企业签订产销合同，直接向加工企业销售农产品原料等。间接流通渠道是指农产品由生产者转移到商人，再由商人转移到消费者手中的一种流通渠道，它是随着商品经济和社会分工的发展而出现的一种流通形式。

(2)依据专业分工情况，划分为专营商业渠道、兼营商业渠道和产销结合渠道。专营商业渠道是指专门从事农产品购销经营活动的一种流通渠道。兼营商业渠道是指以经营其他商品为主、附带经营农产品的一种流通渠道。产销结合渠道是指农产品生产单位通过自己的商业组织销售本单位产品的一种流通渠道。

(3)依据农产品流通的管理形式，划分为计划调节性流通渠道和市场调节性流通渠道。计划调节性流通渠道是指按国家政策规定,采取计划购销的农产品流通渠道。市场调节性流通渠道是指在计划调节以外,采取议购议销和自由购销的农产品流通渠道。

实践中,中国农产品流通渠道由国家统购统销的流通体制经渐进式、诱致性制度变迁逐步演进而来,改革发展借鉴了发达国家的经验,同时兼具中国特色。中国特色的农产品流通渠道改革主要体现在以下几个方面:

(1)战略方面。农产品流通渠道改革的方向是建立农户、消费者双重导向战略,一方面切实提高农户利益;另一方面,消费者的需求是市场的主要推动力,也是实现农户利益的途径。

(2)渠道结构方面。农产品流通渠道结构的改革方向是构建"多元化、扁平化"渠道。多元化旨在拓展销路,满足农产品个性化需求;而扁平化旨在解决传统渠道结构低效、环节冗长等弊端。

(3)渠道关系方面。"一体化、联盟化"是改革方向。一体化的渠道体系是将农产品流通过程中的环节纳入统一的体系内,形成庞大的销售组织和网络系统;联盟化是指渠道成员在共同目标的前提下结成"战略合作关系"的利益共同体。

(4)渠道主体方面。组织化、规模化的渠道主体是改革的主要方向。鉴于农户分布分散、合作组织规模小、缺乏龙头企业的现状,中国农产品渠道主体改革集中在发展专业的合作组织,以提高农户组织化程度;通过对龙头企业内部改制和进行跨环节、跨部门、跨地区的联合重组建立大型综合集团或商社。

(5)渠道运行方面。改革目标是发展现代化交易方式,构建信息化运作体系,实现终端销售体系的连锁化、超市化。信息化流通渠道建设以信息技术为依托重塑内部构架,包括建立信息中介、构建电子信息处理与传递平台等。连锁化、超市化的典型例子是"农超对接",例如易初莲花的"超市—基地/合作社"模式,物美集团的"供销合作社与超市联合直采"模式。

四、农产品流通的环节

农产品流通环节,是指农产品从生产领域向消费领域转移的过程中所经过的各个环节。农产品离开生产领域后,进入不同的流通渠道。农产品在这些流通渠道中,需要经过某些环节,逐步地向消费领域转移,才能完成其实体的转移和价值的实现。

农产品的流通,一般包括收购、销售、贮藏和运输四大环节。在流通过程中,这四大环节彼此存在内在的联系。在市场经济条件下,农产品空间位置的转移运动(运输和贮藏)总是以农产品所有权的转移(收购和销售)作为前提条件的。也就是说,农产品运输和贮藏总是随着农产品收购和销售工作的进行而发生的。因此,四大环节中,起主导作用的是收购和销售。然而,运输和贮藏也是不可缺少的条件,没有运输和贮藏,收购和销售很难进行。

有些农产品,还应包括加工这一重要环节。例如粮食,粮食部门收购的粮食基本上是原粮,而广大消费者购买的一般是成品粮,在原粮等级既定的情况下,成品粮质量取决于加工质量,加工对粮食流通影响很大。粮食通过加工还可以增值,提高粮食流通过程中的经济效益。

此外,农产品流通还有一些必要的辅助环节。从技术角度考虑,由于农产品是生物产品,许多农产品生产出来以后,常常要经过检验、整理、分级、包装等环节;有些农产品还必须经过必要处理,以延长保鲜期和防止病虫危害。

第二节 农产品价格形成和流通模式

一、农产品价格形成的基础与过程

(一)农产品价格的形成基础

价格是价值的货币表现。农产品的价值是农产品价格形成的基础。农产品价值由农业生产过程所消耗的生产资料的价值(C)、劳动者为维持和再生产劳动力所创造的价值即劳动报酬(V)以及劳动者为扩大再生产和为社会所创造的价值即盈利(M)三部分组成。农产品价值=$C+V+M$。其中,$C+V$构成农产品的生产成本,是农产品价值的基本部分,是农产品价格的最低界限。在正常情况下,农产品价格首先要保证农产品的生产成本得到补偿。马克思指出:"商品出售价格的最低界限,是由商品的成本价格规定的。如果商品以低于它的成本价格出售,生产资本中已经消耗的组成部分就不能全部由出售价格得到补偿。如果这个过程继续下去,预付资本价值就会消失。"农产品价格仅仅补偿农产品成本是不够的,还必须保证在补偿成本后有一定的盈利。只有农产品价格高于其成本,使农业生产有合理的盈利,才有利于改善农民的生活和实现农业扩大再生产。否则,农业积累和农民消费水平的提高就失去了物质基础。农产品价值中的盈利M包括税金和利润两部分。在通常情况下,农产品价格在体现以价值为基础时,应高于其成本与税金之和。

商品的价值量是由生产该种商品的社会必要劳动时间决定的。在工业生产中,社会必要劳动时间反映的是中等生产条件的企业生产某种产品的平均必要劳动时间。在农业生产中,土地是最基本的生产资料,而由于土地数量的有限性,为了满足社会对农产品日益增长的需要,不仅要把优等地和中等地投入生产,而且必须把劣等地也投入生产中去。但劣等地生产的农产品平均成本较高,为使经营劣等地的农业生产者所耗费的劳动也能得到补偿,并使其中多数生产者能够有利可图,在确定农产品的价格时,应当以经营劣等地的农业生产单位生产某种农产品的平均必要劳动时间,作为生产该种农产品的社会必要劳动时间,进而决定其价值,商品农产品的价格应以此为基础。所以,农产品价值是农产品价格的形成基础,而生产该农产品的劣等地的社会必要劳动时间则决定了农产品的价值。

(二)农产品价格的形成过程

农产品价格形成的基本过程是由供求决定的,它反映了农产品市场供给量和需求量的变化。当农产品供不应求时,农产品价格上涨;反之,供过于求,价格下跌。在理论上,个别需求曲线水平加总后,可以得到市场需求曲线,而个别供给曲线的水平加总则得到市场供给曲线。需求曲线反映出消费者的需求,而供给曲线则反映出生产者的动机。这两条曲线相互作用即形成了市场均衡价格,如图 8-1 所示。

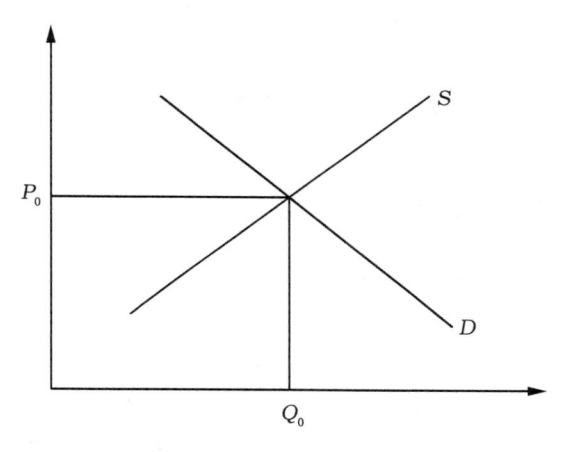

图 8-1　市场均衡

供给曲线与需求曲线的交点,即消费者需求的数量 Q_0 等于农产品的供给数量 Q_0。这种均衡发生于均衡价格 P_0 处。在均衡点上,所有农产品购买者都愿意以 P_0 的价格来购买他们想要的数量,而所有的市场供应者也都愿意以 P_0 的价格来销售如此数量的农产品。市场上没有短缺,也没有剩余,市场处于均衡状态。此时的 P_0 可以看成等式 $D(P)=S$ 的解。

用供给曲线与需求曲线可以说明农产品价格的变动。在图 8-2 中,供给曲线 S 与需求曲线 D 的交点 E_0 决定了原有的均衡价格 P_0 和均衡量 Q_0。假设由于实际收入的增加,消费者在相同的价格下,要消费更多的农产品,因此需求曲线从 D 移动到 D_1。影响需求曲线移动的,除了实际收入的增加以外,还有人口的增加、偏好的变化等。由于这种需求曲线的移动,使供给曲线与需求曲线的交点从 E_0 移动

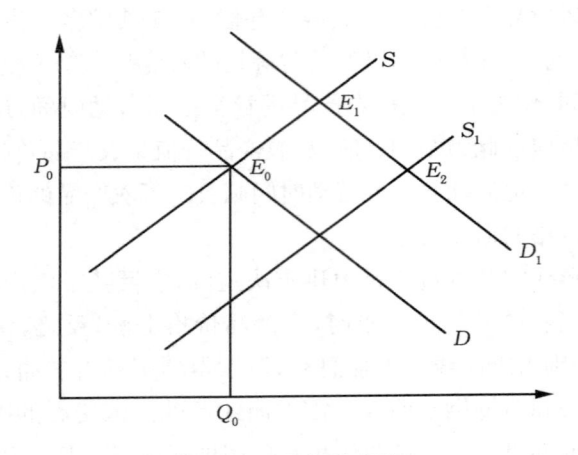

图 8-2 均衡的变动

到 E_1,均衡价格会上升。如果在此基础上,出现类似扩大种植面积等可以引起供给增加的因素,会使供给曲线从 S 向右下方移动至 S_1,供给曲线与需求曲线的交点从 E_1 移动到 E_2,均衡价格会下降。影响供给曲线与需求曲线移动的因素,最终都会影响到农产品市场的均衡价格。

二、农产品的比价和差价

(一)农产品比价及其变动规律

1. 农产品比价的分类

农产品比价是指同一时期、同一市场各种不同类别农产品价格之间的比率关系,通常以农产品收购价为标准价格进行比较。它直接影响着不同农产品生产者的收入,也同时影响到各种农产品的生产和交换。当一种农产品的价格相对于另一种农产品的价格上涨或下跌时,生产者会认识到应增加或减少此种产品的产量。主要的农产品比价有以下五种:

(1)粮食比价。特指不同种类粮食收购价格之间的比率关系,如小麦大米比价、小麦玉米比价等。

(2)粮食与经济作物比价。特指粮食与各种经济作物收购价格之间的比率关系,如粮棉比价、粮菜比价等。

(3)粮食与畜产品比价。特指粮食与各种畜产品收购价格之间的比率关系,如粮猪比价、粮蛋比价等。

(4)粮食与水产品比价。特指粮食与各种水产品收购价格之间的比率关系。

(5)粮食与土特产比价。特指粮食与各种土特产品收购价格之间的比率关系。

2. 农产品比价的计算

农产品比价的计算方法主要有两种：

(1)农产品单项比价。它是指一种农产品收购价格与另一种农产品收购价格之间的比率关系，计算公式为：农产品单项比价＝交换品收购价格/被交换品收购价格。例如，1985年每千克皮棉的平均收购价格为3.218元，每千克粮食为0.416元，则棉粮比价为3.218/0.416＝7.74。

(2)农产品综合比价。它是指某一类农产品收购价格与另一类农产品收购价格之间的比率关系，计算公式为：农产品综合比价＝交换品价格指数/被交换品价格指数。例如，以1978年为基期，1997年全国经济作物类收购价格指数为645.4，粮食类收购价格指数为674.7，经济作物与粮食作物的综合比价是645.4/674.7＝0.957。

3. 农产品比价的变动规律

农产品比价的变动一般具有以下两个规律：

(1)以不同农产品之间的价值量比率为基础，农产品之间的比价应该大体上反映农产品价值量之间的比率关系，也就是生产不同农产品所需的社会必要劳动时间的比率，应该使农民生产任何一种农产品除收回生产成本外，都能获得扩大再生产所必需的资金积累。

(2)农产品比价的变动以粮价为中心，其他农产品的价格与粮食价格之间经常保持着适当的比率。这主要是由于粮食是人们最重要、最基本的生活资料，粮食生产和购销在农产品总量中占有很大比重，合理而稳定的粮食价格是使整个农产品市场价格趋于合理而稳定的关键。

(二)农产品差价的种类及其形成的理论基础

农产品差价是指同一种农产品在流通过程中，由于地区、季节、质量和流通环节等的不同而形成的价格的差额，包括地区差价、季节差价、质量差价、购销差价、批零差价。各种农产品差价关系到生产者、经营者、消费者三方面的利益，合理的差价对于正确处理各方面的经济利益、促进生产和流通的顺利发展、稳定市场物价和安定人民生活具有重要意义。

1. 地区差价

地区差价是指同一时间同种农产品在不同地区之间的价格差额。地区差价包括地区收购差价和地区销售差价。前者是由于农产品各产地的条件不同，从而引起单位农产品生产成本不同造成的；后者是由于农产品各产地距离销售市场远近不同、流通费用不同造成的。地区差价的计算公式为：

(1)已知产销两地销售价格或收购价格：

地区收购差价＝集散地收购价格－产地收购价格

地区销售差价＝销地批发(或零售)价格－产地批发(或零售)价格

(2) 已知产地批发价格，未知销地批发价格：

农产品销售地区差价＝进货成本×(1＋商品在途天数×日利息率)/
[(1－损耗率)×(1－经营管理费率－利润率)]－产地批发价格

例如，A 地生产的生猪运到 B 地销售，A 地的批发价为 4.00 元/千克，路途运输 2 天，损耗率为 1%。已知进货时各项成本相加后，进货成本为 4.40 元/千克，日利息率为 0.2‰，经营管理费率为 0.1‰，利润率为 4%。利用上述公式可得该批生猪的地区差价为 0.632 元/千克。

2. 季节差价

季节差价是指同种农产品在同一市场内不同季节存在的价格差额。季节差价主要由两方面原因造成：一方面，同种农产品在不同季节的生产费用和产量不同，导致单位农产品的生产成本不同，从而产生季节差价；另一方面，由于农产品生产的季节性和消费的常年性，从生产到消费之间需要进行农产品的储存，储存过程的费用和自然损耗要通过季节差价得到补偿。合理的季节差价能够促使农业生产者和商业部门增加淡季的供应，在旺季增加储存，从而使市场供求更好地保持平衡。季节差价的计算有以下两种方法。

(1) 成本法。以旺季最低价格为基价，加上季节储存费用和利润，计算季节差价。计算公式为：

某季节价格＝(基价＋储存费用＋利润)/(1－损耗率)±季节盈亏

季节差价＝某季节价格－基价

(2) 比较法。先收集、整理某种农产品历史上若干年中各个季节的平均价格，以其最低价格为历史基价，并求出各季节的平均价格与历史基价的百分比，即为该产品历史上各季节的差价率，然后以该产品当年在旺季的最低价格为基价，参考历史上的季节差价率，确定当年各季节差价。计算公式为：

某季节差价＝基价×(1±季节差价率)

3. 质量差价

质量差价是指同种农产品在同一时间、同一市场，因质量不同而形成的价格差额。产生质量差价的原因是多方面的，如生产农产品的自然条件优劣不同、用于生产商品的劳动复杂程度与技术水平不同、投入生产过程的物质资料或活劳动质量不同等。实行质量差价有利于刺激农民积极采用新技术，推广优良品种，从而提高产品质量，更好地满足消费者的需要。农产品质量差价的具体表现形式很多，主要有品质差价、品种差价、规格差价、等级差价、鲜度差价、死活差价、包装差价、品牌差价等。其计算有以下三种方法。

(1) 质量比率法，指非标准品价格占标准品价格的百分比。

质量比率＝非标准品价格/标准品价格×100%

$$质量差价=标准品价格×质量比率-标准品价格$$

(2)质量差率法,指非标准品价格与标准品价格之间的差额占标准品价格的百分比。

$$质量差率=(非标准品价格-标准品价格)/标准品价格×100\%$$
$$质量差价=标准品价格×(1±质量差率)-标准品价格$$

(3)质量差额法,指非标准品价格高于或低于标准品价格的差额。

$$质量差价=非标准品价格-标准品价格$$

4. 购销差价

购销差价是指商业流通部门在农民处收购和在消费者处销售某种农产品的价格差额。购销差价是由商业部门的合理费用、利润和税金所组成的,体现着农产品生产者、商业经营者和消费者三者之间的利益关系。正确处理购销差价,有利于促进农业生产的发展、扩大商品的流通。购销差价的计算公式为:

(1)已知收购价格和销售价格:

$$购销差价=批发价格(或零售价格)-收购价格$$
$$购销差率=购销差价/收购价格×100\%$$

(2)已知收购价格,未知销售价格:

$$购销差价=(收购价格+直接费用)×(1+合理周转天数×日利息率)/$$
$$[(1-损耗率)×(1-经营管理费率-利润率-税率)]-收购价格$$

例如,四川的生猪在产地的收购价格为 4.00 元/千克,路途运输 2 天,损耗率为 3%。已知直接费用为 0.40 元/千克,日利息率为 0.2‰,经营管理费率为 0.1‰,利润率为 5%,税率为 3%。利用上述公式可得生猪的购销差价为 0.934 元/千克。

(3)已知购销差率:

$$购销差价=收购价格×(1+购销差率)-收购价格$$

5. 批零差价

批零差价是指同一种农产品,在同一市场、同一时间内的营销过程中,批发价格与零售价格之间的差额。批零差价由零售商的合理费用、利润和税金所组成。

(1)已知零售价格和批发价格:

$$批零差价=零售价格-批发价格$$

(2)已知批发价格,未知零售价格:

$$批零差价=进货成本×(1+周转天数×日利息率)/$$
$$[(1-损耗率)×(1-零售税率-管理费率-利润率)]-批发价格$$

(3)已知批零差价率:

$$批零差价=批发价格×批零差价率$$

例如，从产地进 5 吨大白菜到销售地销售，产地批发价为 0.40 元/千克，路途运输 2 天，损耗率为 20%。已知进货时各项成本相加后，进货成本为 0.5 元/千克，日利息率为 0.2‰，零售税率为 3%，管理费率为 0.1‰，利润率为 4%。利用上述公式可得这 5 吨大白菜批零差价为 0.272 元/千克，同时可得批零差价率为 68.10%。

三、农产品流通效率及评价指标

(一)农产品流通效率的界定

一般认为，农产品流通效率是指整个农产品流通体系的效率，可以通过农产品流通过程中的流通产出与流通支出的比值来衡量。其中，农产品流通产出是农产品各流通环节附加价值的总和，流通支出包括农产品流通过程中发生的流通费用及交易费用。根据上述定义，提高流通效率的方式有两种：一是既定流通产出下的流通支出最小化；二是既定流通支出下的流通产出最大化。通常情况下，流通产出与流通支出呈正相关关系。由于农产品流通经历环节较多，物质形态改变较大，加上政府部门尚未建立全国范围内的农产品流通方面的准确数据统计资料，造成农产品流通过程中产出与支出的具体数据难以获知。所以，农产品流通效率很难以单一标准加以衡量，而要从不同角度选取一组指标进行综合评价。

(二)农产品流通效率评价指标构成

考虑到评价指标数据来源的可能性与可靠性、指标体系内在的逻辑关系以及农产品的物理特性，选取以下七组指标作为评价农产品流通效率的指标体系。

1. 市场整合度

在中国，农产品流通从生产者到最终消费者都要经过生产、收购、加工、批发、零售等某几个环节或所有环节，在每个环节上，农产品的交易都是以市场或企业为载体的。判断农产品流通效率高低的首要标准是农产品流通过程中的不同环节或同一环节的不同市场间，其联系的紧密程度如何。较高的市场整合程度是市场高效率的必要条件。一般来说，整合程度越高，市场机制的作用越强，资源和商品的流通性越充分，资源最佳配置和商品的最优分配就越容易实现，从而农产品流通的效率也就越高。

市场整合总共有四大类，分别是不同市场的空间整合、不同营销阶段的整合、不同时间的整合、不同商品之间的整合。对于农产品市场整合度的评价，可以根据不同农产品流通的特性以及所掌握的数据情况，选取不同类型的市场整合指标进行计算，从而来评价农产品流通效率的高低。在此基础上，根据市场整合的测算结果，从不同角度探寻影响市场整合的相关因素，这些因素同样是影响农产品流通效率高低的因素。所以，通过分析市场整合度，可以评价农产品流通效率的高低，同时还可以分析影响农产品流通效率的因素,为提高农产品流通效率提供相关依据。

2. 市场集中度

市场整合度衡量的是农产品流通过程中各市场间联系的紧密程度如何,下一步就要针对各个市场,分析各市场内部的运行效率如何。按照西方经济学的观点,市场结构与市场效率之间有着密切的关系。

现代产业组织理论的哈佛学派构造了"市场结构—市场行为—市场绩效"的分析框架,简称 SCP 框架。该学派认为,结构、行为、绩效之间存在因果关系,即市场结构决定企业行为,而企业行为又决定市场运行的经济绩效。在一个部门内部,市场的集中程度越高,市场越低效,但规模效益显著的部门除外。有效的产业组织政策首先应该着眼于形成和维护有效竞争的市场结构,他们主张对经济生活中的垄断和寡占采取规制政策。而现代产业组织理论的芝加哥学派认为,判断市场效率的标准,不应像结构主义者那样只注重是否损害了竞争,而应当看最终市场效率的结果,只要最终的市场绩效是良好的,不管市场中是否存在垄断或高度寡占,政府都没必要干预市场。政府规制的重点应当放在对卡特尔等企业间的价格协调行为和市场分配行为实行禁止和控制。

3. 技术效率

对于市场中的每一个经营主体,都有各自的生产函数。每个生产函数在技术水平既定和投入水平既定的情况下,都有自己的一个生产可能性边界。但是,由于受社会、经济、人口学特征等因素的影响,每个经营主体的实际产出都有可能在生产可能性边界之下,这就造成了经营主体在现有投入水平下的效率损失。技术效率是用来衡量一个经营主体在等量要素投入条件下,其实际观察到的产出离最大产出的距离,距离越大,则技术效率越低。通过计算农产品流通市场中各经营主体的技术效率的高低,来判断目前各经营主体是否已经达到其技术前沿,如果还没有达到,可以分析究竟哪些因素影响了各流通主体的技术效率,从而采取相应的政策措施来降低市场中各经营主体的效率损失。

4. 消费者满意度

农产品流通的最终目的是满足消费者的需求,农产品流通过程中创造的价值要经过消费者的检验,才能变成有效的产出。通过计算消费者满意度,从消费者的角度来衡量农产品流通过程中创造的价值大小。一般来说,消费者满意度越高,意味着消费者用既定的支出获取的效用越高,效用越高,意味着消费者感受到的服务越多,从而有更多的流通服务被接受,这样农产品的流通效率就越高;反之则反是。消费者满意度是对农产品的价格、质量、卫生、购买环境、购买方便程度、服务等的一个综合评价,是对农产品流通产出的一个综合衡量。随着人们生活水平的提高,消费者对商品的质量与服务越来越关注,而商品的质量、服务等指标却很难从产出的角度来计量,消费者满意度这一指标可以较好地解决这一问题。在计算消费者满意度的过程中,同样可以分析影响消费者满意度大小的相关因素,从而为提高农产品流通效率提供相应的对策。

5. 流通差价

前面的市场集中度、技术效率、消费者满意度这三个指标实际上都是从产出的角度对流通效率进行评价的。接下来就要从成本的角度对农产品流通效率进行分析。从消费者的角度来看,农产品的流通费用即消费者最终支付的价格与农产品最初购进价格的差额。这个差额包括流通中各环节发生的运输、加工、保存、包装等实际发生的流通费用,以及各环节的市场主体获取的正常利润。消费者购买相同质量的农产品,如果流通差价越高,则农产品的流通效率越低。导致流通差价高的原因或许是流通的环节过多,导致流通费用增加;或许是流通经营主体拥有垄断势力,利润过高。因此,要对流通差价进行分解,分析流通差价的结构,计算各个环节具体发生的各项费用组成,及经销商获取的正常利润占流通差价比重的大小,以此找出影响农产品流通效率的因素。同时,通过分析农产品流通差价的结构,还可以比较不同流通渠道流通差价的异同,从而可以比较不同流通渠道的流通效率的高低。

6. 农产品的交易费用

农产品的流通成本,除了包括前面的农产品流通费用,还包括农产品的交易费用。农产品的交易费用具体包括:农产品经销商进行市场调查和信息收集、处理的费用,确定价格时的讨价还价费用,签订交易合同的费用,对交易合同进行监督和贯彻的费用等。对农产品交易费用的统计同样是十分困难的,正规的统计渠道没有这方面的统计,这就给衡量农产品交易费用的高低带来了更大的困难。因此,只能从定性的角度分析有哪些因素影响了农产品交易费用的大小,从而间接说明对农产品流通效率影响的大小。

7. 流通时间

从农产品物流角度看,效率体现在用尽可能少的时间实现商品的空间位移和在不同所有者(或不同经济主体之间)的转移。对于易腐和易受污染的农产品尤为如此。所以,评价农产品流通效率一个很重要的指标就是农产品流通时间的长短。农产品流通时间包括从收购、运输、加工到批发、零售整个过程所需的时间。一般认为,在某一特定的流通渠道,流通时间越短,流通效率越高。

(三)农产品流通效率评价方法

基于效率评价方法,可用于农产品流通效应评价的方法一般包括:因子分析法、层次分析法、传统生产函数法、产出距离函数法等。各方法有各自的适用条件和特点,应具体情况具体分析。以目前较为常用的产出距离函数法为例,其过程主要是测算农产品流通的 Malmquist 生产率指数,并对该指数进行分解,从而衡量农产品流通效率。Malmquist 生产率指数建立在距离函数基础上,具体而言:

对于投入 x 和产出 y,定义 t 期的生产可能集 S^t 为投入 x 所能得到的任意可能的 y。显然,S^t 是所有在 t 期可行的投入和产出组合构成。在 S^t 上,可以定义距离函数,其中 s 期的生产活动 (x^s, y^s) 相对于 t 期生产可能集 S^t 的产出距离函数定义为:

$$D_o^t(x^s, y^s) = \inf\{\theta \mid (x^s, y^s/\theta) \in S^t\} = (\sup\{z \mid (x^s, zy^s) \in S^t\})$$

其中,下标 o 表示距离函数是基于产出定义的。在 t 期生产技术条件下,从 t 期到 $t+1$ 期的 Malmquist 生产率指数定义为:

$$M^t = D_o^t(x^{t+1}, y^{t+1})/D_o^t(x^t, y^t)$$

同样,在 $t+1$ 期生产技术条件下,从 t 期到 $t+1$ 期的 Malmquist 生产率指数定义为:

$$M^{t+1} = D_o^{t+1}(x^{t+1}, y^{t+1})/D_o^{t+1}(x^t, y^t)$$

接下来,定义从 t 期到 $t+1$ 期的 Malmquist 生产率指数:

$$M_o(x^{t+1}, y^{t+1}, x^t, y^t) = (M^t M^{t+1})^{1/2}$$

该指数度量了决策单元在 t 期至 $t+1$ 期整体生产率的变化程度。在实际测算中,结合数据可得性,一般可选择各地区农产品流通数量作为产出指标(各地区主要农产品人均占有量,包括粮、油、肉类和水产品等),选择农村农产品流通相关资本存量(各地区全社会固定资产投资中与农产品流通相关的批发和零售业,交通运输、仓储和邮政业数值加总表示)和农产品流通相关人力资本投入量(流通业中与农产品流通相关的铁路、公路运输业以及装卸搬运和其他运输服务业从业人员数加总而成)作为投入指标,进而可测算出农产品流通效率,并可以进一步分解出农产品流通纯技术效率的变化和规模效率的变化。

四、农产品流通的主要模式

目前,我国农产品流通市场形成了以农户、农民合作社、农产品加工企业以及经销商为主要流通主体,以农贸市场和批发市场为载体的格局。这是经历多年的市场化变革由计划调节下的统购统销模式演化而来的。现阶段,我国共存的几种农产品流通模式如下:

模式一:农户+(收购小贩)+批发商+零售终端。

这种模式存在两种情况:一是存在小贩。在中国的广大农村地区,正常都是农民将农产品收割之后就直接卖给小贩,小贩将收购的农产品再转卖给下一级批发商,批发商再转卖给零售商,结束农产品流通。这种模式的特点是,由于渠道单一,容易造成农民对小贩的极度依赖。二是不存在小贩。这种模式的前提条件是某种农产品大片集中种植在某个区域,由于这种规模种植可以形成规模经济,农户可以以较低的成本进入市场直接与批发商进行交易。这种模式的特点是,农户与批发商的交易是一次性的,双方只是寻求当次交易的利益最大化。

模式二:农户+龙头企业+(批发商)+零售终端。

这种流通模式的关键在于农户与龙头企业之间的关系。根据双方签订的合同,农户按照合同中相应的产品质量标准生产既定数量和种类的农产品,而龙头企业则兼司收购、加工以及销售工作,将收购来的农产品进行深加工,提高农产品的附加值,然后转卖给下级的批发商和零售商来完成流通,这种流通操作被称为"订单农业"。该模式的优点在于:首先,通过合同将农户和龙头企业进行绑定,这样可以使农户和龙头企业共同承担市场压力,使农户利益得到保障。其次,与第一种流通模式相比,该种模式更能优化农产品流通,既维持了农产品的独立性与自主性,又节省了信息搜寻的成本。同时,该模式也存在着一些缺点,如农户与企业之间的契约关系比较脆弱。

模式三:农户+农民合作社+龙头企业+(批发商)+零售终端。

这种模式是在农户与龙头企业之间加上了农民合作社,其实它是对模式二的矫正与完善。这种模式与模式二进行比较,就是农户与龙头企业不再有直接关联,农民合作社成为两者之间的纽带和桥梁。合作社将散落的农户集中起来,根据订单要求组织生产,对农户的产品进行统一收购,然后统一组织销售。这种模式的优点:首先,农民合作社代替散落的农户与龙头企业进行交易可以节省磋商的时间,并且相对稳固的关系可以使流通渠道更加流畅。其次,合作社相对于散落的农户有更强的谈判能力,因此可以为农户争取更多的利益。这种模式的优点与带给农户的好处是毋庸置疑的,但农民合作社在我国尚处于初级阶段,运作起来并不熟练,缺乏规范性,因此要加强培育优秀的农民合作社。

模式四:农户(农业合作社)+零售终端(超市)。

这种流通方式称作"农超对接",是我国近年来重点鼓励的农产品流通模式。此种模式的特点:以超市为代表的零售终端与代表农户的农民合作社没有任何其他中间环节,二者以直供和直采的形式对接农产品。超市凭借其自身资金、管理、技术等方面的优势参与农产品的生产、加工与流通过程,并以其信息、技术、物流等为农业提供一条龙服务,使农户与市场之间无需流通组织也能有效连接,达到缩减流通环节、降低流通成本的目的。这种模式的优点主要体现在:第一,最大限度地缩短供应链的长度,降低流通过程的消耗和成本,并且超市对农产品流通过程进行监控,充分地保障了产品的质量。第二,从农户的角度来看,很大程度地降低了市场的不确定性对农户生产的影响,从而避免了农户的盲目生产。第三,从超市的角度来看,省去的中间流通环节,节省了流通成本,这样就降低了产品的价格,提高了零售行业的产品竞争力。第四,从消费者的角度来看,产品价格的降低使消费者获得最大福利。

近年来,随着互联网的迅猛发展,农产品流通出现了新的模式。特别是涉农电商发展势头迅猛。据商务大数据监测,2023 年,全国农村网络零售额达 2.5 万亿元,比 2014 年增长近 13 倍;全国农产品网络零售额达 5 870.3 亿元,同比增长12.5%。电子商务的引入对农产品的流通来说带来了三大方面的优势。

第一,电子商务有利于削减过多的农产品流通中介环节,缩短产品流通链。长期以来传统中介组织致力于将规模小、经营分散、自销能力弱的生产农户组织起来进入市场,增强农户的市场竞争力,降低经营风险,而通过电子商务平台可以使生产者直接与消费者进行交流,迅速地了解市场信息,自主地进行交易。其信息获取能力、产品自销能力和风险抵御能力相较于传统中介大大加强。同时通过电子商务,选择和保留附加值高的流通环节,合并或去除附加值低的渠道。例如,在农产品流通领域中,批发市场因规模大,商品集散、价格形成及供需调节功能强,附加值较大;而产销地的中间商规模较小,信息传递、产品集散、价格调节功能较弱,附加值较小。因此,可以鼓励以传统的农产品批发市场为现实载体,去除中间商环节,构建新型的电子商务流通链,即生产者—电子批发市场—(网上)零售商—消费者,减少农产品流通环节,加速商品和信息的流动,以达到提高农产品流通效率的目的。

第二,电子商务有利于降低农产品的流通成本。通过电子商务可以减少农产品流通环节,缩短流通链。这不仅能降低农产品流通的运输保鲜成本和时间成本,也能节约交易中介的运营费用及抽取的利润。另外,通过电子商务平台,生产者能直接、迅速、准确地了解市场需求,生产出适销、适量的农产品,避免因产品过剩而导致超额的运输、储藏、加工及损耗成本。再者,以电子商务中介代替传统中介能节约包括信息搜寻成本、摊位费、产品陈列费用、询价议价成本等在内的交易成本和因信息不通畅而带来的风险成本。

第三,电子商务有利于健全农产品市场机制和功能。

一是有利于健全市场价格机制。市场分割、信息不对称、缺乏充分竞争的市场环境是农产品价格不稳定的主导因素。通过电子商务网络平台,各地的农产品批发市场能相互连通,形成全国性的农产品流通大市场。另外,农产品虚拟市场可以容纳大量的交易者,减少人工成本和人为干预,让每个交易者都享有平等的信息获取和交易机会,保证了市场高度的透明性和公平性。电子商务可以构建规模大、信息流畅、透明度高、竞争充分的全国农产品统一市场,建立反应灵敏、健全有效的公平价格形成机制。

二是有利于改进市场交易方式。高成本、低效率的对手交易已难以适应农产品流通发展的要求,市场需要更加先进、高效的交易方式,而电子商务的自动化和空间可扩展性为交易方式提供了新的发展空间。如通过电子商务拍卖平台,大量分布广泛的交易者可以进行网上零距离的沟通和交易,构成充分竞争的市场环境。同时,虚拟拍卖市场能提供从拍卖申请、招标竞价、电子支付、配送服务等一条龙的自动化服务,既提高了交易效率,又减少了人为因素的干扰,保证了市场的公开、公正、公平。

三是有利于完善市场的信息服务功能。我国已建立和开发了许多农业信息服务系统,主要从各农产品市场中获取最新的信息,进行筛选、加工、处理,以此作为服务后台,提供原始的或经过分析处理的有用信息。而电子商务网站可作为信息发布前台,将各类信息进行整合、发布,并与其他农产品市场进行信息联网,使用户能从同一平台上获得即时、全面、有价值的信息。另外,电子商务网站还能提供各类信息增值服务,如信息的搜索、查询、同类产品销量、价格等的汇总、比较等,帮助用户减少信息搜寻成本,提高信息利用率,满足用户的多样化需求。

第三节　农产品市场流通现状

一、我国农产品流通体制的演进

(一)1949—1952 年:国家干预下的市场调节

1949—1952 年是我国国民经济恢复时期。新中国成立初期,国内经济中存在多种经济成分,农业生产基本上是个体农民自主生产,农产品实行国家干预下的市场调节体制。新中国成立后,由于长期战争造成的城乡分隔、交通运输破坏等原因,城乡之间、地区之间的商品流通受到严重阻滞。1950 年,由于农业恢复较快,农产品产量增加,而城市因为"统一财经"造成暂时的需求不足,扩大工农产品的交流、提高农民的购买力,就成为促进工农业生产恢复发展的关键措施。为了保证国内包括农产品贸易在内的商品交易有序进行,中央人民政府贸易部于 1950 年 11 月发出《关于取缔投机商业的几项指示》,要求各地对"不在各该当地人民政府规定之交易市场内交易者、故意抬高价格抢购物资或出售物资及散布谣言,刺激人心,致引物价波动者"等予以坚决打击,以保障"在国家统一的经济计划内实行贸易自由政策"。

1951 年 3 月,中共中央发出《关于召开土产会议推销土产的指示》,指出"推销大量的商品粮食、经济作物、出口物资和占农业收入很大比重的农副产品,就成为目前广大农民最迫切的要求"。为了进一步扩大农产品在城乡之间、地区之间的流通,1952 年 11 月 12 日,《中共中央关于调整商业的指示》中指出,"为了保障人民利益,畅通城乡交流,为了提高私营经济的积极性,除了合理调整价格和适当划分经营范围之外,还应取消各地对私商的各种不当的限制,禁止各地交易所的独占垄断行为"。"中央商业部对于各种农业副产物,应固定适当的比价。"根据上述相关精神,国家加强对工农产品比价、不同农产品之间的比价的调控,以实施国家农业生产计划。在国家的干预下,工农业产品"剪刀差"缩小了,自1950年到1952年底,农产品采购价格提高了21.6%,农村工业品零售价格提高了9.7%。工农产品比价平均指数以1950年为100,1952年降为90.3。国家采取行政干预经济在当时是必要的,维护了市场的稳定,也调动了农民生产的积极性。我国粮食产量由1949年的11 318万吨增长到1952年的16 392万吨。其他农作物,如麻、烟等的种植面积逐年扩大,产量也不断提高。

(二)1953—1977年:统一计划购销

从1953年开始,农产品出现供需紧张。为控制这一局面,保障基本的生产、生活需要,我国农产品开始实行统购统销的流通体系。到1956年,国家出台了一系列政策,实现了对粮食的统购统销、对棉花的计划控制,农业的发展开始纳入国家计划经济的轨道。1957年,国务院进一步指出,凡属国家规定计划收购的农产品,全部由国家计划收购。其后,农产品基本上都由国营商业独家收购。1961年,中共中央文件又提出了三种收购政策,即第一类物资(粮食、食油、棉花)实行统购统销政策;第二类物资(其他重要农产品)实行合同派购政策;第三类物资(统购派购以外的农副产品)实行议价政策。这一时期基本上采用了农产品计划供应的方式,将农产品流通直接纳入国民经济计划,实质上否定了农产品的商品交换性质,农产品基本上不存在随行就市的自由交易。

(三)1978—1984年:过渡时期

统购统销政策是粮食供求紧张、国家需要在农村取得大量工业化积累等历史条件下的产物。1978—1984年是我国由计划调节向与市场调节相结合的过渡时期,随着家庭联产承包责任制的实施、人民公社制度的解体,农产品流通体制也开始突破传统的计划经济体制。根据党的十一届三中全会的决定,从1979年起国务院及有关部门对农产品统购派购的范围和品种进行了重新规定。在这一阶段,国家逐步减少了统购统销和限售的品种和数量,缩小了国家收购农产品的范围。到1984年年底,属于统购派购的农产品由过去最多时的180多种减少到只剩下38种,统购派购的范围大大缩小。除棉花外,其他农产品在完成政府收购任务后,根据市场供求实行议购议销。在过渡时期,由于政策的放宽,农民生产积极性提高,剩余农产品大量出现,农村集贸市场和传统农副产品市场也得到恢复和发展,成交金额增长迅速。

(四) 1985—1997 年：双轨制时期

这一阶段废除了传统的农产品统购统销制度，逐步建立起农产品市场调节机制，合同定购与市场收购两种交易方式并存。统购统销制使生产、消费、需求相脱节，损害了农民的利益。1984 年的粮食大丰收，使国家陷入购不起、销不动、调不出的困境。因此，在 1985—1991 年期间，我国农产品流通领域开始实行合同定购与市场收购的"双轨制"方式，农产品流通体制的市场化改革进程大大加快。1992—1993 年，农产品购销走出"双轨制"，进入全面市场化的阶段。经过 10 多年的改革，粮食等农产品统购统销体制已经结束，适应市场经济要求的购销体制正式形成。但在 1994—1997 年，农产品流通又回归"双轨制"模式。国家放开粮食购销体制后，以市场化为目标的农产品流通体制改革却并未顺利付诸实施，并由此导致了粮食供需缺口的扩大，引发粮价大幅上涨。为保持社会稳定，国家再度强化了对市场的介入。在棉花的购销中，继续不放开经营、不放开市场、不放开价格，实行国家统一定价，由供销社统一经营。

(五) 1998 年至今：深化改革时期

深化农产品流通体制改革是解决"三农"问题的重要突破口。从 1998 年开始，我国农产品流通体制进入全面改革时期。《关于进一步深化粮食流通体制改革的意见》《粮食流通管理条例》《国务院关于进一步深化粮食流通体制改革的意见》及《关于进一步深化棉花流通体制的意见》等文件的出台说明，这一时期的农产品流通体制改革的重点是在粮食领域，粮食以外的各类农产品流通的市场化改革进程都得到了持续的推进，并逐渐形成了较为稳定的市场化流通秩序。虽然也有流通不畅的情况发生，但主要是局部的结构性问题，只有粮食流通在市场和计划取向上出现了反复，其间存在的问题呈现出典型的体制内生性，使粮食体制改革陷入两难境地。因此，1998 年以后，粮食流通体制改革成为农产品流通体制改革的主要内容。此外，2022 年 4 月，中共中央、国务院发布的《关于加快建设全国统一大市场的意见》从宏观和政策视角构建了全国统一大市场的行动纲领。2022 年 10 月，党的二十大报告再次强调"构建全国统一大市场"。建设全国统一大市场已成为我国今后一个时期重大的战略谋划和政策部署。作为全国统一大市场重要组成部分的全国统一农产品大市场应该怎样高质量地构建，是亟待回答的问题。

纵观农产品流通体制改革的政策变迁路径，作为资源配置基础性手段的"计划"和"市场"的地位，发生了此消彼长的变化，即计划经济逐步退出，市场经济逐步占据主导地位。在传统的农产品流通体制购销框架中，我国农产品购销主要采取三种形式：统购、派购和议购。其中，统购和派购均属于指令性计划。随着改革的不断发展，三种形式发生了重大变化。先是松动过死的传统统购体制，接着废除了农产品统购和派购制度，绝大多数农产品采取议购方式。伴随着农产品购销改革的步伐,国家逐步出台了各种政策性法规和文件,来推动农产品市场的形成和发展。

二、我国农产品市场流通现状与存在的问题

(一)信息不对称,盲目跟风

农产品的结构性、季节性、区域性过剩,是农产品市场存在的普遍性问题。究其原因,是由于农产品结构调整滞后,生产、技术、加工、流通信息不灵,农产品流通的网点、规模、设施等与农产品市场的发展需求极不相称,适应农村市场商品流通的体系不健全所致。市场信息的形成机制和信息传播手段的落后,使农户缺少市场信息的指导。这样,生产就很难适应需求的变化,农产品面临严峻的市场问题,也就必然导致农业增产不能增收。

(二)农产品流通基础设施薄弱

农产品流通基础设施总量不足、装备落后,在大中城市要稍微好些,而在广大农村地区,包括县、乡,农产品流通基础设施大多简陋陈旧,流通辅助设施建设滞后,存在农产品流通"最先一千米"短板,主要表现为储藏条件差、能力低。过去,我国农产品十分短缺,仓储设施的建设较少,随着农业生产的迅速发展,农产品出现大量的剩余,这就要通过储藏等方式进行吞吐,调节市场的供应,以缓解农产品的季节性矛盾。但是,由于没有相应的投资以及缺乏引导和管理,我国的农产品储藏设施的建设处于盲目无序的状态。此外,我国农产品批发市场大部分没有信息服务。由于缺乏交易信息有效采集及信息化处理,有的农产品批发市场价格形成的功能较差,市场公开竞价机制几乎不存在。

(三)农产品交易市场不规范,方式单一

农产品流通主体发育缓慢。现在传统的方式主要是一对一式的现货交易,多数企业与农户之间是买断关系,订单农业履约率不高,农民受益有限。农民流通合作经济组织化程度和市场覆盖率低,一家一户的农民进入流通领域如同散兵游勇,各自为战,难以适应市场变化。现代化的大宗农产品交易市场不普及,期货交易、远期合约交易形式更少。这种状况造成交易市场运作的效率很低。

(四)农产品营销观念和手段落后

我国农民虽然在生产方面已经努力地去适应市场的需要,但在销售方面显然与市场经济的要求相去甚远,关键在于他们还不能"走出去",主动地选择最有利的市场去销售,而是被动地等待市场的选择。目前,农民自己的经销组织较少,这样,农民不仅会失去大量的商业利润,而且增加了农产品的运销成本,使一些在产地价格较低的农产品进入销售地以后价格较高,同时也会发生区域性的供求矛盾。就农产品的营销手段而言,目前是比较落后的。譬如,对手交易等传统方式应用较

多，连锁经营、拍卖、代理、电子商务等现代销售手段应用较少。信息网络不健全，缺乏国家统一规划设计的信息系统，在农户到零售终端的流通环节也缺少有效的信息采集、整理和发布，获取信息渠道单一，使得信息不对称、不通畅、滞后、失真等问题较为突出。

(五)现行法规标准尚不完善

与发达国家相比，我国农产品流通缺乏健全的法律法规作为指导。农产品批发市场是我国农产品流通的主渠道，但目前尚无"批发市场法"，在布局规划、市场准入、交易秩序、政策促进等方面没有专门规定。个别地方借设立市场炒作地产，收取较高摊位费和交易手续费，在市场内进行不正当竞争，严重干扰了正常的农产品流通秩序。而政府部门缺乏执法依据和整治手段，执法难度较大。此外，我国农产品购销、储运、交易规程等方面的标准体系不完善，标准数量少，量化程度低，不利于农户按照标准进行集约化生产和流通，降低了农产品附加值和商品化率，阻碍了电子商务、订单农业、期货交易、拍卖交易等经营活动的开展。

三、现代农产品流通体系的架构

农产品流通体系架构是从整个农产品流通的角度，包括生产、加工、运输、销售、消费，来研究农户与农产品流通中介组织、农产品流通中介组织与市场、市场与消费需求之间的关系。

(一)建立国内外一体化的农产品市场

这是指建立一个国内市场和国际市场接轨的农产品市场。国内外一体化的农产品市场的主要内涵是：国际市场的价格机制、竞争机制、供求机制顺畅地传递到国内；按照市场规律、遵循国际贸易准则，参与国际分工和贸易；按照国际贸易规范培育、开放市场，促进农产品贸易自由化。

(二)培育农业生产经营主体和农产品流通主体

培育农业生产经营主体就是加快发展农业龙头企业，组织带动农户推进农业产业化经营；鼓励和扶持农民合作经济组织的发展，促进农业经济组织创新，以合作经营、租赁、服务等方式与家庭农场、专业合作社、农业企业等各类经营主体建立产业联合体，实现产销合作分工。国有内外贸企业和供销合作社仍是重要的农产品流通主体，要引导它们和农民建立多种形式的联合与合作，形成利益共同体，以保持和占有一定的市场份额。

(三)做大做强农业流通贸易龙头企业

凭借龙头企业自身强大的经济技术实力、庞大的营销网络、方便快捷的信息系统，依靠对市场的超前预测与把握，依托品牌优势，主动出击寻找国内外订单。然后，或建立农产品生产基地，进行规模生产；或以"订单形式"与农民签订合同，派出技术人员组织指导农民按照国际公认的标准进行生产,并对质量实施全程监控。

(四)完善农产品市场信息体系

农产品流通在其运行过程中具有环节众多、信息量大的特点。要充分利用现代信息技术,推进农产品流通信息工程建设,积极创新农产品交易渠道和方式。譬如,发展农产品电子商务,与物流配套开展农产品线上线下流通;构建食品安全保障体系,建立农产品质量安全追溯平台和制度;构建现代化农产品供应链,建立产销利益相联结的农产品流通渠道;等等。

(五)加大财政支持力度

政府的支持、服务、监督与调控作用对建立现代农产品流通体系十分重要。加大对农产品流通设施建设的支持力度,把农产品流通设施作为社会基础设施,并且作为公益事业来发展,采取相应的政策予以扶持;为农产品流通改革与发展提供良好的法律环境,建立规范化的市场监管机制;发布国内外农产品市场动态,为企业、农户提供准确信息,并为农产品出口的市场准入创造条件。

第四节　WTO 与农产品贸易

世界农产品贸易长期以来一直是作为特例游离于关贸总协定多边贸易体制的管理之外,不受多边贸易规则的约束。乌拉圭回合多边贸易谈判的重要成果之一就是首次将农产品贸易全面纳入世界多边贸易体制的有效管理中。乌拉圭回合有关农产品贸易达成的多边协议及其各成员的减让承诺构成了世界贸易组织农产品贸易框架的核心内容,它既是各成员农产品贸易必须遵循的纪律和规则,也是各成员改革农产品贸易政策的一个现实方案,同时还是新一轮农业多边贸易谈判的基础。

一、《关贸总协定》关于农产品贸易方面的规定

农业不仅是一个经济产业,更是一个政治命题。为保护农业生产者的利益,很多国家都对农业实施了补贴政策。在农产品贸易方面,关贸总协定(GATT)对农产品采取了不同于工业产品的特殊措施,承认数量限制、出口补贴以及国内补贴的合法性。

(一)数量限制

《关贸总协定》第 11 条规定,对进出口产品不得设立数量限制,"任何缔约方除征收税捐或其他费用以外,不得设立或维持配额、进出口许可证或其他措施以限制或禁止其他缔约方领土的产品的输入,或向其他缔约方领土输出或销售出口产品"。而对农产品,在生产限制等一定条件下,作为例外措施同意对进出口的数量

实行临时性的限制。

（二）出口补贴

《关贸总协定》第16条规定，"对初级产品以外的任何产品禁止给予或维持任何补贴，包括任何形式的收入支持或价格支持在内"。对出口产品给予补贴，"可能对其他的进口国或出口缔约方造成有害的影响，对它们的正常贸易造成不适当的干扰，并阻碍本协定的目标的实现"。对包括农产品在内的初级产品，"如一缔约方直接或间接给予某种补贴，以求增加从它自己的领土出口某种初级产品，则这一缔约方在实施补贴时不应使它自己在这一产品的世界出口贸易中占有不合理的份额，适当注意前一有代表性时期缔约各方在这种产品的贸易中所占的份额及已经影响或可能正在影响这种产品的贸易的特殊因素"。从这些规定可以看出，《关贸总协定》并非完全禁止农产品出口补贴。

（三）国内补贴

《关贸总协定》第16条补充规定，"凡与出口价格无关，为稳定国内价格或为稳定某一初级产品的国内生产者的收入而建立的制度，即使它有时出口产品的售价低于相同产品在国内市场销售时的可比价格"，也不应视为出口补贴。但是，对国内生产者的补贴，"不适当地刺激出口或其他方面严重损害其他缔约方的利益"的是要禁止的。

二、WTO《农业协议》的主要内容

如前所述，农产品贸易作为一个特殊的领域，一直游离于GATT规则的有效约束之外，农业保护深深地植根于发达国家的农业政策之中，以至于在1947年《关贸总协定》"肯尼迪回合"以后的多边贸易谈判中，尽管试图将农产品贸易问题纳入关税与贸易总协定的管理框架，但都未能如愿以偿。由于不能对农业保护主义进行有效的约束，发达国家利用1947年关税与贸易总协定的体制缺陷，一方面极力推行农业支持和进口限制政策，造成农产品生产过量和结构严重失衡；另一方面又为缓解库存压力，处理剩余产品，通过巨额出口补贴向国际市场大量销售农产品。这些做法导致国际农产品贸易冲突在20世纪80年代初不断升级，严重扭曲了国际农产品市场。

1986年"乌拉圭回合"启动时，农产品贸易问题被列为该轮谈判的中心议题之一。农业谈判主要在三大利益集团之间展开。三大利益集团分别是美国、欧洲共同体和凯恩斯集团（由澳大利亚、加拿大、阿根廷、巴西、智利、新西兰、哥伦比亚、斐济、匈牙利、印度尼西亚、马来西亚、菲律宾、泰国和乌拉圭组成）。谈判的目标是减少农业补贴和保护，建立一个公正的、以市场为导向的国际农产品贸易体系，从根本上纠正国际农产品市场中存在的扭曲现象。由于农产品贸易谈判各方存在利益冲突,谈判曾数度陷入破裂的边缘。经过艰苦的努力,参加方终于在1993年12月15日达成了《农业协议》。

《农业协议》就农产品贸易逐步自由化改革提出了一个行动方案。该方案旨在建立一个"公平、公正、以市场为导向的农产品贸易体制",涉及与农业有关的四个领域:市场准入、国内支持、出口竞争规则以及动植物卫生检疫措施的规定。这是1994年《关贸总协定》的基本原则和规则在国际农产品贸易领域的具体应用。

(一)农产品市场准入

针对许多国家利用关税及非关税壁垒限制农产品进口的情况,《农业协议》要求成员将非关税措施转化为关税,并逐步降低关税,以保证一定水平的市场准入机会。

(1)非关税措施应转化成普通关税,即关税化。制定相应进口关税(从量税或从价税)的依据是关税等值。某种农产品的关税等值,等于该产品的国内市场平均价格减去该产品或相近产品的国际市场平均价格;某种农产品加工品的关税等值,等于农产品原料的关税等值乘以农产品原料占农产品加工品的比重。在某种条件下,允许个别成员推迟进行关税化。

(2)约束所有农产品关税,包括关税化后的关税。

(3)从1995年开始,发达国家成员在6年内,发展中国家成员在10年内,分年度削减农产品关税。以1986—1988年关税平均水平为基础,用简单算术平均法计算,发达国家成员削减36%,每个关税税号至少削减15%;发展中国家成员削减24%,每个关税税号至少削减10%。

(4)以1986—1988年为基准期,有关成员在这一期间进口必须进行关税化的农产品,如不达到国内消费量的5%,则应承诺最低数量的进口准入机会。在关税减让实施期的第一年,应承诺的最低进口准入数量应为基准期国内消费量的3%,在实施期结束时应该提高到5%。如基准期的进口数量超过国内消费量的5%,则应维持原有的市场准入机会。通过关税配额实施最低的市场准入,配额内的进口享受较低或最低的关税,配额外的进口缴纳关税化后的关税。

(5)针对关税化的农产品,建立特殊保障机制。成员通过谈判获得使用该机制的权利,并在其承诺表中注明。启用该机制的前提条件是,某年度的进口量超过前3年进口量的平均水平(根据该成员进口量占消费量的比例确定),或者进口价格低于1986—1988年进口参考价格平均水平10%。

(6)最不发达成员列入关税化及关税约束,但免于削减关税承诺。

(二)农业国内支持

为消除农业国内支持措施对农产品贸易产生的不利影响,《农业协议》对不同的国内支持措施进行分类处理。按照WTO《农业协定》的规定,农业国内支持政策分为"绿箱""蓝箱""黄箱",此外还特别设置了"发展箱"作为对发展中国家成员的差别待遇。

1."绿箱"措施

《农业协议》规定的"绿箱"措施是指,由政府提供的、其费用不转嫁给消费者,且对生产者不具有价格支持作用的政府服务计划。这些措施对农产品贸易和农业生产不会产生或仅有微小的扭曲影响,各成员无须承担约束和削减义务。换言之,"绿箱"政策没有或仅有微小的生产和贸易扭曲作用,因此不受限制。

"绿箱"措施主要包括:一般农业服务支出,如农业科研、病虫害控制、培训、推广和咨询服务、检验服务、农产品市场促销服务、农业基础设施建设等;粮食安全储备补贴;粮食援助补贴;与生产不挂钩的收入补贴;收入保险计划;自然灾害救济补贴;农业生产者退休或转业补贴;农业资源储备补贴;农业结构调整投资补贴;农业环境保护补贴;落后地区援助补贴等。

2."黄箱"措施

《农业协议》规定的"黄箱"措施是指,政府对农产品的直接价格干预和补贴,包括对种子、肥料、灌溉等农业投入品的补贴,以及对农产品营销贷款的补贴等。这些措施对农产品贸易产生扭曲,各成员必须承担约束和削减补贴义务,超过"黄箱"上限标准的国内农业支持是被禁止的。

"黄箱"政策包括特定产品支持和非特定产品支持。前者主要是对玉米、水稻、大豆、小麦、薯类、油菜籽、棉花、牛、猪、羊等生产经营的价格支持,包括依据上述特定产品的经营面积、数量进行发放的生产者补贴等;后者则是与生产挂钩的一般农业生产者补贴和农机具购置补贴等。

通常用综合支持量来衡量"黄箱"补贴的大小。综合支持量是指为支持农产品生产者而提供给某种农产品,或为支持广大农业生产者而提供给非特定产品的年度支持水平,一般用货币单位表示。

在此期间内,每年的综合支持量不能超过所承诺的约束水平。对特定农产品或所有农产品的支持,实行微量允许,即只要综合支持量不超过该产品生产总值或农业生产总值的5%(发展中国家成员为10%),就无须削减。

发展中国家成员的一些"黄箱"措施也被列入免予削减的范围,主要包括农业投资补贴、对低收入或资源贫乏地区生产者提供的农业投入品补贴、为鼓励生产者不生产违禁麻醉作物而提供的支持等。

3."蓝箱"措施

《农业协议》规定的"蓝箱"措施是指,按固定面积和产量给予的补贴(如休耕补贴,控制牲畜量),按基期生产水平的85%或85%以下给予的补贴,按固定牲畜头数给予的补贴。这些补贴与农产品限产计划有关,各成员无须承担削减义务,因此,其支持水平不受限制。

"蓝箱"政策最初是为了满足美欧谈判要求而对"黄箱"政策所作的例外规定,本质上是把当时欧美大量使用的限产计划下的"黄箱"政策界定为"蓝箱"政策。此后,为了充分利用WTO规则支持国内农业发展,一些国家也开始制定实施"蓝箱"政策。

(三)出口补贴

出口补贴是一项对贸易产生严重扭曲的政策措施,是政府对产品出口采取的鼓励措施,可以是从量的,也可以是从价的。各种直接和间接形式的出口补贴的目的是降低本国产品的成本,提高竞争能力,鼓励和促进本国的出口扩大。《农业协议》不禁止成员对农产品出口实行补贴,但要削减出口补贴。

(1)以1986—1990年出口补贴的平均水平为基准,或在某些出口补贴已经增加的条件下,以1991—1992年的平均水平为基准,从1995年开始,每年等量削减。对出口补贴预算开支,发达成员在6年内减少36%,发展中成员在10年内减少24%;对享受补贴的农产品出口数量,发达成员在6年内减少21%,发展中成员在10年内减少14%。对于农产品加工品的出口补贴,各成员只需削减预算开支。最不发达成员无须作任何削减。

(2)下列出口补贴措施受到削减承诺的约束:视出口实绩而提供的直接补贴;以低于同类农产品的国内价格,将非商业性政府库存处置给出口商而形成的补贴;利用征收的农产品税,对相关农产品的出口提供的补贴;农产品的出口营销补贴(发展中成员除外);出口农产品的国内运费补贴(发展中成员除外);视出口产品所含农产品情况,对所含农产品提供的补贴。

(3)各成员应该控制补贴的扩大,如果在基期没有对某种农产品进行出口补贴,则禁止该成员将来对这种农产品出口进行补贴。

(4)卫生与植物卫生措施。与农产品贸易有关的卫生与植物卫生措施,应遵循世界贸易组织《实施卫生与植物卫生措施协议》的规定。

(四)对发展中国家的优惠安排

《农业协议》充分认识到发展中国家农产品出口及补贴对其农业和经济发展的重要意义,给予其如下优惠安排:

(1)发展中国家履行减让义务时,具有灵活性,10年之内在市场准入、国内支持和出口竞争三大领域内其削减的比例是发达国家义务的2/3。最不发达国家免除减让。

(2)在实施市场准入的承诺时,发达国家应充分考虑发展中国家的特定需求和条件,提供机会和特定农产品进入发达国家的贸易条件。

(3)在国内支持方面,发达国家要充分认识到,发展中国家鼓励农业发展和乡村开发的政府辅助措施是发展规划的不可分割的构成部分。并规定，免除发展中国家在以下方面的减让承诺：①对整个农业的一般性投资补贴；②为鼓励生产者放弃种植违法麻醉物而转产其他农作物，并向他们提供国内生产支持；③提供给低收入和财力匮乏的生产者的农业投入补贴。

（4）对于粮食净出口的发展中国家，协议规定：考虑到在农产品贸易自由化进程中，粮食净出口的发展中国家和最不发达国家会受到不利的影响，因此，应建立适当的机制以提供食品援助，从而继续满足这些国家在食品方面的需求，保证任何有关农产品出口信贷的协定须订立有利于最不发达国家和粮食净出口的发展中国家的适当条款，以区别对待。在实施协议过程中，一些国家可能在资金上会面临短期困难，为维持这些国家商业进口的正常水平，应通过有关的国际金融组织向它们提供必要的援助。

（五）《农业协议》分析及评价

经过乌拉圭回合艰苦谈判达成的《农业协议》，于1995年1月1日起生效，发达国家的实施期至2000年12月31日，发展中国家为2004年12月31日。乌拉圭回合《农业协议》实现了农产品到多边贸易体制的回归，但协议并不是对国际农产品贸易的永久性安排，各成员仍有义务通过后续谈判，不断提高国际市场农产品贸易自由化水平直至完全实现自由化。尽管乌拉圭回合首次将农业纳入多边规则，但《农业协议》所构建的国际农产品贸易框架仍存在许多缺陷，如发达国家农产品关税水平仍然很高，各种农业补贴、出口补贴泛滥，严重影响了国际农产品贸易的公平竞争，迫切需要做出进一步改革。

（1）《农业协议》根据发达国家的农业补贴政策而设计，对没有补贴能力的发展中国家不公平。由于《农业协议》规定对"蓝箱"和"绿箱"补贴免除补贴义务，且没有上限限制，使发达国家扭曲贸易的农业补贴政策合法化和制度化。实际上，《农业协议》给发达国家预留了巨大的农业国内支持空间，对国际农产品贸易仍会产生较大的扭曲作用，即使它们能够很好地履行《农业协议》规定的削减农业补贴义务，其能够使用的"黄箱"补贴空间仍然较大。

（2）《农业协议》缺乏对"最小的贸易扭曲作用或最小的生产刺激作用"的解释。《农业协议》第6条和附件2规定，"绿箱"国内支持免于削减承诺，附件2第1条规定，此种国内支持措施无贸易扭曲作用或对生产的刺激作用，或此类作用最小。但《农业协议》对"最小的贸易扭曲作用或最小的生产刺激作用"概念没有定义或解释。严格来讲，几乎所有国内支持措施都产生刺激生产作用，只不过作用或大或小，几乎所有国内支持措施都会间接扭曲国际市场农产品贸易，所以"绿箱"国内支持措施从实施结果看，与"黄箱"国内支持措施相似，只是存在程度轻重、作用大小的差异而已。

（3）《农业协议》没有区分农业在发达国家和发展中国家经济中的根本区别，但要求实施同样的规则。农业对发展中国家的粮食安全、就业和农村发展具有特殊作用。发展中国家农业政策的目标一般是提高农业生产率，政策支持的重点是为了促进本国粮食生产，以解决不断增长的粮食安全需求。而发达国家农业政策的目标则是为了补贴农民收入，维持农业与工业部门间的收入平等，政策支持的重点是促进出口。

（4）《农业协议》没有考虑如何保证发展中国家的粮食安全问题。

（5）《农业协议》严重缺乏对发展中国家的灵活性，使发展中国家不能纠正不合理的农产品关税结构。签署《农业协议》时，由于谈判能力所限，许多发展中国家将一些重要战略性农产品（如小麦、大米等粮食安全作物产品）的关税约束在较低的水平，而且没有保留使用紧急保障措施的权利，在履行承诺义务时，其国内市场遭受贸易自由化的冲击。

（6）《农业协议》既没有考虑低价进口农产品剧增对低收入或资源贫乏农民的影响，也没有关心农业贸易自由化对小农的冲击问题。如只有21个发展中国家符合《农业协议》关于使用"特殊保障措施"的条件，而且启动程序异常复杂，发展中国家基本无力使用。

（7）《农业协议》缺乏对"低收入和资源贫乏农户"的规定。《农业协议》第6条第2款规定，"发展中国家成员中低收入或资源贫乏生产者可普遍获得的农业投入补贴应免除在其他情况下本应对此类措施适用的国内支持削减承诺"，根据特殊和差别待遇规定，发展中国家成员享有对低收入农户投入补贴的豁免，该规定对发展中国家成员有着特殊意义。由于《农业协议》对"低收入和资源贫乏农户"这一概念缺少明确的定义，大多数发展中国家根据这一豁免条款，将所有的投入补贴都排除在削减范围以外。

第五节 农产品贸易保护政策

一、农产品贸易保护的原因

虽然保护主义在国际贸易中并不鲜见，但农产品贸易保护仍然有其特殊性。第一，这种保护主要发生在工业发达国家，很少出现在发展中国家。而且，当一国经济起飞，实现工业化之后，保护政策也随之而来。显然，农产品贸易保护与一国经济发展水平有关。第二，农产品贸易保护在工业发达国家非常普遍。不像其他行业，有的国家保护，有的国家不保护，而对于农产品几乎所有的发达国家都实行保护，只是方式和程度不同。因此，农产品有与其他产品不同的特殊地位。第三，农产品贸易保护很难取消。其他行业的贸易自由化问题经过国际多边或双边谈判或多或少都有进展,而农产品自由贸易的谈判至今没有什么结果。

究竟怎样来解释这些特点呢？经济学家从不同的角度对农产品贸易保护的原因和特点进行分析,其中包括：

(1) 从农产品供给缺乏弹性出发,强调实行保护对稳定市场价格、保护生产者收益的作用。

(2) 从政治观点出发,认为发达国家的农民在其政治制度中的重要地位,由于西方国家政治选举制度按区域划分的做法给了农民相对较大的政治权利,因此,政治家为了当选,都不得不照顾农民的利益。

(3) 从组织行为出发,认为工业化以后的农业变成了"少数派"。"少数派"一般容易组织起来进行卓有成效的游说活动,而受农业贸易保护的政策伤害的则是"多数"的消费者。多数派虽然也想维护自己的利益,但由于每个人的利益"份额"很小,"搭便车"的思想严重,而且人多也不易组织,自然没有效率。因此,农产品贸易保护被认为是"少数派"有效游说的结果。

不过,既然农产品贸易保护与一国经济发展水平有关,对其主要原因的分析,还应从经济增长(即工业化)对农产品生产和贸易的影响以及农业本身性质着手。

首先,应该认识到工业化经济发展对农业生产贸易的影响。一般来说,工业生产多是资本密集型的,而农业生产,尤其是经济起飞前的农业生产都是劳动密集型的。工业化过程中的资本增长和技术发展使得工业生产的机会成本下降,而农业变化不大,其机会成本也就相对上升,贸易中的比较优势也就随着工业劳动生产率的提高而逐渐丧失。而且,工业增长越快,农业的比较优势丧失得也越快。这是一国经济发达后开始保护农产品的基本原因。

但光有这一点还不够,因为在经济发展过程中丧失比较优势的行业很多,并非只有农业。根据贸易理论,当一个行业不再具有比较优势,就应该让其减少生产增加进口,将资源转移到其他行业中去。一个失去比较优势的行业的衰落是有利于资源的有效利用的。可是为什么偏偏在农业失去比较优势后,大多数政府却要采取保护措施不让其衰落呢？这里的根本原因是土地的不可转移性。不像资本和劳动力,绝大多数土地除了生产农产品外别无他用,而当农民的收入主要来自农业时,对农产品的保护就直接关系到农民的生存问题。作为政府,无论是从土地资源的利用还是从农民生存的角度出发,无论是从经济上还是从政治上,都不得不对农业采取一定的保护措施。

另外,对本国农产品进行保护还有一个条件问题。一般来说,只有实现工业化以后,农业在一国经济中的比重和农民在全国人口中的百分比下降到比较小的时候,一国才有对农产品进行保护的能力。

发达国家的农产品贸易保护，虽然有其内在的、不可避免的原因，但毕竟扭曲了价格，阻碍了资源的最佳利用，政府负担也日益沉重。这种保护政策是消极的，从长期来看，也是行不通的。解决农产品保护问题，一方面需要增加对农业的投资，使农产品变成资本密集型和技术密集型商品，随着资本增长而不断提高对农产品的劳动生产率；另一方面要采取措施让农民逐渐从土地上转移出来，减少农民数量，提高农民的人均土地拥有量，同时要提高农民的多种经营能力，让农民的收入不再主要依靠土地的收入；否则，取消农产品贸易保护难有实质进展。

二、农业贸易保护的衡量方法

发达国家的农产品贸易保护程度究竟到了什么程度？怎样来判断和衡量这种保护政策呢？经济学家最早使用的指标是"名义保护系数"（Nominal Protection Coefficient，NPC），用公式表示为：NPC＝农民销售所得价格/该农产品的国际市场价格。如果 $NPC<1$，农民所得低于国际市场价格，表明政府通过价格干预或市场分隔对本国农民直接或变相地征税，没有实行保护政策。如果 $NPC>1$，表明政府通过价格干预或市场分隔保护本国农民，使本国农民能在高于国际市场水平的价格下销售自己的产品。

名义保护系数主要反映的是政府通过价格给予农业的保护。而自 20 世纪 80 年代以来，各国农业保护的方法越来越多，并不仅仅通过价格。因此，为了全面地反映农产品名义保护程度，经济学家更广泛地使用"生产者补贴等值"（Producer Subsidy Equivalent，PSE），或"生产者补贴等值系数"（PSE Coefficient，PSEC）的衡量方法。与名义保护系数相似的生产者补贴等值系数可用下列公式表示：

$$PSEC = \frac{\text{生产者所得到的每单位农产品补贴等值}（PSE）+\text{该农产品的国际价格}}{\text{该农产品的国际价格}}$$

这里，生产者所得到的每单位农产品补贴等值不仅包括直接和间接的价格补贴（如在 NPC 中所衡量的），还包括直接和间接的收入补贴，以及政府通过其他方面政策给予农民的支持。由于政府也对农民征收税赋或费用，因此，一国究竟对其农产品是否采取保护政策取决于补贴的"净值"。在农产品的销售中，农民通过各种渠道所得到的净补贴小于零，整个比率就会小于 1，说明没有保护。

用生产者补贴等值系数衡量发达国家的农产品保护情况，我们不难发现，除了新西兰、澳大利亚和美国等比较接近国际平均水平（＝1）以外，大部分工业发达国家的农产品生产者补贴等值系数超过 1，其中瑞士、挪威、芬兰和日本等国更高一些。

除以上主流衡量方法外，还有"贸易扭曲等值"（Trade Distortion Equivalent，TDE）、"对消费者的名义保护率"（Nominal Rates of Protection for Consumers，

NRPc)、"对消费者的有效保护率"(Effective Rates of Protection for Consumers,ERPc)和"消费者补贴等值"(Consumer Subsidy Equivalent,CSE)等衡量方法。但这些方法运用范围都比较小,有的尚处于纯学术上的讨论阶段,并未在减少农业保护与干预水平的国际磋商中推广使用。[①]

需要注意的是,乌拉圭回合农产品谈判的焦点集中在各国达成削减农业补贴,减少农产品贸易扭曲的协议上。由于各国采取的农业与贸易政策千差万别,对每种农产品生产、消费及贸易的影响也程度不一,所以要想达成谈判协议,就必须有一种共同的衡量方法与标准来对各国政策措施的保护水平进行衡量、比较,在此基础上再来探讨农业与贸易政策改革、实现农产品贸易自由化的基准与尺度,使各国在谈判中尽量能达成共识。参加乌拉圭回合谈判的一些主要农产品贸易国也从本国利益与立场出发,提出了观点不一的衡量方法。

三、主要国家和地区的农业贸易保护制度

(一)发达国家农业贸易保护法律制度和措施

作为世界上最大的农业生产国与农产品贸易国,美国的农业贸易政策对其国内生产与国际市场有着深远的影响。美国农业贸易法律制度的主要法律渊源有:《1990年食品、农业、资源保护和贸易法》《1978年贸易协定法》及《1988年综合贸易法》。尽管其不同时期、不同背景的农业政策的目标含义不尽相同,但历史地看,美国农业法律制度的基本目标是提高农业生产率,增加和稳定农业收入,增进社会福利和农村发展。美国农业贸易政策的基本目标是使美国农产品进入外国市场,抵消对美国利益有不利影响的外国贸易立法,使美国农业生产者能参与国际竞争,并稳定树立美国在国际农产品市场中可靠的供给者地位。美国农业贸易法律制度的支点是支持国内农业价格与收入,鼓励出口。实际上,美国所实行的农业贸易政策,主要目的在于扩大农产品的国外需求,减轻剩余产品对国内市场的巨大压力,使国内农产品价格保持在国内政策措施所支持的高价水平上。其主要措施是,利用经济、技术方面的优势对其农产品生产与出口进行巨额补贴,同时通过关税和非关税壁垒限制其他国家农产品的进入,保护本国的农业生产。因此,美国主张使用"生产者补贴等值"(PSE)方法作为各国减少或取消农业保护政策措施所作承诺的计算基础。

欧盟是左右世界农产品市场的另一主要力量。欧盟的农业及农业贸易法律制度的依据是共同农业政策。其主要目标是:提高农业生产率,促进农业发展;提高农业生产者收入,保证农村人口达到适当的生活水平;稳定市场,保证必要的农产

---

① 程国强. 农业贸易保护水平衡量方法评述[J]. 国际贸易问题,1993(1):36—44.

品供应；保护内部市场，实行农产品自由贸易，促进内外部市场的销售。共同农业政策的主要措施有：征收进口差价税，确保国外农产品的进口不会降低国内支持的价格水平；干预性收购，由政府机构按保证价格收购某些农产品，以防止市场价格下跌到低于某确定的干预价格水平；提供各种出口补贴或补偿，以弥补国内市场价格和向非欧盟国家出口所获价格之差额，从而增强欧盟农产品在世界市场上的竞争能力。因此，欧盟也主张用"生产者补贴等值"（PSE）作为衡量方法。但欧盟认为，需要对 PSE 方法进行修改，然后用其衡量对农产品贸易有较大影响的政策措施的保护水平，从而能用数量来表示产量限制措施，并调整与世界价格及通货膨胀相关的一些问题。

日本在 20 世纪 60 年代曾经是实行高度农业保护主义的国家。政府当时主要是采取严格的进口限额与进口垄断来维护对国内农业生产的保证价格。20 世纪 70 年代以后，随着贸易自由化的进展，其农业保护主义有所抑制，农产品自给率下降，进口有所增加。尽管如此，日本的农业保护主义倾向仍然是世界上最高的国家之一。日本农业与贸易政策以其农业法为依据，政府把食品安全作为农业政策的重点目标，同时把保护日本膳食结构特征以及提高农业生产水平、保护自然资源及促进农村村庄的完善列入政策目标。日本农业贸易政策的结构特征表现为：一方面用保护主义措施来限制农产品进口，另一方面则采取保护价格政策来支持国内农产品的价格。其主要法律措施包括：(1)实行管理价格制度和制定最低价格制度。由政府规定农产品的收购价格，对某些农产品制定收购的最低价格，实行稳定范围价格制度，对某些农产品规定上位价格和下位价格。当价格低于下位价格时，政府就进行收购；当价格高于上位价格时，政府将收购的农产品抛出，这样就可使价格稳定在一定范围内。(2)实行交付金制度和稳定基金制度。前者是由政府支付必要的、未达到政府规定价格水平的差额部分，以保证某些农产品的再生产；后者则是设立一定的基金，当市场价格暴跌时，用这笔基金补偿某些农产品生产者的损失。日本提出，不必对农业保护与支持水平进行综合衡量，并特别反对将"生产者补贴等值"（PSE）作为谈判工具，认为 PSE 方法不适用于比较各国农业的保护水平，因为它不能反映不同国家实施其农业政策的多种目标。

尽管对农业实施保护的动机和依据各式各样，但发达国家实施农业及其贸易政策的目标，综合起来有以下几点：(1)农业收入支持，这是许多发达国家实施农业保护政策最普遍的目标。政府通过制定有关农业政策来寻找农业与非农业部门收入在一定程度上的均衡，并且采取一些稳定农业生产者价格的措施来支持农产品价格和农业收入。(2)扩大农产品贸易，鼓励农产品出口，限制进口。许多国家的农业政策中直接规定了扩大农产品出口、减少农产品进口的目标，采取的措施主要有农产品生产与出口补贴、关税与非关税壁垒。(3)保证食品安全，这是所有国家的战略目标。各国政府都把实现食品自给达到政治上合乎需要的程度作为农业政策的一个主要目标。(4)支持消费者价格。在极力保护与支持生产者的同时,许多国家的政府还把农业政策作为广泛的社会福利考虑,借以满足不同地区及不同收入层次消费者的食物需要。

(二)发展中国家农业贸易保护政策与措施

农业虽然是大多数发展中国家的主导产业,是工业化与经济增长的基础,但几乎所有发展中国家都极少具有针对农业的专门立法,其农业与贸易政策目标也没有明确规定。发展中国家大量的政策实践所包含的政策目标主要表现为:扩大生产,扩大农产品出口,减少进口,为工业化提供积累资金和税收;保证食品供应持续稳定,确保食品安全;保证消费者的食品有稳定且趋于下降的价格;稳定生产者价格,增加收入。发展中国家所采取的农业贸易法律政策措施种类繁多,具体措施有生产者价格支持、农业税、消费者价格上限、禁止出口、进口垄断、投入补贴等。其基本机制是:对基本粮食等农产品实行固定的或最低限度的生产者价格,通过政府部门收购把价格控制在最低限度水平,或使市场价格趋向政府目标水平;控制进出口农产品的数量和国内价格,使消费者价格保护在某一低水平;对某些主要的农产品直接地或间接地提供消费者价格补贴。此外,对比发达国家和发展中国家在农业贸易保护衡量方法上的观点,可以发现明显差异。发展中国家认为,PSE 等总体衡量支持程度的方法,试图用客观标准来衡量如此复杂的现实,是不切实际的。同样一种形式的补贴表现在发达国家和发展中国家的性质大不相同。显然,发展中国家为发展农业生产而采用的鼓励措施(Incentive)不同于发达国家的补贴(Subsidy)概念,故适用于发达国家的方法对发展中国家而言可能是不可取的。

第六节 世界农产品贸易格局

一、农产品国际贸易的演变与特点

20 世纪 70 年代以来,由于世界经济发展的推动,国际市场对农产品的有效需求迅速增长。许多国家采取促进农业生产发展的政策,增加了农产品产量和出口贸易量。但是,20 世纪 80 年代以来,由于世界经济发展速度放慢,世界农产品贸易严重萎缩:市场需求缩小,出现供过于求。西方发达国家采取出口补贴和限制进口等贸易保护主义措施,对农产品市场恶化起了火上浇油的作用,世界农产品价格不断下跌。此外,由于受发达国家转嫁危机的影响,发展中国家经济发展迟缓,外债高企,出口减少,进口农产品购买力下降。近几年来,世界农产品贸易虽然有所回升,但远远低于 20 世纪 70 年代的农产品贸易增长速度,农产品需求增长的只有少数一些国家和地区。

(一)农产品国际贸易格局的演变

历史上,亚、非、拉和北美是农产品出口地区,而西欧是世界农产品主要进口市场,但是近年来,这种状况发生了一些变化。亚洲部分国家和地区经济发展迅速,农产品贸易变化很大。非洲和拉丁美洲许多发展中国家由于政治和经济等原因,农业生产得不到发展,农业贸易发展缓慢。欧洲共同体的建立和实行协同农业政策,使西欧农业得到迅速发展,其主要农产品不仅由短缺变为自给,而且还有大量剩余供出口,从而成为世界农产品进出口贸易最集中的地方。北美由于受到欧盟的激烈竞争,出口地位有所下降。大洋洲主要出口畜产品,近年来又增加了谷物出口。

以上农产品贸易格局的演变反映了传统的世界农产品贸易方向的改变,发达国家在国际农产品贸易中的地位不断加强,而发展中国家的地位日趋削弱。

1. 世界农产品贸易越来越集中于少数发达国家

以往发达国家多数以出口工业品为主,发展中国家以出口农产品为主。近20年来,发达国家不仅增加工业制成品出口,而且依靠先进的科学技术和雄厚的资本大力发展农业,在提高农产品自给率的同时还有大量的剩余产品出口。此外,也因发达国家的经济和消费水平不断提高,对高价值农产品的需求更多,农产品进口贸易相应增长。

2. 发展中国家的农产品贸易地位日趋下降

发展中国家出口的农产品主要是热带作物产品和一部分其他农产品,但是大部分农产品,特别是热带作物产品的主要加工者和销售者却是美国和西欧国家。另外,由于近年来一部分发展中国家和地区重视发展工业,农业发展缓慢,加上本身对农产品需求的增长,初级农产品出口增长速度有所下降,但对粮食和其他农产品进口需求则有所增加。进口增长快于出口,农产品贸易顺差不断缩小,发展中国家在世界农产品出口贸易中所占的比重逐渐下降。

3. 主要农产品进出口国家贸易格局发生变化

这主要表现在:(1)美国农产品出口的垄断地位受到剧烈冲击;(2)欧盟农产品自给率迅速提高,进口量减少、出口量增加;(3)一部分发展中国家农产品进口增加,进口增长较快的是一些中等收入和石油输出国家和地区。

4. 大宗农产品贸易在世界商品贸易中的比重下降

除了贸易壁垒、补贴、关税等传统影响因素外,近年来,随着地缘政治、公共卫生危机等冲击的常态化,各国限制粮食出口,引致国际粮价剧烈波动,给全球粮食供应链带来沉重打击。1980年,农产品贸易额占世界商品贸易总额的15%,1985年下降到13.7%,1995年为11.8%。根据最新数据显示,2022年农产品贸易额占世界商品贸易总额的比例已经下降到不到 10%。①

(二)农产品国际贸易的品种结构演变

随着科学技术的发展和人们对消费品需求的改变,世界农产品贸易的品种结构与 20 世纪 70 年代相比已发生了很大的变化,粮油和农业原料贸易量的比重相对减少,高价值的鲜活食品和加工食品贸易量的比重有较大增长。

1. 农业原料贸易量增长缓慢

第二次世界大战后,世界化学纤维工业发展迅速,致使天然纤维的棉、麻、丝生产和贸易发展缓慢。另外,世界贸易半成品化和成品化已成为发展的主要潮流。许多原料生产国利用当地廉价劳动力发展各种加工工业,增加半成品或制成品出口,减少了原料出口。

2. 畜产品和水产品贸易不断扩大

世界各国人民膳食结构的改善,普遍地增加了动物性食品的比重,肉蛋奶和水产品消费量迅速增长,国际市场上肉类和水产品需求旺盛。

3. 世界水果蔬菜贸易额增长令人瞩目

国际运输条件和储存保鲜技术的改善,为新鲜蔬菜和水果及其加工产品提供了扩大贸易的可能,蔬菜和水果已经不局限于邻近国家或地区之间的贸易,远洋贸易也日益发展。

4. 新的加工食品和饮料增多

自 20 世纪 60 年代以来,各种工业加工食品发展很快。深度加工的农产品既增加了初级产品的附加值,又适应了高消费国家(地区)消费者的要求。尤其是一些高营养、精加工和食用方便的食品,备受发达国家消费者欢迎,市场容量很大,是世界农产品贸易的重要发展方向。

在农产品贸易中,一些土特产品以及供日常生活其他方面使用的手工编制品,也在国际农产品市场中占有相当的地位。近些年来,世界花卉贸易非常兴旺。今后农产品国际市场上新的产品将不断出现,深层次加工品将更加畅销。

(三)农产品国际贸易的特点

与工业品相比,农产品在贸易上具有不同的特性。首先,农产品生产受自然条件的影响,具有明显的季节性、地区性和分散性;其次,大多数农产品是人们日常的必需品,供求都缺乏弹性;再次,农产品大多是有机体,体大、量多、水分多,具有笨重性和鲜活易腐性,并且质量不均匀,因此,在收购、包装、运输、保管、销售方面要求较高,需要特定的贸易设施,成本高,风险大。由农产品的这些贸易特性所决定,在国际市场上,大多数农产品的贸易表现出下述重要特征:

---

① World Integrated Trade Solution (WITS),https://wits.worldbank.org/.

1. 贸易商品集中

这一特点是指多数欠发达国家农产品出口的品种是有限的。例如，巴西主要依靠咖啡出口，加纳的主要出口物资是可可，孟加拉国和印度主要出口黄麻，斯里兰卡和肯尼亚主要出口茶叶，橡胶是马来西亚主要的几种输出物资之一，阿根廷和泰国主要依靠粮食出口。换句话说，欠发达国家的贸易主要依靠出口少数几种主要农产品。

2. 贸易地区集中或市场集中

贸易地区集中或市场集中是指大部分主要输出物资通常在几个工业化国家的市场上出售。茶叶、咖啡、黄麻、可可和橡胶在欧洲、北美、澳大利亚及日本出售是这方面的实例。贸易地区集中说明欠发达国家的经济命运与几个工业化国家的国内形势和经济活动的起落有关。印度和斯里兰卡主要向英国市场出售茶叶，假设现在由于各种原因，英国出现了严重的经济衰退，那么，印度和斯里兰卡的茶叶出口也将受到不利的影响。

3. 价格波动幅度大引起出口收入波动

农产品或初级产品贸易波动的幅度是非常大的，至少大于在世界市场上进行贸易的制造业产品的价格波动幅度。巴西咖啡价格的统计数字表明，在纽约贸易市场上，各月价格的波动是很大的。欠发达国家出口的其他农产品也表现出类似的波动情况，因此欠发达国家的出口收入（即出口价格×出口数量）在某种确定性条件下也是波动的。在国际市场上，欠发达国家通常是受价人，而不是定价人，因此，它们不能提高价格，除非它们能够像对石油那样对初级产品的供给实行垄断控制。

4. 农产品国际贸易的时间性很强

与其他商品不同，由于农产品的生物学特性及其对人体的直接作用，因此人们对农产品，尤其是食品的需求时间是十分严格的。一个国家或地区，如因气候不正常或社会因素而必须从国际市场上购买并运到本国的时间应越短越好，否则就会影响社会经济的正常运转和人们生命的维持。另外，农产品的保存和保鲜，对时间要求的严格程度远胜于其他商品：（1）人们对农产品需求的时间，基本上不受其他因素影响。无论供给时间的长短，人们每日所消费的食品数量基本上是不变的。（2）农产品的易腐性，要求农产品运输时间尽量缩短。这就对农产品国际贸易中的运输手段，提出比运送其他商品更严格的要求。

5. 农产品国际贸易更有利于发达国家而不是发展中国家

除了许多不公平的贸易往来外，一般来说，发达国家出口的农产品大多为粮食和肉类，特别是美国和欧盟。而粮食的需求弹性在农产品中是最不充分的，且其需求量最大的也只是人口众多的发展中国家；反之，发展中国家出口的农产品大多为经济或热带作物,其需求弹性要比粮食大得多,至于其互相替代性也远大于粮食。事实上,近年来欧美国家对茶叶的需求量相对于咖啡,其增长幅度更大。有些原料性的农产品,由于科学技术的进步,其可替代性越来越大,因此,市场价格就不可避免趋跌,这对于出口这类农产品的发展中国家显然是不利的。

二、农产品国际贸易中存在的主要问题

(一)人口增长的不均衡对农产品贸易带来压力

众所周知,目前世界人口正迅速增加,而且主要是不发达国家人口在增长。据联合国预测,在1990年至2025年间,世界人口将增加32亿,其中非洲、亚洲和拉丁美洲地区将增加30亿,而在发达国家和地区仅增加1.66亿。与此同时,世界粮食生产却并未同步增长。总体来说,世界粮食和农业总产量增长率在放慢。

1. 发展中国家对农产品急剧增长的需求与供应不足的矛盾突出

发达国家目前人口占世界人口的16%左右,用地占世界的37%,但其谷物产量占世界的40%,肉类产量占世界的50%,谷物库存量占世界库存量的45%,农产品出口值占世界出口的55%、进口值占世界进口的60%。发展中国家农产品人均占有量只有发达国家的1/3左右。世界粮食生产的两极分化极为严重:一些发达国家近年来虽有意控制增长速度,但仍有大量农产品积压;而一些发展中国家由于人口增长快,人均产量的增长甚少,甚至下降。根据联合国粮食及农业组织(FAO)的数据,尽管全球粮食生产在过去几十年有所增加,但仍有许多发展中国家面临粮食安全挑战。截至2023年,全球约7.83亿人口处于营养不良状态,其中大多数位于非洲和亚洲。每年因饥饿和营养不良导致的死亡人数约为800万人。供求总量的矛盾使国际市场粮价极不稳定。

2. 粮食供应量、库存量下降,供求地区分布极不平衡

粮食供给和需求地区分布上的不平衡,一方面使发达国家间的竞争日益激烈、贸易摩擦加剧,另一方面使越来越多的发展中国家对粮食进口的需求增加。在发达国家之间,为争夺世界市场份额,推销过剩的粮食而产生的贸易摩擦和贸易争端增多,在乌拉圭回合中,欧美与凯恩斯集团之间围绕农产品贸易问题展开的激烈"战斗"便是证明。在需求方,目前国际市场粮食的主要买方在亚洲,截至2023年,日本和韩国的粮食进口约占世界的14.5%,中国也是世界上的粮食进口大国,中国与日本和韩国的粮食进口约占世界的18%以上。原苏联地区国家的进口量也十分可观,其进口量约占世界的12%左右。在拉美,粮食的主要进口国是巴西和墨西哥,其进口量约占世界的5%左右。而在非洲,特别是撒哈拉以南地区,需要大量进口粮食,但是由于经济状况较差、人均收入水平低和外债负担沉重等,粮食进口能力较弱。总的来说,世界粮食的出口地区较集中,而进口地区则较分散,出

口国对粮食市场的影响仍大于进口国家和地区对粮食市场的影响。在发达国家的贸易摩擦中,发展中国家仍是受损方。

3. 土地、水资源的约束影响了可供贸易的农产品数量

土地资源是人类生存和发展的摇篮,是农业生产的基地,人类所需食物能量的88%靠耕地上生长的农产品提供,其余的10%依靠草原和放牧地供应,仅有2%来自占地球面积70%的海洋。从整体上看,地球上只有1/4的面积为陆地,但一半以上不能供人类利用。迄今为止,人类已经耕种的土地约占地球陆地面积的8%,放牧地占15%,其余大部分分布在高纬度地区,利用价值较低。人类在发展过程中对自然资源进行不合理的开发利用,甚至掠夺和破坏,造成资源的浪费、环境的污染和空气、水质量的下降,沙尘暴、洪水、海岸赤潮泛滥,对粮食生产能力造成破坏,也将影响可供贸易的农产品数量。

地球上水体总量为13.6亿立方千米,但是其中97%为海水,与人类生活直接相关的淡水总量还不到3%,而且有3/4分布在南极、北极的冰川之中。江河湖泊及地下可供人类利用的淡水只占水资源的2%左右,而可直接取用的河、湖淡水只占全部淡水的0.5%。近50年来,世界淡水资源的使用量增加了将近3.5倍,其中农业用水约占全球淡水资源总使用量的69%。发展中国家面临严重的水资源短缺问题,特别是在非洲和亚洲地区,预计到2030年将有约35%的人口无法获得足够的生活用水。另外,由于人类的不合理利用和大面积污染,使得本来就紧缺的淡水资源日趋减少。这些都对农业生产的持续发展和农产品消费产生不利影响。

(二)农产品贸易格局发展不平衡

农产品贸易的不平衡,主要包括地区间的不平衡和发展中国家与发达国家之间的不平衡。尽管近年来农产品贸易总量不断扩大,但不同区域农产品出口占世界农产品出口总额的比重存在较大差异。不仅如此,拉丁美洲和加勒比海地区以及非洲撒哈拉以南地区大部分发展中国家出口收入一半以上来自农产品,农业经济是这些国家经济的命脉。随着农产品价格下跌,发展中国家农产品出口量的增加虽然快于发达国家,但商品出口总额的增长却低于发达国家,由此也导致了发展中国家在国际贸易中购买力的下降。

(三)绿色壁垒对农产品贸易的挑战

当前,农业生产中的环境问题日趋严重。那些在环境中不易降解的污染物很容易随气流、水流和食物链在全球范围内扩散,并对人体健康产生极大威胁。1992年6月,在巴西的里约热内卢,联合国召开了"环境与发展大会",与会的100多个国家和地区通过讨论协商,通过了《环境发展宣言》《21世纪议程》和《关于森林问题的原则声明》等文件。此后,环境问题和全球经济的可持续发展问题得到国际社会的进一步重视。人们的思维方式、价值观念及消费心理和消费行为开始发生变

化,兴起了"绿色消费"的热潮。越来越多的消费者开始以环境保护作为自己购物的标准之一,这也为国际贸易带来了新的机遇与挑战。出于环境保护及人体健康考虑,许多国家和地区在国际贸易中都制定了严格的环境标准和卫生检疫标准。这一方面促进了农业的可持续发展,但也在一定程度上导致绿色壁垒的多样化。

另外,随着生物技术的发展,转基因农产品(Genetically Modified Organisms, GMOs)开始出现。转基因支持者认为,GMOs 有利于改进药物、提高农业产量、增强抗病虫草害的能力、减少药物的使用和对化肥的依赖,从而可大大降低农业生产对环境的污染,有效地保护生态环境,并改善农产品品质,使之具有营养更丰富、保险期更长、价格更便宜等优点,对于解决世界食品短缺、改善生态环境以及减轻发展中国家贫困问题有着重大意义。然而,GMOs 农产品的商业化进程却并非一帆风顺,各利益集团从各自利益出发,对 GMOs 可能产生的社会和环境影响,以及越境转移可能给进口国带来的影响展开了激烈争论,最终导致了转基因农产品贸易之争,也使 GMOs 产品的商业化进程减缓。

(四)不公平的农产品国际贸易体系

《关贸总协定》生效后的几十年中,《关贸总协定》缔约方对农产品进口维持了更多的保护。乌拉圭多边贸易谈判达成了《农业协议》,确立了农产品贸易目标为"建立一个公平的、以市场为导向的农产品贸易体制"。当前,尽管农产品的贸易自由化取得了一定的进展,但是世界农产品市场仍然是扭曲的,国际农产品贸易存在一定的不公平性。国际农产品贸易体系的不公平性体现在很多方面,如国内支持和出口补贴等。发达国家国内农业补贴额一直居高不下,截至 2023 年,经合组织(OECD)国家对农业的全部支持额(TSE)约为 3 490 亿美元,与 1986—1988 年的基期相比,这一数额显著增加。

(五)政策波动对农产品国际贸易的影响加剧

以中美贸易摩擦为例。20 世纪 80 年代至 20 世纪末,中美贸易开始扩大,中国向美国出口大蒜、蜂蜜、小龙虾等农产品,美国以中国的农产品出口中包含了大量的倾销为由,对中国的出口农产品征收 40% 以上的反倾销税,征收 20% 左右的反补贴税,对中国的农产品出口造成了沉重的负担。2000—2008 年,美国针对中国的农产品进行了多次反倾销调查,持续时间约为 3 年;美国以中国的农产品出口包含了大量的补贴为由实行了惩罚性关税。中国开始对美国实行对应的关税措施。2008—2018 年,中国开始增加采购,占据了一定的主动权。中国在 2010 年对美国的白羽肉鸡进行了反倾销调查,并对该产品征收了高额的反倾销和反补贴税。在 2016 年之后,美国连续对中国的出口商品进行调查,中国对大豆等进口产品进行了 25% 的关税加征。2018 年,美国对中国发起"301 调查",挑起中美贸易战。对此,中国对美国农产品加征 25%、20%、10% 和 5% 不等的关税,而美国则表示要对中国所有商品加征15%～25%的惩罚性关税,包括中国对美农产品出口。从该例子中可以看出,虽然贸易能为双方带来好处,但近年来,农产品国际贸易变得越发不稳定,并给许多发展中国家带来粮食不安全的巨大隐患。

三、中国农产品国际贸易与农业国际化

(一)中国农产品国际贸易的发展历程

中国是传统的农业大国,农业生产历史悠久,积累了丰富的生产经验。新中国成立以来,其农产品贸易获得了快速发展,在对外贸易中占有重要的地位。具体来说,中国的农产品国际贸易发展大致可以分为四个阶段。

1. 缓慢发展阶段(1949—1978年)

在新中国成立后的近30年时间里,西方国家对中国新生的人民政权实行政治孤立和经济封锁,使得中国缺乏进行对外贸易的国际政治环境。国民的基本温饱问题长期没有得到解决,农产品供应严重短缺,进口缺乏财政能力支撑。

这一阶段农产品对外贸易的主要特点表现为:(1)规模小,增长慢。1953—1978年,中国农产品出口额多数年份在20亿美元左右徘徊,1978年也只有61亿美元。(2)贸易伙伴比较单一。这一时期,与中国开展农产品贸易往来的60多个伙伴主要是东欧、亚非拉地区的社会主义国家和其他发展中国家。(3)农业是对外贸易的支柱产业。改革开放以前,农产品出口占中国出口总额的70%以上。农产品作为中国主要的出口创汇产品,为中国对外贸易作出了巨大的贡献。

2. 快速发展阶段(1979—1993年)

党的十一届三中全会以后,以农村改革为突破口,各项改革迅速推进,为经济发展提供了强大的动力。农业飞速发展,粮、棉、油、糖等主要农产品连年增产。与此同时,外贸体制改革逐步推进,外贸企业经营机制日益灵活,推动了农产品贸易的发展。随着我国贸易量的增长,这一阶段农产品贸易额占我国商品贸易总额的比重呈下降态势,出口所占比重从1980年的26%下降到1993年的14%,进口所占比重由1980年的34%下降到1993年的8%。

这一阶段农产品贸易的主要特点表现为:(1)规模持续扩大,增长比较稳定。1978年以后,中国农产品进出口总额很快超过100亿美元,并于1989年首次达到200亿美元。15年中,农产品贸易额有11年处于增长状态。(2)出口稳定扩大,贸易顺差明显增加。1979年农产品出口额仅为76亿美元,1993年达到126亿美元,1984年以后,我国农产品贸易一直保持顺差,年均顺差约为8.7亿美元,1993年达到了41.7亿美元。(3)贸易伙伴增多。贸易伙伴由原来的60多个国家和地区发展到世界绝大部分国家和地区。主要进出口市场由以原来的社会主义阵营为主转向以市场经济国家和地区为主,美国、日本、西欧、东南亚、加拿大和澳大利亚等成

为中国农产品贸易的主要伙伴。(4)出口产品逐渐集中,比较优势开始显现。水产品、畜产品和园艺类产品等劳动密集型产品成为主打产品,三类产品合计占农产品出口的60%,其中水产品出口呈现快速增长态势,20世纪80年代初,其所占份额为6%,1985年以后快速上升,至1993年达到13%左右;园艺类产品所占份额在1993年保持在20%;畜产品由初期的25%下降到1993年的15%。

3. 波动徘徊阶段(1994—2001年)

在这一阶段,中国开始建设有中国特色的社会主义市场经济,各项改革全面展开并深入推进。中国加入WTO谈判紧张进行,对外开放步伐明显加快,全方位、宽领域、多层次的开放格局逐渐形成。农业发展进入了主要农产品供求基本平衡、丰年有余的新阶段。

这一时期农产品贸易的主要特点表现为:(1)规模有所扩大,增长徘徊波动。1995年农产品出口总额突破300亿美元,迈上了新的台阶并连续四年保持同一水平。1998年之后有所下滑,直到2001年仍未恢复到1995年的水平。(2)比重继续下降,顺差增加。农产品对外贸易占中国对外贸易总额的比重由期初的10.9%下降到期末的5.5%,但贸易顺差并未减少,与上一阶段相比,农产品年均顺差由8.7亿美元增加至23.9亿美元。(3)贸易结构发生变动,比较优势和比较劣势产品更加明显。在出口方面,水果、蔬菜、水产品、畜产品占农产品出口的比重进一步提高,达到65%;在进口方面,小麦进口逐年减少,大豆进口急剧增加,成为关注的焦点。

4. 开放发展阶段(2002年至今)

2001年底,中国加入WTO,以此为标志,中国对外开放进入了新的发展阶段,农产品贸易规模急剧扩大,"大进大出"的贸易格局已经形成。在贸易平衡方面,我国农产品贸易在1992—2003年贸易顺差均保持在22亿美元以上,其中2002年贸易顺差达到56亿美元,但自2004年起,我国农产品贸易平衡由顺差转为逆差,且逆差规模在2008年以后明显扩大,2014年达到502亿美元,2023年已达到1 352亿美元(见表8—1)。

表8—1　　　　2001—2023年中国农产品对外贸易规模的变动　　　　单位:亿美元

年份	2001	2002	2003	2004	2005	2006	2007	2008	2009	2010	2011	2012
进出口	278	304	401	511	558	630	779	990	918	1 214	1 540	1 740
出口	160	180	212	231	272	310	366	402	392	489	601	625
进口	118	124	189	280	286	320	413	588	526	725	939	1 115
顺差	42	56	23	—49	—14	—10	—47	—186	—134	—236	—338	—490

续表

年份	2013	2014	2015	2016	2017	2018	2019	2020	2021	2022	2023
进出口	1 850	1 928	1 861	1 832	1 998	2 164	2 284	2 469	3 041	3 343	3 330
出口	671	713	701	726	751	793	785	760	843	982	989
进口	1 179	1 215	1 159	1 106	1 246	1 371	1 498	1 705	2 198	2 360	2 341
顺差	−508	−502	−458	−380	−495	−578	−713	−945	−1 355	−1 378	−1 352

资料来源：商务部外贸司《中国农产品月度统计报告》，http://wms.mofcom.gov.cn/article/ztxx/ncpmy/tjsj/ncpydtj/200603/20060301783733.shtml。

随着入世以来我国农产品进出口贸易的迅猛增长，中国在世界农产品贸易中的地位不断上升，农产品出口占世界的份额从1999年的3.1%提高到2019年的5.3%，1999—2019年的年均出口增长率为9.1%；同期农产品进口占世界的份额从1.9%提高到10.3%，1999—2019年的年均增长率为15.3%。2023年，我国已成为世界第五大农产品出口国和第一大农产品进口国。

（二）中国农产品国际贸易的结构特征

中国加入WTO以来，农产品贸易实现了进出口双增长，贸易规模快速扩大。2010年农产品贸易总额超过1 000亿美元，到2023年农产品贸易总额超过3 000亿美元。随着贸易规模的快速扩张，我国农产品对外贸易的结构也发生了一些变化，主要表现在三个方面。

1. 品种结构

劳动密集型农产品出口稳步扩大，土地密集型农产品进口快速增长。人多地少是中国的基本国情，因此劳动密集型产品具有比较优势，而土地密集型产品则不具备比较优势。

出口方面，中国水产品及其制品、蔬菜和水果等优势农产品出口整体保持稳步增长，此外，肉类和饮料类保持增长。2023年，我国水产品及其制品出口额为89.49亿美元；食用蔬菜出口额为109.86亿美元；蔬菜、水果、坚果等制品出口额为98.11亿美元；食用水果及坚果出口额为59.29亿美元；肉类制品出口额为18.3亿美元；饮料、酒及醋出口额为29.81亿美元。以上六类产品占我国农产品出口总额的40.93%。出口额较大的品种具体包括保鲜大蒜、茶叶、冷冻蔬菜、蘑菇罐头、花卉、鳗鱼、苹果与苹果汁、花生等（见表8—2）。

表 8—2　　　　　中国主要农产品出口金额的变动　　　　　单位：亿美元

年份	蛋品	柑橘属水果	梨	苹果与苹果汁	花生仁果	花卉	食用菌罐头	烤鳗
2006	0.76	0.62	1.47	4.7	0.37	1	4.25	5.87
2010	1.34	6.2	2.43	15.8	2.42	1.98	4.75	6.57
2014	1.92	11.7	3.51	16.5	2.01	3.8	5.37	7.87
2018	1.88	12.6	5.3	19.1	2.78	3.13	5.82	9.19
2023	3.4	12.5	5.4	14.1	1.9	3.1	14.7	8.6
年份	香菇	茶叶	大蒜	大葱	蜂蜜	鸡肉及制品	猪肉	虾制品
2006	0.23	5.47	10.2	0.56	1.05	8.2	4	2.23
2010	7.5	7.85	26.7	0.57	1.83	11.5	3.32	9.7
2014	12.6	12.73	18.3	0.56	2.6	15.86	4.23	29.5
2018	23.19	17.77	19.53	0.84	2.49	15.76	1.95	26.16
2023	5.3	17.4	30.5	0.66	2.5	17.7	1.2	20.5

资料来源：商务部外贸司《中国重要农产品出口月度报告》，http://wms.mofcom.gov.cn/article/ztxx/ncpmy/tjsj/ncpydtj/200603/20060301783759.shtml。

进口方面，中国主要进口土地密集型与资源密集型农产品，如植物油、棉花、原糖、大豆、乳制品、油菜籽等。2023年，中国粮食进口达1.61亿吨，其中大豆进口9 941万吨，薯类进口4 578万吨，玉米进口2 713万吨；食用植物油进口981万吨，食糖进口397万吨，棉花进口196万吨；奶粉进口100万吨。

2. 市场结构

出口方面，入世以来，中国农产品出口规模不断扩大，市场多元化格局逐步形成。2001年，中国农产品前五大出口市场为日本、中国香港、韩国、美国和德国，合计占农产品出口总额的64.7%。2020年，中国农产品前五大出口市场为日本、中国香港、美国、越南和韩国，合计占农产品出口总额的46.3%，多元化大幅提高。此外，马来西亚和印度尼西亚也是中国农产品主要出口地，其比重不大，但相对较为稳定。

进口方面，中国农产品进口来源地相对集中且在长期中较稳定，因为粮棉油糖肉奶等农产品出口主要集中在少数农业资源禀赋具有优势的国家和地区。入世之初，农产品前五大进口来源地为美国、东盟、澳大利亚、阿根廷和欧盟，进口合计占比64%；2020年为巴西、美国、欧盟、东盟和澳大利亚，占比上升3个百分点。目前大豆进口的九成来自巴西和美国，玉米进口的93%来自乌克兰和美国，棕榈油进口几乎全部来自印度尼西亚和马来西亚，棉花进口的74%来自美国和巴西，牛肉进口的60%来自巴西和阿根廷。[①]

3. 主体结构

在很长一段时间内,国有企业是中国农产品对外贸易的主体,但随着加入WTO后外贸经营权的放开,私营企业和外商投资企业在我国农产品对外贸易中的地位明显提升,特别是私营企业已经成为我国农产品进出口的第一大主体。

出口方面,私营企业的农产品出口额所占比重从2002年的7.4%大幅攀升至2023年的67%,成为我国农产品出口的主要力量;国有企业的农产品出口额所占比重在2002年高达48.9%,至2023年快速降至7%;外商投资企业为我国农产品对外贸易的第三大主体,比重也从2002年的38%小幅下降至2019年的21.1%。

进口方面,私营企业已经取代外商投资企业成为我国农产品进口的第一大主体,2023年私营企业农产品进口额所占比重达54.3%;2014—2023年,外商投资企业的农产品进口比重相对稳定在30%左右;国有企业则为第三大进口主体,2023年所占比重已不足17%。

(三)中国入世农业承诺与农业国际化

1. 中国入世有关农业的主要承诺

中国加入WTO有关农业的承诺主要有四个方面,包括关税削减、关税配额、国内支持、出口补贴。此外,在农业服务领域也有一定承诺(程国强,2012)。

(1)关税削减。根据2001年11月签署的《中国加入世界贸易组织议定书》,我国本着认真负责、信守承诺的原则,严格履行承诺的关税减让义务。至2010年1月1日,我国入世关税减让承诺全部履行完毕,农产品平均税率降至15.2%。总体来看,2003—2021年,中国自28个自贸伙伴进口农产品的简单平均关税从18.5%下降到4.1%,减少了14.4%,2021年中国从自贸伙伴进口农产品的简单平均关税比全国低5.7%;加权平均关税从23.7%下降到3.3%,减少了20.4%;2021年中国从自贸伙伴进口农产品的加权平均关税比自全球进口的加权平均关税低4.6%。与此同时,28个自贸伙伴从中国进口农产品的简单平均关税从2003年的9.8%下降到2021年的5.1%,减少了4.7%;加权平均关税从2003年的41.3%下降到2021年的8.9%,减少了32.4%。[②]

(2)关税配额。对于过去实行外贸计划管理的重要农产品,我国在加入WTO后将继续保留国营贸易制度,但采取关税配额制度进行管理,对配额内的进口征收低关税,同时在执行期内逐步降低配额外关税。这一措施涉及小麦、玉米、大米、豆油、棕榈油、油菜籽、食糖、棉花、羊毛和毛条等大宗农产品。

---

① 马洪涛. 入世20年中国农产品贸易发展及趋势展望[J]. 农业经济问题,2021(12):50—54.
② World Integrated Trade Solution (WITS),https://wits.worldbank.org.

在进口配额管理方面,我国入世议定书规定我国承诺逐年增加配额量。政府需要在每年年初将一定比例的配额量发放给具有资格的非国有企业。例如,小麦,政府指定经营部分占 90%;大米为 50%;玉米 2002 年为 75%,2004 年下降到 40%;而棉花仅占 33%,67%关税配额给非指定经营部门。

(3)国内支持。第一,我国在基期的综合支持量为零。第二,我国用于整个农业的一般性支持和用于特定产品的支持均采用 8.5%这一介于发展中国家与发达国家之间的微量允许标准。第三,在计算我国的综合支持量时,包括按照《农业协议》第六条第二款给予发展中国家特殊豁免的 3 项措施开支,即为了鼓励农业和农村发展给予所有农民的一般性支持投资补贴、给予资源贫乏地区农户的投入补贴和引导农民停种非法麻醉作物的补贴。而按照规定,发展中国家用于上述项目的所有支出都免于承担削减义务。第四,我国的综合支持量按每年实际产值比例计算,而不是固定在某一特定基期水平。

(4)出口补贴。我国早在 1997 年入世谈判期间,就郑重地向世界贸易组织承诺:将在入世后停止使用农产品出口补贴;在 1999 年中国与美国达成的双边协议中,我国承诺在入世后立即取消农产品出口补贴,在最终达成的入世议定书中,我国再次重申了对农产品出口不实行补贴的承诺。

(5)农业服务领域。入世后允许国外企业在中国设立从事农业、林业、畜牧业、渔业相关服务的合营企业;入世后 3 年内,允许外国服务企业从事农药和农膜的分销,并在中国加入后的 5 年内,从事化肥、成品油和原油的分销。

2. 入世以来的中国农业国际化

(1)农业国际化的基本特征。

农业国际化是经济全球化在农业中的具体表现,各国农业按照比较优势的原则参与国际分工,在此基础上调整和重组国内农业资源,使农业资源在世界范围内进行优化配置,实现资源和产品的国内国际市场双向流动,参与国际经济循环的过程,通过商品与劳务交换、资本流动、技术转让、国际合作等方式,形成相互联系和相互依存的全球经济整体。

农业国际化是在第二次世界大战以来,随着国家环境相对稳定,国际农产品贸易环境的逐步改善,农业科技的发展和农业生产力水平的提高,在世界农业高度专业化和国际分工的基础上发展起来的。世界农业国际化主要表现为国际交流与技术协作日益增强,利用外资特别是外国直接投资大规模增加,国际贸易日益扩大。农业国际化的主要特征是生产国际化、资本与技术国际化和市场国际化。

第一,农业生产国际化。随着产品专业化和国际分工日益深入发展,世界范围内新的农业生产体系正在形成,不同的国家和地区按照比较优势的原则进行生产的趋势日趋明显。在国际竞争日益激烈的条件下,一些大型农业企业和有关涉农产业为扩大市场占有份额,越来越多地选择在国外办厂,充分利用大企业特有的生产、管理、营销网络、商品和技术开发能力,与东道国的劳动能力和市场等优势相结合,以期实现生产要素的最佳配置和利润最大化。

第二,农业资本与技术国际化。生产要素在全球范围内的流动与配置,引致资本在国际上大规模流动,促进了国际金融市场的发展。具体表现为国际资本流动地域拓宽,向发展中国家的农业国际直接投资增加。许多发展中国家,在发展初期均以从国际金融组织和外国政府获得的贷款为主,随着经济的发展,直接投资的比例提高,投资规模扩大,同时资金的流速加快。第二次世界大战后,农业对外直接投资增加,跨国公司快速发展。跨国公司兴起于19世纪后期,主要是西欧、美国在殖民地直接投资建立起来的,着重于土地的经营和开发。第二次世界大战后,跨国公司一方面在发达国家之间进行经营,反映了农业投资和农业生产贸易之间的国际化;另一方面,发达国家继续在发展中国家发展跨国公司,着重经营农产品加工和贸易,通过合同收购,控制资源,形成产供销一体化的产业化经营。近年来,跨国公司着重发展高科技在农业中的应用。目前,跨国公司对农业的直接投资已经成为世界农业发展的一支重要的力量。同时,各国农业技术交流与合作的领域不断拓宽,合作研究的范围不断延伸和拓展,特别是大型的生物技术和环境保护等方面的合作项目日趋增多。

第三,农业市场国际化。市场是世界农业经济发展的基础,是推动经济增长的重要动力之一。由于生产和销售国际化发展,任何农产品都与国际市场紧密联系在一起,同时,各个国家和地区的市场不断趋于融合。第二次世界大战以来,农产品国际贸易增长方面,发展中国家农产品出口的增长略慢于发达国家,而农产品进口额的增长快于发达国家,不少发展中国家从谷物出口国转为谷物进口国。近年来,世界各经济主体进一步相互参与、相互渗透、相互融合,一个新的、世界统一的大市场正在加速形成中。

(2)入世以来中国农业国际化的特点。

加入世贸组织、扩大农业对外开放,对中国农业产生了深刻而积极的影响。总体来看,中国农业国际化呈现以下四大特点。

第一,严格履行入世承诺。入世十多年来,中国按照入世承诺逐步削减农产品关税,目前平均关税税率已降至15%,是世界农产品平均关税的1/4,远低于发展中成员56%和发达成员39%的平均关税水平。目前我国是全球最开放的农产品市场之一,开放程度远超一般发展中国家,也超过很多发达国家;对粮食和棉花等重点农产品及化肥等农贸产品,按照关税配额管理承诺,合理实施进口管理及国内市场措施;严格遵守农产品出口补贴为零的承诺,将国内支持政策中的"黄箱"补贴上限约束在农业生产总值的8.5%。

第二，农业对外开放格局基本形成。中国积极鼓励农业引进与利用外资，推动农业综合开发、农产品加工与流通、农业科研等；加大农业对外合作的力度，构建更加开放、公平、合理的国际与双边农业合作框架。中国还积极探索实施农业"走出去"战略，不同类型的农业企业积极开展对外投资，在东南亚、亚洲、南美等地区进行农业开发与合作经营，以期建立并形成持续稳定的全球资源性农产品进口供应链。

与此同时，中国积极参与并推动贸易谈判，进一步改善国际农业贸易环境。中国根据自身农业资源禀赋与比较优势特征，促进与东盟、新西兰等的双边农产品贸易自由化；全面参与世贸组织多哈回合谈判，推动建立公平合理的国际农业贸易规则。十多年的开放历程，使中国农业基本融入世界贸易体系，对外开放的广度和深度不断得到拓展，农业全面对外开放的格局基本形成。

第三，农产品进出口贸易大幅增长，中国农业与世界市场的关联程度日益增强。一方面，中国充分发挥自身比较优势，积极扩大农产品出口。2023年，中国农产品出口总额达989.3亿美元，是2001年加入世贸组织时的6.18倍，由此促进建立了一批标准化、规模化的农产品出口基地，培育了一批具有带动和示范作用的农业产业龙头企业，初步形成了特色、优质、安全、高效的农业生产体系，促进了农业结构调整和农民收入增加。另一方面，中国从人多地少的基本国情出发，在坚持立足国内实现粮食基本自给自足的同时，适度增加资源型农产品的进口。农产品进口总额从2001年的118亿美元增加到2023年的2 341.1亿美元，2001—2023年的年均增幅达15.28%。中国农产品进口弥补了国内农产品供需缺口，缓解了国内农业资源紧张的压力，对确保主要农产品有效供给发挥了积极作用。

与此同时，中国农业与世界市场的关联度日益增强。中国农业贸易依存度由2001年的15%提高到2013年的20%。虽然目前中国农产品出口依存度只有7.3%，但农产品进口依存度日益提高，由2001年的6.4%上升到2013年的12.8%。近年来，随着国际农产品贸易形势的变化，我国越加重视粮食安全，强调将"饭碗"端在自己手上，但仍然有部分农产品对外依存度较高。其中，油菜籽、棉花等资源型农产品进口大幅增长，对国际市场的依存度明显提高。例如，为满足国内不断增长的植物油及饲料需求，中国大豆进口从2001年的1 039万吨增加到2023年的9 940万吨，占国内大豆消费总量的85%左右。

表8—3 　　　　　2001—2023年中国大豆进口规模的变动

项　目	2001年	2005年	2010年	2014年	2023年
中国大豆进口量(万吨)	1 642	2 907	5 737	7 381	9 940
占全球进口总量(%)	19.1	44.2	61.4	65	64

资料来源：www.fao.org/faostat/。

第四,农业国际化背景下农业综合生产能力不断提高,农民收入快速增长。入世以来,中国农业积极应对国际市场激烈竞争、贸易摩擦频发多发,以及国际金融危机和国际农产品市场剧烈波动的冲击,战胜了农业生产成本上升、比较利益下降及自然灾害多发重发等多重困难的挑战,实现了持续稳定增长。2000—2022年,中国农业增加值年均增长率为4%,对世界农业增加值增长的贡献率达到41%。特别是中国坚持立足国内实现粮食基本自给自足的方针不动摇,始终注重抓好粮食生产,粮食产量从2001年的45 260万吨增加到2023年的69 541万吨,实现了自2004年以来的"二十连丰",打破了延续多年的粮食产量三年一减的不稳定周期,粮食安全基础得到了进一步强化;油料、棉花、食糖、肉禽蛋奶、水产品以及水果蔬菜等其他主要农产品的产量也实现了新的突破,农业综合生产能力进一步提升(见表8-4)。

加入世贸组织以来,在多种因素的共同作用下,中国农村居民人均可支配收入由2001年的2 356元增加到2023年的21 691元,增加了19 335元(见表8-5)。但是,面临百年未有之大变局,叠加国内外多重风险冲击,如何进一步保障种粮农民收益,创建带动农民增收致富的有效机制,仍有待进一步探索。

表8-4　　　　　　　　　　中国主要农产品产量　　　　　　　　　单位:万吨

项　目	2001年	2005年	2010年	2015年	2020年	2023年
粮食	45 260	48 400	54 645	66 060	66 949	69 541
其中:谷物	39 645	42 775	49 635	61 818	61 674	64 143
稻谷	17 755	18 055	19 565	21 214	21 185	20 660
小麦	9 385	9 740	11 520	13 255	13 425	13 659
玉米	11 405	13 935	17 725	26 499	26 066	28 884
棉花	532	571	596	590	591	561
蔬菜	48 422	56 451	65 099	76 900	74 912	81 026
水果	6 658	16 120	21 401	24 524	28 692	32 744
肉类	6 334	7 743	7 926	8 749	7 748	9 641
水产品	4 381	5 107	5 373	6 210	6 549	7 100

资料来源:《中国统计年鉴》。

表8-5　　　　　　　　　　中国城乡居民收入变动

项　目	2001年	2005年	2010年	2015年	2020年	2023年
城镇居民人均可支配收入(万元)	0.68	1.04	1.91	3.11	4.38	5.18
农村居民人均纯收入(万元)	0.23	0.32	0.59	1.14	1.52	2.16

续表

项　目	2001年	2005年	2010年	2015年	2020年	2023年
城乡居民收入差距(倍)	2.9	3.22	3.23	2.72	2.88	2.39

注:2014年以后,统计科目"农村居民人均纯收入"不再公布,改为使用"农村居民人均可支配收入"。

资料来源:《中国统计年鉴》。

延伸阅读

部分发达国家农产品流通典型模式

一、日本生鲜农产品流通模式

日本是工业发达国家,在农产品的种植上没有得天独厚的自然条件和优势,因此很多农产品都依靠进口。当前日本的农产品流通渠道较为复杂,整体上可以将日本农产品的流通模式分为三种类型:第一种是国家控制流通模式,第二种是垄断资本控制流通模式,第三种是自由化的流通模式。

当前日本农产品的主要流通模式为:

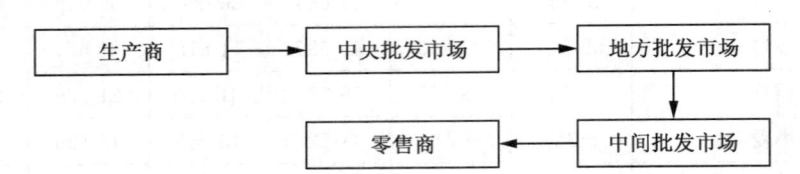

生产商 → 中央批发市场 → 地方批发市场 → 中间批发市场 → 零售商

图8—3　日本农产品的主要流通模式

据统计,在日本有88个中央批发市场,分布在日本56个不同的城市,同时还有160多个地方批发市场。在日本农产品交易是通过拍卖的方式进行的,除了一些特定的农产品进行对手交易外,其他农产品的交易方式均为拍卖。其中,生鲜农产品经过集货、理货、看样等环节,最后通过拍卖的方式,交割给批发商和零售商。

从日本农产品流通模式中,可以看出日本农产品流通模式具有以下特点:

1. 以批发市场为中心

在日本农产品流通模式中有非常多的批发市场,这些批发市场由日本政府、地方政府等多方筹资建设,所以农产品批发市场的管理非常严格,而且是依法管理。例如,农产品批发市场管理中,有非常严格的审批制度,禁止批发市场内的批发商和批发市场以外的批发商或者个人进行农产品批发业务;通过批发市场对农产品价格进行调控,将农产品的流通模式和流通体系进行完善。

2. 农业合作组织在农产品流通中发挥着巨大的作用

日本工业的快速发展,在一定程度上带动了日本农业的发展,虽然日本农业的发展没有诸多的优势,但是日本农业在发展的过程中形成了合作模式,当前日本的农业合作组织成为世界上的领先者。日本农业合作组织在农产品生产前、生产中、生产后的整个过程中发挥着重要的作用,成为农产品生产者与批发商之间的交流中心,组织农户进行农产品加工、提供技术指导等。这些都是日本农业合作组织在农产品流通中发挥的作用,其推动了日本农业的发展。

3. 农产品流通渠道规范

从以上日本农产品流通模式中可以看出,日本农产品的流通渠道非常多而且长,日本政府为了保证农产品流通的顺利以及农产品流通模式的完整和安全,制定了一系列的法律法规,通过法律法规对农产品流通过程进行严格的控制和管理。虽然农产品的交易方式有很多种,而且流通模式复杂,但是日本农产品在流通的过程中,价格是公开的,进而提升了农产品的流通效率。

在日本有一个非常著名的组织——生活协同组织(简称"生协"),生协是一个非政府组织,主要为日本城市农产品消费者服务。在生鲜农产品交易中,为消费者提供健康的生鲜农产品,在保证生鲜农产品质量的同时,也保证生鲜农产品价格的公正、公平。生协和农业组织、农民组织直接联系,将农产品流通过程中的很多环节进行省略,进而降低了农产品的流通费用,农产品的价格自然也会相对合理。生协不仅为消费者提供服务,还会对农产品生产中使用到的农药、化肥等提出一定的要求,保证农产品符合安全卫生要求。

二、美国农产品流通模式

美国地广人稀,农业资源较为丰富,产地市场较为聚集,产地批发市场与零售商的交易占很大比重。美国农产品流通的终端是大型零售连锁店,由于数量以及规模上的优势,保证了农产品需求的持续、稳定。在销售模式上,以直销为主,批发市场不是农产品流通的主要途径。

(1)流通的主要组成部分是产地批发市场与零售商的交易。美国公路、铁路等便捷运输方式形成了城市农产品集散市场,因此销地批发市场又称为车站批发市场。

(2)生鲜农产品的主要销售方式是直销。大型超市、连锁店的发展带动了直接采购模式的发展,一些超市、连锁企业纷纷建立自己的配送供给组织,直接到产地采购。另外,农户直接为零售或食品加工企业供应农产品也有增长的趋势,这种交易方式建立在农户较大经营规模的基础上。

(3)信息技术运用。射频技术、EDI技术在流通过程中得到广泛运用。通过信息技术的运用,实现生鲜农产品的产供销无缝对接。

三、德国农产品流通模式

德国是世界上有机农产品进口大国,其有机食品消费占欧洲总有机食品销售额的三分之一。

(1)产销一体化。农产品从生产、加工到销售每一环节都有成熟经济实体的参与,这些经济实体共同构成了德国农产品流通链条。生产的规模化、深加工的品牌化以及销售的连锁化构成了德国农产品流通的优势力量。

(2)连锁化零售体系。在德国,农产品主要通过批发市场进行销售,商业化程度比较高,市场体系比较健全。同时,德国商业布局基本定型,连锁化的零售业已经达到成熟完善的程度。在农产品流通体系中,零售系统是流通体系的"最后一公里"环节。在德国,零售系统具有极强的竞争力。

(3)信息技术应用。德国生鲜农产品已实现在产、供、销等方面的无缝链接。各类农业生产协会建立内联网,农产品销售部门借助同一信息平台将各类需求信息和连锁化的零售企业连接起来,实现信息共享。

第九章

粮食安全与农业强国建设

第一节 粮食安全概述

一、粮食安全的概念与界定

按照我国传统解释,粮食有广义和狭义之分。狭义的粮食是指谷物类,主要有稻谷、小麦、玉米、大麦、高粱等。广义的粮食是指谷物类、豆类、薯类的集合。这个概念的形成,是由于新中国成立初期人均谷物产量很低,需要实行高度集中的统购统销政策,因而把有助于实现温饱水平的豆类、薯类也加入谷物产量中加以统算,以确保人人有饭吃的低标准"粮食安全"。因此,从1953年起,国家修改农业统计口径,以后由国家统计局每年公布的粮食产量概念均按这个广义粮食的口径。自20世纪90年代开始,国家统计局的年报、统计年鉴和统计摘要,均在粮食总产量的栏目中,另列谷物总产量指标。但一般公开采用的仍是包括豆类、薯类的广义粮食口径。

联合国粮食及农业组织(Food and Agriculture Organization of the United Nations)的粮食概念,是指谷物(Cereal),主要有小麦、粗粮(Coarse Grains)、稻谷。粗粮包括玉米、大麦、高粱等。另外,食物(Food)有时也译成粮食。联合国粮食及农业组织出版的生产年鉴每年所列食物产品目录有8大类106种,这8大类是:谷物类,块根和块茎作物类,豆类,油籽、油果和油仁作物,蔬菜和瓜类,糖料作物,水果、浆果,家畜、家禽、畜产品。这里需要澄清一个问题:联合国粮食及农业组织每年公布世界谷物总产量时,由于我国翻译上的历史习惯,常译成"世界粮食总产量"。如与"世界粮食总产量"进行比较,我国广义上的粮食总产量中应剔除豆类和薯类的产量(我国谷物总产量约占粮食总产量的89%)。这样统计口径一致,才有可比性。由于我国的粮食概念与世界通行的粮食(谷物)概念不一致,使得联合国粮食及农业组织对我国谷物库存量的估算偏高。在已加入WTO及加快经济全球化的今天,有关部门应积极研究,在粮食统计指标上,要与国际通行的谷物指标接轨,并公布每年的粮食(谷物)库存量,便于国际比较。

粮食安全(Food Security)的概念,最早是由联合国粮食及农业组织在1974年11月的世界粮食首脑会议上提出的,当时的定义是:保证任何人在任何时候,都能得到为了生存和健康所需要的足够食物。[①] 要求各国采取政策,以保证世界粮食库存最低安全水平系数,即世界粮食当年库存至少相当于次年消费量的17%～18%,其中:6%为缓冲库存(后备库存),11%～12%为周转库存(供应库存),周转库存相当于两个月左右的口粮消费,以便接上下一季度的谷物收成。凡国家粮食库存系数低于17%为粮食不安全,低于14%为粮食处于紧急状态。

1983年4月,联合国粮食及农业组织对粮食安全概念进行了第二次界定:确保所有的人在任何时候,既能买得到又能买得起他们所需要的基本食物。

1996年11月,第二次世界粮食首脑会议对粮食安全概念做出了第三次表述:让所有的人在任何时候都能享有充足的粮食,过上健康、富有朝气的生活。这个定义包括三个方面的内容:要有充足的粮食(有效供给);要有充分获得粮食的能力(有效需求);以及这两者的可靠性。因此,这三者中缺少任何一个或两个因素,都将导致粮食不安全。

2001年,联合国粮食及农业组织再次将粮食安全的概念丰富为:"所有粮食需求者在任何时间都能在物质层面、经济层面和社会层面上获取数量充足、质量安全以及富含营养的食物,进而满足民众对健康生活的饮食需求和民众对食物的偏好需求"。此时,粮食安全的内涵已经从"吃得饱"转向"吃得好"。

党的十八大以来,以习近平同志为核心的党中央始终高度重视粮食安全问题,不断巩固提升粮食产能,牢牢端稳中国人的饭碗,在数量型粮食安全得到有效保障的同时,质量型和能力型粮食安全保障能力也实现大幅提升。当前,无论从总产量还是从人均占有量看,我国的粮食供给水平均处于历史最高。现有库存超过全年产量,居民对粮食的数量型需求得到有效满足。2023年全国粮食总产量13 908.2亿斤,比上年增加177.6亿斤,实现粮食生产"二十连丰",且连续九年超过1.33万亿斤。与此同时,我国粮食生产长期存在着"高成本、高价格、低效率"的问题,再加上资源环境约束不断加剧,粮食需求特别是饲料粮需求刚性增长,极端天气事件频发,粮食生产不确定性增加,端牢饭碗的压力不断加大。今后我国食物消费将进入总量增加、结构升级的新阶段,而农业资源环境约束将越来越紧,粮食增面积、提产量的难度将越来越大。随着世界变局加速演进,全球农产品贸易不确定性、不稳定性将日益增加。

---

① 1974年11月,在罗马召开的世界粮食大会上,联合国粮农组织给出了这个粮食安全的定义。

因此，在国内国际新形势下，我国粮食安全内涵应主要包含以下三个层次：第一层次是数量型安全，这是基于粮食维持人类生存的基本功能而提出的。对我国而言，确保数量型安全，就是要确保主粮数量的有效供给，稳定粮食生产，实现谷物基本自给、口粮绝对安全，这是我国确保粮食安全的最基本要求，也是实现更高层次粮食安全的基础和前提。第二层次是质量型安全，这是基于粮食提升生活品质的社会功能而提出的。对我国而言，确保质量型安全，就是要更好满足人民群众对农产品安全性、多样性、便利性的更高要求，顺应人民群众食物结构变化趋势，在确保粮食质量和供给结构不断提升的同时，保障肉类、蔬菜、水果、水产品等各类食物的有效供给，实现从"吃得饱"向"吃得健康、吃得安全"的跃升。第三层次是能力型安全，这是基于粮食作为大国博弈物资的战略功能而提出的更高层次要求。对我国而言，确保能力型安全，就是要在对外开放水平不断提升的背景下，有效提升我国农业竞争能力，并增强对全球农业资源和市场的影响力和掌控力，坚持"引进来"与"走出去"。

二、粮食安全的数量指标

一个国家和地区，粮食到底达到什么样的供给水平才算安全？根据各个国家和地区不同的社会经济因素，其评价指标应该是不一样的。我国研究粮食安全的专家学者基于对粮食安全概念本质的认识，并充分考虑到国际的可比性原则，选择了粮食自给率、粮食生产波动指数、人均粮食占有量、粮食储备水平、低收入阶层粮食保障水平五个指标，用以比较中国与世界上主要粮食生产和消费国在粮食安全主要环节上的差异，进而对我国的粮食安全状况做出客观公正的评价。

(一)粮食自给率

粮食自给率表示一个国家粮食生产量占总消费量的比重。一个国家粮食自给率的高低主要取决于该国可耕地、水资源等禀赋方面的条件。除此之外，粮食物流条件、国家工业化水平、市场化程度的高低、居民的膳食结构及消费模式等，这些因素都将对一国的粮食自给率产生重要影响。一般来说，粮食自给率与粮食安全水平的高低成正比。也就是说，一国的粮食自给率越高，粮食安全水平也就越高；反之则反是。出于粮食消费对人类生存的极端重要性和不可替代性，各国对保持怎样的粮食自给率往往十分谨慎，这种谨慎态度除了出于安全方面的考虑外，还因为保持一定的粮食自给率往往需要付出相应的政治成本或经济代价，因为单从经济的角度来讲，各国根据自身的比较优势，部分进口所需的粮食，可能比自己生产全部的粮食更加有利可图。各国决策者要根据各方面情况的变化在粮食安全的效益与成本之间做出某种权衡。由于国情不同，各国对接受怎样的粮食自给率并没有统一的认同标准。如美国、加拿大、澳大利亚和法国等农业资源丰富、农业现代化水平较高的国家,其粮食自给率普遍高于100%。而亚洲国家由于普遍属于人多地少的农业资源缺乏国,其粮食自给率普遍较低。大多数经济学家认为,粮食自给率大于95%表明一国已基本上实现了粮食自给,或者说已经达到了足够高的粮食安全水平;一般来说,只要自给率大于90%,即已达到了可以接受的粮食安全水平。对那些农业资源紧缺的国家来说,要实现粮食自给的目标,尤其是追求100%的粮食自给目标,往往会付出高昂的经济代价,因此不一定是明智的选择。

(二)粮食生产波动指数

粮食产量在很大程度上决定了一国的粮食供给能力及安全水平。但由于受气候和政策等因素的影响,粮食产量随着时间的推移往往会呈现出一定的波动性,波动幅度的大小在一定程度上反映了粮食安全水平。波动幅度可以用波动指数来表示。波动指数就是用每一年的实际粮食产量与该年的趋势产量的差除以该年的趋势产量得出的结果。粮食生产波动指数反映了粮食总产量随时间推移所表现出来的一种较为稳定的增长或下降趋势,它代表着粮食产量发展的基本方向。很显然,粮食生产波动指数越大,说明该年度粮食生产距离趋势值越远,该年度粮食供给的稳定性就越差,会影响粮食市场的供求,并进而影响粮食安全水平;反之,粮食生产波动指数越小,说明该年度粮食生产偏离趋势产量越小,稳定性越高,粮食安全水平也就相应的高一些。

(三)人均粮食占有量

人均粮食占有量是指在一个粮食年度内,一个国家粮食总供给量与该国同一时期内总人口的比率。人均粮食占有量可以在较高程度上反映一个国家的粮食安全状况。很显然,人均粮食占有量越高,粮食安全水平就越高。世界各国由于资源禀赋条件和人口数量等因素的差异,人均粮食占有量差别较大。美国、加拿大、法国、澳大利亚等国由于拥有丰富的农业资源和发达的农业生产水平,其人均粮食占有量远远高于世界平均水平;而亚洲国家的人均粮食占有量却普遍较低。

(四)粮食储备水平

粮食储备状况是反映粮食安全水平的一个非常重要的指标。FAO直接用粮食储备水平来衡量全球或一国的粮食安全水平,在20世纪70年代曾提出一个确保全球粮食安全的最低储备水平,即世界谷物的储备量至少要达到世界谷物需求量的17%~18%。多年来,FAO一直号召各国政府采纳这一最低安全储备政策,足以看出粮食储备状况对于粮食安全的重要性。从我国的具体情况来看,自20世纪60年代以来,粮食储备率呈稳步上升趋势,近年来粮食储备率更是高达40%以上。当然,对我国这样一个人口众多、区域间粮食供求差距巨大、粮食物流条件相对较弱的发展中国家来说,保持相对比较高的粮食储备水平是很有必要的。

(五)低收入阶层的粮食保障水平

从全球的角度来看,食物生产的增长速度已超过人口的增长速度,但发展中国家仍有几亿人在挨饿,即使最富裕的发达国家也有许多人得不到足够的食物,这些得不到充足食物的人往往是那些贫困人口。尽管中国在反贫困方面取得了很大成绩,但低收入阶层绝对数仍然是相当大的,这部分人口的生活尤其是食品得不到保障,影响了我国全面建设小康社会的进程,并对社会稳定和发展造成一定的影响。

第二节 世界粮食安全的总体状况

粮食安全是个世界性的概念,也是个世界性的难题。纵观世界粮食安全形势变化的历史,全球粮食安全总体形势不容乐观。联合国粮食及农业组织(FAO)发布的《2023年全球粮食危机报告》指出,受经济冲击、冲突和不安全、气候变化和极端天气事件等因素的驱动,全球粮食危机形势和严重粮食不安全状况进一步加剧,2022年的全球粮食不安全严重程度从2021年的21.3%上升至22.7%,全球严重粮食不安全危机呈恶化趋势。在经济冲击、冲突和不安全、极端天气事件等日益交织叠加并相互影响下,世界粮食安全面临严峻挑战。

一、粮食安全面临的挑战

(一)耕地的退化与丧失

地球上可耕种的土地是有限的,仅占总土地面积的11%。据联合国粮农组织的数据显示,自第二次世界大战以来,世界耕地面积保持小幅稳定增长。从1965年至2005年,世界耕地总面积从129 919万公顷上涨到142 117万公顷,增幅为9.4%;耕地面积年均增加305万公顷,年均增长率为0.22%。但自2001年以来,世界耕地面积年均增长率逐渐减缓。2001年,世界耕地总面积为141 240万公顷;2005年,世界耕地总面积为142 117万公顷。由此推之,2001—2005年,世界耕地面积增加了877万公顷,耕地面积年均增加为约220万公顷,年均耕地增加率仅为0.15%。[①] 尽管如此,相对于人口的快速增长来说,人均可耕地面积正快速减少。另外,地球上形成10毫米表土需100～400年甚至更多的时间,因此在100年内,土地资源应视为不可再生的资源。而随着工业化、城镇化的快速推进,耕地面积将加速被占用,并且,因高强度利用,耕地质量退化问题也十分严峻。2021年,联合国粮食及农业组织(FAO)发布的《世界粮食和农业领域土地及水资源状况:系统濒临极限》报告显示,目前全球用于作物和畜牧生产的农业用地约47.5亿公顷,其中

---

① 以上数据引自联合国粮农组织(FAO)数据库(http://faostate.fao.org),2009年1月6日。

耕地面积超过 15 亿公顷。耕地仅占全球各类土地的 13%,但已退化的耕地却占到所有退化土地的 29%。总之,相对于人类的需求而言,农地资源的有限性构成了重要的粮食安全约束。

(二)水资源的短缺

淡水资源在世界水资源总储量中的比重较低,据联合国统计,世界水资源总量约为 14 亿立方千米,其中大部分是海洋中的咸水,淡水资源总量约为 3 500 万立方千米,约占水资源总量的 2.5%。已探明的淡水资源储量中,大约 2 400 万立方千米或者说 70% 都是山地、南极和北极地区的冰和永久积雪。淡水资源分布不均衡使本已紧缺的淡水资源雪上加霜。淡水资源分布不均衡体现在洲际间、国家间和一国内部不同地区之间。以淡水资源国家间分布不均衡为例,在世界各主要粮食生产国,巴西由于地处南美大陆的热带雨林地区,人均淡水资源占有量居于世界前列。截至 2020 年,美国和加拿大淡水资源总量分别为 2.8 万亿和 2.9 万亿立方米,居世界前列,美国人口相对较多,其人均淡水资源占有量约为 8 500 立方米。中国和印度这两个发展中国家,淡水资源拥有量分别为 2.8 万亿立方米和 1.4 万亿立方米,考虑人口因素,人均淡水资源占有量仅为 1 993 立方米和 1 036 立方米。[①]

(三)大气污染与酸雨

随着世界各国工业的迅速发展,硫、氯的氧化物在大气中的浓度往往超过粮食作物所能忍受的标准,延缓了植物的光合作用。在大气污染物对农作物的直接危害中,低浓度长期暴露引起的慢性伤害,尤其是不可见伤害对粮食作物的生长发育和产量的影响更严重,如诱发病虫害;改变农药的性质(某些农药如波尔多液在某些大气污染物如二氧化硫的影响下,对农作物产生毒害作用);污染农田土壤(影响土壤微生物种群和活性,改变土壤理化性质,降低土壤肥力,进而影响作物的生长发育和产量);二氧化硫形成的酸雨,直接威胁着世界各国的农业生产,造成森林大片死亡、湖泊中鱼类数量骤减;氯氟烃化合物和哈龙会破坏大气层中的臭氧,研究显示大气层中的臭氧每下降 1%,紫外线 β 辐射即相应地增加 2%,主要农作物如大豆将减产 1%。美国研究表明,空气污染已使农作物减产 5%,由于矿物燃烧引起的烟雾,经阳光作用产生臭氧到达地平面,使美国农作物每年损失达 50 亿美元。

(四)极端气候的冲击

根据联合国粮农组织 2023 年发布的《灾害对农业和粮食安全的影响》报告,随着地球变暖,极端天气和灾害事件的频率和强度都在增加。根据灾害流行病学研

[①] 以上数据引自世界银行数据库(https://data.worldbank.org.cn/indicator/ER.H2O.INTR.PC?locations=US)。

究中心(CRED)的国际灾害数据库(EM-DAT),从20世纪70年代的每年100次增加到过去20年的每年约400次,灾害正在影响农业粮食系统,危及粮食安全,并破坏农业的可持续性。2020年8月至2021年4月,东太平洋发生了中等强度的拉尼娜事件,导致2020/21年度美国小麦与巴西大豆减产近10%;2021/22年美国西部干旱波及58%的冬小麦作物区;2022年印度遭遇持续高温,导致小麦产量下降5.7%。2024年入夏以来,极端天气几乎席卷了北半球,从欧洲到亚洲,多国遭遇高温、干旱、洪涝等气候挑战。目前,全球北半球主要种植区都出现了创纪录的高温,这不仅打乱了各地农民的种植计划,也严重影响农作物生长。

(五)粮食资源分布不均衡

世界粮食资源在不同国家和地区间存在巨大落差。由于世界人口和粮食生产在空间分布上的不均衡、不匹配,全球范围内的粮食产销分离趋势日渐明显,粮食生产和出口越来越向少数国家和地区集中。全球稻谷的出口国集中在泰国、越南、印度等国家,这些国家在国际稻谷出口贸易方所占的市场份额长期维持在50%以上;全球小麦出口集中在欧盟国家和俄罗斯,玉米出口集中在美国和阿根廷两个国家;全球大豆的出口国集中度持续升高,前两大出口国——美国和巴西的大豆出口份额合计由2000年的79.3%提升至2019年的83.5%。总体上,全球粮食贸易呈现出高度依赖少数大型粮食净出口国的态势,不仅容易形成卖方市场势力,使得出口国有可能利用粮食禁运作为武器来制约进口国,而且一旦出口国暴发重大自然灾害、疫情疾病或出现政局不稳定等突发情况,极易诱发全球粮食市场供给不稳、供应不畅,进而引爆世界范围内的粮食供应短缺或粮食价格危机。

二、粮食安全的现状

全球粮食供需总体上宽松,但产销紧平衡、品种结构分化、产销区域分布不均衡特征明显。根据联合国粮农组织(FAO)2022年12月份发布的《谷物供求简报》,2022年全球谷物消费量约27.8亿吨,而全球谷物供给总量达36.1亿吨,尽管相对上年供给总量减少了3 700万吨,但从总量上看仍然宽松。从谷物生产情况看,2022年粮食产量达27.6亿吨,同比减少570万吨,对比全球谷物消费量约27.8亿吨,呈现产不足消情况。从谷物库存情况看,尽管库存消费比远高于FAO粮食安全警戒线(17%~18%),保持在29.3%左右,谷物库存量高达8.4亿吨,但较上年加大了库存消耗,减少1 850万吨左右,同比下降1.6%。

从品种结构看,小麦、粗粮、稻谷供给量同比略有减少,粗粮和稻谷消费量同比略有减少,小麦消费量同比微增。从区域分布看,受人口数量、农业发展条件、资源禀赋、科技水平、粮食治理能力等因素影响,粮食产消分布极不均衡,全球粮食生产集中于气候适宜、耕地资源禀赋占优、农业生产效率较高的少数农业国;粮食不安全地区主要集中在经济不发达、农业科技水平和生产效率较为低下、国家治理能力较薄弱的多数国家。全球四大粮食产区集中在北美洲的美国和加拿大、南美洲的巴西和阿根廷、黑海周边的乌克兰和俄罗斯,以及亚洲的印度和中国等区域。2021年大米、小麦、玉米和大豆前五大生产国产量合计分别占全球总产量的73.3%、64.8%、73.7%和82.4%。全球粮食不安全地区主要集中在非洲、拉丁美洲、南亚地区以及不稳定和发生冲突的加勒比海地区,根据FAO数据,到2021年全球仍然有47个低收入缺粮国。

全球粮食进出口市场结构失衡。国际贸易在维护全球粮食安全中发挥着越来越重要的作用,多数缺粮国对国际市场进口依赖强,少数出口大国对国际市场影响大,粮食出口大国贸易措施异动对全球粮食安全风险增大。根据FAO数据,从全球谷物贸易量与消费量占比看,2020年已提高到17.4%,2022年略有下降为17%左右;分品种看,大米、粗粮、小麦和大豆贸易量与消费量占比分别约为10.2%、15.1%、25%和44.2%。进口贸易对保障全球粮食安全、避免局部地区粮食危机及发生外溢效应都发挥着至关重要的作用,特别是对贸易消费占比较高的大豆和小麦尤为如此。全球粮食及化肥进出口市场分布长期不均衡,粮食及化肥出口高度集中,而进口相对分散。根据美国农业部数据,2021年大米、小麦、玉米和大豆前五大出口国合计分别占全球出口量比重高达78.9%、66.3%、88.5%和90.6%,全球化肥前三大出口国出口量占比达70%左右。从粮食进口国看,大米和小麦等口粮进口主要集中在人口数量众多、耕地资源匮乏的亚洲国家以及农业生产欠发达的非洲国家,玉米和大豆等饲料粮进口集中在牲畜养殖需求较大的东亚和欧洲地区。

2019年以来,"新冠"疫情延宕反复,气候冲击和地缘冲突频发,世界粮食安全面临多重危机交织,饥饿问题不断加剧。五家联合国专门机构在2023年发布的《世界粮食安全和营养状况》报告中指出,2022年全世界有6.91亿~7.83亿人面临饥饿,中位数高达7.35亿。也就是说,与2019年"新冠"疫情暴发前相比,全球增加了1.22亿饥饿人口。气候变化、地缘冲突、经济等方面的因素使得日益严峻的粮食安全问题更加突出。气候冲击增加了全球粮食生产不确定性,2023年4月起,受厄尔尼诺现象的影响,东南亚、欧洲等地出现持续高温干旱天气。泰国、越南等主要大米出口国以及法国、英国等主要水稻种植国都因为少见的持续性干旱而下调产量预期。与此同时,地缘政治之间的冲突更是给原本就处在脆弱平衡关系中的全球粮食安全雪上加霜。

第三节 我国粮食生产及其影响因素

一、粮食生产总体现状

改革开放以来,我国粮食生产总体上呈现出在波动中上升的趋势。全国粮食产量 1978 年仅为 30 477 万吨,而到 2023 年已达到 69 541 万吨。全国年均粮食总产量,"六五"时期为 37 064.4 万吨,"七五""八五""九五"时期分别增加到 40 847.2 万吨、44 923.2 万吨和 49 631.6 万吨;与前期年均总产量相比,分别增加 10.2%、10.0% 和 10.5%。1996 年,我国粮食总产量越过了 50 000 万吨的台阶,达到 50 454 万吨。从 1999 年开始,由于自然灾害比较严重,特别是加快农业结构调整和粮食价格低迷,导致粮食播种面积减少。我国粮食产量连续 3 年减少,其中 2000 年的减产幅度更高达 9.1%。全国粮食总产量 2001 年为 45 264 万吨;2002 年较上年增加 1%,达到 45 710 万吨;2003 年,全国粮食又进一步减产,减幅达到 5.8%,当年粮食产量仅为 43 067 万吨,仅为之前历史最高年份 1998 年粮食产量 51 230 万吨的 84%;2003 年以后,我国粮食生产迎来了新局面。2004 年,我国粮食生产出现重要转机,粮食总产量达到 46 947 万吨,比上年增产 3 380 万吨,增幅达到 9.0%;2005 年粮食产量达到 48 402 万吨,比 2004 年又增加了 1 455 万吨,增产 3.1%。2023 年,全国粮食总产量达到 69 541 万吨,实现粮食生产"二十连丰"。

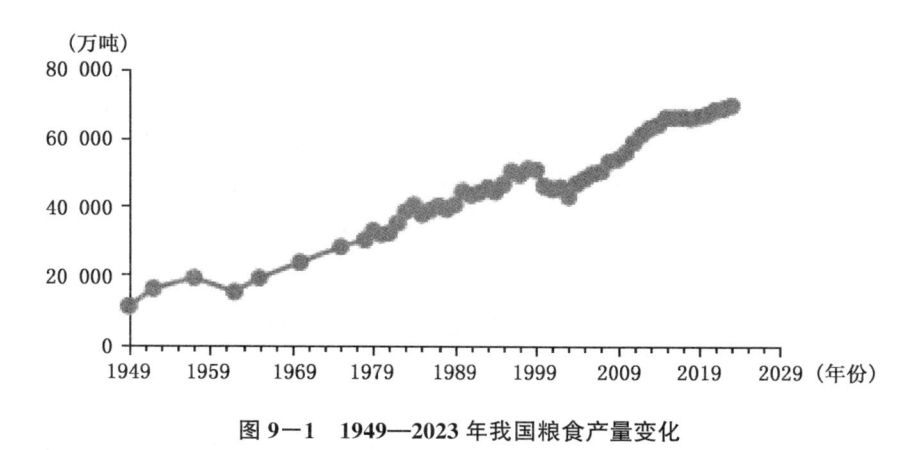

图 9—1　1949—2023 年我国粮食产量变化

二、主要粮食品种生产现状分析

我国的粮食品种主要包括稻谷、玉米、小麦与大豆,下面依次对这四种主要粮食作物的生产现状做具体分析。

(一)稻谷

水稻是我国主要的粮食品种之一,其产量一直占据我国粮食生产的主体地位,但是自 1991 年以来,我国稻谷产量占粮食总产量的比重总体呈下降趋势。1991 年稻谷产量为 18 381 万吨,占粮食总产量的 42.4%;1998 年稻谷产量达到 19 871 万吨,占粮食总产量的 38.8%,比 1991 年下降了 3.6 个百分点;2003 年稻谷产量为 16 066 万吨,占粮食总产量的 37.3%,比 1991 年下降了 5.1 个百分点;2004 年稻谷产量为 17 909 万吨,占全年粮食总产量的 38.29%;2005 年稻谷产量为 18 059 万吨,占全年粮食总产量的 37.31%,总产量比 1991 年下降 1.75%,比最高年份的 1997 年下降了约 10%。与此同时,我国稻谷的播种面积也呈现下降趋势,2005 年我国稻谷播种面积为 2 885 万公顷,分别比 1991 年、1997 年下降了 11.48% 和 9.16%。虽然我国稻谷的播种面积下降幅度较大,但是由于农业科技水平的大幅度提高,我国稻谷的单产水平总体处于上升趋势,从 1978 年的每公顷单产 3 978 千克大幅提升到 2014 年的每公顷单产 5 892 千克,2023 年稻谷每公顷单产更是达到了 7 136 千克,单产的提高速度大幅超过了稻谷播种面积的下降速度,因此,自改革开放以来,我国稻谷的总产量不仅没有下降,而且呈现上升趋势。

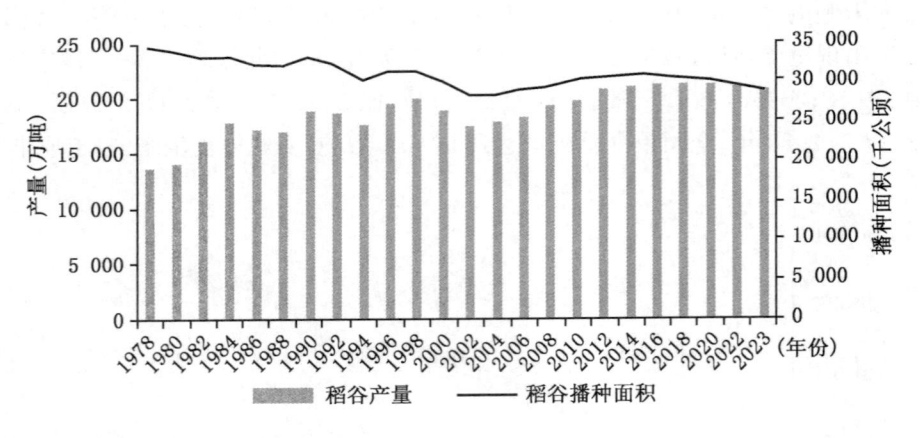

资料来源:《中国农村统计年鉴》。

图 9—2 1978—2023 年稻谷产量和种植面积变化

(二)玉米

玉米已逐渐成为我国产量第一的主要粮食作物,是我国主要的饲料粮和部分地区的主要口粮,目前已发展成为粮、饲兼用的作物,在整个国民经济中具有十分重要的地位。自改革开放以来,我国玉米产量及玉米占粮食产量的比重总体呈上升趋势。特别是自 20 世纪 90 年代初以来,随着我国玉米播种面积的显著增加,产量快速增长。我国玉米的播种面积总体在稳步增加,2022 年达到 4 307 万公顷。

1991年我国玉米产量为10 083万吨,占粮食总产量的22.7%;1998年玉米产量达到13 296万吨,占粮食总产量的26%;2005年玉米产量达到13 936万吨,占粮食总产量的28.85%;2023年玉米产量达到28 884万吨,占粮食产量的41.5%。从玉米单产情况来看,20世纪90年代后,随着农业科技含量的提高,玉米单产出现了很大飞跃,1978年我国玉米单产每公顷仅为2 803千克,而到2005年,我国玉米产量每公顷大幅提升为5 287千克,2023年每公顷已经达到了6 532千克。

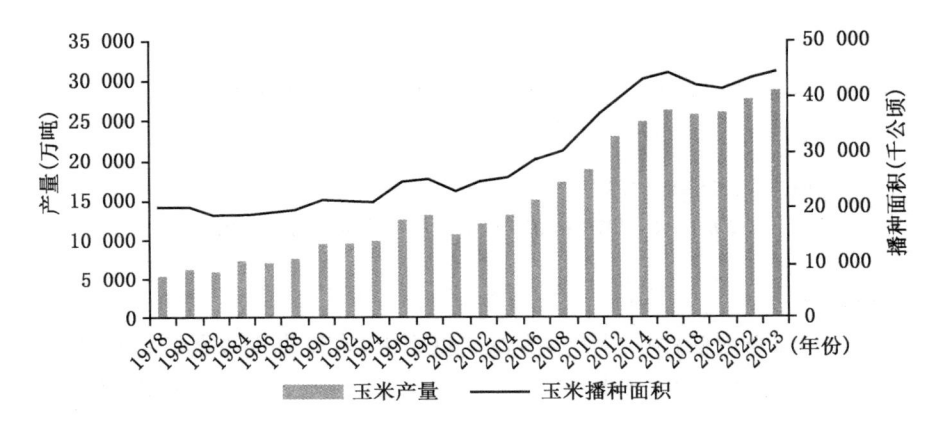

资料来源:《中国农村统计年鉴》。

图 9—3 1978—2023年玉米产量和种植面积变化

(三)小麦

小麦是我国第三大粮食作物,自改革开放以来,我国小麦总产量呈现反复波动的走势。1991年我国小麦产量为9 595万吨,占粮食总产量的22%;1997年我国小麦产量达到历史最高水平,为12 329万吨。而从1998年开始,我国小麦产量出现下滑走势,2003年产量减至1991年以来的最低水平,为8 649万吨,当年小麦产量占粮食总产量的比重为20.1%。此后几年,在小麦价格上涨和我国各项扶农政策的激励下,我国小麦产量连续几年大幅反弹,至2005年我国小麦产量回升到9 744万吨,比2003年增产1 095万吨,增幅高达12.66%,2023年达到13 659万吨。我国小麦播种面积也呈现先下降后逐渐平稳的态势,2005年播种面积仅为2 279万公顷,分别比1991年、1997年下降了26.36%和23.45%;目前小麦的播种面积基本稳定在2 400万公顷左右。从我国小麦的单产水平来看,自改革开放以来,小麦单产提升速度非常快,1978年是每公顷1 845千克,到2005年提升为4 275千克,2023年为5 780千克。

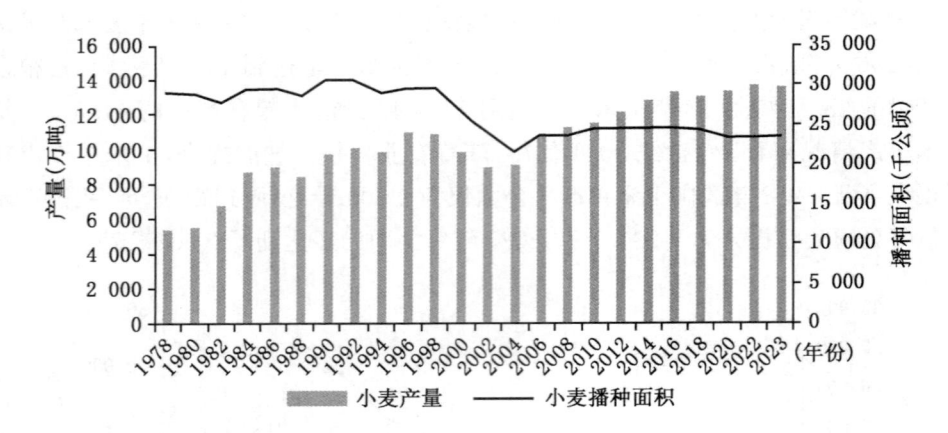

资料来源：《中国农村统计年鉴》。

图 9—4　1978—2023 年小麦产量和种植面积变化

(四) 大豆

大豆虽然在我国粮食总产量中所占比重不大，多年来仅占我国粮食总产量的 2‰～3‰，但也是我国四大主要粮食品种之一，并且近年来随着市场需求的大幅上升，我国大豆产量增加幅度较大。

从大豆的生产情况来看，在 20 世纪 90 年代初期，我国大豆产量较低，基本保持在 1 000 万吨左右。1993 年开始，国内大豆产量出现较大提高，当年大豆总产量达到 1 531 万吨，1994 年的产量更高达 1 600 万吨，在 20 世纪 90 年代中后期，我国大豆产量出现一定程度的回落，但年产量也基本维持在 1 400 万吨左右的水平。随着 2001 年起国家开始实施"大豆产业振兴计划"，加大对大豆产区的投入力度，国内大豆产量出现稳步增长，2004 年产量达到创纪录的 1 740 万吨，占当年粮食总产量的 3.7%。得益于大豆产能提升工程及多项政策支持，2023 年国产大豆产量达到了历史最高至 2 084 万吨。从我国大豆种植面积的变动情况来看，2014 年之前大豆播种面积呈波动状况，2014 年之后大豆播种面积稳步上升。从我国大豆的单产变动情况来看，在 1993 年和 1994 年，由于气候条件良好及种植技术的改良，我国大豆单产迅速增加，达到了 1 700 千克/公顷，2002 年的大豆单产水平更是高达每公顷 1 893 千克。进入 21 世纪以后大豆单产逐渐趋于稳定，2023 年我国大豆平均单产为每公顷 1 990 千克。需要指出的是，近年来我国对大豆的需求持续增加，而国产大豆生产量却在降低，这其中的差额只能靠进口来弥补，我国现已成为世界上最大的大豆进口国，2023 年我国大豆进口量为 9 941 万吨，占据全球各国、地区进口大豆总量的六成。

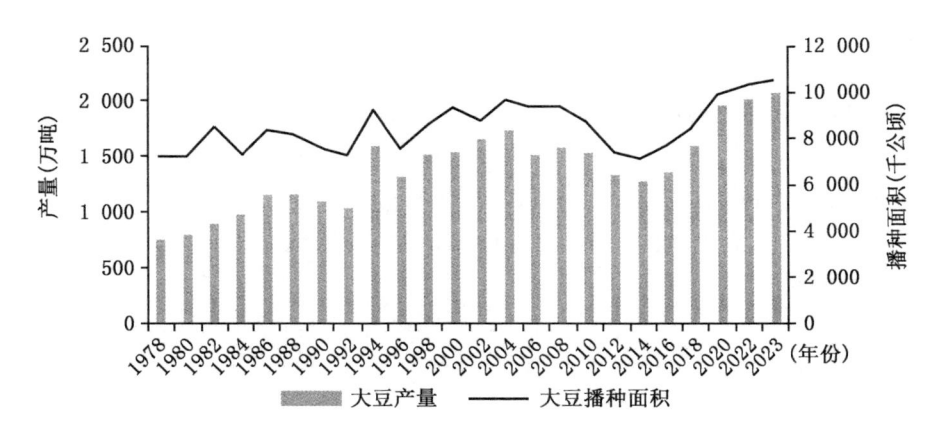

资料来源:《中国农村统计年鉴》。

图 9—5 1978—2023 年大豆产量和种植面积变化

三、粮食安全的影响因素

影响粮食生产的因素很多,归纳一下,主要有资源供给、政策导向、要素投入以及科技进步这几个方面。

(一)资源供给

进行粮食生产的物质基础是各种自然资源,其中最为重要的是耕地与水资源。从我国储备情况来看,这两种资源条件的前景都不容乐观。从耕地资源来看,我国虽然地大物博,国土总面积居世界第三位,但其中不能或难以利用的沙漠、戈壁、冰川等占了相当大的部分,我国耕地面积仅占土地总面积的 13.7%,远低于印度的 49.4%、法国的 33.2%、英国的 24.9% 以及美国的 18.7%;而且自改革开放以来,我国耕地面积几乎每年都在减少。近年来,随着工业化、城镇化、市场化步伐的加快和生态退耕的不断推进,我国耕地面积出现了较大幅度的下降,人均耕地面积进一步递减的态势将无法在短中期内得到根本的扭转。在我国耕地面积不断减少的同时,可利用的后备耕地也非常不足,目前全国共有宜耕地后备土地资源 1.13 亿亩,而且后备资源 60% 以上分布在水资源不足、水土流失、沙化及盐碱严重的西北部地区,交通不便,若开发不当,极易引起生态环境问题。除耕地数量有限之外,耕地质量也是影响粮食产量和农产品营养安全的重要因素。据 2020 年的《中国生态环境状况公报》的数据统计,截至 2019 年底,虽然全国所有耕地质量平均等级仅为 4.76 等(等级越高质量越差,通常为 1～15 等级),与 2014 年相比上升 0.35 个等级,但仍有约 4.44 亿亩耕地的质量偏低,在 7～10 等。

从水资源状况来看,我国水资源最典型的特征就是总量严重不足、时空分布极不均匀、水土资源不匹配。目前，我国水资源总量为 2.48 万亿立方米，人均水资源量为 2 100 立方米，约为世界平均水平的 30% 左右，是全球人均水资源最贫乏的国家之一。从水资源的时间分布来看，全国大部分地区四个月的最大降雨量约占全年降雨总量的 70%。从水资源的空间分布来看，我国南方水资源总量约占全国的 80%，人口占全国的 55%，耕地面积仅为全国的 36%；而北方水资源总量不到全国的 20%，人口则占到全国的 45%，耕地面积占到全国的 64%。水资源的时空分布显著不均匀。

除此之外，目前我国 18.27 亿亩耕地中只有 7.5 亿亩耕地可以确保灌溉，另外 10 多亿亩旱耕地只能依靠自然降水来进行农业生产，导致我国常年农作物受灾面积高达 3 亿~4 亿亩，每年损失粮食 300 亿千克左右，占各种自然灾害损失总量的 60%。这在西北黄土高原和西南丘陵山地表现得尤为突出，这些地区的粮食产量、质量很不稳定，即使是优良品种或者具备高新技术，也长期因为缺水而难以发挥其应有作用。与此同时，人们在对水资源开发利用中的浪费、低效以及污染等问题进一步加剧了水资源的短缺。从总体上看，我国水资源趋紧的局面已经成为刚性紧缺，水资源的短缺和不足已经成为制约我国粮食生产的最主要因素之一。

(二) 政策导向

造成我国粮食总产量波动的一个重要原因是农业政策的变化。1980—1984 年，我国粮食总产量出现了快速增长，究其原因，主要有两个：一是以家庭联产承包制为核心的农业生产和经营体制的变革，确立了农户这一相对独立的微观经济主体，有效激励机制的建立成为农业尤其是粮食生产迅速发展的制度保障；二是国家大幅度提高主要粮食品种的收购价格，调动了农民的生产积极性。这两方面的原因都是政策方面的巨大变动。在粮食连年增产的形势下，从 1985 年开始，取消粮食统购，改为合同订购，订购粮食实行"倒三七"比例价，加上不少地区取消鼓励粮食生产的政策，挫伤了粮食主产区和粮农的生产积极性，致使自 1985 年后出现了连续几年的粮食产量徘徊不前的局面。1990 年以后，我国粮食生产能够摆脱停滞下滑的趋势，并在 1993 年跨上 4.5 亿吨的台阶，其主要原因还是政府高度重视发展粮食生产，从投入、资金及政策方面采取多种办法鼓励粮食生产。自 2000 年以来，我国粮食生产出现连续几年的滑坡以及自 2004 年以来我国粮食生产"二十连丰"，其主要原因还是农业政策的调整。因此，要确保我国的粮食安全，政策上对粮食生产的扶持是必不可少的。

(三) 要素投入

用于粮食生产的投入主要分为国家投入和农户自身的投入。从国家的投入来看，粮食生产关系国计民生，是重要的战略物资，因此，我国政府（特别是中央政府）对粮食生产一直非常重视。事实也证明，我国粮食产量每上一个新的台阶，都与政府加大对粮食生产的投入密不可分,如 1982 年到 1994 年,我国粮食产量从 3.5 亿吨增加到 4.5 亿吨,相应的国家财政支农资金也由 121 亿元增加到 533 亿元。近年来,国家不断加大对粮食生产的投入力度,重点支持良种繁育和推广、中低产田改造、节水灌溉等关键环节,先后实施了种子工程、商品粮基地、大型灌区节水改造、农业综合开发、高标准农田建设等一系列重大项目。今后,随着国家经济实力的增强,国家用于粮食生产的投入将不断增加,这将有助于改善粮食生产条件,使粮食单产水平进一步提高。从农户的投入来看,农户对粮食生产的投入与种粮的收益水平相关性很大,因此,在未来为了稳定农户粮食生产方面的投入,必须采取各种措施来稳定并提高农户的种粮收益。尤其值得注意的是,国家投入的增加将有效地改善粮食生产的基础设施条件,有助于提高粮食单产。

(四)科技进步

自改革开放以来,我国粮食产量持续增长,这主要靠的是物质资料的不断投入、家庭经营制度的创新、不断提高的粮食价格以及行政力量的干预。今后,所有这些要素的潜力已经逐渐消耗,特别是价格激励已经使我国粮食价格高于国际市场价格。从长远发展来看,我国粮食生产增长将更多地依靠非价格因素的促进作用,其中最主要的是科技进步。在科技进步显著的情况下,即使某一作物的价格没有提高,甚至下降,也会引致该作物的增产。近年来,我国农业科技创新成果不断取得突破,为保障国家粮食安全、促进农民增收发挥了重要作用。农业科技进步贡献率从 2012 年的 54.5% 提高到 2021 年的 61.5%,我国农业科技整体水平已从世界第二方阵跨入第一方阵。

此外,我国在农业资源利用效率方面与发达国家相比还有较大差距。在化肥和农药利用效率方面,虽然我国化肥、农药利用率比两年前有大幅提高,但与发达国家相比,还有很大差距。例如,美国粮食作物氮肥利用率大体在五成左右,欧洲主要国家大体在 65%,而我国化肥利用率仅为 40.2%,农药利用率为 40.6%。在农业用水效率方面,我国农业用水的有效利用率仅为 40% 左右,远低于欧洲等发达国家 70% 至 80% 的水平。这反映了我国在农业节水技术和管理方面的不足。

第四节 我国粮食消费状况及影响因素

一、我国粮食消费发展的四个阶段

(一)1949—1978 年:粮食供不足需,消费水平低下

总体而言,这一阶段我国的粮食生产发展缓慢,粮食生产总量长期在低水平上波动,居民的口粮消费尚未得到根本解决,粮食供给不能满足温饱需要。在新中国成立初期,由于长期的战乱使我国的粮食生产遭到了严重的破坏,粮食供求矛盾十分尖锐,加上当时不法粮商投机活动猖獗,政府掌握的粮源有限,导致粮食市场价格剧烈波动,并推动物价大幅上涨,给人们的日常生活和社会稳定造成了较大的威胁。从 1953 年起,为了克服当时粮食短缺的困难和确保城市配套系统内的低价食物供应,我国开始在农村实行强制性的低价粮食收购政策,即"统购统销制度"。从 1949 年到 1957 年,我国粮食总产量从 11 320 万吨增加到 19 500 万吨,粮食市场和价格也基本保持稳定,人民的温饱问题基本能够得到解决。但由于随后的"大跃进"和"文化大革命",使得整个经济和生产遇到了很大的挫折,从 1958 年到改革开放前的 21 年间我国粮食总产量仅增加了 11 020 万吨,平均每年仅增加 500 万吨左右。这一阶段我国的粮食供给水平远小于需求,人均粮食产量在 250~300 千克。由于粮食供给总量的严重短缺,粮食消费结构单一,粮食的非口粮消费量很低,口粮消费中细粮消费比重不高,粮食以外的其他食物消费数量有限,人均肉类年消费量低于 10 千克,每人每日所摄入的热量不到 1 900 千卡,消费粮食所提供的热量占 80%~90%。1978 年,农村居民口粮消费中,稻谷、小麦等细粮消费仅占 49.4%。在这一阶段,虽然名义上的粮食自给率很高,但是这种高自给率是在用计划体制强力扭曲了粮食生产、流通和消费情况下取得的低水平的粮食安全,是一种高成本、低效率的短期安全,这一计划体制下的粮食安全必然是不可持续的。

(二)1979—1993 年:粮食供给迅速增加,消费快速增长

1978 年悄悄发生在安徽省凤阳县的"包干到户"引发了中国农村微观制度的创新,在此后的不到四年的时间内,实行家庭联产承包责任制的生产队占总生产队的比例达到了 99% 以上。家庭联产承包责任制对人民公社制度下生产队经营体制的全面取代,使得我国农业生产的决策方式和激励机制发生了根本性的变化,农业生产的绩效不断提高,粮食产量出现了大幅度的增长,极大地缓解了我国多年来粮食供求紧张的状况。随着粮食供给能力的大幅度提高,我国居民的口粮消费也出现了快速增长,农村居民人均口粮消费量从 1978 年的 247.8 千克增加到 1993 年的 266 千克,细粮比重从 49.4% 上升至 83.1%。1985 年以后,随着城镇居民收入的快速增长,副食品供应日益丰富,城镇居民的食物消费呈现多元化趋势,人均口粮消费开始下降,城镇居民人均粮食购买量由 1985 年的 157 千克(原粮)下降至 1993 年的 114 千克。1993 年,我国粮食国内总需求量达到 44 327 万吨,粮食人均年消费量已经达到 380 千克。这一阶段后期,在口粮消费不断增加的同时,饲料用粮和工业用粮的消费数量也持续增长。1993 年,我国人均日摄入蛋白质达到 70 克,日摄入热量为 2 700 千卡,比前一个阶段有了较大幅度的提升。

(三)1994—2000 年:粮食供给相对过剩,消费平稳增加

在粮食价格上涨的激励及"粮食省长负责制"的政策保障下,1994—2000 年我国粮食产量出现了较大幅度的增长。1996年我国粮食产量首次突破了5亿吨大关,全国粮食产量及人均粮食产量分别达到了历史次高和历史最高水平。此后,到1999年的4年间,我国粮食产量一直稳定在5亿吨左右的水平。粮食消费量的增长低于粮食产量的增长使得在这一阶段我国粮食库存迅速增加,在1999年库存达到2.88亿吨,大大高于合理库存量,粮食供给甚至已经出现了相对过剩的局面。在此阶段,我国粮食产量大幅增加的同时,粮食消费增长平稳,粮食消费结构得到了动态调整,具体表现为口粮(特别是人均口粮)消费出现下降趋势,而饲料用粮和加工用粮迅速增长。数据表明,从1994年到2000年,我国国内粮食总需求量从45 664万吨增至47 703万吨,口粮消费却从28 244万吨下降到27 669万吨,饲料用粮消费从12 215万吨增加至14 271万吨,工业用粮从2 327万吨增加至4 513万吨。口粮消费占国内粮食总消费量的比重从60.2%下降至58.0%,饲料粮比重从26.7%上升至29.9%,工业用粮比重从5.1%上升至9.5%。

(四)2001年以来:粮食总量紧平衡,结构性矛盾突出

2004年以来,国家制定了一系列行之有效的强农惠农政策,如废除农业税、实施农业支持保护政策等,中国粮食生产发展在不断探索中取得新突破,粮食综合生产能力稳步提升,粮食供需紧张问题基本解决,总量实现了供需平衡。近年来,我国开始由注重粮食数量提升转变为粮食数量和质量并重,更好地满足消费者转型升级的需求,但一些品种也存在"结构性供大于求与供给不足并存"等问题。随着居民收入水平的提升和城市化进程的快速推进,这一阶段的粮食消费结构出现了显著变化,突出表现在我国粮食消费结构明显呈现从温饱向营养转型的特征:口粮消费数量下降,工业用粮和饲料用粮大幅度增长,优质粮食的消费比重快速上升,居民膳食向营养水平提高和营养结构科学化转型,粮食的消费向安全、优质、营养的方向发展。2005年,我国粮食国内总消费量为49 440万吨,其中口粮消费为27 107万吨,饲料用粮消费为15 818万吨,工业用粮为5 335万吨。2013年,我国城乡居民口粮消费量下降到2亿吨,而饲料用粮消费量增加到3亿吨,饲料用粮消费量远远超过城乡居民口粮。2022年,我国饲用粮食消费量约占粮食消费总量的48%,超过口粮消费近15个百分点。就粮食品种而言,稻谷消费趋于稳定,玉米和小麦消费增长显著。从2005年到2023年,稻谷消费从18 325万吨增长到20 072万吨,年均增长0.5%,基本趋于稳定;小麦消费从9 985万吨增长到14 789万吨,年均增长2.2%;玉米消费从13 740万吨增长到29 590万吨,年均增长4.4%。美国农业部数据显示,中国稻谷、小麦库存量不断增加,2020—2021年度期末库存量达到高点,分别为11 650万吨和14 412万吨。小麦库存量已超出2020年和2021年产量水平,稻谷库存量约占2021年全年产量的一半以上。由此可见,近年来中国粮食供需的结构性矛盾主要集中在稻谷、小麦两大口粮品种供给过剩,但饲料粮尤其是蛋白饲料短缺问题凸显。

二、我国粮食消费的变动特点

自改革开放以来,我国粮食消费主要呈现以下几方面的特点:

第一,城乡居民人均口粮消费下降,口粮消费总量稳中有降。在口粮消费方面,居民收入水平是最重要的影响因素。当居民收入在贫困线附近时,随着居民收入水平的提高,居民口粮消费会急剧增加;而当居民收入达到一定水平以后,消费的收入弹性系数就会下降,口粮消费量对收入的增加就不再敏感,而对动物性食品(猪牛羊肉、禽肉、水产品)的需求将持续大幅增加。自改革开放以来,随着我国居民收入水平的提高,我国居民的粮食消费结构也开始发生类似的变化。从1978年到1984年,随着我国居民收入水平的逐步提高,居民人均口粮消费量呈急剧上升趋势,这期间主要解决了粮食消费不足的问题,城市人均消费口粮(贸易粮)由1978年的205.3千克提高到1984年的239.4千克,农村人均口粮消费由1978年的214.8千克提高到1984年的266.9千克。我国城乡居民粮食消费水平提高到一定程度以后,随着收入水平的继续上升,城镇居民的人均口粮消费量自1985年以来呈现下降趋势,1994年以后,农村居民人均口粮消费也开始逐步下降。21世纪以来,城乡居民的人均口粮消费更是维持下降趋势,如表9-1所示。所以,虽然近年来我国城乡人口总量不断增加,但由于人均直接消费粮食的下降,全国城乡居民的口粮消费总量呈稳中有降态势。①

表9-1　　　　　21世纪以来城乡居民每人每年粮食(原粮)消费量　　　　单位:千克,%

年份	城镇	增长率	农村	增长率
2001	103.6	/	238.6	/
2002	102.1	-1.4	236.5	-0.8
2003	103.4	1.3	222.4	-6.0
2004	101.7	-1.6	218.3	-1.8
2005	100.1	-1.6	208.9	-4.3
2006	98.7	-1.4	205.6	-1.6
2007	102.3	3.6	199.5	-3.0

---

① 统计数据表明,1996年我国城乡居民口粮消费总量为27 395万吨,而到2005年我国口粮消费总量却降为27 107万吨,2012年为25 389万吨,2023年为25 100万吨。根据2023年4月发布的《中国农业展望报告》预测,随着食物消费结构的升级,2032年口粮消费量将降至23 800万吨,同时饲用粮消费仍将继续增长。

续表

年份	城镇	增长率	农村	增长率
2008	82.7	−19.2	199.1	−0.2
2009	105.7	27.8	189.3	−4.9
2010	106	0.3	181.4	−4.2
2011	104.9	−1.0	170.7	−5.9
2012	102.4	−2.4	164.3	−3.7
2013	121.3	18.5	178.5	8.6
2014	117.2	−3.4	167.6	−6.1
2015	112.6	−3.9	159.5	−4.9
2016	111.9	−0.6	157.2	−1.4
2017	109.7	−2.0	154.6	−1.7
2018	110.0	0.2	148.5	−3.9
2019	110.6	0.6	154.8	4.2
2020	120.2	8.6	168.4	8.8
2021	124.8	3.8	170.8	1.4
2022	116.2	−6.9	164.6	−3.6

数据来源：国家统计局。

第二，在粮食消费需求结构中，饲料用粮消费所占比重越来越大。自改革开放以来，随着我国居民收入的增加和人民生活水平的提高，人们对肉、蛋、奶类食品的需求量稳步增加，这引致了畜牧业的快速发展，饲料用粮需求量随之大幅增加。统计局数据显示，1990—2022年，中国城镇居民人均动物性蛋白类食品消费总量明显增加，从1990年的人均44.73千克增加到2022年的92.5千克，增加了超过一倍。农村居民人均消费量从1990年的18.2千克增加到2020年的77.3千克。伴随动物性蛋白类食品消费量增加，饲料粮需求随之增加。数据显示，1978年，我国饲料用粮为4 012.5万吨，到2005年增加到15 818万吨，净增加了11 805.5万吨，增幅高达294.22%，2010年我国年饲料用粮达到17 279万吨，2012年消费量达14 722万吨，2022年消费量再次刷新纪录，达到39 811万吨。饲料用粮的刚性增长将成为今后一段时期内我国粮食需求增长的主要动力之一。

第三，工业用粮持续增长。从工业用粮的情况来看，随着我国经济的快速发展，粮食在加工业上的用途也越来越广泛。工业用粮主要用于酿酒造醋、化工制药、制作调味品、淀粉以及食品工业中，尤其是玉米，目前其加工产品多达2 000多种。自20世纪90年代以来,我国工业用粮不断增加,据初步估算,1995年工业用粮为3 800万吨,2005年快速增加到5 335万吨,2012年工业用粮消费量达10 130万吨,2020年消费量降至13 688万吨。我国目前工业化、城镇化加速发展,以粮食为重点的农产品加工业也进入快速发展阶段,预计在未来较长时期内,工业用粮将成为我国粮食消费需求的一个新的增长点。与此同时,在经历了2008年与2020年的两次粮价上涨之后,工业用粮未来将成为我国对粮食供应调控的主要方向之一。

三、我国分品种粮食消费情况

中国粮食需求可以分为两大类、四大用途和四大品种。两大类是指食物用粮和非食物用粮,其中,食物用粮指直接和间接满足人们食物消费需求的粮食,又可分为口粮和饲料用粮两大用途;非食物用粮主要有种子用粮和工业用粮两大用途。在中国粮食品种结构中,稻谷、小麦、玉米、大豆四大品种大约占据了中国粮食消费总量的九成。以下将分别介绍近年来我国粮食四大品种的消费及其构成情况。

(一)稻谷

从消费用途看,稻谷是我国最重要的口粮作物之一。近年来,我国稻谷供应基本保持产大于销的状态,总消费量有增长趋势(见图9—6)。稻谷消费的增长与稻谷的第一大用途——口粮消费直接相关,饲用消费和工业消费仅占很小比例,其他消费所占比重也稳定在低值,具体消费构成情况如表9—2所示。这里的其他消费主要包括种用消费及损耗。

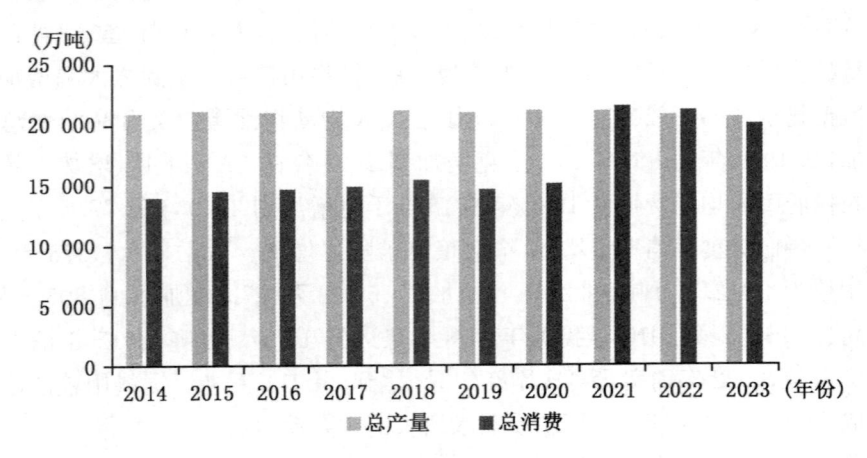

图9—6 2014—2023年稻谷生产与消费情况

(二)小麦

小麦是我国仅次于水稻的第二大粮食作物。在我国北方广为种植,是居民生活不可缺少的粮食品种。从小麦生产和消费总量的变化看,我国小麦消费增速快于产量增速,但总体上国内生产基本能够满足需求(见图9—7),保障了口粮绝对安全。口粮消费是小麦的主要消费用途,饲用消费占比呈波动上升趋势,同时工业消费占比有下降趋势,具体消费构成如表9—2所示。

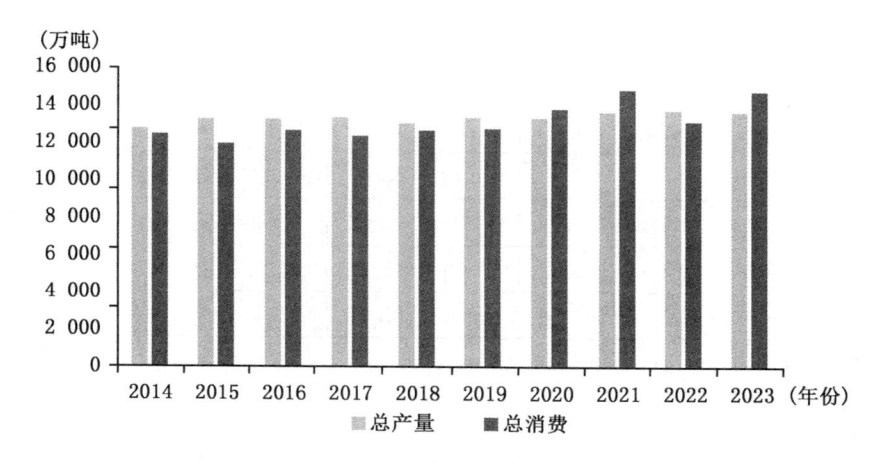

图9—7 2014—2023年小麦生产与消费情况

表9—2　　　　　　　2014—2023年稻谷和小麦消费用途结构　　　　　单位:万吨,%

品种	年份	口粮消费 数量	口粮消费 比重	饲用消费 数量	饲用消费 比重	工业消费 数量	工业消费 比重	其他消费 数量	其他消费 比重
稻谷	2014	11 025	78.69	1 601	11.43	648	4.63	736	5.25
	2015	10 735	73.93	1 014	6.98	1 301	8.96	1 471	10.13
	2016	10 792	72.84	1 239	8.36	1 049	7.08	1 738	11.73
	2017	10 800	72.70	1 251	8.42	1 076	7.24	1 729	11.64
	2018	11 389	73.62	1 230	7.95	1 109	7.17	1 742	11.26
	2019	11 414	77.28	1 030	6.98	1 136	7.69	1 189	8.05
	2020	11 157	73.55	1 801	11.87	1 162	7.66	1 050	6.92
	2021	15 799	73.33	2 674	12.41	1 661	7.71	1 409	6.54
	2022	15 680	73.79	2 573	12.11	1 670	7.86	1 328	6.25
	2023	15 560	77.52	1 560	7.77	1 680	8.37	1 273	6.34

续表

品种	年份	口粮消费 数量	口粮消费 比重	饲用消费 数量	饲用消费 比重	工业消费 数量	工业消费 比重	其他消费 数量	其他消费 比重
小麦	2014	8 458	67.82	1 700	13.63	1 350	10.82	964	7.73
	2015	8 510	71.12	1 100	9.19	1 376	11.5	980	8.19
	2016	8 650	68.08	1 520	11.96	1 496	11.77	1 040	8.19
	2017	8 700	69.93	1 200	9.64	1 500	12.06	1 041	8.37
	2018	8 896	70.25	1 246	9.84	1 467	11.59	1 054	8.32
	2019	9 230	71.95	1 150	8.97	1 350	10.52	1 098	8.56
	2020	9 110	65.83	2 145	15.50	1 404	10.15	1 179	8.52
	2021	9 173	61.74	3 300	22.21	1 209	8.14	1 175	7.91
	2022	9 126	69.17	1 700	12.89	1 220	9.25	1 147	8.7
	2023	9 100	61.54	3 300	22.32	1 170	7.91	1 219	8.24

资料来源：根据农业农村部重点农产品市场信息平台数据整理计算而得。

(三) 玉米

玉米的消费变化和产量变化趋于一致，但由于近几年玉米总消费的大幅上涨，其供需状态已经由之前的产大于需转变为供不应求 (见图9-8)。饲用消费与工业消费是玉米最主要的两大消费用途，饲用消费增加推动了玉米消费的大幅上涨，饲用消费占比也呈现波动上升趋势。工业消费占比虽然变化不大，但玉米消费总量的增加也带动了工业消费数量上涨。玉米消费结构用途如表9-3所示。

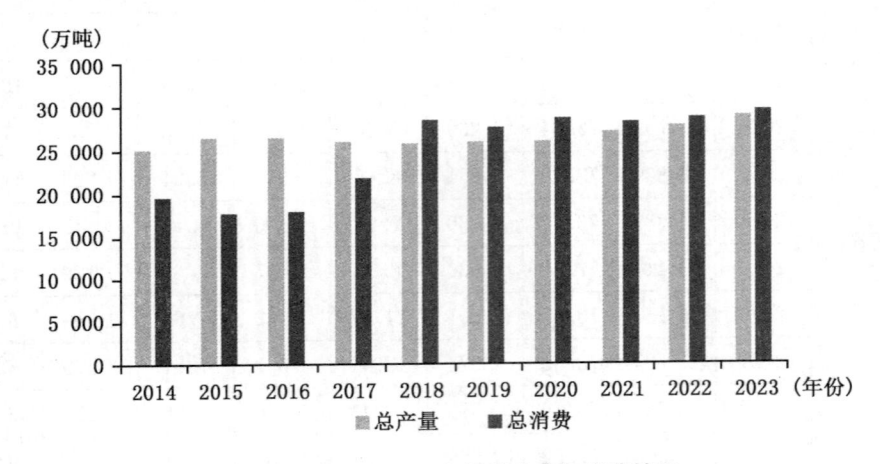

图9-8 2014—2023年玉米生产与消费情况

表9—3　　　　　　　　2014—2023年玉米消费用途结构　　　　　　单位:万吨,%

品种	年份	口粮消费 数量	口粮消费 比重	饲用消费 数量	饲用消费 比重	工业消费 数量	工业消费 比重	其他消费 数量	其他消费 比重
玉米	2014	849	4.36	12 400	63.63	5 400	27.71	839	4.3
	2015	716	4.03	10 501	59.14	5 126	28.87	1 406	7.95
	2016	714	3.96	10 500	58.25	5 500	30.51	1 312	7.28
	2017	788	3.58	13 496	61.37	6 550	29.79	1 157	5.26
	2018	943	3.31	18 650	65.49	7 550	26.51	1 336	4.69
	2019	946	3.42	17 500	63.25	7 900	28.55	1 323	4.78
	2020	955	3.32	18 550	64.41	8 050	27.95	1 244	4.32
	2021	960	3.40	18 000	63.82	8 000	28.36	1 244	4.41
	2022	980	3.41	18 500	64.33	8 100	28.17	1 179	4.10
	2023	990	3.35	19 300	65.22	8 120	27.44	1 181	3.99

资料来源:根据农业农村部重点农产品市场信息平台数据整理计算而得。

(四)大豆

随着居民收入的增加和养殖业的发展,国内大豆消费急剧增加。从总量来看,我国大豆消费增速明显快于国内大豆生产的增速(见图9—9)。大豆食用消费和压榨消费构成了大豆消费的主要用途,如表9—4所示。压榨消费主要指对豆油和豆粕的消费。特别是由于我国畜牧业的发展,豆粕消费在我国大豆消费中占主导地位。

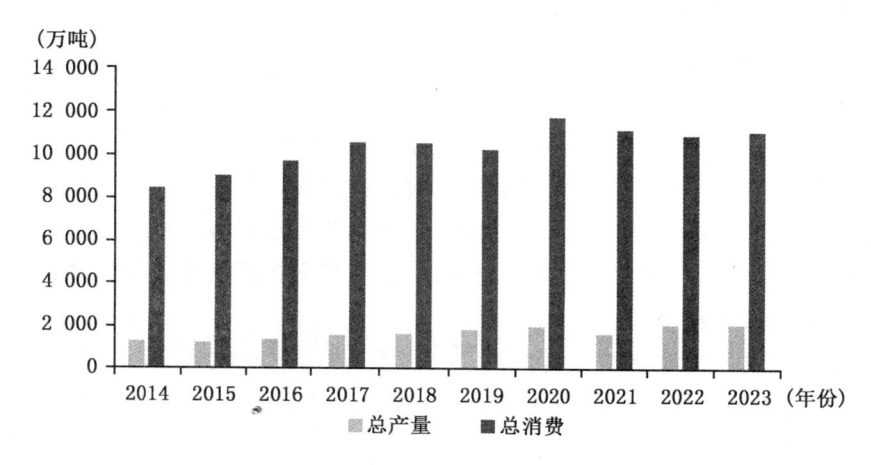

图9—9　2014—2023年大豆生产与消费情况

表 9—4　　2014—2023 年大豆消费用途结构　　单位：万吨，%

品种	年份	食用消费 数量	食用消费 比重	压榨消费 数量	压榨消费 比重	种用消费 数量	种用消费 比重	损耗及其他 数量	损耗及其他 比重
大豆	2014	895	10.73	11 730	87.44	51	0.61	101	1.21
	2015	956	10.68	7 837	87.53	55	0.61	105	1.17
	2016	1 118	11.62	8 329	86.54	62	0.64	115	1.20
	2017	1 198	11.40	8 911	84.77	64	0.61	339	3.22
	2018	1 253	11.97	8 860	84.62	67	0.64	290	2.77
	2019	1 396	13.66	8 445	82.64	78	0.76	300	2.94
	2020	1 435	12.23	9 885	84.27	80	0.68	330	2.81
	2021	1 312	11.78	9 420	84.58	76	0.68	330	2.96
	2022	1 300	11.98	9 182	84.59	84	0.77	289	2.66
	2023	1 320	11.92	9 380	84.69	86	0.78	290	2.62

资料来源：根据农业农村部重点农产品市场信息平台数据整理计算而得。

四、影响粮食消费的主要因素分析

一般认为，粮食的消费需求主要是由生活用粮和生产用粮两部分构成的：生活用粮包括城镇居民口粮和农村居民口粮；生产用粮主要包括饲料用粮、工业用粮和种子用粮等。目前，在粮食消费总量中占比较大的是居民口粮和饲料用粮。与此相对应的是，对我国粮食消费需求影响较大的因素主要有三个方面：人口总量的增加、居民收入的增长及城市化进程的深入推进。

（一）人口总量的增加

"民以食为天"，在任何时间和地点，人口总量及其增长速度都是影响粮食消费需求的重要因素之一。自 20 世纪 70 年代以来，我国将计划生育作为基本国策，较有效地控制了我国人口的过快增长，尽管如此，我国人口总量仍在持续增加。第七次全国人口普查数据显示，2020 年我国人口数量为 14.12 亿，人口总量呈惯性增长，但同时人口增速有所放缓。人口总量的增加，势必将影响我国对粮食的需求。

（二）居民收入的增长

居民收入是影响食物消费需求的又一因素，随着居民收入的增长和消费水平的提高，粮食的消费结构也将随之发生较大变动。这主要表现在：随着居民收入的提高，居民口粮消费将逐渐趋于稳定甚至出现缓慢下降，而对动物性食品（猪牛羊肉、禽肉、水产品）需求的增加将引致对饲料用粮需求的持续增长。随着居民收入水平的不断上升，我国城镇居民的人均口粮消费量自 1985 年以来呈现下降趋势，

1994年以后,农村居民人均口粮消费也开始下降。与口粮消费趋势不同,随着居民收入的增加,饲料用粮占粮食消费需求的比重将大幅度上升。2022年粮食饲用消费(含饲料粮及粮食加工副产物)占消费总量的48%。随着经济发展和居民饮食结构转变,未来动物产品消费量将进一步提高,饲料粮需求将进一步增加。

(三)城市化进程的深入推进

世界城市化发展的规律表明,当一个国家或地区的城市化水平达到30%以后,城市化进程将进入快速发展阶段,每年城市化率至少应该增加1.58~1.66个百分点。2023年我国常住人口城镇化率为66.6%,因此,在今后的几十年中,中国经济的高增长将伴随着城市化进程的不断深入推进。城市化进程的高速推进将改变我国人口的城乡布局,大量农村人口将会转化为城市人口,这将导致粮食生产者的大幅减少和商品粮需求者的大幅上升,同时随着城市居民越来越多,粮食的消费结构也将发生较大的变动。总体而言,城市化进程的深入推进对我国粮食消费的影响主要体现在以下两个方面:

(1)城市化及其提速会提高粮食商品率,这将有助于缓解粮食需求压力。随着粮食商品率的不断提高,更多的人将通过市场交换来获得粮食,粮食价格的变化对粮食需求能起到较大的调节作用,通过价格机制的有效作用,在同等条件下,较高的粮食商品率将有助于缓解对粮食需求的压力。

(2)随着城市化的不断深入推进,城市人口的增加所带来的消费结构变化将引致对食品的需求结构发生变化:一方面,随着城市化的推进,大量农村人口将转化为城镇居民,由于城市居民人均口粮消费大约只有农村居民人均口粮消费的33%,因此,城市居民的大量增加将引致人均直接粮食消费量的下降,这从近年来我国人均口粮消费需求呈逐步下降趋势中可以得到印证。另一方面,城市化会引致人均间接粮食消费量的增加,这主要是由于城市化就意味着收入的增长,而随着收入的增加,人们的饮食结构将会发生较大的变化,对肉食蛋奶等动物性食品的消费需求将显著增加。这将使得饲料粮占粮食需求的比重大幅度上升。根据国家统计局数据,1990—2022年,中国城镇居民人均动物性蛋白类食品消费总量明显增加,从1990年的人均44.7千克增加到2022年的80.4千克,几乎增加了一倍。同期农村居民人均动物性蛋白类食品消费量从1990年的18.2千克增加到2022年的65.9千克,增加了两倍多。根据《中国农业产业发展报告2024》预测,2023年,我国肉类总产量为9 600多万吨,到2035年,肉类要增加2 964万吨,到2050年,肉类要增加4 260万吨。

第五节　我国粮食市场供需形势及面临的风险挑战

一、我国粮食供需主要形势判断

(一) 粮食供需长期处于"紧平衡"状态

现有文献对我国未来粮食供需平衡预测结论较为一致，认为我国粮食将长期处于"紧平衡"状态。国内城乡居民食物消费结构不断升级，粮食需求仍然呈刚性增长态势。农业农村部市场预警专家委员会和国家粮油信息中心课题组在当前增长率的基础上考虑一定的递增或递减幅度进行趋势外推，前者预计到 2032 年粮食产量和消费量将分别达到 7.67 亿吨和 8.67 亿吨，后者预计 2035 年我国粮食产量和消费量分别是 7.7 亿吨和 8.64 亿吨。

由中国农科院主要起草，并以农业部市场预警专家委员会的名义正式发布的《中国农业展望报告(2015—2024)》，对我国未来十年的粮食等农产品走势进行了展望[①]，较为清晰地勾勒出了中国农业的"将来时"。报告预测，我国粮食总量处于紧平衡，但粮食品种结构不平衡。具体而言，2024 年，稻谷折合大米产量为 1.45 亿吨左右，大米口粮消费预计达 1.14 亿吨；小麦产量预计达到 1.29 亿吨，小麦口粮消费量预计为 0.89 亿吨；玉米产量预计达到 2.44 亿吨，玉米进口预计为 700 万吨；大豆产量预计为 1 434 万吨，预计需要进口 8 266 万吨。中国谷物将保持合理自给率，稻谷、小麦两个口粮品种口粮消费自给有余，玉米缺口较小，大豆缺口巨大，粮食品种结构不平衡。

(二) 口粮安全有绝对保障

目前口粮的人均需求和总量需求都已出现下降趋势，中国口粮安全有绝对保障，但优质大米和特种小麦需求逐渐增长。根据黄季焜(2021)预测，到 2028 年左右，全国人口将达峰值，之后缓慢下降；城镇人口占比到 2035 年将上升到 74% 左右，城镇化和收入增长一方面将降低口粮需求，另一方面则增加畜产品或饲料粮的需求。到 2025 年和 2035 年全国稻谷需求将分别下降到 1.97 亿吨(相当于 2022 年稻谷产量的 94.5%)和 1.83 亿吨(相当于 2019 年产量的 87%)；小麦需求到 2025 年和 2035 年也将分别下降到 1.19 亿吨(相当于 2019 年产量的 89%)和 1.12 亿吨(相当于 2022 年产量的 87.8%)。

据《中国农业展望报告(2023—2032)》测算，未来 10 年中，稻谷生产将维持稳定态势，播种面积稳中略降，单产水平稳步提高，产量稳定在 21 000 万吨左右。随

---

① http://www.chinabgao.com/freereport/66316.html.

着居民消费结构不断优化升级,稻谷消费量先增后降,其中食用消费的绝对量和占比稳中有降,稻谷供求总体宽松的格局不变。未来10年,小麦播种面积呈稳中略降趋势,随着小麦单产提高,产量稳步增长,2032年将达14 390万吨,年均增长0.5%。稻谷和小麦等口粮保持供大于求,而优质强筋小麦、大豆等作物供不应求。进口大米和小麦是品种调剂的需要,特别是来自泰国和越南等东南亚地区的香米。小麦进口主要来自北美等国家的强筋和弱筋小麦,分别用于生产面包和糕点等食品。

(三)粮食安全的主要问题是饲料粮短缺

饲料粮消费方面,随着居民消费进一步升级,我国饲料粮需求还将保持刚性增长。根据黄季焜(2021)预测,随着畜产品需求增长和畜牧业发展,未来国内玉米生产增长将低于需求增长,到2025年和2035年需求总量将分别超过国内产量的2 000多万吨(自给率92%)和5 600万吨(自给率82%)。大豆进口到2035年将进一步提升至近1.1亿吨,但自给率将长期保持在10%左右。为稳定大豆生产,统筹考虑大豆市场供需形势、比较效益和农民种植意愿等因素,国家相继出台了一揽子支持大豆生产的政策措施,形成了补贴、保险、收储协同发力的政策"组合拳"。

二、当前及中长期中国粮食供需面临的风险挑战

(一)国内粮食生产面临的约束趋紧,粮食持续增产压力增大

从中长期来看,耕地面积和耕地质量下降、水资源短缺和分配不均和极端天气等问题制约着中国粮食综合生产能力的稳定和提高。一方面,随着工业化、城镇化进程的加快,农业用地不断转化为非农用地,加之生态退耕、自然灾害破坏、农业结构调整等,中国耕地面积逐渐减少。据第三次全国国土调查数据,2009年以来,全国耕地面积不断减少,从20.3亿亩减少至2020年末的约19.18亿亩。另一方面,除水资源短缺和地下水被严重超采等影响中国粮食生产能力的提升,水资源分配不均也是重要的制约因素。《2020年中国水资源公报》显示,南方4区(长江区、东南诸河区、珠江区、西南诸河区)的水资源占全国水资源总量的比重将近80%,北方6区(松花江区、辽河区、海河区、黄河区、淮河区、西北诸河区)的水资源占比仅为21%,而中国粮食主产区多分布在北方。

此外,近年来气候变化加大、极端天气频发也加大了农业面临的不确定性,会相应放大区域间和年度间粮食生产的波动性。根据《2023年中国气候公报》,2023年我国气候状况总体偏差。全国平均气温为历史最高,降水量为2012年以来第二少。全国极端高温事件站次比为0.36,较常年多0.24,为1961年以来历史第四多。2023年,全国气象灾害造成农作物受灾面积1 053.9万公顷。其中,全国暴雨洪涝受灾面积占气象灾害总受灾面积的44.2%,干旱占36.3%,风雹灾11.2%,低温冷冻害和雪灾占 5.0%,台风灾害占 3.3%。

(二)关键技术受到制约,优势技术有待推广

除了资源环境之外,科技创新是推动粮食持续增产的重要力量。"十四五"期间,我国粮食生产中的科技进步明显,但在种源等关键核心技术方面,仍与发达农业国家存在差距,先进优势技术与粮食生产结合的紧密程度还有待提高。种子是农业的"芯片",是农业科技进步的重要载体,而农业种质资源是保障国家粮食安全和重要农副产品有效供给的战略性资源,是农业科技原始创新与现代种业发展的物质基础,更是发展现代农业、保障国家粮食安全、实现乡村振兴的基础。当前,我国水稻、小麦等口粮均为自主选育品种,但种源技术"卡脖子"的问题仍然存在。另一方面,新兴优势技术的推广应用范围还有待拓展,与粮食生产结合的深度还有待提高。

(三)种粮成本居高不下,提高种粮农民和粮食主产区两个积极性的难度加大

在粮食生产主体方面,有限的种粮收益是发展壮大粮食生产队伍面临的首要问题。2011 至 2020 年期间,我国稻谷、小麦和玉米三大主粮的亩均生产成本由 791.2 元快速升到 1 119.6 元,增长了 41.5%,而同期三种粮食亩均总产值仅上升 5.1%,亩均利润从 250.8 元降到仅 47.1 元,下降了 81.2%,种粮利润显著下滑。除种粮成本高企之外,种粮利润下降的最直接原因在于粮食价格的变动。2016 年以来,粮食价格市场化改革的进程加快,我国调低了小麦与稻谷的最低收购价格,取消了玉米的临时收储价格。生产成本与粮食价格是影响农民种粮收益与积极性的关键因素。如何提高农民种粮积极性和主产区种粮积极性,是未来稳定国内粮食生产要解决的关键问题。

(四)粮食生产布局越发集中,区域产销不平衡加剧

中国粮食生产空间格局的最大变化是北方在全国粮食生产中的地位不断上升,全国粮食供需从"南粮北运"转变为"北粮南运"。根据国家统计局数据,2022 年主产区的粮食产量比 2005 年增加了 51.56%,而主销区则减少了 13.20%,主产区粮食产量是主销区的 18.12 倍,且占全国的比例增加到 78.25%,主销区占比则减少到 4.32%,主产区在保障国家粮食安全方面发挥作用越来越突出。粮食生产空间布局不平衡背后是水土资源环境的刚性硬约束加剧,北方粮食播种面积占全国 54.8%,旱地占 50.3%,水资源仅占 18.8%;东北黑土地质量下降,相比开垦前土地厚度减少了 30%~50%。

(五)短期面临的进口环境不稳定,利用外部粮源的风险加剧

近年来,国内外环境形势发生深刻复杂的变化,中国粮食市场面临的不确定性持续加大。例如,新冠疫情、中美贸易摩擦、俄乌冲突等一系列"黑天鹅""灰犀牛"事件持续发生,给中国粮食安全带来较大的风险挑战。"黑天鹅""灰犀牛"事件加剧了全球粮食保护主义现象,扰乱全球食品供应体系。中国是全球最大粮食进口国,粮食进口品种单一,来源国高度集中,进口渠道受制于人。美国是中国粮食第一大进口来源国,巴西和乌克兰分别是中国第二和第三大进口来源国,其他主要进口来源国还包括阿根廷、加拿大、澳大利亚和法国。以大豆为例,根据海关总署公布的数据,2022年中国进口大豆中巴西大豆占比接近60%,美国大豆占比超过30%。在全球贸易冲突加剧的大背景下,必须进一步加强对极端情形下可能出现的粮食进口来源及渠道风险的防范。

未来我国将进一步加大宏观调控力度,多措并举补齐粮食生产短板,以应对粮食供需面临的风险挑战。国务院印发的《新一轮千亿斤粮食产能提升行动方案(2024—2030年)》(以下简称《方案》)提出,到2030年实现新增粮食产能千亿斤以上,全国粮食综合生产能力进一步增强。《方案》根据加强水利设施和高标准农田建设、强化种业创新和优良品种选育推广、集成配套推广重大增产技术、推进防灾减灾和机收减损等增产路径,谋划部署了农业节水供水、高标准农田建设、种业振兴、粮食单产提升、粮食绿色生产、农业机械化提升、农业防灾减灾、盐碱地综合利用、粮食加工仓储物流能力建设9项支撑性重大工程。《方案》还部署了多个方面的保障举措和扶持政策。比如,多渠道筹措资金,形成支撑粮食产能提升的集聚效应;完善种粮农民收益保障机制,健全粮食主产区利益补偿机制,提高农民种粮和主产区抓粮积极性;大力培育新型农业经营主体,提升农业社会化服务能力;健全现代粮食流通体系,提升粮食储备调控能力,完善粮食市场调控体系等。

第六节 农业强国建设与粮食安全

2022年中央一号文件指出,强国必先强农,农强方能国强。要立足国情农情,体现中国特色,建设供给保障强、科技装备强、经营体系强、产业韧性强、竞争能力强的农业强国。将保障能力强作为农业强国的首要特征,再次彰显了粮食安全的极端重要性。实现农业现代化,建设农业强国,必须按照习近平总书记重要要求和党中央重大部署,把粮食安全的主动权牢牢握在自己手中。

一、农业强国的基本内涵

概括而言,农业强国以"四强一高"为基本特征。四强分别指供给能力强、科技创新能力强、经营主体强、国际竞争力强,一高指综合效益高。

一是农产品供给保障能力要强,也就是粮食安全保障能力强,这是农业强国的第一目标,也是最基本的目标。解决14亿人口吃饭的问题,始终是农业现代化的一个根本性的任务,把中国的饭碗牢牢端到自己的手中,是建设农业强国的首要任务。二是科技创新能力强,科技是中国农业的根本出路,科技创新驱动是农业强国建设的核心支撑。三是经营主体强,农业经营者具有较高的文化、技术、经营素质,形成适合中国国情的现代农业经营体系,形成较高的农业规模经营水平与农业社会化服务水平。四是农产品国际竞争力强。现在我国的大宗农产品,包括三大主粮在国际上的竞争优势都不明显,特别是农业生产成本比较高,缺乏价格优势,背后反映的是我国粮食和农产品的生产效率比较低。最后是综合效益高,习近平总书记强调"要加强种粮农民收益保障机制,加强主产区利益补偿机制",就是从提高综合效益的角度提出。要建设农业强国,题中应有之义就是提高农民的种粮收入,提升农业效益。

二、农业强国建设与粮食安全

对中国特色农业强国建设来说,粮食安全是关系经济发展和社会稳定的全局性重大战略问题,是国家安全的重要基础。首先,粮食安全是经济发展与社会稳定的根本保障。对中国这样的人口大国来说,保持自身粮食安全具有独特重要性。没有粮食安全,就没有国家稳定,更谈不上建设农业强国。稳固了中国的粮食安全底板,也将为世界的粮食安全稳定做出重大贡献。其次,粮食安全是农业可持续发展的根本前提。建设农业强国,不仅要求实现粮食稳定供给,更要求实现农业永续发展。粮食安全在强调长期稳定供应的同时,兼顾生态保护和资源可持续利用,体现出资源环境的可承载性和农业要素利用的可延续性。此外,粮食安全是维护国家安全的重要支撑。保持粮食供应的稳定性和可靠性,可以减少外部不确定性因素的冲击,确保国家政策制定和实施的自主性。建设农业强国需要减少粮食生产领域的外部依赖,通过确保粮食自给自足来掌握粮食安全主动权,进而稳定经济社会发展大局,维护国家安全与发展利益。按照农业强国的内涵,未来保障粮食安全需要做好以下几个方面工作:

一是要坚持实施藏粮于地,确保粮食安全的物质基础。一方面,要保护耕地数量稳定粮食总量。实行最严格的耕地保护制度,严格耕地占补平衡管理,严格控制耕地转为其他农用地,加大撂荒耕地利用力度,加强对破坏耕地行为的整治。另一方面,要提升耕地质量促产量增长。加强高标准农田和水利基础设施建设,实施国家黑土地保护工程,加快推进盐碱地等耕地后备资源综合开发利用。

二是要加快推进藏粮于技,提高粮食安全的创新能力。深入实施种业振兴行动,加强农业种质资源保护利用,加快种源等关键核心技术攻关,推进生物育种新技术应用,确保重要农产品种源自主可控。提升农业机械装备研发应用水平,提高农业劳动生产率。重点扶持种业企业等农业科技创新主体,整合优势资源支持农业科技创新平台建设,提升农业科技创新水平。推进农业科技创和成功的应用,用现代科学技术赋能农业生产，用现代物质装备来武装农业，用现代农业生产方式来改造农业。

三是要进一步的深化农业供给侧结构性改革，调整优化农业结构。必须坚持质量第一，效益优先。要注重总产增加与质量提升并重来推进质量兴农、绿色兴农、科技兴农，不断提高粮食生产的综合效益和竞争力。近几年，我国已经制定实施了一些重大的计划行动工程，比如，优质粮食工程、粮食安全产业带、大豆振兴计划及农产品的质量安全工程等等，加快发展紧缺和绿色优质农产的生产。推动农业从增产导向转向提质导向，即数量和质量要并举，进入一个新的发展阶段。

四是要强化粮食生产领域制度供给和政策支撑。农业支持保护是一个世界性的规律，所有的国家从工业化初期到工业化的中期一直到完成工业化，对农业的支持保护是逐步加强的，必须要强化制度供给和政策支撑。同时又要发挥市场的基础性作用，构建市场机制有效、微观主体有活力、宏观政策调控有度的体制机制框架。健全种粮农民收益保障机制和粮食主产区利益补偿机制，不断加强和完善农业支持保护制度和政策体系，保护种粮农民和粮食主产区两个积极性。

五是要继续推进高水平对外开放，以大市场观保障粮食安全与食物安全。妥善处理与粮食出口大国的关系，加强对话与磋商，积极解决双边及多边贸易摩擦。深化粮食国际合作体系，同粮食出口国形成长期稳定的国家协定和贸易合约，布局多元进口市场，注重培育和拓展新市场、替代市场，参与全球产业链建设以形成对国际农产品产业链和供应链的控制权与话语权。积极规避粮食进口贸易风险，从经济合理与风险控制、供应链韧性等多方面考虑。建立更加自主的全球粮食供求信息系统，完善粮食贸易监测预警体系。

第十章

现代都市型农业

第一节　都市农业的概念与特征

一、都市农业的概念

　　都市农业的产生和形成经历了一个渐变的过程。都市农业的萌芽早在100多年以前,1898年,英国社会活动家霍华德就提出田园城市的理论,其基本构思立足于建设城乡结合、环境优美的新型城市,"把积极的城市生活的一切优点同乡村的美丽和一切福利结合在一起"。含义是都市圈中的农地作业,也是当时整个社会城市化发展到一定阶段所形成的一个特定的区域经济。都市农业是近几十年开始兴起的研究课题,从其产生发展历程来看,其涉及学科综合性强、牵涉面广、涉及问题复杂,因此各国学术界对其研究具有复杂的概念定义和研究内容。同时,国际上对于都市农业形成了不同的具有影响力的观点和代表性言论。其中,日本被认为是都市农业的发源地,开创者普遍被认为是日本学者青鹿四郎。

　　"都市农业"一词最早见于1930年出版的《大阪府农会报》杂志上。而都市农业作为学术名词,最早出现在青鹿四郎1935年发表的《农业经济地理》一书中,其后,美国农业经济学家约翰斯顿·布鲁斯、经济学家艾伦·尼斯等,均在不同时期提到了"都市农业生产方式""都市农业的模式"等概念。20世纪80年代,随日本、新加坡、韩国的城市化进程,都开始了对都市农业的研究,并于90年代由日本传入中国。1992年联合国开发署都市农业扶持小组(Urban Agriculture Support Group)成立,1996年3月又成立了全球都市农业部(Global Facility for Urban Agriculture),广泛开展都市农业的研究与推广工作。时至今日,都市农业在许多国家备受关注,逐渐成为未来城市的发展趋势和方向。

　　日本地理经济学家青鹿四郎对都市农业的定义是:"分布在都市内的工商业区、住宅区等的区域内,或者是分布在都市外圈的特殊形态的农业。"即在这些区域内的农业组织依附于都市经济,直接受都市经济势力的影响。主要经营奶、鸡、鱼、鲜菜、果树等生产,专业化程度高,同时又包括稻、麦、水产等复合经营。都市农业的范围一般是都市面积的2~3倍。

日本农政经济学家桥本卓尔对都市农业的定义作了归纳:都市农业是都市内部及其周边地区的农村受城市膨胀的影响,或是在农村城市化过程中受席卷形成的一种农业形态;都市农业是被都市包容的、位于都市中的农业;都市农业最容易受城市扩张的影响,也最容易接受城市基础设施完备带来的益处,因此都市农业是双重意义上的"最前线"的农业;都市农业是城市建设发展占地和居民住宅建设占地等同时并存、混杂、镶嵌的农业;都市农业如果放任自流就有灭亡的危险,因此都市农业是需要加以有计划保护的农业(桥本卓尔,1995)。

美国经济学家休马哈认为,"人类是自然界中脆弱的一部分,都市农业将城市人同自然界连接起来,不仅改善和提高生存环境,而且生产粮食、蔬菜等,以满足市民生活的需要"。

我国研究都市农业的历史不长,尚无统一认识,主要有以下观点:都市农业是广义的地域经济的概念,包括都市内镶嵌插花状的小块农田、庭院和阳台绿化,也包括城乡结合部的近郊农业,还包括远郊甚至环大都市经济圈在内的适应大都市需求的农业,是动态的而非静态的地域经济概念,随经济、科技、社会进步而分阶段发展,是在城郊农业的基础上发展起来又超越城郊农业的经营形态高级化、多样化的农业,集中反映了消除城乡和工农差别,打破城乡二元经济结构的一种发达形态的农业生产力。生态农业、休闲农业、观光农业、旅游农业、创汇农业、宾馆农业等在某方面反映了都市农业的发展水平和特点。

二、都市农业的特征

(一)区位特征

从地域上看,都市农业所包括的范围是指整个城市化地区及其周边间隙地带的农业生产,包括城市屋顶、社区花园、废弃地块和城市边缘的农业用地。都市农业不同于一般城郊型农业,后者是被都市包容的、位于都市中的农业,容易受城市扩张的影响,并接受城市基础设施完备带来的益处。地域分布特征使得都市农业生产具有以下几方面特征:在资源可得性方面,由于其位于城市内部或周边,都市农业通常具备良好的交通条件,方便产品运输和人员流动;在市场网络方面,其靠近市场、劳动力丰富,且可以利用城市废弃资源(如厨余垃圾)进行循环利用;在环境因素方面,都市农业需要应对城市空气污染、水质污染和热岛效应等问题。因此,从地域上看,都市农业不仅仅像城郊农业那样距离城市较近,它会渗透到城市的每一个角落,是地处城市大环境中一种特殊的农业状态。

在与城市的关系上,都市农业与城市的发展保持相辅相成、相容共生的联系。都市农业的生产结构安排、空间布局、发展路径等,都必须首先服从城市的规划及其发展水平。这种由城市需要决定农业的发展,体现了大都市对农业的依赖性,并进而实现相互依存、相互补充、相互促进的一体化关系。世界上许多城市已经开始将都市农业的发展列入城市规划中。如科特迪瓦的阿比让(Abidjan)、坦桑尼亚的多多马(Dodoma)、刚果(金)的金沙萨、莫桑比克的马普托等在城市总体规划或城市发展规划中都已经考虑了都市农业。

根据皮立波(2001)的观点,融合性是现代都市农业最本质的特征,其融合性的表现之一就是在地域上的融合。都市农业是城乡边界模糊地区的农业,其体现是:一方面,都市农业是地处城市周边及内部的农业,是人们经常看到的"插花型"农业;另一方面,都市农业是利用城市的交通、信息、能源以及市场等方面的特殊优势,享有与城市相似的便利和集聚的好处,在都市经济区域内利用动植物、微生物资源、田园景观、自然生态及环境资源,结合农林牧渔生产、农业经营活动、农村文化及农家生活,为人们休闲旅游、体验农业、了解农村提供场所,为城市居民提供物质产品的一种农业形态。都市农业体现了都市经济与农业产业内在联系所形成的融合性。

(二)生产经营特征

在生产经营上,都市农业是集约型生产、产业化经营,实现生产、加工、销售一体化经营,进而达到高度的农业发展形态和为都市服务的特殊功能。其中,在生产模式上,采用多样化的生产模式,如社区支持农业(CSA)、垂直农业、屋顶农业、水培和鱼菜共生系统。在经营方式上采取多渠道经营,包括直接销售给消费者、社区共享、城市市场销售等。在经营理念上,重视绿色可持续发展,强调资源的循环利用、生态保护和减少碳足迹。在经营管理上,都市农业更多地采用现代企业的经营管理模式,体现都市农业的现代化特征,农业生产与管理走向工厂化、集约化、现代化。

都市农业的区位特征,决定其不能用生产要素(土地、劳动力)投入多少来衡量其生产能力和水平;相反,都市农业要在节约土地的前提下,提高单位土地的产值,提高经营效益。都市农业是知识和技术密集型产业,需要有许多先进设备和优良人才的投入;同时,生物遗传技术、优良品种改造技术的采用,使都市农业具有较高的回报率。

(三)功能特征

从功能上看,都市农业已经完全突破传统农业仅用于提供基本生产资料的功能,它是在城市化进程中出现的一种特殊产业形态,具有比传统农业更高回报率的经济功能;同时,更重要的是,都市农业发挥了对城市的环境与生态功能,提高了城市居民的生活水平，成为一种全功能性的新农业。这一点与城郊农业不同，城郊型农业是在城市鲜活农副产品供应紧张以及全国鲜活农副产品大市场、大流通格局尚未形成的背景下提出并实践的，而伴随着市场经济体制的完善以及流通技术的进步，城郊农业的使命逐渐结束，功能更全面的都市农业发展起来。此外，都市农业还具备社会功能，能够提高社区凝聚力、提供教育机会和创造就业，并为城市居民提供休闲、娱乐和社交的场所。

(四) 市场特征

都市农业是一种市场引导型农业。都市农业的生产是围绕市场进行的，依托大城市形成成熟市场，生产能够满足城市居民需要的产品和服务。城市对蔬菜、水果等不易储藏的鲜活农产品的大量需求可以由都市农业满足；城市绿化所需要的花卉、草木的培育也将主要由都市农业来提供；与此同时，都市农业发展也在适应大城市消费趋势的转型，绿色生态产品的供应能够更好地满足消费者健康饮食、环保和可持续性的消费需求，多元便捷的销售渠道（直接销售、零售商、餐馆和在线销售平台）可以更好地迎合消费者对农产品新鲜的要求。此外，近年来所出现的体验农业、近郊旅游、休闲农业等项目的开发，更说明了都市农业是一种市场主导型农业。

(五) 技术特征

都市农业对技术创新具有更高的要求。虽然发展现代农业要求增加整个农业产业的科技投入，但是，都市农业的发展对技术创新具有更高的要求。都市农业是一种资金与技术密集型产业，其发展不仅需要大量的资金投入，同时需要更多的技术投入，唯有不断进行技术创新，才能带来都市农业的可持续发展，这是由城市土地级差地租的作用及大城市科技和人才的资源优势决定的。现代科学技术特别是生物工程技术和电子信息技术的推广应用，将从基础设施、生产、系列加工、流通、管理等各方面，形成高科技、高品质、高附加值的精准农业体系，传统农业的粗、脏、累的形象被一种全新的细、净、雅的都市农业形象代替，以充分发挥其生态、服务、观光、休闲、科技示范、教育等社会文化功能。在应用层面，都市农业技术特征主要体现在现代农业技术、节水技术、能源管理技术、智能管理技术四大方面。其中，现代农业技术包括先进的农业技术如水培、垂直农业、传感器技术、物联网和大数据分析；节水技术是采用滴灌、水培等节水灌溉技术；能源利用技术包括利用可再生能源，如太阳能、风能和生物质能；智能管理技术包括使用智能管理系统进行温度、湿度、光照和营养的监控和调节。都市农业高度集约化的特征，要求广泛采用先进的科学技术，主要以科技进步促进都市农业的发展，使城市农业地区成为应用农业高科技的先导区和示范区。

从都市农业与城郊农业的对比，我们可以观察出都市农业的主要特征，如

表 10—1 所示。

表 10—1　　　　　　　　都市型农业与城郊农业的比较

指标	都市型农业	城郊农业
生成起点	城郊型农业	一般农业区
内在功能	集经济、生态、娱乐功能于一体	主要为生产功能以及不完整的生态功能
产出形态	包括鲜活农产品在内的可多次消费固定产品、消费型产品以及知识产权类产品	满足居民对农产品的需求
产业布局	块状或片状分布于城市地区	呈环状分布
产业结构	不仅满足居民物质生活需要，更注重精神层面需求	主要在于满足城市对鲜活产品的需求
开放度	全方位开放	单向开放
与城市融合度	生产观念的融合、与其他产业的融合度较高	局限于市场和产品的融合
集约化程度	高度集约化	较低层次集约化
产业地位	非弱质产业	弱质产业

总之，都市农业是一种高效农业、功能更加全面的农业，其结合了传统农业与现代科技，适应了城市环境和市场需求，具有高度的可持续性和多功能性。通过优化资源利用、创新生产模式和加强社会参与，都市农业不仅为城市居民提供新鲜、安全的农产品，还在改善环境、增强社区凝聚力和促进社会经济发展方面发挥了重要作用。伴随着我国城市化进程的加快，都市农业会成为越来越受重视的产业发展形式。

第二节　都市农业的功能

都市农业应定位于与城市社会、经济形态和发展相符的，既能够促进城市生态环境改善的，又能够具备良好的产出功能和延伸经济功能的高效率现代化产业，成为一个符合人与生态共进的、支持可持续发展的现代化农业综合产业。

都市农业应该向"环境友好、功能齐备、技术领先、产业融合、统筹布局、市场先行"的方向建设和发展，即按照人与生态共进的思路，充分发挥农业在调节和改善生态环境上的潜在能力。在生态功能上体现环境友好，经济功能上体现农业系统产出（农产品产业链）扩张，社会功能上体现保障城市农产品供应和具备应付突发性公共危机（如 SARS、禽流感、口蹄疫、"新冠"疫情等）时的农产品动员和协调能力，以及保存农村民间文化遗产、保护传统农耕文明和民俗文化、提供观光休闲以及营农教育为主体的农业休闲项目，使都市农业具备强大的生态屏障功能、持续稳定的经济社会功能和领先的技术与完善的服务功能。

一、强大的生态屏障功能

都市农业的一个重要功能是为城市创造一个良好的人居生态环境，通过都市农业的建设，保持生产、生活、生态之间的平衡与协调，为城市构筑良好的人居空间，成为城市生态屏障的一个组成部分。政府要将都市农业作为城市生态环境调节中重要的一环和环境屏障加以考虑，根据环境建设和健康城市建设的要求来规划都市周边特别是近郊区的现代农业产业结构，建设以环境功能为主的现代生态景观农业，为改善城市生态环境服务；以提供公共产品为中心来布局现代化农业，同时为这种公共产品的生产提供财政支持。

都市农业与一般纯农业的最大区别在于，它与城市的经济和生态系统紧密地结合在一起。都市农业与一般纯农业的区别不仅在于它的地理区位，还在于它深深地嵌入城市的生态系统中并且与之相互作用。早在20世纪80年代，发达国家就开始重视农业对于城市保持良好生态的积极作用，进入了"环境农业发展阶段"。1999年10月，美国世界观察研究所发布了名为"为人类和地球彻底改造城市"的调研报告，明确指出城市发展农业是使城市拥有良好生态环境的最佳途径，特别是现代化的农业生产技术与设施，如无土栽培和有机农业的应用，使美国、日本、英国、德国、瑞典、法国、荷兰、丹麦和比利时等工业发达国家先后在许多城市建立起"都市农庄"。在1978—1998年的20年间，工业发达国家"都市农庄"的面积平均递增12%，其产值由不足5 000万美元增至75亿美元，都市农业产值目前仍在持续增长。而现代化的环境友好农业则成为城市生态屏障的组成部分。1995年，伦敦的生态覆盖面积是都市区的125倍，其中约40%是由农作物所组成的。

截至2023年，伦敦的生态覆盖面积约占都市区总面积的48%到51%之间（London Datastore）。[①] 这包括公园、花园、私人花园中的树木、绿化屋顶以及路边绿化等多种形式的绿地。荷兰在欧洲属于人口密集的国家，但在大城市周边和城市间保存了大量的农业生态绿地。在德国，如今有140多万个分配式菜园，其管理的面积有近47 000公顷。分配式菜园是果蔬生产过程以及休闲和自然保护的重要组成部分。如今分配式菜园的使用非常广泛，每个分配式菜园都是一个独立的社区单位，成员组成协会。至少三分之一的地块被明确划分为用于种植蔬菜和水

---

① https://www.london.gov.uk/programmes-strategies/environment-and-climate-change/parks-green-spaces-and-biodiversity/green-infrastructure-maps-and-tools? ac-49556=49548.

果，剩余地块用于种植花卉和用于休闲。由于近年来分配式菜园在种植粮食方面的重要性降低，大多数园丁已经不再依赖它们。分配式菜园运动是建立社会联系和更好地了解社区的绝佳方式。德国的社区菜园文化是一种在小块独立地块上进行的园艺活动。这是德国非常受欢迎的活动，有超过150万人参与其中。社区菜园通常位于城市地区，用于种植水果、蔬菜和其他植物。社区菜园在德国有着悠久的历史，可以追溯到19世纪。它们最初是为了向城市居民提供新鲜农产品而创建的。如今，它们仍然很受欢迎，因为它们能够提供一种社区感和放松感。柏林市就有8万市民经营社区农园，还有1.6万人等待批准加入。其主要目的是为了创造良好的城市生态环境。

因此，不管是从国际大城市生态环境建设的趋势还是大城市经济、社会发展的现实需要来看，建设可持续环境友好农业必须是贯穿都市现代农业建设的"主线"。随着经济社会的发展，大城市生态环境压力将会不断加大，如果仅靠大面积植树造林和建设绿地来调节和改善气候环境，不仅需要巨额投资，而且需要大量维护和培植费用。而规划良好的都市现代化农业生产不仅可以对城市的生态环境产生重要的影响，而且可以大大降低环境改善的费用。

另一方面，从农业本身的角度来看，农村与农业生产对环境的影响同样不容忽视，长期以来对农产品产量的过度追求，使农业生产中化学品的使用量很大，化肥、农药和其他化学药品严重污染水体、土壤和大气，形成农业面源污染，使都市郊区耕地质量明显下降，土壤耕作层变浅，理化性能变差，有机质含量减少，氮磷钾比例失调。不少地区的土壤内的有毒物质、重金属和硝酸盐含量超标几倍乃至几十倍。所以，农业特别是以追求农业产出为特征的传统意义上的现代化农业，对环境的负面影响比较大，不是一种环境友好型的农产品生产。

举例来说，在城市近郊周边种植水稻可以获得极佳的环境友好效能。首先，稻田作为一种人工湿地系统，与天然湿地一样，具有净化污水、消解有机有毒物质、钝化或无效化无机有毒物质的功能。在目前施肥水平下，长三角地区磷和氮的农业面源污染对地表水体的作用不到10%，主要是由于稻田在该区耕地中占有70%~80%的缘故。而旱地，尤其是蔬菜地对地表水体的污染远高于水稻田。稻田一般不存在对地下水硝态氮污染问题，地下水硝态氮超标都发生在旱作地，特别是蔬菜地，旱地和蔬菜地地下水硝态氮含量要比稻田高出5~10倍，蔬菜产地的地下水硝态氮含量有80%是超标的。其次，水稻对更新空气具有比其他作物更高的能力，其绿色叶面积指数一般可达7左右，是草坪类的2~3倍、蔬菜瓜果类的1~2倍，因此具有更多的释氧更新空气的能力。此外，稻田水层还可以固定可吸入颗粒物，水层的蒸发和水稻的蒸腾作用能够平稳大气温湿度变化，有效调节城市大气的温湿度，减轻城市"热岛效应"。最后，与旱作土地相比，从地表至地下水位的界面，每公顷稻田比旱地多蓄水 3 000~3 500 立方米。因此,种稻可以增加地下水的补给,对防止和减轻周围开采地下水引起的地面沉降有作用。综上所述,造林和种草坪除了美化、香化的作用大于稻田外,稻田在环境友好方面的作用要大于草坪、菜地和果园。根据上海一些专家学者估算,上海最重要的生态系统——湿地和绿地的生态服务价值中,湿地占到总价值的 97%。因此,在保护和扩大天然湿地的同时,通过在城市近郊周边成片种植水稻,形成季节性人工湿地系统,可能是一种很好的选择。

事实上,如果缺少一个良好的、可持续的农业生态系统,城市就会缺乏生机和活力,良好的农业自然生态环境是整个社会可持续发展的保证,建设都市现代化环境友好农业,将可能是缓解大城市未来经济社会发展中产生的环境压力的最经济且最有效的途径。所以,应该考虑如何通过运用现代生物技术、农业环境保护和农业可持续发展技术、现代设施农业技术和农业环境友好技术来实现 21 世纪都市农业现代化的理念,充分发挥现代农业的环境友好功能和生态屏障功能。

都市农业应该以环境友好为基本导向,将环境友好型的农业纳入城市环保行动计划中,将农业生态环境和水环境、大气环境、固体废物、绿化等方面的整治、建设作为整体来考虑和实施建设,注重生态环境多样性综合改善。这要求在建设都市现代农业过程中,要强调重点采用和推广促进环境友好的农业技术,如非点源污染及其控制技术、农业废物资源化技术、农业生态环境综合管理技术以及维持和增强农业生态系统功能的技术等,建立生产控制型环境友好农业产业体系、环境友好农业投入品使用体系、环境友好农业监控服务体系和环境友好农产品食品加工营销体系,将城市周边的农业建设成为现代化的城市农业生态屏障。

二、持续、稳定的经济社会功能

基于大城市的经济地位和区域影响力,都市农业就必须具备多种功能,使农业真正融入经济发展和社会生活中。因此,需要通过现代化都市农业的建设,使农业具备持续稳定的生产经济功能、食品安全和食物安全保障功能、农村文化遗产保存和休闲教育功能等,成为一个功能比较齐备的现代化都市农业。

都市农业是一个极具市场潜力和市场前景的产业,关键是要采用现代化的理念加以经营,那么,都市农业将可能产生巨大的集聚效应和就业空间。正因为如此,自 20 世纪 90 年代以来,许多发达国家的工业企业加快了进入农业领域的步伐,成为现代都市农业产业发展的一大特色。自 20 世纪 90 年代开始,日本有 300 多家大中型企业不同程度地介入食品和农产品的开发。工业企业涉足都市农业,不仅可为企业多创收,而且有利于安排企业富余人员。日本工业企业在 1995—1999 年间安排了 12 万名富余员工进入都市农业部门。现代化都市农业的发展,已经成为一些发达国家优化产业结构一个的有利选择,大批劳动力从工业生产转向新兴的都市农业。1985 年,美国仅有 20 多家重要企业以农产品为主要原料开发工业产品,2023 年上述企业已增至 450 家,从业人员总数超过 24 万,其中约 65%是 90 年代以后加入的。大多数这类企业仍然分布在城镇周围及郊区,继续利用靠近农业资源的优势进行生产。

发展现代化都市农业,就必须转变过去那种搞农业就是搞生产的传统生产观念,实现农业的产业转型,将都市农业作为综合产业经营的基础平台,在这个基础平台上,深度挖掘都市农业的潜在经济要素,唱好一出"经营农业"的大戏。这就是在产业纵向层面,把打造农产品产业链和系列农业生态休闲旅游两条完备的经营链条作为都市农业现代化发展的"两个活力支点",形成特色主导产业,突出综合服务功能,获取良好经济效益和先行一步的市场竞争能力,使都市现代农业整体上成为"生态化的技术农业""高效化的食品产业"和"特色化的休闲事业"。

(一)建设农产品产业链,提高农业的整体效益

现代农产品生产的国际趋势是将"从田头到餐桌"的一系列农产品生产经营活动整合为"农产品供应链",实行一体化集约经营,把从供应投入品,如种子、肥料及机械等,到食品加工者和零售商的一系列公司组成有序链条,实行现代化企业大生产。现代的农业产业早已超出我们一般意义上农业的概念,成为一个市场潜力巨大、前景广阔的产业体系。在 20 世纪 50 年代,全球农业产业化(Agribusiness)的交易额为 4 200 亿美元,其中农产品占 1/3 以上。据预测,到 2028 年农业产业化交易额将提升至 10 万亿美元,其中农产品的份额将降到 10%。这充分表明,在以"农产品供应链"为纽带的农业产业化经营中,农产品经营的比重将逐步下降,而与农业生产相关的产前、产中、产后的一系列产业和经营被整合到农产品供应链中,形成一种以农产品生产为服务对象,将以此衍生的众多行业通过农产品供应链加以连接,成为一个系统的大生产经营模式。这种大生产经营模式不仅将提高农产品的竞争能力,而且将会形成和推动农业技术产业、农产品加工业、农产品连锁营销业、物流业、信息技术在农业产业中的应用等的发展,为农业产业化经营开拓一个崭新的天地和创造巨大的盈利空间。

例如,在法国,政府鼓励发展产、加、销一体化,并将产前、产后相关企业建在农村。一方面可就地转移农业劳动力,扩大农业经营规模;另一方面,这些产前、产后企业通过农业的中间消费直接促进农业生产,组织与培养农民,实现农业生产标准化和商品化。目前,肥育牛、水果、蔬菜、谷物、奶类、花卉都实行这种纵向的一体化生产,从而降低了公司及农场的经营成本,促进了流通领域的稳定发展。

另以蔬菜产业为例,发达国家的蔬菜种植者很少单独面对国际市场,都是千方百计组成各种强大的联合体,形成农产品供应链。荷兰 75%~95%的蔬菜都是由

合作社销售的,各种蔬菜合作组织促使农民由分散经营走向联合和产业链化,形成强大的力量。日本蔬菜业也以分散生产、集中销售为特征,产品交易由农协统一上市拍卖销售,70%以上的产品通过批发市场进入零售环节。美国的全国蔬菜供应主要集中在几家大公司,有许多子公司遍布世界各地,成为一条完整的农产品供应链条。美国 Dole 公司就是世界上最大的蔬菜供应商,经过与 Total Produce 的合并,在全世界 27 个国家设立有分公司,有自己的远洋冷藏运输船队,年销售额 100 亿美元,拥有超过 250 个设施,雇佣 37 400 名员工,产品销售到世界 90 多个国家和地区,产品做到终年均衡上市。

以产业链的理念来规划发展大都市的都市现代农业产业,并以"农产品供应链"为纽带推动农业技术产业、农产品加工业、农产品连锁营销业、物流业、信息技术等相关产业的经营,就可以形成产业积聚优势和经济产出优势。

因此,要发展都市农业,就必须进行农业产业经营的组织创新工作,以农产品供应链的理念和模式来构建新型的现代农业产业体系,在时间上重新规划农产品和相关企业的供应流程;在空间上重新规划农产品生产、加工和营销的分布;在经营上将技术、服务、生产、加工、销售等资源统一集成为一个整体。重点扶持发展具有一定规模的"公司+基地""公司+专业合作经济组织"和"市场+企业+农户"的龙头企业,并重点建设农产品市场,使其形成比较完整的农产品产业链条。

(二)开发农业生态休闲旅游,深度挖掘农业外延经济潜力

从世界都市农业的发展趋势来看,都市农业是多功能性的大农业。在欧美、日本的许多城市中,与食品相关的一系列产业以及与生态、观光、休闲相关的商业活动是现代都市农业经营的主体内容,且互相融合、相互促进,始终贯穿着一系列产业化、商业化的经营活动,使都市现代农业不仅改善了城市的生态环境,而且创造了大量的商业机会,成为一个蕴含巨大盈利的经营空间。生态休闲农业不仅是一种以可持续发展为宗旨的事业,同时还肩负着传承农耕文明、促进生态提升、切实保护环境等社会责任,最终达成社会、经济及环境共进的多元化目标。

农业生态休闲旅游有着悠久的历史,早在 19 世纪 30 年代,欧洲就开始了农业旅游,意大利 1865 年就成立了"农业与旅游全国协会",专门介绍城市居民到农村去体味农业野趣,与农民同吃、同住、同劳作。生态休闲观光农业以农业生态景观、特色产业、乡村文化和农耕文明为依托,来满足城市居民观光、品尝、休闲、猎奇、娱乐、参与、体验、购物、度假等需求。它既是对农业经济潜力的深度挖掘,也是一个系列旅游产品开发的过程,成为一种一、二、三产交叉融合的新兴产业。2023 年全球生态旅游市场规模为 2 195.3 亿美元,预计到 2028 年,市场规模将达到 4 289.7 亿美元。这一增长受到对真实体验的需求、政府政策、负责任旅行和生物多样性保护的推动。

在法国，农业"绿色度假"每年可以给法国农民带来近 110 亿欧元的收益，相当于全国旅游收入的 1/4。荷兰的花卉产业旅游是一项非常有特色的项目，2022 年，阿斯米尔花卉拍卖市场就接待了近 12 万旅游者，门票收入为 50 万欧元。荷兰花卉产业年产量居世界首位，出口量占全球市场约 60％，是全球驰名的世界花卉交易中心和花卉原材料生产基地。① 位于阿姆斯特丹史基浦机场附近的阿斯米尔 Flora Holland 花卉拍卖中心是世界上最大的室内市场，建筑面积世界第四。作为全球最繁忙、规模最大的拍卖市场，每天大约有 2 000 万朵鲜花和景观植物在这里交易，在情人节、母亲节、万圣节等特殊日子到来的那一周，这个数字还会增加 15％。② 世界著名的库肯霍夫(Keukenhof)球茎花园每年接待 80 万～90 万游客，仅门票收入一项就达 1 000 万～1 125 万欧元。日本的休闲旅游农业主要集中在东京、大阪和中京三大都市圈内，是都市农业的重要组成部分。近年来，日本的特色农场吸引了大量市民前来休闲、观光、体验和旅游，农业休闲旅游的相关消费额实现快速增长。我国台湾省更是把观光农业当成农村的支柱产业之一，通过设立专门的机构、制定优惠政策、合理布局等来促进观光农业的发展。先后建立休闲农业区 21 个、景点数百个，每个休闲农业区年均接待游客超过 10 万人次。美国的生态旅游和农业旅游市场都在快速增长。2023 年，北美在全球农业旅游市场中占据了超过 40％的份额。美国的农场和农业企业通过开放参观，吸引了大量游客，增加了收入。③ 这些数据显示，生态休闲观光农业在全球各地的市场都有显著的增长，这一领域的发展不仅为旅游业注入了新活力，也为农村地区带来了经济收益和可持续发展机会。

发展大都市的都市农业生态休闲旅游，关键是要有独特的创意和明确的主题。可以考虑在周边郊区建设"城市农业休闲走廊"，在发展蔬菜、水产、花卉、加工等主导产业的同时，规划设计好其外延经济功能，着力打造农业生态景观综合产业带，将交通、住宿、乡土特产及旅游工艺品进行系统集成，形成农业生态旅游休闲产业系列，如回归自然系列、生态休闲参与系列、依托各种园区的认知教育系列、乡土风情饮食系列等农业生态旅游休闲系列主题。

（三）实施版块推进战略，促进产业集聚，提升竞争能力

过去我们在建设都市农业或农业现代化时往往偏重于建"点"，即建设一些相互独立的现代化典型，这种建设方式既不利于产业的集聚形成规模效益，也不利于

---

① 数据来源：https://www.mofcom.gov.cn/dl/gbdqzn/upload/helan.pdf。
② 数据来源：https://www.european-traveler.com/netherlands/visit-aalsmeer-flower-auction-near-amsterdam-schiphol/。
③ 数据来源：https://www.gminsights.com/zh/industry-analysis/agritourism-market#:~:text=%E5%8C%97%E7%BE%8E%E5%B8%82%E5%9C%BA%E5%9C%A8202。

分工与专业化提升市场竞争能力。从现代产业发展的趋势看,今后都市农业的建设,应该按照版块建设、平行推进、重点突出的原则来做,建设现代化农产品产业经济版块、绿色生态保障型农业生产版块和农业生态休闲旅游版块"三大产业版块"。

(1)要建设现代化农产品产业经济版块。进一步调整优化产业结构,以提升特色主导产业,要打造生产、加工、营销、服务等一体化产业链条比较完整,产业和产品的市场竞争力较强的主导产业。从都市农业产业发展的实际情况看,突出发展以综合加工、营销业为龙头的种、养、加、出口创汇的农产品产业链,形成产业集聚效应,促进分工与专业化,在发展过程中形成多元化的资金来源、一体化的区域合作、多样化的组织模式以及国际化的产品营销等产业发展特色。

(2)要建设绿色生态保障型农业生产版块。绿色生态保障型农业既指为大城市的生态提供保障,又指提供城乡居民食物的公共安全保障的农业生产。目前我国的大城市人口有越来越膨胀的趋势,像北京、上海这样的特大都市,人口的扩张速度更快,庞大的人口及其食物需求完全依靠外来输入,不但在食物的鲜活方面受到一定限制,而且应付突发性自然灾害或公共危机时会陷于被动,所以都市农业必须能够体现出一定的保障供给、平抑物价、保持人们生活正常稳定的功能。同时,还可以推进生态多样性,营造农业景观生态,发展观光农业。

(3)要建设农业生态休闲旅游版块。良好的农业生态景观自然可以成为市民光顾与休闲的场地,满足人们回归自然、怀旧、休闲参与、认知教育等的需求。因此,开发以生态、观光、休闲以及营农教育为主体的农业生态旅游项目,既是都市农业的一项重要内容,也是极富市场发展潜力的,只要采用适当的产业化经营方式,就可以获得很好的经济效益。都市农业开发农业生态旅游休闲项目大有可为,因为农业生态旅游休闲项目遵循的是可持续发展思想,根本目的在于使城市、农村经济与生态环境保护协调发展,从而大大地促进和推动对生态环境的保护。要使得农业生态旅游休闲良性发展,取得社会效益、经济效益、生态效益三赢的效果。

三、领先的技术与完善的服务功能

现代农业是一个综合产业技术进步的过程,作为经济发展领先的都市,其现代农业必须具有综合技术领先的标志,而不能将农业现代化局限于农业生物技术进步、农业设施技术进步和农产品加工技术进步。都市农业是一个最贴近市场的农业,如果环境技术进步、信息技术进步、产业经营管理技术进步和市场营销理念进步等不能同步推进,都市农业就不可能取得实质性进展,成为一种缺乏自身"造血"功能的、需要财政不断"输血"的"政绩"型农业现代化,将难以获得预期的经济效益、社会效益和生态效益。

都市农业必须体现综合技术水平领先的特征,既保持农业生物技术进步、农业设施技术进步和农产品加工技术进步的领先步伐,同时加快环境技术进步、信息技术进步、产业经营管理技术进步和市场营销理念进步,以站在21世纪产业融合、经济一体化的高度整体推进都市农业的技术进步。采用新经济时代的技术与经营理念,在已有的信息平台基础上,加快实现农业的信息化、智能化;重点采用和推广促进环境友好的农业技术,实现农业的环境友好化、可持续化;运用国际先进的农产品食品经营理念和方式,建设以农产品供应链为纽带的农产品食品一体化经营,实现农业由传统的原料产业向现代消费品产业转轨,将都市农业现代化从一个带有一定行政色彩的政策行为逐步转变成有效率的自主的市场行为。

都市农业要形成良性的、可持续的和市场活力充分的运行机制,必须将农产品市场建设放在都市现代农业的一个重要抓手的位置上。以现代化的市场建设来促进现代化的农产品生产,以现代化的市场体系来促进现代化农产品供应链的形成,以现代化的市场组织来促进农业服务范围的拓展,以现代化的市场制度来规范参与者的行为。农业是人类社会经济活动的开端,一切非农业经济部门和社会部门都是从农业中分离出来的。从新石器时代农牧业开始,人类由采集渔猎活动过渡到农耕畜牧原始农业阶段,农业成为社会核心经济部门,到现代由于自然科学的迅速发展,工业产业革命向传统农业的渗透,促使传统农业向现代农业转变,农业逐渐"小部门"化,在国民经济总产值中的份额不断下降。伴随着传统农业的衰退,农业产前、产中、产后各环节的比例更为合理,渐渐形成了现代"一体化"的农业。在这一发展演变过程中,农业作为自然再生产与经济再生产相互交织的产业,由其本质所决定,始终具有一些固有的功能,只是由于处于不同的生产力发展水平,以及农业所处的区域环境不同而显示出重要性不同而已。无论根据恩格斯还是马斯洛的需求层次理论,当人们为饥饿所困时,自然更关心农业生产食物的功能,而食物相对充足的条件下,会更多关注农业的生态和文化功能。从总体来看,农业的基本功能有以下几点:

1. 提供有形产品的功能

农业是人类有目的地利用动植物生命体为人类生产食品和其他物品的产业。提供有形的产品,这是农业的主体功能。一方面,农业提供人类生存所必需的粮食以及由粮食转化的其他初级农产品;另一方面,农业提供其他产业发展所需的原料,第二、三产业发展之初大多是从农业中分离出来、以农业初级产品为原料基础的。

2. 提供无形产品的功能

几千年来的农业活动不仅奠定了人类发展的物质基础,还积累了人类发展的文明成果。在拉丁文和古英文中,文化(culture)就是指耕耘,这种用法今天仍在农业(agriculture)和园艺(horticulture)两词中保留着生态和文化功能。农业的对象是自然,农业劳动必须以自然生产力为基础,以人与自然的亲和为原则,在农业中凝集着人类与自然和谐相处的大智慧。农业活动是继承、传扬农业文化的最好载体,能满足人类的精神需求。

3. 改善生态环境的功能

生态是地质、地貌、气候、水文、植被、土壤、动物以及微生物共同组成的环境综合体,是自然资源的核心部分。农业是人类通过对自然、生态、资源的利用改造获得产品的经济活动,农业的劳动对象也是人类赖以生存的自然环境,因此农业活动关系着人类生存和发展环境的质量,它在获得产品的同时也改造着自然生态环境。

4. 保持经济系统协调的功能

农业活动在农业经济社会中是经济系统的主导经济活动,能够自给自足,保持系统稳定。而在工业社会,整个社会经济的系统增长要求农业与其他产业保持一定的比例关系,使各产业结构合理协调,促进农业自身增长的同时能够带动其他产业的发展,成为一个有机联系的整体。

第三节 世界都市农业

一、城市化与世界都市农业

随着经济全球化的加速,世界城市化进程在不断加快。20 世纪之初,世界 1.5 亿人口居住在城市,约占世界人口的 10%;在 1950 年,仅有 29% 的世界人口(7.3 亿)生活在城市中,而 17.3 亿人生活在农村;20 世纪末,世界城市人口达 30 多亿人,是世纪初的 20 倍,约占总人口比重的 1/2。据预测,到 2025 年全球城市化水平进一步上升到 70%,其中发展中国家上升到 61%,发达国家最高到 83%(见表 10-2)。根据诺瑟姆的"S"型曲线规律,世界城市化水平目前约为 50%,正好处于加速发展阶段;发展中国家的城市化水平为 45%,也处于加速发展阶段,并且会大大快于发达国家。目前,发达国家城市化水平已超过 70%,达到 80% 左右,其发展速度会有所趋缓,低于发展中国家的发展速度,但仍呈稳步上升之势。

表 10-2　　　　　　　　　世界城市化水平及城市人口数

地区	城市地区人口比重(%)			城市人口数(亿人)		
	1990 年	2000 年	2025 年	1990 年	2000 年	2025 年
世界总计	45	51	70	24	32	64
发展中国家	37	45	61	15	23	43
发达国家	73	75	83	9	9	11

资料来源:《全球城市化展望 2007》。

城市化的另一突出特征是大城市人口增长迅猛。截至20世纪末,人口500万以上的超级城市已突破60个,发展中国家的特大城市达到了300个,其中有12个城市的人口超过了1 300万。另外,大城市数量剧增。至1950年,世界上50万人口以上的大城市有188个,到1980年,已发展到476个,发展中国家245个,占51.5%,发展速度超过发达国家。目前,大城市数量增加的势头仍强劲有力,世界100万人口以上的城市已超过360个。据2023年的资料显示(见表10—3),世界最大的人口聚居区东京地区(包括横滨、川崎、札幌)人口数已达到3 739万,其次是德里、首尔、马尼拉、上海等。

表10—3　　　　　　　　　　世界主要人口聚居区　　　　　　　　　　单位:万人

排名	城市	所属国家	人口数	所辖区域
1	东京	日本	3 739	Yokohama,Kawasaki,Saitama
2	德里	印度	3 207	Faridabad,Ghaziabad
3	首尔	韩国	2 610	Bucheon,Goyang,Incheon,Seongnam,Suweon
4	马尼拉	菲律宾	2 544	Bhiwandi,Kalyan,Thane,Ulhasnagar
5	上海	中国	2 487	—
6	墨西哥城	墨西哥	2 280	Nezahualcoyotl,Ecatepec,Naucalpan
7	纽约	美国	2 186	Newark
8	孟买	印度	2 100	Bhiwandi,Kalyan,Thane,Ulhasnagar
9	圣保罗	巴西	2 067	Guarulhos

资料来源:http://www.citypopulation.de。

城市化表现为人口的大规模迁移和集中,农业劳动力人口迅速增加与农业中主要生产要素土地资源有限性的矛盾迫使农业人口向农业以外的产业部门转移。快速且规模庞大的城市化对农业提出了新的要求。首先,更多的人口生活在城市意味着农业部门必须提供更多的食物,以满足那些不再进行农业生产的人们的需求。食物的需求是刚性的,如果需求大于供应的话,购买支出将会增加,更多的人将不能负担食物开支。其次,在城市化过程中,对农民来说,离开土地就意味着失去了通过耕种获得的那部分收入,特别对贫困家庭来说,城市如何提供给其一条可行的能获得一定收益的途径是一个重要问题。再次,城市不断扩展,大片的农田烙上了都市的特征,伴随着城市工业的外移及人口规模的增大,城市化所带来的环境问题令人担忧,而在这一过程中,都市农业将发挥其生态功能来缓解这种危机。

(一)都市农业与食物保障

城市化是社会经济发展不可避免的结果,但是在很多国家,城市化的速度过快,超过了公共服务和就业的增长速度。城市化会影响到食物生产和消费的方方面面。首先,城市需要提供大量食物以满足城市居民的需求,但在城市化进程中,很多土地都退出了农业用途,因此在很大程度上,城市要依赖于本地之外的土地所提供的食物。伦敦的土地面积大约是1 600平方千米,其人口只占英国人口的12%,但它需要相当于全英国40%的土地来向它提供食物,其蔬菜的29%、水果的89%都依赖国外进口;巴黎大区农产品的自给率也很低,主要来自法国其他地区或从国外进口;上海市场上的蔬菜一半为外地客菜。

表10—4 世界大都市农业状况

城市	面积(平方千米)	人口(万)	人均耕地(亩)	种植业	自给率
巴黎大区	12 000	1 100	0.6	种植面积:谷物55%,油料、甜菜16%,蔬菜2%	自给率低,主要来自法国其他地区或从国外进口
伦敦	1 578	1 200	1.5		蔬菜的29%、水果的89%依赖国外进口,蔬菜、水果自给率18%
日本三大都市圈	78 400	7 900	0.6	以蔬菜(特别是绿叶菜)、水果为主	其中东京都蔬菜7.3%、牛奶4.2%、鸡蛋1.3%、肉类0.9%
香港	1 095	700	0.005		花卉43%、生猪32%、禽类23%、蔬菜5%
上海	6 340.5	1 360	0.26	种植面积:粮食41%,蔬菜32%	粮食43%、蔬菜50%、猪肉42%、家禽48%

资料来源:上海财经大学都市农业经济研究中心. 都市农业发展报告:现代农业进程中的都市农业[M]. 上海财经大学出版社,2008.

其次,城市化影响到居民家庭对食物的购买能力。在城市中,居民必须购买家庭所需的大部分食物,更多地依赖市场系统和商业性的加工食品。Armar(2005)认为,在城市食物系统中,决定城市居民能否获得食物的因素主要有:(1)宏观经济政策。经济政策能够明显地影响城市居民对食物的获取,包括越来越少的就业机会、农村向城市的移民、城市扩张、地价上涨和随之而来的生产土地缺乏,以及最重要的食物价格。(2)就业状况与现金收入。城市居民消费的大多数食物都必须购买,贫穷家庭要将收入的60%~80%用于购买食物(Tabatabai,1993;Maxwell et al.,1999)。如果在低收入部门工作,且工作状况不稳定的话,那么他们的食物保障就会受到威胁。(3)市场和食物价格。随着城市地区对食物的需求越来越大,食物供给和分配不得不加大半径,使得农作物从收割一直到农产品最终放在城市消费者餐桌上的这一过程中,处理、加工、包装、运输、储存、营销等环节都使得食品价格有所增加。同时,食品有别于其他商品之处还在于存在变质问题,这就需要采取食品保鲜方面的措施,而这些成本又会反映到食品价格中。Mewlang(1980)对五个发展中国家的食物价格进行的调查显示:与农村居民相比,城市居民要多花费10%~30%的钱购买食物。因此,有工作机会及有收入是食物保障的先决条件。但是,对大多数城市居民,特别是发展中国家的城市居民来说,因为他们很多人都在非正规部门从事收入极低的工作,他们在很大程度上处于劣势,购买力有限。

都市农业则为城市居民的食物保障提供了可能。城市贫民通过在城市内或城市外的土地上耕种粮食,减少了购买食品的花费,增加了获得食物的途径。城市生产虽然不能完全满足城市对食物的需求,但增加了城市食物的供应总量。不断增长的都市农业产出使得食物越来越丰富,而且更容易获得。世界各国的实践也证明,都市农业为许多主要城市的食物安全保障做出了巨大贡献。比如,按照每公顷10.7 吨的生产力水平来估算,伦敦大约能够生产出 23.2 万吨水果和蔬菜(Garnett,2000);索非亚露天市场的产品日销量大约是 1 000 吨(Yoveva et al.,2000);达喀尔的产量能满足其所需蔬菜消费量的 60%,家禽产量能达到整个国家需求量的 65%~70%(Mabaye&Moustier,2000);阿克拉城市消费中 90% 的新鲜蔬菜都来自城市内部(CENCOSAD,1994);达累斯萨拉姆 90% 的有叶蔬菜是在公共用地和家庭菜园中生产的(Stevenson et al.,1996)。在低收入家庭消费的食品中,自产的比例从 18%(东雅加达)到 60%(坎帕拉)不等,普遍的比例为 50%(内罗毕)。在哈拉雷,都市农业为低收入家庭增加的存款相当于其数月的收入。在哈瓦那,城市菜园明显提高了农户家庭及其所在地区的食物数量和质量,改善了家庭的财政状况。

(二)都市农业与农民收入

都市农业相较于传统农业在产业功能上的拓展,使得其在提高农民收入方面更为得力。科吉·马考(1998)发现,将近 20% 的食物预算花费在蔬菜和水果上。据雅各比(1996)计算,侍弄一个 500 平方米的集约型非洲菠菜农园所得收入可以与政府部门的基本工资相当(大约是每月 60 美元或 4.5 万坦桑尼亚先令)。在达累斯萨拉姆养一两头奶牛,或是一个约 750 平方米经营状况良好的家庭农园,也能创造差不多的收入(Mlozi,1998)。在都市农业体系中,较为突出的是观光农业。孔祥智和钟真(2009)认为,在宏观方面,观光农业本身形成的收入流流量显著增加,城市相当一部分收入将借之为载体逐步在农村汇集,整个观光农业的增量收入流大部分留在了农村;在微观方面,观光农业的农业附加值提高、劳动收益增加、资本收益率提高、农民增收的潜力上升(见表 10—5)。

表 10—5　　　　　　　　　　观光农业促进农民增收的优势

因素		传统农业	观光农业
产品	来源	农业生产环境	整个农村自然环境和社会环境
	形态	农副产品为主,化肥农药投入大	服务性产品为主,绿色、有机产品增加
	获取收入方式	价格偏低,以量为主	价格较高,以质取胜
劳动力		低端劳动力难以创收,技能型劳动力就业机会少	低端劳动力充分就业,技能型劳动力创收机会增加,剩余劳动力有效转移
金融资本		闲散资金较多,难以整合;户间资金持有量不平衡,且难以流动;收益率低	借贷行为增多,收益率高,资本流动速度加快
市场化程度		与外部互动少,竞争能力弱;合作少,市场效率不高	与外部市场融合程度高,竞争能力强;内部合作程度高,收入潜力大

资料来源:孔祥智,钟真. 观光农业对农民收入的影响机制研究——以京郊观光农业为例[J]. 生态经济,2009(4).

都市农业活动对于增加就业机会方面也发挥着重要作用(见表 10—6)。在城市地区,有些人尽管还与乡村保持联系,但他们有更多机会寻找其他工作。1998年,哈瓦那都市农业创造了 6%～7%的新工作。很多就职于都市农业部门的家庭收入高出了全国的平均工资水平。在雅加达,合同工通常根据他们所从事的工作类型领取报酬,清理土地的女性工人每天 1.5 万卢比、男性工人每天 2 万卢比,播种每公顷 25 万卢比,施肥每公顷 6 万卢比,除草维护工作每天 1.5 万卢比,收割 8 万卢比/600 千克。

表 10—6　　　　　城市和半城市化地区的农业所提供的工作机会

评估的城市及评估时间	提供的工作机会所占的份额	全部工作机会
达累斯萨拉姆,1999		35 000 个家庭
上海,1999		360 万个工作
伦敦,1999	劳动力的 0.04%	3 000 个工作
雅加达,1997	劳动力的 1.0%	100 000 个工作
索非亚,1997	高份额,兼职	13 400 个工作
拉巴斯,1997 El Alto 地区,1997		3 970 个工作 1 975 个工作
内罗毕,1999	人口的 25%	150 000 个家庭
哈瓦那,1999		117 000 个全职和兼职

续表

评估的城市及评估时间	提供的工作机会所占的份额	全部工作机会
墨西哥城,1999	受雇人口的1%～19%	
阿克拉,1999	样本的13.6%	
达喀尔,1999		15 000个工作
胡布利—塔尔瓦德,1999	20%女性,11%男性	

资料来源:尼科·巴克等. 增长的城市、增长的食物——都市农业之政策议题[M]. 商务印书馆,2005.

(三)都市农业与生态保护

虽然大约一半的世界人口生活在城市,但是这些城市所占的地球表面土地面积仅为2.8%,相当于半个澳大利亚的面积。不过,农田、森林和其他自然区域为都市提供农产品、树木、水等。反过来,城市的扩展也给其所处的自然环境带来了诸多影响。首先,数量庞大而又密集的城市人口意味着生活垃圾和生活污水的急剧增加,这对附近河流、湖泊和海洋都会造成污染。其次,人口城市化的加速发展加大了对交通和汽车的需求,在促进经济增长的同时也带来了能源消耗量的增加和较大的环境压力。二氧化碳是主要的温室气体,汽车尾气的排放是其主要来源之一。

都市农业的功能之一便是生态功能,主要是指发挥洁、净、美、绿的特色,营造优美怡人的生态景观,改善自然环境,维护生态平衡,提高生活环境质量,充当都市的绿化隔离带,防止城市环境污染以保持清新、宁静的生活环境,并有利于防止城市过度扩张。都市农业作为城市生态系统的组成部分,具有保护自然生态、涵养水源、调节微气候、改善人类生存自然环境的作用。都市农业通过在都市开辟城市森林、创立公用绿地、建设环城绿带、开设观光景点,建立起人与自然、都市与农业高度统一和谐的生活环境,净化水质、土质和空气,为城市人创造一个优美的生存环境。调节环境、平衡生态是都市农业不可忽视的功能之一。都市农业有助于改善城市小气候:增加空气湿度,降低温度,给城市带来更多新鲜的空气;利用植物、树木的叶子吸收被污染的空气中的灰尘和废气;防风并阻止太阳辐射,营造绿荫。

各种不同类型的有机垃圾在都市农业中也扮演着关键角色。农作物种植可以大量利用家庭废物,如旧地毯、木头、玻璃、橡胶轮胎和衣服。饭店、农贸市场和家庭产生的垃圾可以作为饲养家畜的饲料来源。处理后的废水可用于城市食物生产(蔬菜种植),提高了水的利用率,并增加了地方市场的供应量。市区固体垃圾被卖给农民作为土壤调节剂。

二、都市农业产业体系发展变迁

农业产业体系是都市农业的重要内容,是生产、经营、市场、科技、教育和服务等诸多方面相互作用和相互依赖的有机整体,是一个多部门的复合体,这种复合体将相关环节连为一体,构成一体化的、涵盖其价值的形成和分配的经济系统。都市农业产业体系是伴随着都市农业发展起来的,其特征与内容也随着都市农业功能的转换而变化。都市农业功能的转换及农业与其他产业的融合,不断丰富和拓延农业的内涵,产生了新的产业,如农业的观光、休闲、教育功能使得农业与旅游业相融合,产生了观光农业;高附加值农产品生产和加工功能使得农业与加工业融合,产生了都市农产品加工业。总之,如表10—7所示,都市农业功能的转换带来了都市农业产业体系的重大调整。

表10—7　　　　　　　　都市农业变迁前后农业产业的区别

	功能转换	代表性产业类型	产业结构
城郊农业	单一的经济功能(主要是农产品生产)	基本农产品生产	根据温饱型城市社会生活水平,以满足城市生活消费的鲜活农产品为其生产结构的主体
都市农业	多功能化(经济功能、社会功能、生态功能、示范功能) 高附加值农产品生产和加工功能 城乡居民观光、休闲、教育功能 现代农业高新技术辐射功能 城市生态屏障功能	都市农产品加工业 都市观光休闲业 种籽农业 都市园林业	除满足市民物质生活需求外,还须满足居住环境、精神享受、产业发展的要求

资料来源:上海财经大学都市农业经济研究中心. 都市农业发展报告:现代农业进程中的都市农业[M]. 上海财经大学出版社,2008.

三、都市农业产业体系主要内容

都市农业产业体系是诸多方面相互作用和相互依赖的一个多部门的复合体,处于这个经济系统核心的是生产体系,同时,围绕生产体系还形成了产业组织体系、社会服务体系及政府管理与支持体系(见图10—1)。

(一)生产体系

生产体系可以说是都市农业产业体系的核心与关键,是都市农业发展的基础,包括产业结构、产业类型和产业布局三方面内容。

1. 都市农业产业结构

农业生产与自然环境有着密切的联系,农业产业结构的形成对自然环境有很大的依存性,一定地区农业产业结构要受到该地区自然环境条件的制约,因而农业

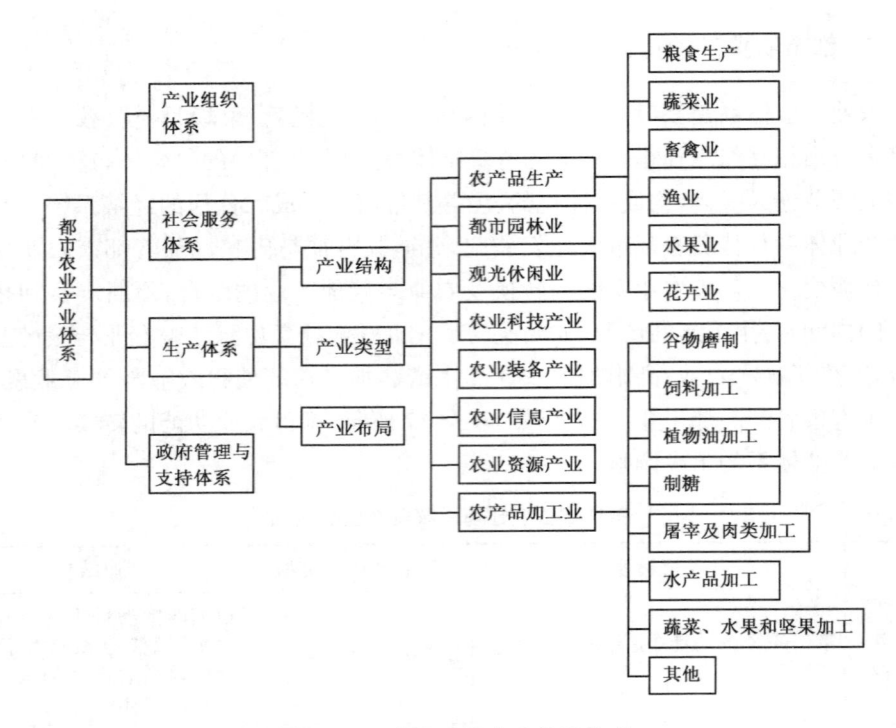

图 10—1 都市农业产业体系构成

产业结构具有严格的地域性。自然环境的变化是缓慢的,一定地区农业产业结构一经形成,就具有相对的稳定性。

都市农业作为第一次产业,其产业结构是指该城市的农业内部各生产部门的组成及其相互间的关系,它包括小农业(主要指种植业)、林业、畜牧业、渔业之间的产值构成及其内在关系,也包括这些产业内部各类农产品之间的关系。

农业产业结构是由多部门和多类别组成的一个多层次的复合体,从一个地区考察,农业产业结构一般可以划分为三级:一级结构,指种植业、林业、畜牧业、渔业组成的结构,农业产业结构主要是指这一层次上的结构;二级结构,指一级结构各业内部根据产品和产业特点不同而划分的若干个不同产业之间组成的结构,如种植业内部分为粮食作物产业、经济作物产业和其他作物产业,林业内部分为用材林、经济林等不同林木产业,畜牧业内部可分为役畜和产品;三级结构,指二级结构内部各业的进一步划分,如粮食作物可划分为食用粮食作物、饲用粮食作物等,畜牧业中的产品又可以划分为养猪、养牛、养羊、养鸡等,以此类推。各级农业产业结构的合理与否都对农业生产的发展起着重要作用。

2. 都市农业产业类型

(1)都市农产品生产包括粮食生产、蔬菜业、畜禽业、渔业、水果业、花卉业等。

①都市粮食生产。都市粮食生产主要由两部分组成：一是保障市民基本口粮需求，二是提供畜禽、水产业等的饲料。都市粮食生产分为夏粮与秋粮。夏田作物以冬小麦为主，洋麦、春麦、燕麦、豌豆次之。秋田作物又有大、小秋作物之分。大秋作物包括玉米、高粱、洋芋；小秋作物包括豆类、糜子、谷子、荞麦等。近年来，随着人们物质生活水平的提高及食物消费习惯的改变，粮食消费量在不断减少，都市农业中粮食产业的比重也随之下降，但是从城市食物安全及应对突发事故角度出发，城市的粮食生产并不是可有可无，仍然十分重要。

②都市蔬菜业。城市人口的不断增加和人们生活水平的提高对都市市场上的蔬菜提出了越来越高的要求。人们要求每个季节都能吃到新鲜可口、花色品种丰富多样的蔬菜，一些不耐贮藏运输的时令蔬菜，颇受消费者青睐。都市蔬菜业因靠近都市，便于运销，可确保蔬菜新鲜，具有较为可观的市场前景。一些名品蔬菜的生产，对土壤、水质、气候等环境条件有着较严格的要求。各地群众消费习惯不同，有的城市人们喜食的蔬菜可能不为其他城市所接受。这些名品、特种蔬菜都极具开发利用的价值，甚至可以成为一个城市的"拳头产品"，如组织生产得力，不仅可以满足当地市场需要，还可以组织产业化生产，运销外地，甚至出口，创造可观的经济效益。

③都市畜禽业。随着市民生活水平的提高，畜禽产品的消费需求不断增加，人们希望能源源不断地获得品种多样、品质优良、加工精细、食用安全和价格低廉的优质畜禽产品，各大城市对特种动物的消费走势看好。作为畜禽业特殊分支的宠物饲养也受到许多市民的青睐。可以说，都市畜禽业在提高人民生活水平、发展都市经济、充实人们的精神生活等方面都具有重要意义。与都市畜禽业密切相关的是城市环境保护问题。都市畜禽业的生产活动和畜禽生命活动产生的气味、粉尘、噪声、微生物和排泄物等对城市环境造成污染，因此，发展都市畜禽业的同时，必须兼顾环境保护，处理好资源与环境、利用与保护的关系，特别是大中城市养殖场的环保工作，加强对畜禽排泄物的处理及利用工作，严格控制畜禽产品的有害物质残留，对兽饲料添加剂的生产、使用进行严格管理，以保障动物食品的食用安全。

④都市渔业。随着经济的发展，在城市居民由温饱型向小康型食物结构的转变中，水产品在现代食物结构中的地位将进一步提高，市民对水产品的消费需求也从追求数量转变为数量与质量并重。由于水产品生产的特点是不消耗或少消耗粮食就可获取优质的动物蛋白，发展渔业可减少对粮食的消耗，缓解粮食生产的压力。同时，水产品是一种高蛋白、低脂肪、营养丰富的优质食品，它含有人体所需的多种氨基酸和多种活性物质，具有营养、保健、美容等多种功效，对改善膳食结构、促进国民健康素质的提高具有重要作用。都市渔业主要包含特色渔业生产、观赏渔业、设施渔业等。可以说，都市渔业的发展既能解决由于养殖面积大幅度减少而

出现的富余劳动力的再就业问题,又可以合理地调整产业结构,达到增产增收的效果。

⑤都市水果业。凡是经济发达的国家或地区,对水果的消费,无论在数量上还是在金额上,都大大超过对粮食的消费。在许多较发达城市,由于居民的生活水平有了较大的改善和提高,食物结构和消费方式都随之发生改变,对水果的需求日益增长是一种显著的特色和潮流。例如,当前我国大多数城市的水果生产能力,无论在数量上还是在质量上,都远远不能满足市场需求,往往需从外地调运甚至国外进口,虽然一定程度上缓解了市场供需矛盾,但是增加了成本和交通压力。特别是没有通过检疫的走私水果,给我国水果生产及经济发展带来严重后果。因此,都市水果业是一项有潜力、有市场,对都市经济发展和人民生活水平提高都具有重要意义的产业。

⑥都市花卉业。目前,花卉业在世界经济活动中成为新兴的和最具发展活力的产业之一。随着社会经济的不断发展,城市绿化、美化及人民生活水平的提高,特别是城市化进程的加快,城市花卉消费量迅速增加,花卉在人们生活中占有越来越重要的地位,已成为都市农业中不可缺少的重要内容之一。花卉是园林绿化、美化和香化的重要材料。尤其是草本花卉,繁殖系数高,生长快,花色艳丽,装饰效果好,常用来布置花坛、花台、花丛等,不仅可以创造优美的工作、休息环境,还使人们在生活之中、劳动之余得以欣赏自然,有助于消除疲劳,增进身心健康。另外,花坛、草坪等绿化设施还可起到防尘、杀菌、吸收有害气体及保持水土等的防护作用。花卉在文化生活中的作用也不可低估。随着人民生活水平的提高,生活在大都市水泥丛林里的人们对花卉的需求也日益迫切。人们用花卉进行室内美化、装饰生活环境、丰富日常生活,会场布置、公共场所的装饰、探亲访友等均需大量花卉。

(2)都市农产品加工业。广义的农产品加工业,是指以人工生产的农业原料和野生动植物资源及其加工品为原料进行生产活动的工业。狭义的农产品加工业,是指以农林牧副渔产品及其加工品为原料进行生产活动的工业。按原料的改变程度,可以把农产品加工业分为四级:第一级加工活动是洗净、分级;第二级加工活动是压榨、研磨、切割和调配;第三级加工活动是烹煮、消毒、制罐、脱水、冷冻、纺织、提炼、调配;第四级加工活动是化学处理、添加营养成分,如速成食品、高营养植物制品、轮胎等。按加工对象分,则是有多少种农产品就有多少种加工业,如大米加工、面粉加工、花生加工、黄豆加工、芝麻加工、棉花加工等。按国民经济两大部类生产分,农产品加工也可以分为生产资料的加工和消费资料的加工,由农产品的消费所决定,它的加工大部分是消费资料的加工,少部分是生产资料的加工。根据我国产业分类,农产品加工业主要分为以下行业:谷物磨制、饲料加工、植物油加工、制糖、屠宰及肉类加工、水产品加工、蔬菜水果和坚果加工及其他。发展都市农产品加工业，可以就近对农产品进行加工或深加工，满足市民的多样化需求；可以促进优化农产品区域布局和优势农产品生产基地的建设，延长农业产业链条，提高农产品的综合利用、转化增值水平，有利于提高农业综合效益和增加农民收入；通过扩大农产品深加工，提高产品档次和质量，促进农产品出口，有利于提高都市农业的国际竞争力及创汇能力；通过发展农产品加工业，以农业产业化经营为基本途径，吸纳郊区富余劳动力就业，提高技术装备能力和水平，有利于推进农业现代化。

（3）都市园林业。城市是人类居住和工作的场所，人类的生产与消费活动带来了大量污染，因此建立良好的城市生态系统是当今城市建设中亟待解决的问题。都市园林业是以水土保持、环境保护为主的产业，对于防止环境污染、维持生态平衡、体现城市个性有着不可替代的作用。绿色植物具有生产氧气、吸滞烟尘、吸收有毒有害气体、杀灭细菌、改善气候等功能，许多植物还对大气污染十分敏感，可以监测人们难以察觉到的污染。各城市可根据各自不同的地理位置、气候条件、经济实力、社会发展等差异，制定总体规划，有步骤、分阶段实施，充分发挥都市园林的功能。都市园林业包括公园绿地、庭院绿地、居住区绿地、道路交通绿地、防护绿地、园林田地、自然风景名胜区绿地等多种形式。

（4）都市观光休闲业。观光农业也称旅游农业或休闲农业，是一种特殊的农业形态。它是与旅游业相结合的一种消遣性农事活动，主要利用当地有利的自然条件开辟活动场所，如开展风景游览、水面垂钓、采摘果实和狩猎捕捞等活动来吸引游客，发展旅游业。观光农业是都市农业的重要组成部分。随着城市经济的高度发达，人们生活质量的日益提高，人们回归自然的心情日益迫切，而都市观光农业的出现满足了人们的这种需求。都市观光休闲农业主要有观光农园、田园化农业、花卉植物园、森林公园、民俗观光村、农业大观园等形式。

（5）其他产业。除上述主要的都市农业产业外，还存在许多其他产业，如：以先进的种苗、生物工程、科学技术、试验示范手段支持的农业科技产业；以提供化肥、农药、农用机械为主的农业装备产业；以农业数据和图像处理、计算机网络、农业决策支持和信息实时处理为主的农业信息产业；以土地、水资源等为资本运营的农业资源产业。

3. 都市农业产业布局

都市农业产业布局主要是指都市农业各产业在城区与郊区的空间分布状况，现代都市型农业一般遍布城市及城市化地区，按产品保持鲜活的难易、与城市距离的远近，安排各类产品的布局，一般呈环绕城市的环状梯级分布。都市农业产业的分布形态一般有"点状""片状"和"带状"三种。

（1）"点状"是指生产作业区域占地面积较小（通常在100公顷以下）的、由一个或几个独立的经营主体从事产品生产经营或服务经营的基地，如花卉、蔬菜设施园艺场、"农家乐"公园，规模化畜禽养殖场(小区)等。其特点是：资金集约化程度高，一般每公顷耕地的资金投入都在15万元以上；技术含量高，品种优良，设施先进，生产有标准，可以全天候组织生产经营；产出率高，种植业每公顷土地年产出一般不低于15万元，年投资回报率也超过5%。

(2)"片状"是指占地面积规模较大、由一个或若干个经营主体按照统一规划(或约定)从事某一类农产品生产经营的区域，如瓜果生产基地、出口蔬菜生产基地、水稻生产基地、林果生产基地、纯生态片林等。其特点是："片"内产品类别单一，通常一个规划(或约定)的区域里面，同一农时季节只生产一类农产品；区域规模较大，每个"片"的区域面积一般都有数百公顷，大的可达一千公顷以上；生产经营主体多元，因为"片"的区域规模较大，单个生产经营主体受资金或管理资源制约，难以独家组织开发整个"片"区域，通常由若干个生产经营主体按规模(或约定)统一的产业指向，分头从事生产经营。

(3)"带状"是指生产区域狭窄但具有一定长度的农业产业带，如外围的林业产业带。其特点是：一般都沿着主要水陆交通干线和城镇环线开发；跨行政区布局，大多数"带状"农业产业带都要横跨数个乡镇，甚至区县；以生态环境效应为主，多数"带状"农业都以生态环境的修补功能作为产业开发的主要指向，也有从充分利用资源出发，兼顾环境修复与产业经济双重功能的。

(二)产业组织体系

农业产业组织是指能将农民(农户)组织起来，并将其行为引向市场的任何组织形式，按照联结农户与市场的不同主体，农业产业组织可分为农户自组织型、龙头企业带动型、政府主导型、科技服务型和混合型五种；按照交易的实现形式可分为三类，即市场上购买的选择(价格)、以合同为基础的混合形式、等级制下的纵向一体化形式。

农民专业合作组织在组织农业生产、推广农业技术、提高农业生产者素质、组织市场开拓等方面发挥着重要作用，它是成员意识的统一体，代表着成员的利益，维护成员的权益，反映成员的意见、要求和建议。许多学者认为，农民专业合作组织的职能主要可以概括为以下几个方面：

1. 服务的职能

合作组织要为农民服务，使农民能够以低廉的价格购置所需的生产资料和生活资料，以较高的价格销售自己的产品，为社员提供技术、信息、机会和渠道，并学习发达国家农业合作组织的经验，力争服务的范围越来越广泛，服务的水平越来越上档次。

2. 纽带的职能

合作组织成为政府和农民的纽带，上情下达、下情上传，协助政府贯彻和落实农业与农村政策,把农民的意见反馈给政府,为政府施政提供第一手材料。合作组织成为农民与市场、农民与龙头企业间的纽带,使农民有通畅的销路、商家有稳定的货源。

3. 保护的职能

作为弱势群体的代表,合作组织是农民利益的代表,为减轻农民负担、保护农民的权益不受侵害而努力。同时,合作组织还是农民生活的空间——农村的利益的代表,发挥农民的联合体的作用,保护农村的环境与资源,使都市农业能够可持续地发展。

4. 教育的职能

教育的职能也可以称为培训的职能。农业结构的调整、科技的转化、技术的普及、生产经营与管理制度的提高,都离不开劳动力素质的提高。如果农业劳动力的教育程度中,小学及其以下文化程度、文盲和半文盲的数量占总劳动力的比例较高,这种状况就不适应合作农业的设施化、机械化、信息化和系统化的要求。

(三)社会服务体系

都市农业社会服务,包括专业经济技术部门、合作经济组织和社会其他方面为都市农业各产业发展所提供的服务。都市农业社会服务体系是为提供社会化配套服务的组织机构和方法制度的总称,它是运用社会各界的力量,使经营规模相对较小的生产或经营单位,适应市场的经济制度、市场经济体制的要求,克服自身规模较小的弊端,获得大规模生产效益的有效途径。社会化服务体系建设是农业生产组织形式适应生产力发展需要的一种组织创新,是优化农业生产要素和资源的重要手段,是解决"小规模经营"与"促进大农业、面向大市场、开展大服务"农业发展战略之间矛盾的有效途径。

社会化服务的主要内容包括产前、产中和产后服务三大块。产前服务主要包括农业机械和设备的制造与供应,化肥和农药的供应,作物和牲畜品种的改良和普及,良种饲料的配置与供应,能源和生产资金的供应,农业保险、农业教育、科研事业的推广和发展,农业资源的保护等。产中服务是指为农民的直接生产活动提供的服务,如使用农业机械为农民生产进行商品化机耕、施肥、洒农药、灌溉、除草等,但更多的还是以科技服务为主,如植保、防疫、兽医、新技术新品种普及、培训农民、从事农业管理咨询等。产后服务主要是为农产品生产出来以后提供的服务,如农产品收购、运输、烘干、分等分级、储存、包装等。

从服务提供者的角度来看,农业社会服务体系可分为五个方面:一是村级体制经济组织开展的以统一机耕、排灌、植保、收割、运输等为主要内容的服务;二是乡级农技站、农机站、水利(水保)站、林业站、畜牧兽医站、水产站、经营管理站和气象服务网等提供的以良种供应、技术推广、气象信息和科学管理为重点的服务;三是供销合作社和商业、物资、外贸、金融等部门开展的供应生产生活资料、收购、加工、适销、出口产品，以及筹资、保险为重点的服务；四是科研、教育单位深入郊区，开展以技术咨询指导、人员培训、集团承包为重点的服务；五是农民专业技术协会、专业合作社开展的一系列服务。这五个主要方面构成了当前农业社会化服务体系的框架。

(四) 政府管理与支持体系

由于市场机制固有的缺陷，故单纯依靠市场力量很难保证农业产业体系的健康运行，特别是在我国市场经济体制还不完善的情况下，政府在都市农业产业体系的建设过程中仍将扮演十分重要的角色，主要体现在产业引导、公共服务和市场监督上。

1. 产业引导

政府要对农业产业体系的发展进行科学、合理的产业引导，以此引导生产力合理布局，从而形成未来农业产业发展格局。

(1) 政府应进行农业产业政策的引导，促进都市支柱农业产业的形成和发展。首先，政府在制定农业产业政策时，应突出重点产业，引导投资方向；其次，政府在选择什么作为当地的重点产业时，应进行深入调研，摸清情况；再次，政府要为重点产业的发展创造条件、提供服务。例如，引导工商资本和民间资金投资高效生态农业，引导多种投资主体参与发展农业信息、科技、保险、信贷等服务产业。

(2) 政府要制定完善的农业产业政策体系，提出明确的发展规划、产业布局、规模标准等，并根据具体情况，以法律、法规等形式保证专项政策和规划的落实，充分运用优惠贷款，建立健全财政、税收、金融、外贸等与农业产业政策相配套的保障体系，以保证农业产业政策自身、农业产业政策与其他产业政策之间的协调和完善。

(3) 政府要结合本地都市农业的实际情况，发挥产业政策、产业规划的导向作用。如对于农业园区的建设，政府可以通过土地出让、税收减免、构建公共设施、设立公共服务机构等优惠政策来塑造公共环境，从而引导农业企业进入园区。

2. 公共服务

政府在农业产业的发展过程中，主要职责在于提供各项公共服务。

(1) 随着农业产业的发展，其对公共服务的需要也是不断增加的。农业产业发展需要的基本环境包括现代化的基础设施、便利的交通通信、配套的生产服务设施等，因此政府在完善交通设施、建立农业信息网络平台、管理与培训农业从业人员等方面发挥重要的作用，提供农业基础设施建设、生态环境改善、农业科技研发、良种良法推广、农民培训教育等公共产品。

(2) 构建服务于农业产业发展的社会服务体系也是政府应该做的主要工作。农业产业发展中所需的社会服务体系除提供适合农业产业发展的基础设施外，还应包括：信息咨询服务，负责为农业企业提供市场信息、技术信息、政策信息和人才信息的培训服务，负责为农业企业提供技术培训；企业诊断和经营指导服务，帮助农业企业进行信息、资金管理；中介服务，为农业企业与科研机构之间、企业与企业之间开展经济协作牵线搭桥。

（3）制定和完善农业产业导向、农业经营体制、农业资源保护、增加农业劳动者收入、保障农业劳动者权益等方面的政策和法规，巩固和完善支农、惠农、强农政策。

3. 市场监督

政府的另一职能便是建立农产品监管体系，健全农产品质量安全监管网络，强化市场监管，加强生产、流通领域农产品质量安全监督抽查。

第四节　各国各地区具有代表性的都市农业产业

一、欧美发达国家的都市农业产业

都市农业最早产生于欧美发达国家，农业生产活动在后院、社区或划拨农园中，相对密集、多产，产品只供家庭消费。城市农民开展都市农业主要是期望从这种农业生产中得到乐趣，同时获得有机或其他的健康食物，并且以此增强社会凝聚力。发达国家由于其社会经济、自然条件不同，都市农业产业体系发展的方向与侧重点也不同，目前主要有三种类型。

第一种：偏重于农产品生产业的产业体系。

这种类型主要是把农产品生产与加工连成一体，形成以出售农产品的加工品为主的农业产业体系，这种类型的主要代表是美国。美国的都市农业在美国农业经济中占有重要地位。美国大城市地区低密度、分散的居住方式为都市农业提供了发展空间。美国大西洋沿岸被认为是当今世界上最富有的地区之一，由波士顿、纽约、费城、巴尔的摩、华盛顿五大都市圈形成的带状区域，被称为"巨型带状都市"，在这一南北长约960千米、东西宽50～160千米的区域里，都市和农村相互交叉、融为一体，农业生产如网络一样分布在城市群之中。

第二种：偏重于生态产业的产业体系。

这种类型的农业产业体系更重视人与自然的和谐相处和生活质量的改善与提高，强调农业生态系统与城市生态系统的物质循环和能量流动的最适化以及整个生态系统的动态平衡。它以"整体、协调、循环、再生"为基本原则，其主要代表为中西欧国家。中西欧主要国家都是欧盟重要的成员国，这里是世界上农业经济最发达的地区之一，这些国家的农业产业以生态产业为主，如德国的田园化城市、法国的庄园城市、英国的森林城市等。

第三种：各项产业兼顾的产业体系。

有些国家由于土地面积狭小，同时人口众多，城市化水平高，因此都市农业产业既要为城市居民提供新鲜、卫生安全的农副产品，又要兼顾城市生态环境的维护和改善，以及为都市居民提供休闲观光、体验农业的场所。由此，这些国家便形成各项农业产业兼顾的发展格局。该类型以东亚的日本和南亚的新加坡为代表。

（一）美国

目前，美国都市区域占全国总面积的16%，市场数占全美的29%，耕地面积占全美近20%。占全国大约16%的优质农用土地位于大城市地区内，每年生产的农产品占全国食品供应总量的1/4。另外，在与大城市地区相毗邻的地带拥有全国20%的优质农用土地，每年生产占全国食品供应总量1/3的农产品。美国大城市内部及其毗邻地区的农场数量占全国农场总数的1/3，占全国全部农场资产的39%，每年生产的农产品价值约占全国总量的1/3。

美国都市农产品的自给率较低，主要依靠外地调入。在美国，尽管日常食品比较廉价，但由于实施规模化经营，使人们日常所需食物主要来自远离都市的农场。美国各地所用食品的85%～90%不是由当地生产的。例如，马萨诸塞州每年在别处购进食品所造成的收支逆差就达40亿美元。有关研究表明，该州有能力提供其所需食品的30%，仅此一项就可使公共财富增加20%。

美国农业产业体系是立体的，大致分为三个层次：第一层是微观层次，就是一个或几个企业相联系，完成某些农业产品（包括观光项目等）的生产、加工、销售的全过程；第二层是中观层次，若干个企业或企业群，就一大类农业产品（如食品、纤维类）的生产、加工、销售形成上下游关系的组织运营体系；第三层是宏观层次，以农业为基础的各类农业产业体系综合形成庞大的系统并与整个国民经济有机联系。第一层次的产业体系是第二、第三层次产业体系的基础，并且第二、第三层次的产业体系也从总体上依次制约着下一层次。FMC公司（从事农业生物工程、农药、机械制造和军工生产）、孟山都公司（从事种子、生物工程、农药、食品添加剂等生产）等大型跨国公司中，有时第一、第二层次的产业体系都会出现，由公司整合。

美国农业产业体系从运营上讲，大体有三类：第一类就是由一个企业来完成农业产品的生产、加工、销售的全过程，美国称此为"纵向一体化"，其比较完整的形态最先出现于20世纪50年代的养鸡业，当时有关肉鸡的饲养、加工和销售的市场体系还未建立，工厂化养鸡和屠宰加工、销售等专业还未社会化，需要从事这个行业的企业自己直接进行，这样可以降低市场交易成本，提高效率，但发展后期，易积累风险，形成垄断。第二类就是不同的企业分别进行农业产品的生产、加工、销售，由与此相关的企业之间签订的合同将企业和各自的专业化运作过程联系起来，美国称此为"横向一体化"。企业间通过这种运作方式签订、履行合同，来保证企业之间的有机联系和均衡经营，提高企业的专业化水平，降低企业经营的组织成本。第三类也是不同的企业分别进行农业产品的生产、加工、销售等，但它们之间大多数不是"面对面"地签订合同，而是通过批发市场、期货市场、集贸市场、超级市场等进行交换，也就是"背对背"地主要根据市场给出的价格信号，由各种市场中介来联系。例如，有些农场主的一部分农产品是根据与加工厂事先签订的合同来生产的，一部分则是根据其对市场价格变化的判断来生产的。

按照美国农业部的分类，合作社有四种类型，分别是生产、销售、购买供应和服务合作社，如从事两类或两类以上服务的，称为混合型合作社。合作社主要有以下三种形式：一种是供销合作社。根据业务性质，可分为农用物资购买供应合作社、农产品营销合作社以及与供销紧密相关的服务合作社。无论是合作社的数量、入社的人数，还是营业额，供销合作社在美国农业合作社中都占据最重要最突出的位置。二是信贷合作社。它的职能是帮助农场主解决各类融资、贷款等问题，相当于农业部门中的信贷协会，是美国"农业合作信贷体系"中的重要组成部分。按照合作社银行规定，只有符合一系列条件的真正的农场主合作社而不是农场主个人才有资格向合作社银行申请贷款。三是服务合作社。涉及范围很广，这里指除供销和信贷以外的其他合作社，主要包括医疗保健、各类保险、住房合作、水利灌溉、畜种改良等合作社。在美国，谷物销售合作社控制了国内粮食市场60%的市场销售额，合作社供应的农业生产资料占全国的29%，其中向农民供应的化肥占45%，燃料占42%，饲料占21%，由农民合作社加工的农产品占农产品总量的80%，美国全部出口农产品的70%左右是由农民合作社完成的。

美国政府对农业产业的管理并不是直接干预，而是发挥政府职能作用，为农业产业发展服务。如早期的政府制定法律，帮助农场主界定产权，提供必要的基础设施。在加州，用于农业运输和灌溉的主要河道，由政府动用军队修建。马里兰州的农业部门的主要工作是调查研究，解决资源环境、食品安全等随着农业发展而出现的新问题。政府部门在发挥作用时，注意与非政府组织配合，像美国谷物协会，若拓展海外市场的业务，那么经费的一半由农业部的海外农业局资助。

（二）法国都市农业产业体系（巴黎大区）

巴黎是法国首都，是全国的政治、经济、金融、文化中心和交通枢纽，同时也是世界文化名城和最繁华的都市之一。20世纪60年代，成立巴黎大区（也称为法兰西岛大区），由巴黎市和周边7个省（埃松、上塞纳、塞纳—马恩、塞纳—圣但尼、瓦勒德马恩、瓦勒德瓦兹、伊夫林）组成。巴黎大区是高度城市化的地区，但仍有着非常发达的农业。区内总面积1.2万平方千米，农用地约占49%（59万平方千米），林地面积占23%（27.9万平方千米），非农业用地占27%。人口1 100万，占全国人口的1/5。它由市区、近郊区和远郊区构成,三者面积之比为1∶6∶1 000,人口之比为50∶15∶1。巴黎大区在全国GDP中的份额高达30%。其中,第三产业占主体地位,占本区份额的73.5%,为全国的1/3;第二产业中,传统工业和新兴工业都很发达;农业在大区GDP中的比重较低,仅有0.2%。

从农业的产业结构来看,巴黎大区以种植业为主,并呈现上升趋势。在2023年的种植业和畜牧业的总收入中,种植业收入超过92%,畜牧业收入占不到8%。从种植业的产品结构来看,巴黎大区以大田作物为主。据统计,巴黎大区的谷物面积约33万公顷,占农地的56%;油菜、甜菜面积分别为4.2万和4.8万公顷,总计占15%;蔬菜、马铃薯面积分别为2 800公顷和9 600公顷(合计约占农地的2.5%);果园1 800公顷,花卉600公顷,分别占0.3%和不到0.1%。其中,马铃薯、花卉、蔬菜的面积呈现大幅度减少的趋势,分别比1970年减少约80%、60%和40%。从农场的类型来看,在全部6 800个农场中,种植大田作物的农场占72%、园艺蔬菜农场占12%,畜禽农场占6%。这些数字反映出巴黎郊区农业的明显特点:一是在农业中副食品生产不是主项。二是农场规模较大,有的城镇只有两户农业工作者,就耕种了全部近千亩农田。巴黎大区有78%的农地集中在2 600个规模在100公顷以上的农场主手里;规模小于10公顷的农场,1970年有5 900个,2023年减少到1 500个。三是农业的经济效益较高,1981—2023年种植业和畜牧业的营业总利润与总收入的比率大体保持在35%上下。

巴黎大区农业结构的特点,使其对于巴黎城市的副食品供应功能并不明显。巴黎市的蔬菜、水果、肉类、水产等各种副食品供应,主要是经过四通八达的高速公路网,从全国各地乃至欧洲其他国家运来。在这样的条件下,巴黎大区农业的生产功能,已经脱离了自给自足的生产,而把农业工作者的收入放在优先考虑的位置;除了生产以外,农业还有生态景观、休闲和教育方面的功能。利用农业作为限制城市扩张的藩篱,防止农用地被城市进一步侵占;利用农业作为与周边城市相互之间的绿色隔离带;利用农业把高速公路、工厂等有各种污染的地区与住区分隔开来,营造宁静、清洁的生活环境;利用农业作为城市内的景观,保留一些农业生产用地,种植蔬菜、花卉等居民需要的农产品,有的作为市民劳动休闲的场所,还有的辟为青少年的教育基地。

合作社主要为农业工作者提供生产服务,社员可以把产品交给合作社加工、出售,也可自行出售。合作社按照农业工作者的生产活动和资本投入进行分配。如距巴黎35千米的丽姆尔合作社,该社成立于1936年,现有150名社员、90名雇员。合作社不仅经营鸡场,还有面粉加工厂以及工具、园艺等商店,向社员提供种子、农药、化肥等生产资料。法国农民合作社是作为特殊独立法人而存在的,既不同于民间非经济团体,又区别于资本有限公司,是一种由农民自愿组织起来互助互利的特殊经济组织。农民合作社坚持的合作制原则主要有四项：一是自由加入,但必须承认合作社的章程,维护共同利益,交纳一定股金。二是非资本获利原则,社员不是按股金数量获利,而是按交易额多少分红。三是民主管理,一人一票,民主平等。四是排他性,合作社只与社员进行交易,每个社员只与合作社交易,如合作社经营困难确有必要的话,可以与非社员进行交易,但不能超过合作社经营额的20%,否则就会被吊销合作社执照,享受不到政府政策优惠。全法合作社联盟认为,按此原则运作才是真正的以社员为中心的合作社。

农民合作社主要分布在四大领域：一是农产品流通领域。包括农产品收购、销售和生产资料供应。二是农产品加工领域。主要分布在7个部门：牲畜屠宰、奶产品加工、动物饲料、罐头加工、糖业、葡萄酒酿造、蒸馏业。这7个部门的营业额占合作社农产品加工和转化营业额的94%。三是服务领域。各类专业合作社形成了科学和严密的农村社会化服务体系,如化验、储存和技术咨询等。四是金融领域。有家庭信贷合作社、农场主信贷合作社,以及家庭和农场主特点兼有的信贷合作社。合作社农业信贷银行是法国最大的银行,由360多万个社员在地方组建2 000多个合作社储蓄所,现有职工10万人,下设7 500个办事处、10 105个服务点、8 800台自动取款机,90%的农场主都是其客户,每年发放农业信贷50亿欧元,其中20%是政府给农民的贴息贷款。截至2023年,法国农业合作社在全国经济中依然占据重要地位。根据最新数据,这些合作社的年营业额达到850亿欧元,占法国农食品行业总收入的40%。大约四分之三的法国农民至少属于一个合作社,涵盖了超过19万名员工和约2 300家公司。

(三)日本都市农业产业体系(三大都市圈)

日本的城市群主要分布在关东东南部直至北九州地区、京滨(东京、横滨)延伸至阪神(大阪、神户)一带,由此形成了三大都市圈——首都圈、中京圈和近畿圈,都市农业主要是指这三大圈内的农业。据统计,日本全国最初划定市区化区域时,农田面积为32万公顷(以后随着市区化地区的扩大总计达到了35万公顷),约占市区化区域总面积的20%左右。至1994年,全国市区化区域内的农田面积为14万公顷,占市区化区域总面积的10%左右,占全国农地总面积的3%。据对日本三大都市圈内的较大城市的调查表明,至1994年底,从事都市农业的农家为29万户,约占全国农家总数的7.6%。其中,从事销售经营的农家有20万户,约占全国的6.9%。这些农家共经营约占全国4.3%的农地。三大都市圈内,农业就业人口占农家数的8%,经营销售人数占农家总数的7.4%。

日本城市的蔬菜自给率高达90%以上,蔬菜生产占据农业生产结构的主要地位。据统计,2023年东京都有农田6 400公顷,其中蔬菜面积3 200公顷,果树960多公顷,绿叶苗圃640多公顷,花卉320多公顷,水稻200多公顷,茶叶160多公顷,其他960多公顷。大阪农业生产总额为560多亿日元,其中蔬菜占41.8%,果树花卉占23%,稻米占19%,畜产类占19%。从都市农业生产经营的作物来看,三大都市圈蔬菜生产经营量占全国总量的10.5%,花卉、种苗、苗木生产经营量占全国总量的14.7%,鸡蛋生产量占全国总量的11%。东京都、大阪府的都市农业已经很少生产粮食,主要生产蔬菜、水果,特别是不耐储存运输的绿叶菜(在日本称为软弱蔬菜)占较大的比例。大阪府、东京都等大城市的农民大多在较短时间内生产各种短期绿叶菜,有的地方年间收获上市次数可达7~8次,由此确保了新鲜农产品的供给率和市场占有率。值得一提的是,不少地区还十分重视挖掘与开发富有本地特色的农副产品,以满足市民的各种需求。

都市观光休闲农业是日本都市农业的重要组成部分。日本都市农业发展是农业与城市经济不断融合的过程,主要表现在农业功能的扩展上:都市农业除了为市民提供农副产品的传统功能外,另一个重要功能就是改善城市生态环境和提供休闲观光农园、农业科技园地等。截至2024年6月,日本大阪府的都市农业有70个观光农园,其中柑橘类12个、葡萄类20个、垂钓类18个、草莓类8个。

日本农协按经营范围看,分为综合农协和专业农协两种。综合农协是以某一地区为依托,由本地区从事农业生产的人组成的,它的业务不是以特定的农业生产部门为对象,而是从事综合性的采购、销售、信用、互助等业务,几乎包括所有的农业部门,涉及生产生活的一切领域。全国性的农业联合会主要有:全国农业协助组合联合会,简称"全农";农林中央金库,简称"农林中金";全国信用农业协同组合协会,简称"全信联";全国共济农业协同组合联合会,简称"全共联";全国原生农业协同组合联合会,简称"全原联"。专业农协是由特定农业生产品种的生产者组织的生产合作集体,包括养蚕、果树、园艺、畜产品、乳产品等专业,主要业务是采购所需要的生产资料、销售农产品,并进行业务指导。专业农协只限于某种特定的农业部门或品种,而不是限区域。在日本农协中,综合农协是主流。日本农协规定了会员的义务和权利:一是自由进退原则。会员可以利用农协的服务项目,进、退自由,不能人为地限制,也没有任何社会的和宗教的差别。二是民主管理的原则。其业务采取由会员同意的方式,选举或任命那些能对会员负责的人来实行经营一票表决权和一票选举权。三是投资限息的原则。会员在支付所投资金的利息时严格限制其利率。四是盈余分配的原则。农协业务中产生的剩余资金,根据会员的意见分配。五是促进教育的原则。所有的农协组织,都可以筹备教育预备金,改善教育及农村生活、文化的设施,使全体成员都得到受教育和提高的机会。六是协同合作的原则。所有农协组织,在地方、全国及国际的范围内,积极与其他协同组织进行友好合作。

日本政府为推进都市农业产业化,采取了积极的扶持政策措施。例如,政府采取投资或低利息融资方式,支持经济能力强的农户和团体运用先进生产设施,提高农产品质量和附加值,扩大生产规模及产业化生产,同时政府还提供资助,帮助产业化生产在开展过程中的农产品消费宣传,促进消费。政府除加强正规学校培育农业劳动生产者外,还采取各种措施鼓励更多的从农村和城市来的劳动力经营都市农业。比如,对初次从事农业的青年,政府向他们提供无息贷款,并且资助他们学习相关农业技术和经营方法。农业技术培训学校,多数由政府投资,无偿为学生提供条件优越的食宿和学习环境。

二、非洲家庭式的都市农业产业体系

由于非洲城市的城市化进程比较缓慢,人口密度低,移民仍保持传统的社会行为,非洲的城市普遍接受家庭式食物生产,其目的更多的是保证家庭基本食物需求。非洲的很多城市中仍留有大量的可耕种露天空间,人们饲养供给家庭的小型牲畜,城市政策也更支持食物生产。如在20世纪70年代中期的粮食紧缺阶段,加纳的阿克拉开展了"劳动养活自己"的运动,居民在后院和露天空地上种植食物。

在非洲许多城市,伴随着结构调整,大多数环都市地区的大规模"现代化"生产开始走下坡路。相反,无数小规模家禽饲养企业悄然出现,它们通过非正式渠道销售,以满足家庭自我食物供给的需要。数量不多的研究结果表明,城市家畜饲养会产生如下公共效益:更充分的土地利用;提供更多的就业机会;减少交通和能源消耗;降低土地保养和城市服务的公共开支;提高易腐烂但营养丰富的食物的供给;为城市居住者提供低成本食物。另外,城市最大的问题之一就是垃圾,而垃圾可以作为动物的饲料。家庭、街道、农产品市场和工农业产生的有机废物是动物有益的饲料。城市废水也可以作为动物饲料和粮食的来源。例如,哈拉雷市议会用可循环水灌溉牧场并且卖肉给城市市场(Mougeot,1994)。废水还可以用于水产业,这是一种新兴的城市家畜饲养形式。他们可以在半净化的水里养鱼。就像家畜可以把城市垃圾变成一种资源一样,家畜饲养的垃圾也可以成为种植粮食、蔬菜和水果的有益资源。这些城市间和城市里的家畜饲养者大致可以分为以下两种:

一种是集中于一小块土地上的。在陆地饲养家畜通常会用篱笆、墙、笼子把家畜关起来或者用链条拴住,并提供给它们饲料和水。大一点的动物会拉出去放牧。此外,私家房主还有医院、学校的职工中也有人养动物。例如,在尼日利亚扎里亚的大学校园里,81%的人养动物,主要是家禽和反刍动物(Gefu,1992)。

另一种是不局限于一小块土地上的。不在一小块土地上饲养的动物一般都是食草动物,如绵羊、山羊、猪、牛、水牛和驴等。它们被赶在一起放牧或被允许在有土地协议和不需要土地所有者许可的土地上自由行走。这里的一些动物属于上述私家房主,但是大多数都属于无土地家庭。例如,在尼日利亚北部和中部的镇上,牛奶由当地拥有小牧群的富拉尼人或是那些仅把他们的奶牛放在镇上喂养的富拉尼人生产。他们在镇上或者靠近镇上的未占领土地上放牛，他们购买农业处理副产品和粮食残渣喂牛。妇女负责挤奶并把它们直接卖给消费者，肥料则卖给附近的农民。他们把奶牛放在镇上喂养，剩下的家畜被带到离镇稍远的牧场上放养。

与高收入家庭相比，低收入家庭更是把养动物作为他们食物的来源、收入和安全的保障。城市家畜饲养不仅给家畜饲养者提供了就业机会而且还给非正式供给系统比如牧人、卖树叶者、产品收购者和小贩等提供了就业机会（Centres，1991）。一些贫穷的妇女会挨家挨户购买谷糠，然后再转卖给城镇家畜饲养者。在城市集市里或者路边，可以看见成捆已收割或是修剪好的草、落花生干草和其他粮食残渣待售。不仅农民还有贫困的城市居住者也在售卖，他们每天都在城市中搜寻可以喂动物的饲料。甚至一些不养动物的人也种草来卖钱，例如生长在内罗毕的紫狼尾草。

（一）阿克拉

阿克拉是加纳首都，阿克拉大都市区下辖阿克拉都市区、Ablekuma、Ashiedu、Keteke、Ayawaso、Kpeshie、Okaikoi 和 Osu Klottey 次都市区、Tema 都市区以及 Ga 区的半城市化地区。阿克拉城约有 250 万人，但人口分布很不均匀。在新发展起来的高收入区，每公顷平均只有 20 人，而在低收入区人口密度达到了每公顷 400～500人。在阿克拉，几乎每一个收入阶层的人都会从事农业活动，尤其是饲养小型时宜家畜。只有蔬菜种植者和半城市化地区的农民才会以耕种庄稼为生。大部分城区的农业活动都是在家庭土地上开展的，但通过非正式途径获得土地也非常重要。

蔬菜的耕种区主要位于大的排水道和河流两岸，蔬菜生产是全年的。每个农民只有很小的一块土地，为充分利用土地，实行集约型的作物轮作。人们更喜欢用便宜的牛粪和鸡屎作为肥料。在蔬菜品种上，胡椒、黄秋葵、番茄等被广泛种植，另有从国外引进的莴苣、卷心菜、胡萝卜、辣椒、荷兰豆、甜菜根和香草。几乎所有的事情都由农民自己来做，而不必雇用帮工，这也是他们白天总忙于农场劳作而不出外从事直接销售活动的原因。除了一部分本地蔬菜和玉米用于家庭消费外，种植的蔬菜几乎全部用于出售。

在阿克拉，商业饲养的牲畜主要是各类家禽和猪。对中、高收入的社区来说，饲养家禽更为普遍，因为他们可以承受开办农场的初始投资。饲养活动多在城市郊区进行，牲畜的粪便通常被弃置到废物堆，也有少数饲养者将其卖给当地农民作为农作物的肥料。而在低收入社区，人们饲养的主要是猪和一些小型反刍类动物。在城市的所有社区，以家庭为单位饲养一些小牲畜是非常普遍的，尤其是在那些低收入的移民社区。有调查显示，只有 8.9% 的低收入移民家庭不饲养牲畜饲养。从饲养的区域分布情况看，主要集中在人口密度较高的低收入区，在这里牲畜可以自由活动,并与该家庭的其他活动共享饲料。而像山羊和绵羊则会圈养起来防止被偷走。饲养牲畜的品种主要有鸡、山羊、绵羊和鸭子。饲养牲畜的目的除了为家庭提供稳定的经济收入和食物补充外,主要是作为应对危机的手段。牲畜幼仔以极低的价格买进,饲养长大后可以被卖掉换取现金。

(二)开罗

埃及首都开罗(Cairo)横跨尼罗河,气魄雄伟,风貌壮观,是整个中东地区的政治、经济和商业中心。它由开罗省、吉萨省和盖勒尤卜省组成,通称大开罗。大开罗是埃及和阿拉伯世界最大的城市,也是世界上最古老的城市之一,有人口2 218万(2023年),人口密度高,在一些社区中,每平方千米有超过10万的人口。开罗土地干旱,只有很少的土地可用于绿化,几乎没有私人农园适合耕种。都市农业主要限于饲养小型家畜,饲养家禽可以说是开罗最重要的农业活动,约有16%的开罗家庭饲养牲畜。而在城市的人口密集区,几乎所有的低收入家庭都从事类似活动。饲养的品种主要是鸡、鹅、鸭和猪等。从饲养的地点来看,大型家畜主要饲养在房屋外,而小型的家禽则在屋内居多。开罗大都市区所有饲养动物的家庭中,有70.8%的人不是住在顶层就是住在底层,这样更便于到达房顶或更接近庭院及公共场所。而房顶正是适合饲养家禽的地方。从饲养用途来看,大多用于家庭消费(见表10-8)。

表10-8　　　　　　开罗大都市区的家畜饲养结构　　　　　　单位:%

家畜	地点(与房屋的关系)		用途(家庭经济)	
	内	外	出售	自用
水牛	60	40	40	60
马	0	100	0	100
绵羊	20	80	0	100
山羊	20	80	60	40
鹅/鸭	65	35	10	90
鸡	60	40	4	96
猪	86	14	0	100

资料来源:尼科·巴克等. 增长的城市、增长的食物——都市农业之政策议题[M]. 蔡建明译. 北京:商务印书馆,2005.

三、东南亚独具特色的水产品生产和销售体系

相较于世界其他地区,养殖鱼类和种植水生蔬菜在东南亚很多城市地区十分普遍。东南亚的水产体系包括可食用水生蔬菜种植和鱼类的养殖,在很多从事养

殖和销售水产品的城市定居者的生计组成中扮演着非常重要的角色。可以说,水产品是同大量低收入城市居民的生计息息相关的。东南亚城市中存在很多这种养殖鱼类和种植水生蔬菜的活动,其中既有粗放式也有集约式。然而,这类生产体系往往还是处于半集约化的程度,而且经常使用城市污水作为增加产量的养料来源。表10—9是东南亚主要城市的水产品生产和销售体系的简要情况。

表10—9　　　　　　对鱼类和水生蔬菜销售的市场调查得到的主要发现

	曼谷	胡志明市	河内	金边
市场运输	良好的交通运输网络,良好的道路网络	水生蔬菜目前多是通过小型卡车进行运输,鱼类多是通过摩托车和卡车运输	水生蔬菜仍主要通过自行车和摩托车运输,鱼类主要通过摩托车和小型卡车运输	摩托车和自行车,水生蔬菜主要是摩托车运输,鱼类运输部分是通过小型卡车,城市外部的道路系统比较差
市场基础设施	通过大型集中性的批发市场来供应零售商,超市数量逐渐增加	发展良好的鱼类批发部门,逐渐增加的超级市场	建设新的批发市场,城市沿街/零售等造成了日益严重的交通拥堵	批发与零售之间的区别并不明显
增值/包装过程	水生蔬菜日渐采用成包销售,鱼类仍旧是出售鲜活的,处理过的产品一般是供应给超市	开始改变蔬菜的包装,同时部分进入超市	鱼类市场还是出售鲜鱼,水生蔬菜的出售多是新鲜和未包装的	新鲜出售的水生蔬菜一般都没有包装,部分作为牲畜食品出售,一些鲶鱼被进行腌制出售到一些小市场,鱼类多是出售新鲜的

资料来源:都市水产品社论[R]. PAPUSSA报告,2006。

(一)泰国曼谷

曼谷周边的水产品生产不仅在数量上显著,更在经济和社会层面发挥着重要作用。在这个地区,水产养殖逐渐成为农村经济的重要支柱。曼谷北部的鲶鱼养殖和巴吞他尼府(Pathumthani)的金合欢种植,代表了当地在养殖技术与市场需求之间的良性互动。尤其是金合欢,不仅是一种重要的水生蔬菜,而且是当地人饮食文化中不可或缺的一部分。暖武里府(Nontaburi)的空心菜种植和曼谷南部的罗非鱼与鲤鱼的混合养殖,展示了多样化养殖的优势。这些养殖模式不仅提高了水产品的产量,而且有助于维护生态平衡。通过合理的养殖安排,水体的营养物质得以循环利用,从而减少了对环境的负担。

在这些生产过程中,水质管理和养殖环境的优化也越来越受到重视。当地的农民通过学习现代养殖技术,逐步掌握了水质监测、疾病防控和生态养殖等关键技能。这不仅提高了水产品的品质,而且使得他们在市场竞争中占据了更有利的位置。销售网络的复杂性也在不断增加。中间商在这个系统中起到了桥梁的作用,他们负责从农民手中采购水产品,并通过合理的渠道将产品分销到各类市场。随着电商和数字技术的发展,越来越多的中间商开始利用在线平台拓展销售渠道,提高了市场的透明度和效率。

此外,随着消费者对水产品健康和可持续性关注的增加,市场也在逐步适应这些变化。更多的商家开始重视产品的来源和养殖方式,推动了可持续水产养殖的兴起。通过建立标准和认证体系,消费者能够更容易识别高质量的水产品,进一步促进了市场的健康发展。

总的来看,曼谷周边的水产品生产不仅是一个经济活动,更是一个涉及生态、文化和社会多方面的复杂系统。在这一体系中,农民、商贩和消费者共同构成了一个相互依赖、紧密联系的网络,为当地经济的可持续发展贡献了力量。

(二) 越南胡志明市

胡志明市是越南第二大城市,总面积 20.9 万公顷,目前有接近 600 万的常住人口,而其中大约 83.3% 的人口生活在市区,因此城市食物保障的压力很大。农林水产业在胡志明市 GDP 中的贡献率逐年下降,但是在城市外围的郊区,水产业却出现增长。胡志明市市区具有多元和动态的经济环境,水产业是这个城市经济中的重要组成,同时也越来越发展成为城市郊区的重要经济产业。

胡志明市城市郊区的水产业可以归入两种主要的类型:污水养殖和非污水养殖。由于胡志明市的大部分污水都直接流入 Saigon 河,而该河又是胡志明市当前水产业的主要水源,所以污水养殖水产体系在当地更加普遍。这类水产业体系常常在胡志明市的低洼地带选址,在没有特殊和强效的排水系统的情况下,低洼地积蓄的水源就提供了富含养分的污水,尤其是在有机物的含量上——有机物是可以用于多种类型水产体系的一种营养成分。非污水体系主要是分布在相对较高的地块。在这些郊区水产业体系中,既养殖鱼类,也种植水生蔬菜。

鱼类养殖分为单一品种养殖和多品种养殖。单一鱼种养殖中使用大量球状饲料喂养的都是诸如红罗非、鲶鱼、淡水巨鲷等高价值种类的鱼。多品种鱼类养殖中最普遍的养殖品种是罗非鱼、鲤鱼、草鱼、银鲤、鲢鱼和鲶鱼,这个系统最大化了食物的利用率,也就可以很好地节省饲料。水生蔬菜的种植品种主要是水合欢和空心菜。水合欢在胡志明市的郊区分布广泛,低投入和简单的养殖技术使得农民们可以从种植水合欢中获得较高水平的收入。但是,这个系统却很受污水中的工业污染物影响。水合欢自身的病变也是一个相当严重的问题。空心菜适合在污水环境中种植,它也能为农民提供良好的收入来源。一些家庭同时养鱼和种植空心菜,空心菜叶子就可以作为鱼饲料,并能为胡志明市提供大量的蔬菜产品,这些鱼类的收成也能补充农民的家庭收入和食品供应。大约 66% 在郊区生产的鱼和水生蔬菜都是通过零售商出售给消费者的。在产品上市季节与反季时期之间的产品价格是有季节波动的,尤其水生蔬菜的价格表现得更明显,而鱼类的价格就很少随着季节波动。

(三)越南河内

河内拥有 5 100 公顷的水域面积,随着城市人口的不断增长,越来越多的城市污水被直接排放到 To Lich 河和 Kim Nguu 河之中,并顺流进入城市南部的 Thanh Tri 地区,而在 Thanh Tri 地区,污水被用作种植水生蔬菜和养殖鱼类的生产资料之一。

水生蔬菜在河内市民的均衡营养膳食中具有重要的地位。空心菜是最重要的能够全年进行种植的水生蔬菜。金合欢只能在 4 月到 8 月的夏季进行种植,而其他如菱角和水芹只能在 9 月到来年 3 月的冬季进行种植。河内水生蔬菜的生产主要集中在 Thanh Tri 和 Gia Lam 地区(包括 Bang B, Hoang Van Thu, Yen So, Vinh Quynh, Tam Hiep, Tu Hiep 和 Hoang Van Thu 村庄/地区),在 Hoang Liet 公社的 Bang B 村,一年生金合欢和菱角的种植为当地家庭提供了最高达到 90% 的收入,每年约 4 000 万越南盾(合 2 547.70 美元;1 美元=15 700 越南盾)。空心菜的生产为当地最低收入家庭提供了 100% 的收入,每年约为 2 100 万越南盾(合 1 337.5 美元)。目前,村子中大约 50% 的家庭都种植着水生蔬菜。Bang B 村在 2004 年有 14 公顷的稻田被转变进行水芹和菱角的生产,这些土地也利用从 To Lich 河中抽取的污水进行灌溉。

在河内,污水从 20 世纪 60 年代就已经被当地农民作为一种廉价、实用的水源和养鱼的肥料来使用了。农民在封闭的地块使用从城市抽取的污水作为主要的营养成分进行水产养殖。大部分郊区农民都选择多品种鱼类进行养殖,如鲤鱼、草鱼、银鲤、印度鲤、鳙鱼和鲮鱼。相对较少的一部分农民选择养殖价值更高的肉食性青鱼,因为当地只有很少的蜗牛可以供给青鱼作食物。近年来,河内污水养殖的平均生产力因技术和方法的不同而有所变化。传统鱼塘的平均生产力约为每公顷每年 5 吨。然而,现代高科技养殖场的生产力显著提高,达到了每公顷每年 10~12 吨。

(四)柬埔寨金边

金边郊区的湿地周边散布着许多土地,它们是金边和柬埔寨其他地区水生蔬菜和鱼类供应的重要来源地。这些地块利用了金边排放的城市污水。这些生产体系的相关活动同金边及其周围地区的很多贫苦居民的生计紧密相关。Boeung Cheung Ek 是金边最大的污水排放湖(3 403 公顷)。金边有高达 80% 的城市污水,以及湖泊周边快速发展的工业部门排放的工业和化学污水都被排放到了这个湖泊中。

湖岸附近的村庄居民利用不断增多的污水,在 Boeung Cheung Ek 湖种植水生蔬菜,尤其是空心菜,逐渐取代传统的稻米种植。渔民们则利用餐馆和饭店的泔水,以及稻米和蔬菜渣喂养箱笼中的鱼。养鱼的箱笼往往也经常放置在猪圈和厕所的下方,以便直接利用绿肥。主要的养殖种类有河鲶、胡鲶和黑鱼。

这些社区生产的水生蔬菜和鱼类大部分都在金边及其周围地区的集市上进行销售。金边市场的水生蔬菜销量占到了所有蔬菜销量的一半以上。

四、拉美政府与非政府组织积极参与的都市农业产业体系

直到20世纪上半叶,拉丁美洲和加勒比海地区最贫困的人群仍集中在乡村地区。而后为了寻求更多的收入和更好的生活,贫困人口持续地向城市迁移。随着城市在这一地区的迅速成长,城市贫困人口的数量首次超过了乡村地区。拉美和加勒比地区呈现出极高的城市化水平。在全世界15座最大的城市中该地区占有4个,即墨西哥城、圣保罗、布宜诺斯艾利斯和里约热内卢。截至2023年,拉丁美洲和加勒比地区的贫困人口总数约为1.81亿,占该地区总人口的近三分之一。尽管与疫情前相比略有减少,但这一数字仍高于疫情前的水平。城市贫困现象在该地区尤为严重。疫情前,贫困人口主要集中在农村地区(占52%),但目前城市贫困人口已超过农村贫困人口,占比达53%。另外,极端贫困人口中有大部分也生活在城市。他们中很多人属于社会边缘人群。失业、缺少生产计划和用地管理以及社会、城市和环境政策的缺乏导致了这种"贫穷城市化"。拉美国家的政府将发展都市农业作为缓解食物保障压力的重要途径,非常重视都市农业的发展,政府机构在组织城市耕种活动过程中发挥着极其重要的作用。

(一)古巴哈瓦那

20世纪90年代初期,古巴为了应对日益严峻的食物供给危机,农业部建立了一个都市农业厅来支持新的耕种者,具体工作通过在外工作人员来落实,以城市为基本单元,通过社区给予直接帮助。农业部还负责"种子商店",为农民提供种子、工具、生物种植指导书和其他杂物等。几乎在一夜之间,一个新的城市种植文化诞生了。古巴有机农业组织也通过政府调研员与在外工作人员间的联系,积极促进有机农业的发展。

中央政府在促进有机都市农业发展上给予哈瓦那很大支持,使之获得了今天的成果。哈瓦那参与都市农业国家发展计划,由农业部直接领导并予以支持。农业部每年都会制订一些具体的行动方案,每一个省或都市都必须完成指定目标,以便分散化地解决食物生产和短缺的问题。比如,2001年的指导性行动目标是以下述方式创立的:每年在Organoponicos和集约型种植园中有机肥料的用量为10千克/平方米,而在小块土地或Patios上则至少要20吨/公顷;定期更新城市和Consejos Populares(设置在社区里的政府部门,城市里有104个这样的机构)一级有机原料的来源;为蠕虫的发育生长提供良好的环境;在农业生产的各个单元推广和实

施蟥虫培植法;改善城市废物的循环利用;将生产性的都市农业实践与不同层次的农牧业授课相结合;将生产者与农业和畜牧业理工研究所、大学教职员工和科研院所(全国共有33所农业和畜牧业研究中心,其中19所由农业部直接领导,有11所在哈瓦那市内)联系起来。在保证高质量产品的同时,提高人口在环境保护方面的农业生态意识。

哈瓦那都市农业生产系统可以分为五个主要类型:(1)大众农园。大众农园由种植者自己管理,是哈瓦那都市农业中发展最为普遍的一种类型。这些农园的雏形是在"特殊时期"为应付食物短缺,而在自家后院、阳台、平台或屋顶上自发形成的小规模种植活动。大多数种植者都有正式工作,而只在业余时间从事种植生产。(2)基层合作生产单位。这是从国有农场分裂出来的,它们依靠可以获得的资源运营,通常有5~10名工作人员。(3)国家合作供应农场。这些农场多在工厂内部,主要用来供应工厂的自助食堂,有些地方可能只是一些固定的雇员负责耕种,而有些则可能将农活分配给每一位员工。(4)私人农场。这种农场的大小一般为13公顷左右,大多数土地都有使用权。哈瓦那市场上出售的牛奶和插花大部分来自这些农场,农场生产的牛奶则流入国家分配系统。(5)有机农园和精耕农园。有机农园是在加高的容器苗床中,向营养液或土壤中加入了高浓度(50%)的混合肥料。精耕农园是在有机农园的基础上采用精耕细作的耕种方法,而不需要围墙,充分利用耕种空间,结合有机肥料的利用,以取得最大的单产。

(二)秘鲁利马

利马是秘鲁的首都,位于太平洋沿岸的沙化条状地带,其农业主要集中在半城市化地区,主要作物是玉米,其他还有马铃薯、白薯、洋葱、大蒜、莴苣和各种豆类蔬菜。在利马都市农业的发展过程中,非政府组织起到了一定的推动作用。

(1)贫困地区蔬菜农园项目。在1984—1990年间,Mujer协会获得许可,实施一项针对城市南部地区低收入妇女的计划,后经农业部和HUFACAM推广在秘鲁的很多城市实施。蔬菜农园通常位于家庭庭院及学校、医院的公共场所。在农园里工作的人都不富裕,甚至极端贫困,他们获取社会服务的能力有限,比如妇女和小孩,他们负责耕种并出售产品。种植的蔬菜种类很多,包括芳香植物、草本植物和马铃薯。农园的大小在60平方米到200平方米不等。一般不使用化学物质,害虫也用土法控制。妇女的培训包括利用家庭厨房垃圾和鸡、猪等家禽的粪便制造堆肥。

(2)家庭水耕种植计划。水耕法是在水中种植作物,利用水中植物纤维提供各种必要的化学营养物质。有两个非政府组织(CIDIAG和Imagen Educativa)在贫困家庭中推广水耕法生产。这两个组织都帮助农民获得更便宜和更适合的投入物,还帮助他们获得各种需要投入的产品和设备,或选择最适合的替代品,然后以批发价成批购买,并告知农民正确的使用量。当然,水耕法需要家庭有一定的管理能力和技术知识,人们认为这种生产方法成本相对较高,不适合贫困家庭,因此一些参与家庭陆续退出该计划。

(3)小型牲畜饲养。在利马,有很多小公司针对市场需求,组织农民饲养鹌鹑、豚鼠等小型牲畜。禽蛋在利马有一定的消费市场,主要用作深受人们喜欢的中餐的配料,而鹌鹑蛋被认为是低胆固醇的。饲养鹌鹑不需要很大的空间,既可以在城市环境也可以在半城市化地区进行。豚鼠的饲养和食用在秘鲁是一个古老的传统。很多项目都鼓励家庭饲养豚鼠,并建议将厨房垃圾用作饲料。

五、上海都市现代绿色农业

上海历来高度重视农业发展,自20世纪90年代确立都市农业的定位以来,出台了一系列的政策举措,使上海都市农业总体走在了全国的前列,在诸如家庭农场、生态农业补偿、农业保险等方面取得了显著成绩。2017年起,根据《中国都市现代农业发展报告》(覆盖4个直辖市、5个计划单列市、27个省会等36个大中城市)显示,上海都市现代农业发展指数连续5年位居全国第一。

(一)资源禀赋

据2019年底完成的第三次全国土地调查显示,上海市域土地面积共951.08万亩,其中,耕地面积为242.97万亩,占土地面积的25.55%,相较于2010年第二次土地调查时的耕地面积,减少了14.64%。而从横向比较来看,上海人均耕地为0.10亩,不足全国人均水平的1/13。另外,上海目前建设用地总规模已超过全市陆域面积的46%,远高于大伦敦、大巴黎、东京圈等国际大都市区20%~30%的水平。农地资源的减少,在一定程度上制约了上海都市农业的发展。

(二)上海都市农业特征

上海农业最鲜明的特征是都市现代农业,最具优势的潜力是农业多种功能的拓展。上海作为我国最大的国际化大都市,城市人口密集,农产品主要依靠外部供给,农民收入中经营性收入占比比较低。因此,农业的基础性供给与经济功能相对有限,但农业对上海的重要性却不局限于产品供给功能或是经济功能,农业对上海来说,其意义还体现在其他功能层面。首先,农业提供了农产品的应急保障功能,同时也是上海绿叶菜等蔬菜的主要供给源。尽管上海粮食自给率为20%左右,大部分农产品需要外调,但本地农业在稳定生鲜农产品价格、应急供应等方面起到了重要作用。其次,上海农业具有重要的生态功能。对人口密集的上海来说,城市生态平衡与可持续发展离不开农业,郊区农业是上海重要的生态屏障,在气候、环境的调节方面发挥了重要的作用。再次,上海的农业还体现了文化传承、教育等功能。农业为市民提供了景观、休闲的重要场所,同时也为上海市民体验农耕文化提供了条件。根据《上海市城市总体规划(2016—2040)》(草案),上海未来将着力打造生态之城、人文之城,而农业在上海生态可持续与人文传承方面将起到不可或缺的作用。

(三)上海都市农业内涵

上海都市农业的效益,并不仅仅是经济效益,还应包括生态效益、社会(文化)效益等。因此,提升上海都市农业效益,也应确立多元目标,协同推进。一方面要通过高投入,取得高产出,获得高效益。这既是适应上海高土地级差地租和发挥资源禀赋比较优势的内在要求,也是使农业成为能够带动农民致富的高效产业的必要条件。另一方面,也要按照人与自然和谐发展的要求,实现种养业良性循环发展,全面推进农业标准化清洁生产,就是要以绿色消费为导向,大力发展优质安全的农产品,形成从农田到餐桌全过程的农产品质量安全保障体系,发挥农业的生态效益。总之,上海都市农业效益的提升,要围绕高效生态这根主线,提高土地产出率、资源利用率、劳动生产率,努力增强上海农业的影响力、带动力和服务力。农业效益的提升,要更加依靠科技进步和劳动者素质的提高,更加依靠现代生产要素的引进和使用,更加依靠市场机制的基础性作用,更加依靠农业多功能的开发。尽管上海都市农业效益内涵丰富,体现在多个层面,但各个层面之间又存在着较强的关联性(见图10-2)。一般来说,注重农业的生态效益将在一定程度上影响农业的经济效益,但面对上海这一巨大的市场,随着人们对有机、生态产品的关注与认可,生态效益完全可以实现向经济效益的转化;另外,随着近年来人们对回归自然的渴望,对农耕文明的留恋,在农业旅游的带动下,农业的社会文化效益也可以在一定程度上带来经济效益。因此,上海都市农业的效益一方面是一个综合的概念,包含多个层面;另一方面也是一个相互关联的概念,完全可以实现有机的统一。上海国际化大都市的发展以及市场需求的变化,为上海都市农业综合效益的提升创造了相应的条件。

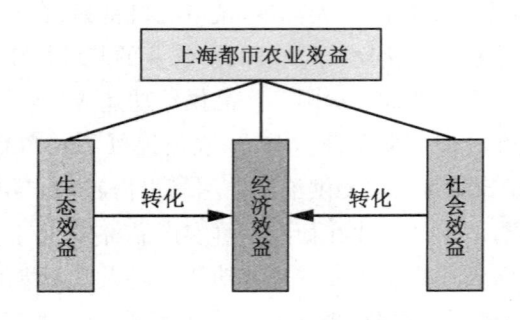

图10-2 上海都市农业效益内涵层面的关联性

(四)上海都市农业发展举措

发挥科技进步的作用、发挥人力资本提升的作用、发挥制度激励的作用。提高上海都市业效益,推进上海都市农业内生发展,从依靠外部补贴以及有限资源粗放投入的发展模式,逐渐向科技进步要效益、向人力资本提升要效益、向制度改革要效益。一是上海因应G60科创走廊建设机遇,实施重大农业科技项目,进一步推进农业的科技水平、农业科技的针对性与应用性,农业科技进步贡献率接近70%,处于全国前列。二是促进农业的内生发展,提高上海都市农业效益,必须转变农业经营思路,提高农业经营效率,这必然就对农业的人力资本提出了要求。农业劳动力素质的提升,可有效促进农民收入的增加。近年来,上海投入了大量资源培训农民,培育了大量专业的农业生产经营带头人和普通农民,有效提升了农业人力资本水平。三是推进制度改革,在促进农地流转的过程中,适时推进农地承包权的退出政策,以改革释放并创造农业发展红利。

第五节 中国都市农业的主要趋势

城市化水平的提高使得城市逐步远离乡村、远离农业、远离自然,而乡村和农业又是城市赖以生存和可持续发展的基础,如果没有现代化的、环境友好的、生态景观优美的农业和乡村,城市的生存和发展就必然缺乏活力且不可持续。因此,随着我国国民经济的进一步发展,未来都市现代农业如何发展,以适应城市化的进程,实现城乡和谐发展、共同增长,是每一个都市农业工作者密切关注和思考的问题。上海、北京、天津、深圳等是国内较早进行都市农业研究、实践的城市,发展都市农业具有广阔的市场空间。这些城市市民收入水平高,人口规模大、流动性强,高收入阶层人数较多,是国际性大都市和港口城市,同时具有较好的经济基础和条件,产业化水平、科技水平、农村经济实力在全国具有领先地位,这些都为实现都市农业战略定位提供了坚实的基础。

一、未来的都市农业将更加凸显其环境生态功能

改革开放以来,我国经济的高速发展使城市规模迅速扩张,城市人口集中的趋势明显加速,2023年我国城镇常住人口已达9.3亿人,占全国总人口比重的66.16%。有专家预计,到2035年中国城镇化率将达75%~80%,新增近4亿城镇居民,达到发达国家同等水平。城市建成规模和人口规模的扩张必然需要拓展城市空间,而这种空间的拓展使得城市周边大量农田变为非农业用地,农业用地规模大大缩减,城市人口的迅速扩张和土地的稀缺性,又使得城市出现建筑过密,空间和绿地不足,密集、高大的水泥建筑物构筑成为城市的"水泥森林",使城市环境质

量恶化,直接影响到人居环境和城市可持续的生存与发展。

城市化水平的不断提高以及不断提升城市人居生态环境质量的客观需求,使得人们开始重新审视都市周边的农业在整个城市系统以及生态环境中的重要作用。联合国粮农组织的专家们呼吁要把过去那种单纯地把农业生态系统看作是生产农产品的单一功能实体,转变为生产食品、保护环境、保护人类健康、保障可持续发展的多功能实体。把保护土壤生物多样性、提高农业生态系统质量作为全球环境保护、食物安全、可持续发展的基础。现代农业必须为人类发展的多方面需求提供服务,这要求农业具有经济产出功能的同时,具备充分的社会功能、生态功能,成为一种多功能的、综合性产出的农业,最终实现农业的生产、经济、环境、社会等功能的协调发展以及生产效益、经济效益、社会效益和环境效益的协调共同提升。

现代经济社会发展对农业功能拓展的客观需求,使得发达国家大城市周围的农业逐渐由过去单纯向城市供应食物转变为集生产、生态、休闲、娱乐、旅游于一体的多功能农业,充分体现和发挥了农业的生产、生态和生活"三生"功能,使都市现代农业不仅为都市居民的生产和生活提供更多新鲜、安全、优质的食品,以满足不同层次市民的需求,而且通过充分发挥农业在生态系统中的能动作用,建立人与自然、都市与农业的和谐关系。与此同时,在都市农业区开辟绿地、市民农园、花卉公园、教育公园等,发挥高质量的生活服务功能,让市民能够在回归自然中放松紧张的心理,获得新的生活空间。

因此,现代都市农业的建设,就是要将农业建设成为城市生态屏障的一个组成部分,进一步与城市经济和生态系统紧密融合,为城市经济社会的可持续发展提供有效的保障,保持城市与乡村生产、生活、生态之间的平衡及协调,为城乡居民构筑良好的人居空间,创造良好的生态环境。

不管是从国际大城市生态环境建设的趋势还是大城市经济、社会发展的现实需要来看,建设可持续的环境友好的农业都必须是贯穿都市农业建设的"主线"。随着经济社会的发展,城市生态环境压力将会不断加剧,通常城市中心城区的建筑密度很高,一般难以提供大型绿化和改善生态设施的空间。如果仅靠大面积植树造林和建设绿地来调节改善气候环境,不仅需要巨额投资,而且需要大量维护和培植费用。而规划良好的都市现代化农业生产不仅可以对城市的生态环境产生重要的影响,而且可以大大降低环境改善的费用。因此,都市农业生产与草坪、绿化、人工园林、森林、生态果园等共同构成城市生态体系的重要组成部分,真正成为城市"有生命的基础设施"。

二、农业生态休闲产业的比重将大幅度提高

随着经济的发展和人民收入水平、生活质量的提高,休闲度假将是人们消除工

作生活压力、缓解疲劳、放松身心的最佳选择。早在 1999 年，美国《时代》杂志就曾预言，2015 年前后，发达国家将进入休闲时代，休闲在美国的国民生产总值中将占有一半的份额，新技术和其他一些趋势可以让人把生命中 50% 的时间用于休闲。事实上，当前休闲产业已成为美国第一位的经济活动。据美国有关部门的统计显示：美国人有 1/3 的休闲时间，有 2/3 的收入用于休闲，有 1/3 的土地面积用于休闲。

农业旅游观光功能对于都市农业的发展具有重要的意义，农业的这个功能为城郊农业提供了一个新型的发展模式。它把农业与城市中其他产业有机地联系到一起，有利于城区向农村的渗透和农村的城市化进程，原有的城郊界限将变得模糊，有利于消除城乡分割对立的状态，使城乡关系变得协调和融合。农业的旅游观光功能，一方面满足了城市居民对农业旅游的消费需求；另一方面成为农业经济增长的一个新的亮点，大幅度提高了农民收入。

农业生产除了农产品产出以外，还包含历史、文化、景观、自然等大量可以被挖掘的潜在经济功能，良好的农业生态景观自然可以成为市民光顾与休闲的场地，满足人们回归自然、怀旧、休闲参与、认知教育等的需求，让市民走近田野、回归自然，成为休闲度假的良好选择。因此，农业生态休闲将在都市现代农业中占有越来越重要的地位，甚至成为都市现代农业中三分天下的主业之一。农业生态休闲产业的发展对都市现代农业的意义还不仅在于其自身的发展壮大，更重要的是将会给都市现代农业中的其他行业带来产业融合的积极效果。人们对休闲农业的需求将兴起一个由农业"体验经济"为主导的新型产业。

农业生态休闲产业是一个具有巨大经济潜力和就业空间的产业，生态休闲观光农业以农业生态景观、特色产业、乡村文化和农耕文明为依托，来满足城市居民观光、品尝、休闲、猎奇、娱乐、参与、体验、购物、度假等需求。它既是对农业经济潜力的深度挖掘，也是一个系列旅游产品开发的过程，成为一种一、二、三产交叉融合的新兴产业。法国的农业"绿色度假"，每年可以给农民带来近 110 亿欧元的收益，相当于全国旅游收入的 1/4；荷兰仅花卉产业旅游（阿什米尔和库肯霍夫）的门票收入就达每年 1 000 万～1 200 万欧元；日本每年有超过 5 亿人次进行农业休闲、观光、体验和旅游，农业休闲旅游的相关消费额超过 50 亿美元；我国台湾省每年观光休闲农业吸引的游客超过 525 万人次，创造园区农业品及周边休闲产业约 10 亿元台币（约合 2.5 亿元人民币）的商机。生态休闲农业的发展会将农产品生产、农产品加工、园区经营管理、餐饮、住宿、休闲、教育、会展、交通、乡土特产、农业特色休闲旅游工艺品、讲解导游等相互穿插融合，形成农业与商业融合、农业与服务业融合、农业与教育业融合、农业与特产加工业融合等多产业的交织。

发展都市农业生态休闲旅游，关键是要有独特的创意和明确的主题，要系统整合现代化农业园区、水产品养殖区、蔬菜与粮油生产区和农产品企业的农业自然、生态和产业景观,形成景观综合产业带。农业生态旅游休闲项目的开发要采取系列化板块集成的方式进行,组成回归自然生态系列、怀旧休闲参与系列、认知教育系列、乡土风情饮食系列四大旅游休闲系列主题板块。并根据市场细分,为不同需要的消费者设计符合他们要求的农业生态休闲旅游行程。

三、未来的都市农业将进一步加深多层次的分工与专业化

都市农业由于地处都市周边,具备优越的市场优势、资本优势、技术优势、管理优势和人才优势。因此,随着经济的发展和科学技术的进步,都市农业的经营模式必将率先向现代企业经营转变。都市农业的多层次分工与专业化将随着都市农业现代化的进程而加深,农业作业环节的专业化分工细化,农产品生产、加工、营销将逐步走向作业专业化、部门专业化、区域专业化,并最终形成"从田头到餐桌"的现代化的产业模式。

农产品生产作业专业化,意味着农产品的生产环节如种(苗)培育、具体田间管理,直至收获将根据专业化的要求分工,这些生产环节不再由一个家庭或者生产单位全部承担完成,而只是专业化地承担其中某一个生产环节。如形成专业的种(苗)培育,栽插,田间管理(包括施肥、管水、病虫害防治)和收获的从业人员或组织,以达到提高生产效率、降低生产成本、提高农产品质量和安全的效果。更主要的是通过专业化的管理,降低农业风险,减少盲目的农业投入。

农产品产业部门专业化,意味着通过分工形成相对独立的农业生产管理,农业技术推广与使用,农产品销售、运输、加工和仓储,农资产品供应,农业贷款融资和农业保险等组织或企业,以企业化的管理方式,将农产品经营由过去的一个生产单元(家庭或家庭成员)单独完成,变为多个生产单元分工合作,形成专业化的农业生产企业和农业产业工人。

农产品区域专业化,就是要建成专业化的种植业、养殖业、水产业、果、林、蔬菜和花卉等区域,形成规模化的生产场所和集散地,以降低生产、营销成本,增加农民收入,形成规模效应,有效提高农产品的市场竞争能力。

就我国目前的都市农业产业化来看,其发展过程中存在不少问题,特别是龙头企业,大多仍处于传统经营方式的大范畴内,龙头企业通常以加工企业为主体,据统计,以加工企业为龙头的农业产业化组织比例占 60%~70%。以加工企业为农业产业化的龙头并没有什么不妥之处。但在现实经济中,加工企业存在产品比较单一、生产集中度低、原材料产量与质量控制难度大、易受市场波动的影响等问题,外向型农产品加工企业还存在较大的连带性风险。例如,2002 年初,欧盟因从我国出口的鸡肉、兔肉和冻虾等中检出有 200mg/kg 的氯霉素残留,全面停

止从我国进口食源性动物产品,其他的畜产品出口加工企业由此受到牵连而损失惨重。关联产业间的联系(合作)不够紧密、产品单一、地域触角不够广泛、产业规模偏小是制约今后都市现代农业产业化健康发展壮大的"瓶颈"。要突破都市现代农业产业化发展的"瓶颈",就必须转变过去那种"种—养—加"或"产—加—销"一体化的习惯性思维,在更广阔的经营领域内形成一体化经营的格局,将产业链条进一步拉长、经营空间进一步扩大、利润增长点进一步多元化、经营风险进一步缩小,建设以农产品供应链为特征的农业产业化经营组织是实现这种转变的有效途径。

在经济发达国家,由农产品供应链而形成了大范围的、广泛而多元化的农产品生产经营合作。农户与企业间、企业与企业间的合作非常广泛紧密,是一种纵横交叉的综合性合作,既具有产权联系的合作,如参股、合并、收购、重组等;又有非产权联系的合作,如在契约形式下的各种生产合作、购销合作、服务合作等。这两种合作通常交织在一起,形成一种多元化合作的格局,并且超越了地区的范围甚至国界,促使农业产业化企业逐步走向集中化、大型化。例如,荷兰的 Nutreco 公司,原本是一个制造鱼饲料的企业,通过构建农产品供应链,现已成为一个饲料生产、水产与畜禽苗种生产、水产养殖、畜禽养殖、远洋捕捞、肉类与食品加工、食品销售为产业纽带的大型跨国公司。该公司有 120 个合作生产和加工厂商,分布在 22 个国家和地区,其紧密的合作伙伴包括荷兰最大的超市"阿尔伯罕"。2002 年,该公司的销售收入达到 22 亿欧元。其他国家的情况也类似,在德国,5 个超市集团几乎控制了 2/3 的农产品市场。在美国,4 个最大的屠宰企业控制了全国 4/5 的肉牛加工,4 个最大的油料加工企业控制了 80% 的豆油生产,4 个最大的烤鸡企业的生产占到整个市场份额的近 50%。

与农业生产相关的产前、产中、产后的一系列产业和经营被整合到农产品供应链之中,形成一种以农产品生产为服务对象,将以此衍生的众多行业通过农产品供应链加以连接的、系统化的大生产经营模式。这种大生产经营模式不仅将提高农产品的竞争能力,而且将会形成和推动农业技术产业、农产品加工业、农产品连锁营销业、物流业、信息技术在农业产业中的应用等的发展,为农业产业化经营开拓一个崭新的天地和创造巨大的盈利空间。

在以农产品供应链为特征的农业产业化经营组织运营过程中,供应链上的核心企业可以对供应链功能进行系统整合,建立成员企业间的战略合作伙伴关系,协同运作管理,各个节点企业通过技术扩散(交流与协作)、资源优化配置、非核心业务外包,集中力量从事其核心业务,充分发挥专业优势和核心能力,实现优势互补与资源共享,创造竞争的整体优势。通过信息系统的引入,有效实现了信息共享,提高信息流的快捷性、精确性,有效减少信息交换不充分带来的"牛鞭效应",减少了重复、浪费与不确定性,降低了库存总量,创造竞争的成本优势。通过链上成员的优化组合,减少产品分销、服务的时、空距离,大幅度缩短订货的提前期,加快了客户需求反应速度。这些优势的形成,有力地强化了企业的生存能力、赢利能力和竞争能力,使这一农产品经营模式成为现代农业产业化的国际趋势。

要把都市农业建设成为一种符合国际农产品生产经营趋势的新型产业,就需要以农产品供应链的理念和模式来构建新型的"大"农业产业体系,跳出发展"农业圈"的传统模式,走进"产业链"的新天地,以多层次的分工与专业化为基础,形成"从田头到餐桌"的现代化的产业模式,实现农业由传统的原料产业向现代消费品产业转轨。

四、未来的都市农业将率先消除二元化

我国的农村与城市由于长期以来的发展不平衡,存在着城市相对发达与农村相对落后的悬殊差距,形成了截然不同的二元社会结构,城市与农村互相脱节,缺少有机的联系,城市的发达未能起到带动落后农村发展的作用,严重地影响了我国整体的发展。随着发展的需要,须大力建设方便快捷的交通、通信网络,加强城市与农村的联系;加快建设步伐,以大中城市为中心辐射发展,将农村集镇发展为卫星城镇,通过快捷的交通、通信网络将城市与农村联结成一个整体;以城市的资金、技术、市场等为龙头带动农村乡镇企业、个体企业、农业生产、养殖业等的发展,推动农村工业化的发展,使城乡相互促进、共同发展;提高农产品价格,缩小工农业产品的剪刀差,逐步缩小城乡差别、工农差别;改变农业人口与非农业人口有别的不合理的户籍管理制度,逐步消除二元社会结构,实现城乡一体化,使工农业共同走向繁荣,推动整个社会文明的发展。

都市农业的发展有助于通过"产业联动、城乡联动、建设联动"的方式建设新农村,使新农村的建设与城市经济、社会、文化和产业的发展实现有机融合;有助于有效消除城乡二元结构,实现城乡和谐发展。都市农业的建设将促使都市周边农村形成新的农村产业,如农产品供应链、系列农业生态休闲旅游等,这使得都市周边农村逐步由"生产"农业向"经营"农业转型。把都市现代农业作为综合产业经营的基础平台,在这个基础平台上,都市现代农业的潜在经济要素将可能被深度挖掘,以此来拓展农民的就业空间,有效提高农民收入,使新农村建设同时成为开拓农业新产业和新业态的新机遇。

都市农业的发展使我们有可能真正在城乡一体化过程中实行统筹协调、分类指导,按照垂直分工、错位发展的要求,对城区、郊区实行科学的区域功能定位。根据城市现代化和经济发展需要,联动规划城市和新郊区发展蓝图、联动规划建设项目、联动规划产业序列、联动规划文化和精神文明建设。在新农村的建设中探索城市产业与新农村建设形成有机互动的途径,把单向的"以工补农、以工助农"转变为双向的"工农互进、工农一体、协同发展"。

都市农业的发展使我们有可能真正使新农村的建设与整个城市的建设联动发展,实行基础建设联动、文化建设联动、形态建设联动、生态建设联动。在基础建设上一体化考虑城乡基础设施建设;在文化建设上,推动优质社会事业资源向郊区转移;在城市形象建设上,根据现代化大都市的要求设计新农村的建筑形象和整体形象;在环境生态建设上,把新农村作为都市环境生态的重要组成部分,围绕人与自然和谐发展的目标,整体性考虑都市城乡环境生态建设。

都市农业的发展可以借助经济发达的大都市的方方面面,形成现代化的都市乡村,城乡良性互动,由此将城乡差异消于无痕;可以使农村现代化建设与农业产业建设互动,以农业产业建设带动农村现代化建设,以农村现代化建设促进农业产业积聚,保证农民就业与收入水平同步提高;可以与发展生态经济、循环经济紧密挂钩,形成良好的都市生态环境;同时还可以在走向现代化的同时保护和传扬自己民族的优秀文化传统,在保护和传扬传统农耕和民俗文化的同时,创造符合都市精神的现代农村新文明。

第十一章

农业支持政策

第一节　农业政策的经济原理和分析方法

一、制定农业政策相关的经济理论简介

制定农业政策涉及较多的经济理论,主要有以下几种。

(一)公共选择理论

公共选择理论在英文文献中通常称作"公共选择"(public choice),又称新政治经济学或政治学的经济学(economics of politics),是一门介于经济学与政治学之间的新的交叉学科。它以微观经济学的基本假设(尤其是理性人假设)、原理和方法作为分析工具,来研究和刻画政治市场上的主体的行为和政治市场的运行。[①]

公共选择,是指人们提供什么样的公共物品,怎样提供和分配公共物品以及设立相应匹配规则的行为与过程。公共选择理论期望研究结果影响人们的公共选择过程,从而实现其社会效用的最大化。[②]

公共选择理论把经济问题的分析置于政治研究领域,用经济学的方法分析政策决策,是研究非市场决策、对政府决策过程进行经济分析的一种理论。公共选择理论的重心不在于价值判断,即不纠缠于国家这样做是否比那样做会更好,它更关注于为什么国民作为一个集体选择了这个而不是那个。它是用经济学工具提示公共产品的供应和分配的政治决策过程。

它所关注的问题是诸如政治个体的行为特征,以及由此引出的利益团体的行为特征对政策决策的影响等。该理论假定所有政治行为人(选民、纳税人、候选人、立法者、官僚集团、利益团体、政治党派、官僚体制与国家政府)都与市场行为人的

[①] 方福前. 当代西方公共选择理论及其三个学派[J]. 教学与研究,1997(10):31—36.
[②] 孔志国. 公共选择理论:理解、修正与反思[J]. 制度经济学研究,2008(1):204—218.

表现一样：自利、理性并追求政治利益的最大化。政党及其候选人对原则性问题的讨论并无实质兴趣，而只是对在竞选中获胜情有独钟。因此，任何政党及其候选人总是力图寻找那些最能吸引多数选民的政策立场。

该理论认为，政府计划大多与公共产品有关。一个理性的经济人会联合那些有共同需要的人自发组织起来，通过各种形式向政府部门施压，设法寻求特定利益——补贴、特权或保障。这些特定利益的成本可分散至所有纳税人身上，而这些人并不愿意承担该成本。这种利益集中于少数人而成本分散于多数人的现象导致社会上少数具有同质性利益的、高度组织化的利益集团的形成。

在农业领域，公共政策的有效支持对于引导农业经营方式转型、实现农业现代化至关重要。公共选择理论帮助政府权衡资源分配，例如农业补贴、土地使用和技术投入。通过分析效率和成本效益，政策制定者可以优化资源配置。例如，政府的角色已经逐渐从直接补贴主体、装备和技术转向补充服务。因此，我们需要健全农民收益保障机制，完善价格、补贴、保险等政策体系，以稳定农民预期、降低生产风险。

（二）产业组织理论

1890年英国经济学家阿尔弗雷德·马歇尔（Alfred Marshall）在其著作 *Principles of Economics* 中首次提出产业组织的概念，认为产业组织通过分工可以提高效率，大工厂拥有专门机器，并在采购和销售、技术和企业经营管理上具备优势，而小制造商在监督方面具备优势。马歇尔对垄断理论进行系统论述，为产业组织理论的形成奠定了基础。20世纪30年代，哈佛学派建立了以市场结构、市场行为、市场绩效为基本框架的产业组织理论体系。哈佛学派的代表人物J.贝恩（J. Bain）在1959年出版 *Industrial Organization*，提出市场结构、市场行为、市场绩效（structure-conduct-performance，SCP）研究范式，并将这三项基本范畴与国家公共政策联系起来，标志着产业组织理论正式形成。20世纪60年代末，以斯蒂格勒（J. Stigler）、德姆塞茨（H. Demsetz）、波斯纳（R. Ponsner）、麦基（Y. McGee）等为代表的学者强烈反对哈佛学派的观点，认为其研究范式过于简单，市场结构、市场行为和市场绩效三者之间互相影响，不是单向的因果关系，逐渐形成产业组织理论新的分支——芝加哥学派。斯蒂格勒发表著作 *The Organization of Industry* 标志着芝加哥学派在理论上成熟，其认为市场具有自我调节能力，反对政府对市场的干预，倡导以完全竞争理论而非垄断竞争理论研究产业组织问题，并以规模经济理论解释企业规模扩大与资源利用效率之间的关系。无论是哈佛学派还是芝加哥学派都将市场看作资源配置的唯一方式，忽略对企业内部运行机制的研究。科斯（R. Coase）和威廉姆森（O. Williamson）等以交易费用为理论基础构建新产业组织理论，认为企业内部活动是影响市场行为及产业结构的重要原因，应对企业内部活动进行考察。产业组织理论的发展过程也是探讨垄断与竞争理论的过程,即垄断虽然会造成不完全竞争,但能够产生规模经济,而产业组织理论研究的核心问题就是如何避免垄断,又能获得规模经济的有效竞争优势。

朴英爱(1999)认为,农业从生产技术特征层面分析是一种"生长性"的工业,由于农产品的价格弹性、收入弹性较低,大多数农产品尤其是粮食产品具有高度的相互替代性,可以归为同一工业类型。因此,可以认为农业是与制造业、采矿业、服务业等相对称的产业。农民合作社、农业协会等农业产业组织在协调小规模经营农户与大市场之间的关系、保障农产品质量安全等方面发挥关键的作用。张丽艳(2008)认为,建设农协等农业组织,促进土地规模化经营,是发达国家实现农业现代化的共性,也是解决中国"三农"问题的关键。

(三)经济福利理论

政府制定农业政策的目的在于,推动农业向能够满足社会需要的方向发展。政策制定者主要是通过影响农业生产要素和农产品价格,来改变整个农村经济的资源配置和收入分配。所以,研究和制定农业政策要求我们考虑把出现在现实社会中的可以选择的经济情况,分成"较好"和"较坏"的等级问题。而讨论这一问题的理论大多来自经济学的分支——福利经济学。

福利经济学是研究社会成员集团的福利的科学,是经济学的一个分支。与研究个人行为和企业行为的微观经济学不同,它研究的是整个社会的目的达到的程度,而不是它的成员的私人目的的达到的程度(Ritson,1988)。

福利经济学努力阐述某些主张,根据这些主张我们可以按较好或较坏的尺度,把现实社会中可以选择的情况分成等级。福利经济学是经济学家和决策者对可以选择的政策之间以及好与坏的制度之间,怎么样和用什么标准做出或应该做出他们的选择的理论(Ritson,1988)。

由此可见,福利经济学的首要任务就是要研究个人偏好与"社会偏好"之间的关系。一个理性的个人可以在各种事物之间排列出好坏、有无差异等的偏好秩序。福利经济学的首要问题就是要找出社会整体的"偏好秩序"。经济学的许多问题都有赖于对"社会偏好"和"社会福利函数"的理解。政策的出台必然涉及社会成员的利益调整,寻求满足每个成员福利最大化是政策研究的首要任务。福利经济学与农业政策的联系是明显的,所以农户、农业企业和地区政府等各自相对独立的经济利益主体,总是以自己从某项已出台的农业政策中获取利益的多少来评判农业政策的优劣,并以此作为决策行动的依据。

(四)外部性理论

外部性理论最早由英国经济学家亚当·斯密(Adam Smith)提出,他认为市场经济主体在进行经济活动时会给整个经济社会带来利益。事实也的确是这样,厂商或个人在追求自身利益的同时会对市场中的其他经济主体产生外部影响,并且这种影响不是通过市场价格传导的,而是与地域等因素相关。经济学家主要从外部性的产生主体和接受主体两方面对外部性进行定义。美国经济学家保罗·A.萨缪尔森(Paul A. Samuelson)和威廉·D.诺德豪斯(William D. Nordhaus)从产生主体角度认为,外部性是指那些生产或消费对其他团体强征不可补偿的成本或给予无须补偿的收益的情形。兰德尔(Randall)从接受主体方面阐述,外部性是用来表示当行动的成本和效益不在决策者的考虑范围内时所产生的低效率现象,即成本被强加给或效益被给予没有参加决策的人。即外部性是指某个经济主体对另一个经济主体产生经济、环境、利益等外部影响,而这些外部影响又不能通过市场价格进行买卖,是转移自己行为的后果没有由自己完全承担的经济现象。

外部性包括正外部性和负外部性两部分,正外部性是指经济活动使他人受益,而受益方无须支付费用。主要表现为其在粮食安全、经济、社会、文化、生态等领域具备多元价值,农业在满足人类基本所需生产功能的基础上,同时拥有提供农产品、促进社会发展和农村劳动力就业、保持政治稳定、传承历史文化、调节生态环境、解决农村贫困、促进经济协调发展等功能,对经济社会稳定具有重要影响。孙新章(2010)认为,农业呈现生产功能、经济社会功能、生态环境功能、文化休闲功能等多功能性,中国农业的生产功能不断提高并在不同地域间呈现此消彼长现象。王娜娜等(2015)基于正外部性视角,认为通过生态补偿政策和环境支持等措施能够使农民在生产、生活、生态领域的负外部性成本内部化,成为改善环境的激励性制度安排。

负外部性是指经济活动使他人受损,而施害方无须承担成本。外部性的存在决定了单纯依靠市场无法实现资源的最优配置,造成资源配置的低效率。农业的负外部性则表现为化肥过量使用造成的土壤有机质含量减少,工业化造成的环境污染、水土流失等生态环境问题,这些问题在发展中国家尤为严重。伊莎贝尔等(Isabelle Piot-Lepetit, et al., 1997)认为,农业生产中特定的要素投入会产生严重的环境外部性问题。蒂斯坦尔和克莱门特(Tisdell and Clement A., 2007)将农业外部性视为市场失灵的根源以及农业收入和生产缺乏可持续性的原因,认为需要为缓和或消除农业负外部性支付费用,并认为在制定公共政策时不仅需要关注经济效率,还需要考虑政策的公平性。

正因如此,农业是一个特殊的、需要保护和发展的产业,需要对农业进行支持,发挥农业的正外部性功能、改善其负外部性问题。但农业外部性冲击测度方面的研究相对较少。具体而言,第一,农业的外部性很难量化,不容易找到具体的经济指标对其加以衡量。第二,由于农业同时存在正外部性和负外部性,难以对二者同时进行测度。因此,尚需要寻找一个理论框架同时对整个经济运行状态进行估计。

二、农业政策分析方法的基本内容

不论是政策的制定与实施过程,还是对政策内容本身的研究,政策分析的基本内容都包括事实分析、价值分析、规范分析、可行性分析四个方面。

(一)事实分析

政策分析中所讲的事实多指对客观存在的事物、事件与过程的描述与判断。事实分析就是对社会生活中存在的事物、事件、关系及其相互作用进行描述、观察、计数、度量与推理,回答是什么、在什么时间与地点、程度如何等问题。政策分析无论是定性或是定量的,人们通常按照经验的方法首先对客观现实进行一定因果关系的描述研究,然后才能进行更深入的分析、研究。事实分析中最重要的是看重客观实际,杜绝一切主观干扰。客观存在的事实是独立存在于人的意识之外的。但在描述事实时,不论是判断、推理还是分析、综合,都离不开价值取向的引导。对于同样一个客观事实,人们在观察和描述时明显地表现出主体的价值观。呈现在人们面前的各种事实都是具有价值的事实,但是有价值的事实并不都具有同等地位。政策分析的一个基本点是选择特定价值的事实,从这一点上讲,政策的功能范围无论在空间还是在时间上都是有限的。人们只能按照决策者或政策分析者的价值取向,选取具有特定价值的事实进行研究。

(二)价值分析

价值是一定主体所具有的不依具体情况的改变而转移的期望、肯定、支持和反对、讨厌、放弃事物的评价标准。政策分析中的价值分析是考察个人和社会的价值观念以及价值规范,并确定价值准则的研究任务与过程。它回答因为什么、为谁、为什么目的、许诺什么、应优先考虑什么的问题。价值标准直接影响甚至决定政策的性质、方向、合法性、有效性和社会公正程度。因此,价值标准的确认和选择是政策的决定因素之一。一般来说,政策的价值标准包括政治公正标准、经济效益标准、社会可行性标准和实践检验标准。但是,政策所提供的价值标准不可能对全社会每一个成员都产生相同的作用。社会经济生活中的问题只要经过提炼加工形成政策,就意味着政府在帮助全体或部分社会成员去认识什么、改造什么、先认识什么、先改造什么以及如何改造等。社会成员服从政策、执行政策就是服从特定的价值意识与价值取向。一个完整的政策制定过程,从政策问题的提出到政策拟定直至政策评价,自始至终都贯穿了价值的调节作用。通过价值分析可以确立一些基本的价值准则来衡量和评价政策方案;通过价值分析能够了解人们价值观念的变化及其趋向,有助于形成新的价值准则;通过价值分析可以帮助人们树立科学的价值观,指导人们对政策做出新的选择。

(三)规范分析

规范是指准则、标准或尺度。人类的行为是多种多样的,规范的形式也是多种多样的,诸如科学规范、道德规范、宗教规范等。这些规范形式及内容在政策的制定与政策内容中从不同方面表现出来。规范分析主要是应用演绎推理方法,从抽象的普遍原则出发,得出特定问题的结论。政策规范作为一种社会力,除了推动人们去做那些一致愿意做的事情外,还诱导人们去做他们不一定乐意做的事情,或阻止人们去做正在乐意做的某些事情。政策规范具有强大的社会教化作用,因此政策分析离不开规范分析。政策分析中的规范分析回答应该是什么、应该怎样做的问题。规范要有效,就必须以相关的价值观念为基础。价值观念的任何变化,必然带来社会规范的变化。实际上,政策分析中事实、价值和规范是无法完全割离的。人们一旦获得大量与政策问题相关的"事实的"信息后,往往需要通过特定的假设来判别这些信息。这些特定的假设实际上包含了明显的价值前提。如果政策分析中只有事实分析而没有价值分析和规范分析或只有规范分析而没有价值分析和事实分析,这样的分析是不会有什么结果的。

(四)可行性分析

政策分析中的可行性分析是政策制定者通过各种方法论证既定政策在政策实践中是否可以执行并且产生预期社会效果的一种行为。可行性分析最关注的是实践问题,是成本、支持率、效益等现实性、社会性、可操作性范畴的问题。通过可行性分析要回答的问题是,我们这样做是否行得通,领导或公众是否同意这样做,我们是否能够提供充分的条件或能够提供到什么程度,需要改变或增加哪些条件才能实现既定的政策目标。可行性分析的内容主要涉及政治、经济和技术上的可行性。政治可行性的分析主要是通过考察政党和新闻媒体在特定政策问题上的态度来进行的。一般来说,政治可行性越大,政策被接受、被贯彻的可能性就越大。经济可行性是指获取实施政策所需资源的可能性。经济可行性分析的主要任务就在于确定政策期望值与所需的经济资源量之间的关系,计算其投入产出比。技术可行性是指实现政策目标的科技手段上的可能性。对技术可行性进行论证,一方面要对国家、部门或地区的技术发展进行一般性分析,另一方面要对实现特定政策目标所需的技术手段和方法进行研究。

三、农业政策分析的具体方法

在具体农业政策分析过程中,主要使用下列方法和手段:

(一)社会调查

正确的政策都是从实际出发的,都是主观认识对于客观现实的正确反映。要做到这一点,就必须对社会做调查研究。制定方针政策要调查研究,执行方针政策也要调查研究。从政策经验上升到政策理论要调查研究,将政策理论运用于实践和指导实践以及政策理论接受政策实践检验也要调查研究。因此,农业政策的制定、执行都必须联系实际,深入进行调查研究以获取大量可靠的资料,使制定出来的政策能够符合实际,并在实施中使政策进一步完善。社会调查是制定农业政策的前提和基础,它是研究农业政策科学最基本的方法。其不足之处在于,工作量极大,需要投入大量的人力、物力,存在时间长等问题。[1]

(二)历史分析法

任何事物都有发展演变的历史过程,如果不能寻根问底,就很难说明事物的现状和未来。经济现象更是如此。例如,对我国农户经营规模过小的现状分析就必须历史地看待这一问题。如果只是简单地对现状给予评价或者简单地与欧美国家家庭农场加以比较,必然得出不切实际的结论。从历史发展的角度分析,就会发现中国农户经营规模小是一个长期的历史现象,而不仅仅是实行家庭联产承包责任制后才出现的问题。1950—1980年,我们曾经试图扩大经营规模,但由于生产力没有质的改变,实践证明是不成功的,后来又不得不退回到以家庭为单位的经营规模。如果了解这一历史背景,在考虑中国未来的规模发展时,也许会更客观地考虑中国的实际情况,而不是不顾客观条件,片面追求经营规模的简单扩大。任何现行政策总有其历史继承性,这是从事政策研究时不能忽视的问题。

(三)结构分析法

结构分析法接近于自然科学研究中的解剖方法。为了搞清楚事物的本质,就必须把事物解剖开来,深入研究组成事物的每个要素的情况以及要素之间的关系,这样就能够深入细致地认识事物。解剖可以是多层次的。任何事物都是一个系统,研究可以根据需要在系统的不同层次上展开。对事物研究不深入,在很大程度上就是由于没有对事物进行结构分析,没有深入到事物内部或组成要素的层面上。

(四)模型分析法

模型分析法是分析政策的基本工具。在满足政策系统整体性的要求下,模型分析法力求抓住本质,化繁为简、化难为易。模型的建立过程以事实和数据资料为依据,运用一定的科学理论,按照目标的需要提炼出主要因素、主要过程和主要关系,力求建立能够反映系统本质特征的、符合逻辑的理论和实证模型。通过模型分析法,不仅可以定性说明经济变量之间的关系,而且可以从数量方面进行较精确的阐述。近年来,许多国内外的学者在研究中国农业问题时都采用了模型分析方法,取得了令人瞩目的成就。

---

[1] 钟甫宁. 农业政策学[M]. 北京:中国农业大学出版社,2000.

(五)社会试验法

一些新的政策往往要先做实验、先搞试点,取得经验证实可行才能全面推行。社会试验方法就是对某项政策在所选择的试验区里进行观察、总结、分析,发现问题及时修正。这种方法对研究制定具有长期意义的政策十分重要。

(六)群众路线法

人民群众是创造世界历史的动力。它既是生产力的首要因素,而且还是直接物质财富和精神财富的创造者。重视劳动人民群众的首创精神历来是我们党制定农业政策的一个法宝。因此,相信群众、依靠群众是做好任何工作的基本条件。

第二节 中国农业政策的发展历程与趋势

在中国农业发展的过程中,农业政策起到了巨大的作用。中国农业支持政策经历了从无到有、从单一到多样化、从封闭到开放、从适应计划体制到适应市场体制的过程。新中国成立初到改革前,农业支持政策以保障农民的基本生产资料为主,奠定了中国农业发展的基础。改革后至今,一系列适应市场经济的农业支持政策出台,推动了我国农业现代化发展。分析过去农业政策产生的背景及影响,不仅可以进一步了解我国农业的发展路径,而且对当前的农业改革也具有重要参考意义。

一、土改和社会主义改造时期(1949—1952年)

1950年6月9日,刘少奇在党的七届三中全会上所作的《关于土地改革问题的报告》和1950年6月30日颁布的《中华人民共和国土地改革法》,明确规定和阐述了土地改革的路线、方针和政策。这一时期土地改革的总路线是,依靠贫农、雇农,团结中农,中立富农,有步骤、有分别地消灭封建剥削制度,发展农业生产。土地改革的主要组织形式和执行机关是农民协会。土地改革的主要目的是废除地主阶级封建剥削的土地所有制,实行农民的土地所有制,借以解放农村生产力,发展农业生产,为新中国工业化开辟道路。土地改革极大调动了农民的生产积极性,推动了农业生产的发展。1952年,我国粮食产量达到16 390万吨,是1949年的1.4倍,粮食产量年均增长13.1%;棉花产量130万吨,是1949年的3倍,棉花产量年均增长43.1%;大牲畜达到7 645万头,是1949年的1.3倍,大牲畜年均增长8.4%。[①]

在农业生产的组织形式上,这时期主要是生产互助组。1951年12月中共中央出台了《关于农业生产互助合作的决议(草案)》,在这个决议中规定了农业生产

---

① 数据来源:《中国统计年鉴》。

互助合作的路线、方针、政策和方法,积极引导农民走互助合作的道路,同时要求以发展互助组为主,有重点地发展初级农业生产合作社。在这个决议的推动下,互助社发展迅速,初级社也崭露头角。到 1952 年底,全国共成立互助组 830 多万个,初级社 3 600 多个,参加互助合作组织的农户占全国总农户的 40%。

在农产品流通和价格政策方面,总特征可概括为:农产品自由购销,以市场调节价格为主的农产品流通体制。首先,对粮、棉、油等关系国计民生的重要农产品的购销政策是,在坚持粮、棉、油商品自由购销的同时,积极通过国营商业和合作社商业在农村大力开展收购,以便掌握足够的资源。其次,在重要农副产品方面,为加强对工业原料和出口物资的经营,1950 年中央贸易部成立了土产公司和相应的外贸进出口公司,分管全国麻类、茶叶、蚕丝、猪鬃、畜产品等经营。新中国成立初期,国家除对粮、棉及若干种主要经济作物和出口物资的农产品的购销采取不同程度的管制外,对大量的一般农副土特产品采取自由购销办法,鼓励私营商业、合作社和农民去自由经营。

二、改造完成后到改革开放前(1953—1978 年)

(一)生产政策

从 1955 年夏季到 1956 年底,是我国农业合作化的高潮和由初级社向高级社转变时期。1955 年 7 月,毛泽东在省、自治区党委书记会议上作了《关于农业合作化问题》的报告。根据毛泽东的提议,会议提出到 1956 年发展 100 万个社的意见。10 月,党的七届六中全会又通过了《关于农业合作化问题的决议》,决议总结了我国农业合作化的历史经验,阐明了农业社会主义改造的理论、方针、政策,对发展速度作了新的部署。到 1956 年年底,我国入社农户达 1.17 亿户,占全国总农户的 96.3%,其中加入高级社的占全国总农户的 87.8%,基本上实现了农业合作化。

1957 年冬和 1958 年春,在国民经济"大跃进"思想的指引下,全国农村大搞农田基本建设,一些地方的农业生产合作社在修水库、造林、抗旱中搞起了大协作。1958 年 3 月,党的成都会议制定了《关于小型农业合作社适当地并为大社的意见》。这一政策文件一经出台,我国不少地区就出现了小社并大社热潮,有的地方还办起了人民公社。8 月 27 日,中共中央政治局在北戴河举行扩大会议,肯定了人民公社是"一大二公",是过渡到共产主义一种最好的组织形式,并做出了《中共中央关于在农村建立人民公社问题的决议》。会后,全国开始了人民公社化运动,到 10 月底,有 74 万个农业合作社改组成 2.6 万多个农村人民公社,参加人民公社的农户有 12 000 多万户,占总农户的 99% 以上,全国农村基本上实现了人民公社化。

(二)分配政策

此时的粮食政策可以从生产、购销、价格、消费四方面加以说明。具体来说,就是在生产上动员一切力量,采取各种措施提高粮食产量;在粮食流通领域实行由政府完全垄断的统购统销政策;在价格方面实行低粮价政策;在消费领域实行限制消费的分配政策。陈云同志于1952年首次提出了"统购统销"的粮食政策,并得到中共中央的批准。中共中央于1953年10月16日通过了《关于实行粮食计划收购与计划供应的决议》。该决议规定:(1)在农村向余粮户实行粮食计划收购(简称统购)的政策;(2)对城市人民和农村缺粮人民,实行计划供应(简称统销)的政策,也即实行适量的粮食定量配售政策;(3)实行由国家严格控制粮食市场,对私营粮食工商业进行严格管制,并实施严禁私商自由经营粮食的政策;(4)实行在中央统一管理下,把分散的小农经济纳入国家计划建设的轨道上来,引导农民走互助合作的道路。

由政府占绝对主导的统购统销的粮食政策缓解了当时较为紧张的供需矛盾,降低了粮食的交易成本,保证了社会各方面最基本的粮食需求(包括民众的基本生存权);统购统销政策稳定了物价,促进了国家财政平衡;统购统销政策使工业获得超额利润,低价收购粮食取得的超额利润用于扩大企业数量和规模,从而使全国工业化率和城镇人口规模有较大提高。但是,统购统销的政策也存在不容忽视的弊端:从生产者来看,粮食的统购统销、低价格政策极大地挫伤了农民种粮的积极性,国家不得不采取人民公社制度和户籍制度限制农村劳动力向城市的流动;从消费者来看,长期的统购统销政策导致我国粮食生产发展缓慢,同时也影响了其他种类农产品的生产,城镇居民只能长期在低水平进行单调的农产品消费。

三、改革开放初期(1978—1991年)

(一)土地政策的改革

土地是最重要的农业生产资料,所以土地政策是农业政策中最基本也是最受关注的政策。十一届三中全会之后,以联产计酬等多种责任制形态为土地制度变迁的始点,采用渐进、局部均衡、多样化发展的制度变迁方式,逐步确立了家庭承包经营的农地基本经营制度。1978年之后的中国土地政策带有明显的阶段性变迁特征:第一阶段,从1978年中共十一届三中全会开始到1983年,全国基本实现土地承包到户;第二阶段,从1984年到1992年,土地承包期确认在15年以上。

1. 土地承包制的全面推广阶段(1978—1983年)

1978年12月,中共十一届三中全会原则通过的《中共中央关于加快农业发展若干问题的决定(草案)》,虽然肯定了"包工到作业组,联系产量计算劳动报酬"的责任制,但仍规定"不许包产到户,不许分田单干"。1979年9月,中共十一届四中全会修改并正式通过了《中共中央关于加快农业发展若干问题的决定》,将草案中"不许包产到户,不许分田单干",改为"不许分田单干",初步制定了"包产到户"的办法。同时,允许某些副业生产由于特殊需要和边远地区、交通不便的单家独户可以包产到户。到 1984 年 1 月 1 日中共中央又发出《关于 1984 年农村工作的通知》(中央 1 号文件),该文件正式从政策上肯定了土地承包经营制度,并进一步放宽了土地承包的规定。

2. 第一次延长土地承包期阶段(1984—1993 年)

土地家庭承包经营的基本制度确立后,作为后续的制度变迁,1984—1993 年农地制度变迁主要表现为两点:其一是稳定土地承包期限,巩固和完善制度创新成果;其二是在土地集体所有、家庭经营的基本制度框架下,创新多种类型的土地使用权制度安排形式,努力挖掘和提高土地生产率,实现资源优化配置。《中共中央关于一九八四年农村工作的通知》明确规定,"土地承包制一般应在 15 年以上,在延长承包期以前,群众有调整土地要求的,可以本着'大稳定、小调整'的原则,经过充分商量,由集体统一进行调整"。改革的主要目的就是给农民一颗"定心丸",消除农民的顾虑,同时鼓励土地流转。这在一定程度上巩固了家庭联产承包责任制的成果,使农业能够稳定发展。

(二)农业投入政策

1. 投入减少阶段(1979—1985 年)

这一阶段农业投入政策的主要特点有:第一,改变社会资源分配格局,适度减少农业资金的外流。主要做法是,大幅度提高农副产品收购价格。第二,强调增加农民投入。主要做法是,鼓励农民个人或合股兴办一部分农村基础设施,如仓库、公路、小水电等,对这部分设施实行有偿使用制度,谁兴建,谁得益。同时,对农民投资土地给予鼓励和补偿,并规定了掠夺经营、降低地力的赔偿办法。第三,改革农村信用社,放活农村金融政策。一是增加农业贷款,有计划地发放长期低息贷款或微息贷款;二是要求农村信用社真正办成群众性的合作金融组织,农村贷款要优先用于农村,贷款利率可以浮动;三是允许农村信用社跨地区开展存贷业务;四是提出适当发展民间信贷,积极兴办农村保险事业。第四,强调国家和地方政府对农业的投入,但由于财政包干政策的实施,中央财政收入减少,同时,由于提高收购价格,导致财政补贴支出急剧增加,造成这一阶段国家农业支出和农业基本建设支出都呈下降态势。

2. 农业投入恢复阶段(1986—1991 年)

针对农业投入下降造成农业基础设施老化失修的问题,国家连续出台相关文件,采取一系列措施,及时调整了农业投入政策。一是明确规定中央和地方财政、信贷用于农业投入份额,提高农业投资比重,建立农业发展基金等。二是加大国家对农业信贷支持力度,进一步改革农村信用社。三是健全国家、集体和农民个人相结合的投资体系。明确农民作为农业投入的主体,吸收和鼓励农民投资,提出农业生产和以兴修水利为中心的农田基本建设,主要依靠集体和农民、劳动积累工制度、以工代赈制度和乡镇企业以工补农、以工建农政策。四是加强资金管理,提高投资效益,要求用好各项资金,不准挪用。五是重视利用农业外资,提高农业利用外资的比重。

(三)流通政策

1. 提高粮食价格

第一次提高粮食出售价格发生在 1979 年。1979 年 3 月,国务院根据党的十一届三中全会的建议,决定从同年夏粮上市起,粮食统购价格提高 20%,超购价格加价幅度,由原来按统购价加 30%,提高到按新统购价加 50%,结束了自 1966 年调价以后粮食统购价格 12 年未动的局面。第二次在 1985 年以后。针对农用生产资料价格上涨过猛的状况,1986—1989 年,国家对合同定购价格采取每年调整一点的办法,分地区、分品种逐步提高合同定购价格。提价幅度较大的是 1989 年,粮价平均提高 18%。

2. 粮食购销政策

粮食统购制度的改革有几个阶段:一是双轨制阶段,即取消统购,改为合同定购。定购的粮食按倒三七比例计价,定购外的粮食可以自由上市。实行直线流通,任何单位都可以与农民签订收购合同,农民也可以主动与有关单位签订销售合同。二是实行委托代购。1986 年,针对粮食购销缺口,国家委托地方粮食部门代收一部分议价粮转为平价粮。三是市场交易,对粮食收购实施最低保护价制度。粮食的市场交易,以郑州中央粮食批发市场的建立为标志。其后,吉林省长春市、江西省九江市、湖北省武汉市和安徽省芜湖市相继建立玉米、大米批发市场。1989 年、1990 年粮食连年丰收,出现了卖粮难的情况,为解决这一问题,1990 年 9 月,国家决定成立粮食储备局,对粮食实施最低保护价制度,并决定建立用于调节供求和市场价格的粮食专项储备制度。四是采用"保量放价"政策,建立粮食风险基金和储备体系。

四、经济体制市场化改革阶段(1992—2003 年)

(一)土地政策

这一阶段即第二轮土地承包阶段。土地制度变迁的主要内容是在稳定农户土地承包关系的基础上,做好以延长农户对土地经营的承包期限为中心的制度完善工作。1993 年 11 月《中共中央、国务院关于当前农业和农村经济发展若干政策措施》提出,为了稳定土地承包关系,鼓励农民增加投入,提高土地的生产率,在原定的承包期到期后,再延长30年不变。开垦荒地、营造林地、治沙改土等从事开发性生产的,承包期可以更长,同时提倡"增人不增地,减人不减地",允许土地使用权依法有偿转让;少数二、三产业发达的地区可以实行适度规模经营。2003年出台的《土地承包法》更是规定土地承包30到50年不变。这对稳定农民的经营预期、增加对土地的投入、提高农业生产效率具有重要作用。

从以上土地政策的变迁过程可以看出,我国农地政策对农民的保护逐步加强,促进了农业经营的长期稳定经营。但是,也应看到,现存土地政策还存在产权不清、微观流转政策不完善等问题。

(二)农业投入政策

1. 政策加强,但农业投入再次下降(1992—1994年)

这一时期,针对经济过热、通货膨胀以及农业资金外流的现象,国家采取各种措施,遏制农业投入下降。一是从比重和增长幅度上加大对农业的投入,尤其是在《农业法》中明确了对农业投入的法律保护,指出:"国家逐步提高农业投入的总体水平。国家财政每年对农业总投入的增长幅度应当高于国家财政经常性收入的增长幅度。"二是调整和优化农业投入结构和重点,使农业投入集中投放到具有公共效应的基础设施,如大型水利工程、农产品生产基地和市场体系等建设上。三是改革农村金融体制,安排专项贷款,重点支持粮棉主产区经济,发展高产、优质、高效农业和中西部地区乡镇企业。四是引导集体、农民以及社会资金,积极吸收和利用外资。同时,加强对农业资金的管理。这一阶段,虽然国家采取了一系列政策,但由于执行不力,仍然没有改变农业投入下滑的趋势。

2. 农业投入大幅度提高(1995—2001年)

这一阶段,国家的投入政策主要有:一是提出各级政府都要下决心压缩基本建设项目,增加对农业的投入,甚至还可以从预算外基本建设投资和国家土地出让金中提取一定比例,专项用于农业。要求不论是哪一级政府,都应该达到《农业法》中规定的投入要求。二是狠抓农业资金的贯彻和落实,严禁挤占和挪用农业资金,提高农业资金的使用效率。三是继续引导集体和农民的投入,扩大劳动积累,鼓励大中型工商企业投资农业,加强二、三产业对农业的支持。四是要求金融部门加强对农业生产、流通的贷款,强化农村信用社的支农作用,并要求逐步建立农业保险机构。五是扩大农业投入渠道,多种形式引进外资。

3. 粮食流通政策

1993年起建立粮食风险基金,建立、健全中央和地方的多级粮食储备体系,主要用于粮食市场的吞吐调节,同时建立"米袋子"省长负责制,要求各省、自治区、直辖市人民政府切实加强粮食管理,搞好本地区的粮食平衡,实行省、自治区、直辖市政府领导负责制。另外,对种粮农民进行直补。由于直接补贴资金的发放在许多地方与粮食出售量有关,因此,对种粮农民的直接补贴既可以称为国家财政政策的改革,也可以称为粮食流通体制的改革。

五、工业反哺阶段(2004年至今)

2004年,国务院颁布了《粮食流通管理条例》,明确废止了1998年发布的《粮食收购条例》和《粮食购销违法行为处罚办法》,鼓励多种所有制市场主体从事粮食经营活动,促进公平竞争。同时要求,国有粮食购销企业应当转变经营机制,提高市场竞争能力,在粮食流通中发挥主渠道作用,带头执行国家粮食政策。

2004年5月,国务院召开了全国粮食流通体制改革工作会议,提出了进一步深化粮食流通体制改革的总体目标:充分发挥市场机制在配置粮食资源中的基础性作用,实现粮食购销市场化和市场主体多元化。建立起对种粮农民直接补贴的机制,加强粮食综合生产能力建设。深化国有粮食购销企业改革。加快建立统一、开放、竞争、有序的粮食市场体系。切实落实省长负责制,保证国家粮食安全,建立健全适应社会主义市场经济发展要求和符合我国国情的粮食流通体制。

与此同时,中国政府对粮食还实施直接补贴政策。2003年,开始直接补贴试点,2004年正式实施。据统计,2004年,减免农民的农业税、取消除烟草以外的农业特产税"两减免"政策使农民减负约302亿元,粮食直接补贴资金116亿元,良种补贴28.5亿元,农机购置补贴7000万元。2005年,国家继续加大对农业的支持力度,"两减免三补贴"资金比上年增加250亿元,粮食直接补贴资金132亿元,良种补贴39亿元,农机购置补贴3亿元。

2005年12月29日,第十届全国人民代表大会常务委员会第十九次会议决定:第一届全国人民代表大会常务委员会第九十六次会议于1958年6月3日通过的《中华人民共和国农业税条例》自2006年1月1日起废止。农业税的取消,终结了中国历史上存在了两千多年的"皇粮国税",给亿万农民带来了看得见的物质利益,极大地调动了农民积极性,又一次解放了农村生产力,必将带动农村生产关系和上层建筑某些环节的调整,推动农村经济的快速发展和农村社会的和谐进步。农业税的取消,标志着我国农村改革进入了一个新的阶段。

2004—2023年,连续多年的中央一号文件,都用来部署"三农"工作。中央强调,解决好"三农"问题是我党工作的重中之重,2015年中央一号文件又提出"三农"的"强富美"目标,即"中国要强,农业必须强""中国要富,农民必须富""中国要美,农村必须美"。中央也已明确,尽管我国总体进入新常态,随着经济发展速度的放缓,财政收入增长的速度也有可能会放缓,但是国家财政支出的重点还是要向

"三农"倾斜,不管财政如何困难,支持"三农"的力度只能增加,不能减少。① 2023年,习近平总书记在中央农村工作会议上强调,各级党委和政府要坚定不移贯彻落实党中央关于"三农"工作的决策部署,坚持农业农村优先发展。

(一)土地制度

在土地制度方面,十八届三中全会和 2015 年的一号文件,都出台了允许农民的土地承包经营权一分为二即承包权和经营权分置的政策。政策规定,土地承包权归农户,这是长久不变的,经营权归市场。农户可以将土地的承包经营权在公开市场上向专业大户、家庭农场、农民合作社、农业企业流转,发展多种形式的规模经营。而规模经营是现代农业发展的方向和出路,是实现农业现代化和农民致富的必由之路。在此基础上,政策还允许农户对土地的承包经营权进行抵押、担保,允许农民以承包经营权入股发展农业产业化经营。土地入股就是土地的资本化,这有利于提高土地利用效率,增加农民收入。另外,政策还允许农民对住房财产权进行抵押、担保、贷款,目前该项政策主要通过试点推行。

(二)价格支持政策

价格支持政策是国家提高或稳定农产品价格水平以支持农业生产者的政策,是提高农民收入、促进农业发展的措施之一。其主要采取三种形式:(1)定价收购。政府事先规定各类农产品的价格,作为支持价格。当市场价格高于支持价格时,农场主可按较高价格自由出售;如市场价格低于支持价格,政府按支持价格收购。美国自 20 世纪 20 年代末以来对主要农产品都采取这种形式,具体做法在不同时期有所变动。(2)津贴。一定的时期内,平均市价低于所支付的价格时,其差额由政府补贴。英国首先对谷物、肉类、蛋品、马铃薯等直接支付津贴,称为"亏额支付制"。(3)固定价格。政府对某些农产品规定必须遵循的销售价格,但不直接收购。对进口的某些农产品征收保护关税,控制其在本国市场上的出售价格,以保护国内农业生产者的利益。

(三)农业补贴政策

农业补贴政策方面,近些年我国出台了一系列的补贴支持政策,包括粮食直补、良种补贴、农机具购置补贴和农资综合补贴四项普惠制的补贴,以及其他方面的补贴。补贴一方面可以增加农民收入,另一方面则有利于提高农产品的市场竞争力。从国际经验看,农业是必须通过补贴扶持的,因为农业除了生产产品外,还具文化传承和保护生态的功能,具有较强的公益性。农业的现代化也必须依赖补贴,不能因为农业实现了现代化,政府的财政补贴就可以取消,从发达国家的经验

---

① 2015 年 11 月 4 日,中央农村工作领导小组办公室副主任韩俊解读十八届五中全会精神并答记者问时提出。

来看,农业补贴的实施正是在农业实现现代化之后。今后,我国农业的四项普惠制补贴要进一步完善,其他的补贴要进一步归并、整合,从而加大单项补贴政策的支持力度,使补贴成为农业发展的重要导向。

(四)生态支持政策

现代农业还有一项重要的功能——提供生态产品,这一项功能正变得越来越突出。目前的政策主要有"退耕还林、退牧还草、退耕还湖"等。目前我国耕地污染严重,特别是重金属污染,被污染的土地上生产的农产品也会遭污染,这涉及农产品安全问题。2015年3月18日,国务院常务会议通过《全国农业可持续发展规划》,该规划对农药、农膜、化肥的使用量作出了相应规定。我国农业发展的成效是巨大的,用不到世界10%的耕地,养活了世界20%的人口,但我国消耗的化肥数量也是巨大的,有数据表明,我国消耗了世界1/3的化肥,养活了世界20%的人口。化肥的使用过量或利用效率不高是造成农业面源污染的重要方面。今后我国的农业生态建设和可持续发展,在政策方面要对农产品的投入,特别是农药、农膜、化肥实行减量化,实施配方施肥等精准农业。

(五)不断完善的新型支持政策——价补分离

"价补分离"指的是政府不直接入市收购农产品,而是制定目标价格,再将目标价格与市场价格之间的差价直接补贴给农民。"价补分离"策略目前在棉花和大豆方面,都做了探索。中国自2014年起,已从东北地区的大豆、新疆地区的棉花开始,率先改革托市收购制度,并试点目标价格制度,即"价补分离",政府不再直接入市收储,而补贴目标价格与市场价格之间的差价。玉米将是继棉花和大豆之后,下一个试行探索的品种领域。2016年3月5日,时任国务院总理李克强在其所作政府工作报告中指出,在2016年,要加快农业结构调整,"要引导农民适应市场需求调整种养结构,适当调减玉米种植面积。按照'市场定价、价补分离'原则,积极稳妥推进玉米收储制度改革,保障农民合理收益"。

六、未来我国农业政策发展趋势

未来我国农业政策将重点关注以下几方面。

(一)立足能力安全,继续重视粮食安全

中国进入全面建设社会主义现代化国家的新征程,实现第二个百年奋斗目标的新阶段。中国共产党第二十次全国代表大会报告首次提出加快建设农业强国,农业强国是社会主义现代化强国的重要体现。立足农业能力安全,保障国家粮食安全是农业强国建设的根本要义。一是继续推进渐进式粮食支持政策改革。中国粮食市场发育仍然处于自发调节、以家庭经营为主的组织方式,保障国家粮食安全需要农业支持政策发挥导向作用。逐步下调小麦、稻谷最低收购价格,以生产者补贴和农业保险为组合政策共同保障国家粮食安全。逐步减少粮食最低收购价的干预，让粮食产量与销售价格之间按其价值规律发生互动关系，形成经济激励，提高农民生产积极性。二是提高农业补贴政策的激励效应和执行精准性。探索小麦生产者补贴，推进大豆、玉米、稻谷生产者补贴政策、农业收入保险政策，补贴对象变"土地承包者"为"生产经营者"，增加补贴金额，拓展补贴范围，调整补贴标准，提高农业补贴政策的精准性和有效性，保障粮农的基本托底。三是聚焦重塑中国农业国际竞争力，以能力提升确保国家粮食安全。农业处于结构性调整和创新发展的历史性新阶段，形成农产品国际竞争力是农业强国建设的重要标志。以农业提质增效为导向，在实现种粮基本托底的基础上支持"优质优价"的粮食生产与流通。在最低收购价格政策加生产者补贴加农业保险的组合政策下，通过农业补贴激发农民提升粮食质量效益和竞争力的内生动力，发挥农业支持保护补贴、耕地轮作休耕补贴、农机购置补贴、绿色农业技术应用等补贴政策的激励效应，扎实推进高标准农田和设施农业。处理好粮食增产高产与生产能力安全的关系，全面提升全要素生产率，确保农产品有效供给。

（二）推动生态安全，促进农业低碳绿色发展

提高农业绿色低碳发展能力是农业高质量发展的重要基础，更是以中国式现代化推进农业强国建设的关键任务。应树立农业生产与资源环境承载力相适应的农业绿色发展理念，以农业绿色技术创新与应用为导向，通过收入支持、质量补贴、金融保险等政策引领，在农业绿色生产、农业绿色保护与农业绿色发展标准制定三个方面推进农业绿色低碳发展，提高农业质量效益。在农业绿色生产方面，要加大政府补贴力度，支持农业生产契合度高的绿色技术研发与推广，全面改善农药利用率、水资源利用率、农业废弃有效利用率，以满足国家双碳目标对农业绿色发展的战略要求。开发更贴合农业生产需求的技术，满足不同种植主体的差异化需求。一要加大测土施肥技术、病虫害综合防治技术、微生物降解技术应用的补贴政策，保障农业生产减肥增效、绿色农资研发推广。二要加强节水灌溉技术推广，提高农田水利灌溉质量。三要加快推动种养模式与循环农业发展的支持政策，加快秸秆收储运体系建设，推动农牧循环经济。在农业绿色保护方面，持续推进耕地质量保护与提升、保护性耕作、轮作休耕，加强水生物资源养护，减少土壤侵蚀，改善水质和生态环境效益，提高耕地和水资源的可持续生产能力。在农业绿色发展标准制定方面，发挥政策试点效应，对标国际高水平高标准，加快推进农产品质量规格标准、检验检疫标准、加工安全标准、农业技术规范和企业标准的修订。

（三）尊重大国小农国情，健全社会化服务，推进小农户融入现代农业

与新型农业经营主体相比，小农户在机械化作业程度、农业劳动生产率、抗风险能力、绿色发展意识等方面存在较大差距。健全农业社会化服务保障体系，逐步

提高覆盖范围,有助于解决农业社会化服务、农业保险发展不平衡、不充分的问题,增强农业生产经营的韧性。一方面,加大政府补贴,提升小农户对社会化服务和农业保险的可得性,实现服务均等化。一要充分发挥农民首创精神,尊重农民意愿,引导小农户进行生产性合作,探索机械作业服务的共享模式,提升机械作业效率。二要继续推进农业社会化服务补贴项目,开展规模化生产、农业绿色发展和全产业链式的托管服务,更要聚焦服务小农户,挖潜和匹配小农户的差异化需求。三要加大农业成本保险的普惠力度和赔付额度,全覆盖保障因自然风险带来的产量损失,确保小农户在享受保险赔付有同等的待遇和及时赔付。另一方面,加快推进农业公共产品的政府供给体系,防范农业市场风险。多措施确立政府在农业公共产品供给的主体地位不动摇,提供多渠道多元化的信息服务和技术推广服务,畅通生产者的信息获取途径。一要充分发挥地方农业技术推广中心和种子管理站的主体作用,建立种子安全信息、农资器具的官方发布渠道。二要畅通农业信息网和农业信息发布平台等多渠道,发布市场价格与行情信息。三要探索双主体、多维度的技术推广服务网络,以地方农业技术推广中心为主体,以农业社会化服务主体为有益补充,畅通农业技术推广渠道,提高农业技术推广人员的服务能力,减少技术信息失真和缺失。

(四)推进制度型开放,拓展政策弹性空间

中国要发挥大国效应,稳步扩大农业领域的规则、规制、管理、标准等制度型开放,对标国际善用"绿箱""蓝箱"政策,逐步拓展中国农业支持政策的弹性空间。新征程上农业支持政策要对标高水平的国际规则,积极开展更高水平、更深程度、更广范围的农业合作,围绕关税与非关税措施、卫生检验检疫、法律法规、国内政策透明度等方面主动适应国际规则约束,推进农业领域制度型开放。建议从三方面完善农业支持政策,一是积极参与全球粮食安全治理与国际规则的改革。深入研讨WTO国内支持政策的条款要求,明确提升中国农业政策合规性的具体方向。主动参与WTO农业规则改革,区域贸易协定的农业贸易合作条款的磋商、谈判与修订,逐步提高中国参与制定国际规则的话语权和主动权。二是分箱而治,拓展"绿箱""蓝箱"政策空间。增设归属"绿箱""蓝箱"的政策工具,向农产品市场与流通领域倾斜,继续提高生产者补贴政策的补贴标准,扩大补贴范围和补贴品种,直接支付水平明显提升。聚焦完全成本保险和收入保险的归箱,突破国际规则约束。三是打造国际贸易合作平台。积极推进正在磋商和谈判中的区域贸易协定,开展更高水平、高标准、高效率的数据共享、市场监测、数字化交流合作,推进农业领域制度型开放。

(五)融合信息通信技术,创新驱动农业发展

在传承中华农耕文明、坚持改革开放的基础上,中国共产党提出并贯彻新发展理念,推动农业农村发展取得了历史性成就、发生了历史性变革。其中,信息通信技术等方面的创新驱动发挥了重要作用。近年来以电子商务为突破口,中国推动移动互联网、大数据、物联网等现代信息通信技术与"三农"深度融合,创新完善政策体系,加强网络基础设施建设,充分发挥市场主体作用,做好试点示范和培训引导,信息化智能化已成为促进农业转型升级、改善农村生产生活方式的有力支撑。此外,中国在加快自身农业数字化、网络化、智能化的同时,愿意推动世界各国共同搭乘互联网和数字经济发展的快车。中国愿意与 WTO 等国际组织和各国政府加强合作,在全球化背景下帮助发展中国家小农与大市场对接,融入全球产业链和价值链,共同为全球农业农村发展、推进 2030 年可持续发展议程作出新贡献。

第三节　国际农业支持政策

农业具有特殊的外部性,各国政府都不得不把农业发展放在政府工作的关键位置。发达国家的经验也表明,现代化农业发展离不开政府政策支持。分析和总结发达国家的农业支持政策,可以为我国农业支持政策体系的建构提供相关经验。

一、美国的农业支持政策

(一)生产政策

美国对农业生产的支持政策的根本目的在于使农业生产者摆脱因农业的弱质性和高风险性所带来的威胁,保证农业生产者能够获得社会平均利润率,从而保护农业生产者的生产积极性。同时,政府通过控制农业生产,使农产品价格维持在一定的水平上,既保证可以取得合理利润,又可以防止因农产品价格过高而损害消费者利益。为此,政府还建立农产品储备,用以调节市场供求关系和价格。政府通过估计当年某一农产品的市场供求和年终库存情况以及下年度国内外市场需求情况,确定下一年度美国该种农产品的播种面积和总产量、休耕面积的比例和对农场主因停耕土地而造成的损失给予补贴的比例。由市场供求关系,确定政府补贴的高低。如果估计下一年度市场需求大,政府休耕补贴就低一些,以鼓励农民扩大耕地面积;反之,政府补贴就定得高一些,以吸引农场主更多地休耕土地,达到减少粮食产量的目的。

1. 优惠的农业信贷政策

优惠的农业信贷政策可以使农产品信贷公司从政府获得低息贷款,信贷公司再向参加价格支持计划的农场主提供短期优惠贷款。目前,美国农业信贷以政府机构为主体,其主要形式是"无追索权贷款",即参与该计划的农场主可以获得由农业部农产品信贷公司(CCC)提供的一种担保贷款。从经济学视角来看,该贷款率即单位农产品应得的贷款额,实质就是政府支持的价格或政府最低收购价格,从而保证了农业生产者的基本收入水平。

2. 缓冲库存计划

缓冲库存计划体现了市场失灵时政府的作用。缓冲库存计划作为对农业信贷政策的补充,始于1977年,其目的在于鼓励农民自己储存农产品,调整市场供求。基本的做法是:政府付给农民一定的储存费用,由农民储存其产品。并对谷物等农产品预先规定"释放价格"和"号令价格",当农产品的市场价格低于"释放价格"时,农民不能随便出售;当市场价格高于"释放价格"而低于"号令价格"时,农民则必须在一定时间内出售其农产品,并偿还无偿追索贷款。这个计划的效果体现在三个方面:储存费用的支付使农民获利,保护了农民的利益;缓解了政府的库存压力;调节了市场上农产品供求关系,平抑市场物价。

3. 农业保险体系

农业保险是美国对农业支持的一种重要手段。针对农业生产的特点,为减少自然灾害给农民造成的可能损失,美国政府对从事农业保险的机构提供大规模保险补贴,使得农民能以较低的保费普遍参加农业保险。

4. 目标价格和差价补贴

目标价格与差价补贴是从农产品角度补贴农业的重要方法之一,是在贷款率作为价格支持的基本保障措施基础上,为保证农场主收入,美国在1973年《农业法》中提出的补贴措施。基本内容是:政府首先确定某些农产品高于支持价格的目标价格,以此作为计算差价补贴的基础。在农产品收获后,如果农业生产者以低于目标价格的价格出售农产品,则可获得政府的差额补贴,其数额等于目标价格与市场价格或政府支持价格这两种差额中的较高者。美国在2002年颁布的《2002年农业安全与农村投资法案》的核心内容是增加对农业的补贴,尤其是增加对产品和价格补贴。这种直接的价格补贴措施填补了市场价格与目标价格之间的差额,从而保证了农业生产者的最低收入水平。因此,目标价格实际上就是农产品的保护价。

5. 农业税收政策

农业税收政策是美国政府从生产资料的角度出发,通过收入分配政策激励农民生产性和投资积极性的相应政策。美国对农民的优惠税收政策表现在多个方面,如在个人所得税、财产税、投资税上,美国政府都对农业和农民规定了特别的优惠政策。美国农业税收政策的具体做法主要有:延期纳税,如可以将一部分尚未出售或虽已出售但未收到现金的产品延至下一年度纳税;减税,如对于购买机器设备、生产费用等开支可以作为资本开支从当年收入中全部扣除,而无须像其他行业一样分期扣除,从而减少纳税;免税,按法律规定,出售农业固定资产的所得可以免除 60% 收入的赋税。农业投资被认为是农户合法的"避税所",采用这种合法途径而获得的税收减免,最高可达应税收入的 48%。1986 年的税收改革法中对农业税收作了较大的变动,取消了一部分优惠,但对大多数农场主来说,赋税负担无很大的变化。

6. 生产控制性补贴

生产控制性补贴属于一种直接政策措施。长期以来,美国坚持采用多种诸如面积控制、限额及休耕补贴等办法,使其国内农产品供给保持一定水平,以减少政府农业预算开支和保持国内农产品的较高价格,从而达到保护农民利益的目标。控制生产是实行价格政策的前提,以防止生产过剩加剧、支持价格政策弱化和财政负担过重。

(二)农产品贸易支持政策

1. 出口加强计划

美国政府为鼓励农产品出口,制定了一系列旨在扩大出口的政策措施。这主要体现在五个方面:(1)扩大出口需求政策。美国农业部通过采取广告宣传、信息服务、贸易服务和技术服务等非价格手段,开发国际农产品市场,增加其他国家对美国农产品的需求。(2)农产品出口价格补贴。通过给农产品进行价格补贴,降低美国农产品的出口价格,提高美国农产品与那些受其他国家或国家联盟补贴的农产品进行竞争的能力。(3)提供出口信贷保证,保证资金来源。美国政府通过为美国出口商提供信贷保证,增加美国农产品销往海外的机会。美国农产品出口商在国际市场上销售农产品时,往往对进口国的进口商提供商业信贷,以促进美国农产品出口规模扩大。(4)扶植建立不同农产品的行业团体、协会,开发国际市场。美国组建了农产品外销局,对各种以农产品出口为目的的团体、协会给予财政援助。(5)凭借农业的比较优势,利用贸易谈判向其他国家施加压力,促使贸易伙伴国降低关税和非关税壁垒,疏通扩大农产品出口的渠道。

2. 贸易控制计划

为了使美国国内农产品免受进口农产品的冲击,美国政府对农产品进口数量采用关税和进口配额,其次是非关税措施,特别是运用技术标准和卫生检疫等限制进口,控制国外农产品的进入。这个政策使美国国内的农产品市场保持了对国内农产品的强力需求。严格来说,贸易控制计划更多地属于农业保护范畴,而不是农业支持范畴。

3. 食品援助计划

美国的食品援助计划主要表现在三个方面:一是大多数发展中国家都面临食品短缺的问题,食品援助很受欢迎;二是美国的食品援助计划也使美国的农产品过剩得到了缓解,客观上起到了保护农业的效果;三是美国的经济援助往往带有各种附加条件,在相当的程度上是"有偿"的。从受援助国能够接受"附加条件"这一角度看,食品援助计划的结果就是一种"嘴短"效应。食品援助计划之所以能够产生"嘴短"效应,再次证明农产品的特殊使用价值的重要性。此外,也说明农业生产能力可以成为一国称霸的资本。

(三)农业支持补充政策

1. 农业科技发展政策

美国农业科技发展的政策目标始终围绕三个方面:一是研究和发展农业科学技术;二是通过教育和推广,培养能掌握现代科学和管理技术的农业劳动者,把先进科技转化为生产力,提高生产效率;三是增强农产品在国际市场上的竞争力。为此,政府组建了完善的农业院校、农业试验站和农业技术推广站三级机构。

2. 土地休耕补贴与水土保持补贴

这一制度是指为防止价格支持导致生产过剩,适当控制生产,给予休耕农场主一定补贴,并与水土保持相联系的制度。对环境脆弱的敏感地区,休耕期内可以得到绿化保持水土补贴。资源保护政策的目标是通过有效的立法和行政措施,制止对水土资源的破坏性利用,保护水土资源,维护农业生产和人类及其他生物的生存环境。

3. 扩大国内农产品需求的政策

美国政府对农业的支持政策不仅体现在农业生产的各个环节,在农产品消费方面也有所体现。为了扩大国内需求,美国政府曾经尝试过许多计划,如食品券计划,妇女、婴儿和儿童特别补充食品计划,学校早餐和午餐计划,直接食品分配计划等。国内食物援助政策制定的目的是减轻剩余农产品对国内市场的压力,使农产品价格维持在比较高的水平上;减少政府剩余农产品库存,降低储存费用;救济广大低收入家庭,提高他们(特别是妇女和儿童)的营养水平。其中主要的是食品券计划、在校学生营养计划以及妇幼儿童保健计划等。

二、日本的农业支持政策

中日两国地理文化相近,都存在人多地少、农户分散经营、农业生产能力不强等特点,因此,日本农业相关政策可以为推进我国农业现代化建设提供相应经验。

(一)日本农产品生产支持政策

在生产领域,日本政府出台了不少有建设性和创造性的政策。具体如下:

1. 加强对农业科技方面的支持

如日本政府大力推广先进的排灌技术,并且利用财政力量兴修水利设施。另外,日本还十分重视品种培育,建立了世界一流的筑波种子中心,拥有严格的品种审查登记制度。此外,在农业机械化方面,日本也因地制宜,体现了一定的科技水平。

2. 保护农地，稳定耕地面积

第二次世界大战后，日本进行了土地改革，在规定土地最高占有面积的基础上，由政府赎买地主和自耕农多余的土地，转让给原耕种佃农，基本实现"耕者有其田"。随着经济的发展，工业用地和住宅用地的需求膨胀，日本政府于1969年制定了《国土利用计划法》，要求各级政府制订"国土利用计划"，实行"申请劝告制"，抑制土地投机买卖。另外，在鼓励农民进行兼业经营的时候，禁止农地转作他用。正是这种农地保护措施，保证了农业生产持续进行。

3. 政府加强生产的计划与指导

日本政府的农林水产省每年要制订并且公布粮食供需及价格的基本计划，包括米谷价格制定的基本方针、供需预测、生产目标以及生产调整事项等。各级政府根据计划，进行生产调节，以维持总量平衡。

日本的农业生产政策总体来说还是比较成功的。在日本战后的几十年间，农业生产方式发生了巨大的变化，从封建土地租佃制度改革为自耕农的土地制度，在农业生产方式上也逐步走向现代化。目前，日本的耕作水平位于世界先进行列，机械化水平很高，生物、材料、信息等技术在农业生产中广泛运用。并且在工业化过程中，日本能够合理规划并利用农地，保证了农地经营的持续有效。在市场经济中，政府加强宏观指导与政策支持，克服了小农生产的盲目性，提高了计划性，使得日本农民的利益得到保障。

(二) 日本农业贸易政策

1. 主要农副产品关税化

在WTO农业协定中，日本承诺至2000年农产品的平均关税率降为12％。列入关税目录中的主要农产品（一次税率）平均为20％。但从不同品种的关税情况看，日本政府对本国重要农产品的保护程度仍然很大，许多农产品的关税仍然保持在30％以上，而日本的最主要消费品——大米的关税更是高得惊人。如规定牛肉的关税从1995年的50％降低至2000年的38.5％，鲜橙（冬春季）从40％降至32％；大米被允许实施"关税特别措施"，至2000年大米最终关税率为490％，只是同期最低大米进口量占其国内消费量的比重从1995年的3％提高到5％，对大米的保护程度显而易见。

2. "绿箱"政策保护

日本政府在WTO规则允许的范围之内，从补贴生产、流通环节转向支持农业的公共性服务、农业基础设施及支持生产结构调整等方面。1997年，政府预算中用于"绿箱"政策范围内的资金补助达到220亿美元。"绿箱"政策扶持占政府当年农业预算总支出的90％，表明其农业的财政补贴已开始绝大部分用于WTO农业协定所允许的范围。

3. "黄箱"政策保护

日本政府的"黄箱"政策主要采取进口加价或提高国内批发价的手段,使得农产品国内销售价高于进口平均价,从而间接达到保护本国农业生产者利益的目的。1997年,"黄箱"政策涉及的金额达271亿美元,超过用于"绿箱"的资金补助,其中大米、麦类、肉制品、牛奶等农产品的国内外价差(农民间接收益)达254亿美元。

日本政府长期以来不遗余力地在农产品贸易方面处处设置壁垒,力图保护国内农业生产者的利益,也试图解决国内粮食自给率低下的局面。在很长一段时间内,日本的农产品市场与国外市场之间的流通存在很大的人为障碍,国内的农产品价格远远高于国际市场。从政策执行的效果来看,日本的农业生产者在长期内的确受到了保护,能够凭借本国政府所给予的补贴与国外农业生产者进行竞争。但是,另一方面,日本过高的保护水平也影响了农业生产竞争力的提高。随着全球化趋势越来越强,自由贸易的压力不得不使日本政府放弃一些强硬的保护政策。

(三)财政政策

日本型农业直接补贴政策以山区半山区农业直接补贴政策为基础,以环境保护型农业直接补贴政策和农业多功能性直接补贴政策为支撑,呈现出"三位一体"的融合性以及保障农业生产、农民收入、农村生态的"三生合一"功能等特征。这一政策的实施对山区半山区等条件不利地区的农业提供支持,在边际耕地耕种、保障耕地农地稳定、促进农业增产增收、改善农业生产环境、提升地域资源质量等方面发挥了积极作用。根据基本国情所构建的农业直接补贴政策体系,重视丘陵山区等地理不利地区并强化该地区的农业直接补贴力度,进一步增强"绿箱"农业直接补贴的比例、制定明确且可操作性强的农业直接补贴标准等,既满足日本农业可持续发展的内在诉求,还顺应全球农业直接补贴向"绿箱"转化的发展趋势。日本的农业财政补贴政策主要包括以下几种类型:

(1)山区半山区直接补贴:针对自然条件不利的山区和半山区,提供支持农业生产的补贴。这些地区的农业生产条件较差,补贴旨在维持农业生产活动,防止耕地荒废。

(2)环境保护型农业补贴:鼓励农民减少化肥和农药的使用,保护环境和生物多样性。这类补贴支持环保型农业的推广,旨在减少温室气体排放和保护生态系统。

(3)农业多功能性补贴:支持农业的多功能性,包括保护农村环境、维护农地和农业基础设施等。这类补贴还促进规模化种植和农村社会的组织化。

(四)价格支持政策

农产品属于初级劳动密集型产品,供给与需求弹性较小。在市场条件下,由于经济周期的存在以及不可预测的自然条件变化的影响，农产品的价格波动幅度较大，而农产品的价格直接关系到农民的利益以及整个国民经济的稳定与否，因此稳定农产品价格成为农业政策的主要目标。日本的价格支持手段主要包括以下六个方面的政策：

1. 直接管理价格

政府直接控制价格，表现为直接管理农产品购销与进口的政策，主要作用于稻米的价格支持。大米是日本人的传统主食，保证大米价格稳定自给对经济高速增长、稳定人心、保证国家安全具有重要的战略意义。对大米生产进行价格补贴调动了农民的生产积极性。

2. 最低价格保证

这种方式主要用于对小麦、大麦以及加工用的土豆、甘薯、甜菜、甘蔗等的价格支持。对此，政府只规定价格的下限，当市场价格下跌到这个下限价格以下时，产品全部由政府按下限价格买入，以保证生产者的收入。

3. 价格稳定带

这种方式主要用于对肉类和奶类产品的价格支持。政府在自由贸易的前提下，通过买进和卖出的方式，使所规定产品的市场价格稳定在一定的范围内，即"价格稳定带"，在这一范围内，这些产品的价格可以自由变动。实施"价格稳定带"的目的是防止价格的暴涨暴跌对生产者或消费者利益的损害。事实上，"价格稳定带"只是最高限价与最低限价同时使用，在一定范围遵循市场调节。

4. 差价补贴

这种方式主要用于大豆、油菜籽和加工用牛奶等产品的价格支持，是由政府规定一个基准价格，当销售价格下跌到基准价格以下时，农民可获得基准价格与市场价格间的差额补贴。差价补贴与最低价格保证的主要区别在于，最低价格保证是对市场的主动调节，差价补贴则是对市场的被动调节。

5. 稳定基金制度

这种方式主要用于对蔬菜、肉牛、仔猪、蛋类及加工水果等产品的价格支持。其实质也是一种差价补贴。不同的只是当这些产品的市场价格低于政府规定的目标价格时，价格差额不是全部由政府支付，而是由政府、农协和生产者三者共同出资建立的基金即"价格平准基金"支付。

6. 目标稳定价格

这种方式主要用于对奶制品的价格支持。基本做法是：政府每年制定出各类奶制品的"目标稳定价格"，当市场价格低至该价格的 90% 时，由畜产品推销公司收购该类产品，当市场价格高于该价格的 4% 时，畜产品推销公司则抛售该类产品。目标稳定价格的最终效果是稳定市场价格，使市场价格在政府希望的区间变动,不致形成价格的大起大落。

总的来看,不论是哪种价格支持政策,都有农业支持政策的影子,其目的在于减少农产品价格的变动给农民造成的损失,保证农民有一个稳定的收入。

三、欧盟的农业支持政策

(一)1962—1991年的共同农业政策

价格支持制度是欧共体支持农业的一贯做法,也是共同体农业政策得以正常运行的关键与核心。在共同体农业政策中,统一价格是通过欧共体对农产品制定的一系列共同价格来实施的。这种共同价格并非是一种实际的市场价格,而是为管理农产品共同市场而设定的各种价格。从1962年到20世纪90年代初,欧共体一直实施高于世界市场价格的内部市场支持价格政策。其中,最为主要的价格有以下三种:

(1)目标价格是最高限价,根据农产品在欧盟内部最稀缺的地区或供应不足地区所形成的市场价格确定,供农产品生产和消费参考。该价格是欧共体农业生产者可望得到的一种价格,在一定程度上还起着保护消费者利益的作用。该价格由欧共体理事会每年决定一次。

(2)门槛价格是对欧盟以外国家设立的进入欧盟市场的最低口岸价格。如果进口价格低于门槛价格,就征收差价关税,以保护欧盟内部价格。门槛价格由欧共体执委会每年估算一次,目的在于防止出现因大量进口价格低廉的农产品而引起欧共体内部市场同类产品价格的下跌,进而损害其农业生产者的利益。

(3)干预价格即保护价格,是生产者出售农产品可以得到的最低价格,干预价格一般低于目标价格6%~9%。市场价格低于干预价格时,生产者可以从欧盟设置在成员国的农产品干预中心得到差价补贴,也可以干预价将农产品卖给干预中心。

目标价格和干预价格构成对共同体内部农产品的价格支持,门槛价格则构成了对共同体农产品市场的外部保护。

总的来说,价格支持制度充分体现了欧盟农业保护主义思想,是对农业生产的一种"输血",而非"造血"。因此,价格支持政策一方面保护了本地农业生产者利益和消费者利益;另一方面也为今后农业发展设置了屏障,在一定程度上阻止了农业生产力的提高,减弱了欧盟农产品国际竞争力。

(二)1992—2002年的共同支持政策

20世纪90年代CAP[①]改革的背景相当复杂,既有内部的压力,也有外部的压

---

① 欧盟共同农业政策(The Common Agricultural Policy,简称CAP)始于1962年。

力。内部压力主要表现在,90年代初期,农产品生产过剩,库存累积及农业支出膨胀情况更为严重,农业补贴支出一度占欧共体财政预算的2/3,致使欧盟财政负重不堪。同时,消费者无法忍受高价农产品,引起消费者的不满。外部压力则主要是因长期实施进口保护和出口补贴措施,压低世界农产品价格,引发了国际农产品贸易战,使国际农业贸易纠纷频繁,导致农产品出口国的不满。这些内外压力迫使欧盟CAP进行改革。1992年改革的主要内容为,在降低市场支持价格的同时,对农民采取与生产(按种植面积和牲畜头数)相关的直接补贴方式予以补偿,即所谓的"蓝色"补贴措施,并将改革重点逐渐转向结构改善、农村发展和环境保护上。例如,推进农业植树造林活动,采用更有利于环境的农业生产方式,减少杀虫剂和化肥的使用,改进针对年逾55岁农民的提前退休计划。

随着改革的推进,价格支持体系虽仍存于共同农业政策中,但其重要性已大大减弱,而且欧盟对农业区的支持更注重对农民提供直接收入补贴,而非价格支持。正是通过用直接收入补贴部分地取代价格支持,才使所获得的补贴金额与产量之间的相关性减弱。通过这次改革,欧盟已将共同农业政策预算成本的承担者由食品消费者转向纳税者,同时也意味着支出透明度越来越高。但一些支持价格和新增补偿支付同时存在会使共同农业政策的操作更为困难。

（三）2003—2013年的共同农业政策

从2005年起,欧盟削减对大农场的直接收入补贴,将削减的资金作为促进农村发展的基金。欧盟根据农场以往获得补贴水平的不同,设计了不同的削减办法:对于获得直接补贴额在5 000欧元以下的农场,可以免除补贴削减;对补贴额为5 001~50 000欧元的农场,2007年补贴削减幅度为直接补贴额的1%,以后逐年削减,直到2013年削减12.5%;对补贴额在50 000欧元以上的农民,2007年削减幅度为直接补贴额的1%,以后逐年削减,至2013年削减19%。对获得直接补贴在5 000欧元以上的农场,新方案平均下调的幅度是:2005年为直接补贴额的3%,2006年为4%,2007年以后为5%。据测算,此项措施出台后,欧盟每年可节省约12亿欧元的财政支出。为了保证农村的全面、持续发展,欧盟各成员国运用这笔节省下来的资金,加大对道路、水利、土壤改良、土地平整等方面的投入,改善农业发展条件,增加农民收入,促进农村的全面发展。

2002年的新方案中更加强调环境、食品安全、动物福利、职业安全水平等方面的标准。如实施"交叉承诺",保护农村自然景观。目前,欧盟相关规定中有18项有关环境、食品质量、动植物卫生和动物福利,并设有维持《良好的农业与环境条件的实施标准》。将环境问题纳入共同市场组织中加以考虑,其目的在于要求各国充分考虑农业生产对自然的影响,减少对自然的破坏。各成员国可根据本国的耕种面积或农业生产状况,采取具体的环境保护措施,没有采取行动的成员国将受到相应的惩罚,对该成员国的资助将被减少甚至取消。

(四)2013年以来的共同农业政策

2013年12月16日,欧盟农业部长理事会正式通过了新一轮的欧盟共同农业政策(CAP)改革。本次改革首次对CAP进行了全面回顾,保留了市场支持与直接补贴、农村发展两个支柱(以下简称两个支柱),但其内涵发生了很大变化,两个支柱的联系大大加强。本次改革的许多创新举措对欧盟农业未来的发展将产生深远影响。

1. 第一支柱的改革

(1)直接补贴。若不考虑两个支柱间的资金转换,直接补贴资金约占CAP支出的70%,主要用于稳定农民收入。改革后,直接补贴分为强制直补和自愿直补。强制直补除整合了以前的直补(改革后称新基础直补)外,新增了绿色直补和对青年农民的直补。自愿直补是新增内容,包括重新分配直补、自然条件恶劣地区直补、挂钩直补和小农场直补。

(2)市场支持。保留了出口退税、学校牛奶和水果计划,调整了公共干预和私人存储的产品,废除了糖酒奶产量限制,增加了支持生产者合作和危机储备。总体来看,本次改革减少了对市场的直接干预,更加侧重于对生产者的支持和危机应对。改革后,市场支持资金总额低于CAP支出的5%。

2. 第二支柱的改革

农村发展在实现CAP的环境目标和应对气候目标中具有关键作用。本次改革中,欧盟通过协调整合现有各种农村发展资源的方式,以促进农村可持续增长和地区平衡发展,形成与欧盟共同渔业政策等其他政策相协调的农村发展新政策框架。本次改革后,其资金约占CAP的25%(未考虑两个支柱间的资金转换)。欧盟要求成员国的农村发展项目必须优先满足以下六个方面:一是有利于把知识转化为实用科技,鼓励农业、林业和农村地区的创新;二是增强农场活力和竞争力,促进农场科技创新,促进森林可持续发展;三是促进农业产业链的发育,包括农产品加工和营销、增进动物福利和强化农业风险管理;四是恢复、保护和强化与农业和林业相关的生态系统;五是提升资源效率,支持农业、食品和林业的低碳发展;六是促进社会包容,减少农村贫困和促进农村经济发展。

2024年3月15日,欧洲联盟委员会对欧盟"共同农业政策"作出了一系列修订,拟允许各成员国放宽本国农民领取欧盟补贴所需达到的环保标准。针对申领欧盟农业补贴的农民,修订案拟放宽在土地利用和轮作休耕等方面的限制,不再强制这些农民让部分农田休耕以养护土壤环境,而对于主动让部分农田休耕的农民,所在成员国政府应给予额外经济补贴。

四、韩国的农业支持政策

(一)价格支持

同日本一样,大米也是韩国最主要的农产品,韩国 80%的农业人口参与稻米生产,全国耕地的 54%用于生产稻米,因而大米价格政策是韩国农产品价格政策的核心。20 世纪 70 年代,韩国实行购销倒挂的粮价双轨制,即高价从农民手中收购稻米,廉价供应给城市居民,差价由政府补贴。大米价格支持主要用于确保粮食产量、提高稻农所得。政府收购大米的价格根据生产成本、政府财力、农民收入等因素制定。由于受到最低进口承诺和削减补贴等因素的影响,高米价的政策已不被大众所接受,韩国政府于 1984 年委托农业协同中央会(NACF)开始收购大米。至 1994 年 NACF 一直按照政府收购价格收购,从 1995 年开始改变为根据市场价格收购,NACF 只支付市场价格与政府收购价格的价差及其他成本。

韩国的畜产品价格,尤其是牛肉价格,也得到了政府的价格支持。为了达到稳定牛肉价格的目标,韩国政府不惜利用直接、间接干预国内生产、销售和外贸限制等手段,造成了国内牛肉价格高于国际市场价格的局面。

(二)直接支付制度

韩国在农民收入支持政策方面的基本方向是:加强直接支付制度,取代价格支持作为收入支持的主要政策措施。从 1998 年起,直接支付成为韩国主要的农民收入支持政策。现行的直接支付主要有以下三种。

1. 亲环境农业直接支付(Direct Payment for Environmentally Friendly Agriculture)

韩国的亲环境农业并非起始于政府的综合支持计划,而是起始于实施有机和天然农业的个体及组织。亲环境补贴是对农民的一种直接支付,从 1999 年开始,不局限于稻农,也包括蔬菜等类型的亲环境生产者,目的是保护环境。

2. 提前退休农民的直接支付计划(Direct Payment Program for Early Retirement)

该计划的目标是稳定年迈农民的收入,扩大农地的经营规模。计划的对象是达到 60 岁的老农;直接支付的期限为 5 年(应为 65 周岁退休,但他们不愿出租土地,更不愿转让土地)。直接支付的水平为:1997 年、1998 年、1999 年、2000 年分别为 258 万、268 万、268 万、281 万韩元/公顷。直接支付水平的提高,一是为鼓励老农尽早提前退休,二是因为物价上涨的因素。

3. 稻田直接支付计划(Direct Payment Program for Paddy Field)

水稻生产中,过去只有价格支持,由于 WTO 规则,从 2001 年起开始实施对大米进行直接支付,同时开展对农作物的保险,即以收入支持为目标的政策。2001

年开始实施的水稻农业的直接支付,主要目标是减少政府购买,产生收入支持效果,减少水稻种植土地,发挥稻田的多功能性,制定以市场为导向的农业政策,并进一步发展亲环境农业。支付的条件是:其一,必须种水稻而非别的作物;其二,对化肥、农药的使用量要符合规定,超过规定标准者不予补贴;其三,水田中的水要维持2个月,目的是防洪并增加地下水。支付的依据是耕地面积,只按面积支付而不考虑单产水平、收入状况等。

(三)其他渠道对农民收入的支持

1. 政府对农协的支持及农协对农民收入的支持

韩国的农业政策基本上是通过农协来实施的。政府在资金上支持农协,通过农协向农民提供低息贷款,利息差额由政府补贴。政府还依靠农协来实现政府制订的多项计划,如农业生产结构调整方案、农产品收购计划和农业技术推广等。政府通过农协间接支持了农民的收入。重要的是,韩国的农协还是农业政策贷款的唯一金融机构。资金来源一是农协向政府收取的手续费,二是农协银行存款的自筹部分。2023年,韩国农协(NACF)执行的政策贷款总额为24.5兆韩元(约合184亿美元)。

农协对农民的支持,一是实质上由政府支付的利差,低息贷款给农民,与市场利息的差额由政府补贴。二是农协产业产生的利润,以指导事业费的形式,返还给农民,对农民进行补贴。用指导事业费援助农民,主要是"两种方式三条渠道"。两种方式是指接受援助的对象可以是农民,也可以是会员组合。三条渠道是指到达农民或会员组合的途径,第一条是农协中央会直接到农民;第二条是农协中央会到地方农协,再由地方农协到农民;第三条是由农协中央会到会员组合,再补贴到农民。

2. 韩国的农村振兴庭(RDA),从研究和推广应用等方面支持农民

首先,农民得到的新技术是免费的(如果是企业所用,则需要购买该项技术专利的使用权)。其次,所有农民的技术培训也都是免费的(NGO及农协的部分培训是收费的)。

3. 韩国的农业科研机构和大学对农民的支持

一是经费主要来源于国家预算的农业科研机构和大学的成果,不论是新的品种还是新的栽培技术,都要上缴给韩国的农林部,然后由农林部按成本价转让给农民使用,通过降低农民的生产成本来提高农民的收入。二是农业科研机构和大学,应农民的要求,按照市场发展趋势,用政府拨款进行农业生命科学、高品质园艺畜产,以及环境技术的开发与研究;为农民提供技术支持和市场咨询等服务。

4. 农业技术推广机构对农民的支持

韩国的农业技术推广机构,主要是将科研和教学机构的研究成果,以及所采集

的市场信息和情报,在政府补贴的基础上(一般在50%左右),向农业生产者普及。通常是以示范、推广专用补贴的形式给予县郡级农业技术推广站,经3~5年示范后普及到农户。但对农民无特殊补助。

五、世贸组织有关农业支持政策

世贸组织中与补贴有关的协定有两个,即《补贴与反补贴协定》和《农业协定》。前者是针对非农业产品的,后者是针对农产品的,前者比后者更为严格。例如,非农业产品是严格禁止出口补贴的,而农产品有条件地允许。对农产品而言,只要遵守了《农业协定》,就不受《补贴与反补贴协定》约束。《农业协定》中所涉及的农业补贴首先分为两大类:出口补贴与国内支持。

(一)出口补贴

根据《农业协定》,原来没有实行农产品出口补贴的,不能再实行出口补贴;原来实行出口补贴的,要进行削减。各成员方必须对下列出口补贴做出削减承诺:(1)政府或其代理机构视出口实绩向企业、行业、农产品生产者、农产品生产者合作社或其他协会,或者向销售部提供的各种直接补贴,包括实物支付;(2)政府或其代理机构以低于市场价格的价格出售非商业性的农产品库存以供出口;(3)政府资助农产品的出口,包括出口退税行为;(4)为减少农产品出口的营销成本而提供的补贴(可普遍获得的出口促销和咨询服务除外),包括处理、升级和其他加工成本补贴,以及国际运输成本和运费补贴等;(5)政府提供或授权提供的出口装运货物的国内运输和装货费用,条件比国内装运货物更加优惠;(6)视出口产品中所含农产品的情况而对该产品提供的补贴。

(二)国内支持

国内支持是指政府通过各种国内政策,以农业和农民为扶持资助对象所进行的各种财政支出措施。国内支持在含义上非常宽泛,只要政府的支出是与农业和农民有关系的,都属于国内支持措施,包括对农产品的价格支持、对农业投入品的补贴、对农民的直接补贴,乃至政府用于农业科研推广培训、基础设施建设、扶贫、生态环境建设等方面的支出,等等。由于国内支持措施种类很多,不同措施的作用是很不相同的,因此采取了区别对待的办法,将所有国内支持措施,按照对生产和贸易影响的不同,划分为不同类别,并作出了不同的规定。后来出于简便考虑,将这些不同类别的国内支持政策形象地称为"绿箱"政策、"黄箱"政策和"蓝箱"政策。概要地说,"绿箱"政策是指那些对生产和贸易没有影响或者影响非常微弱的政策,农业协议既不要求削减这些政策,也不限制将来扩大和强化使用这些政策。"黄箱"政策是指对生产和贸易有直接扭曲作用的那些政策,主要是农产品的保护价格政策和投入品的补贴政策,是需要限制和逐步削减的。"蓝箱"政策是黄箱政策中的特例,指在实行价格支持措施的同时,还限制生产面积、牲畜头数和产品产量。"蓝箱"政策也没有列入削减计算。免除削减义务的国内支持政策包括:"绿箱"政策、"蓝箱"政策、发展中国家的三项特殊政策和微量许可的部分。

1. "绿箱"政策

"绿箱"政策应当是那些对贸易没有扭曲或者影响很小的措施。规定了两条基本标准:一是该项支持应当是通过政府公共政策提供的(包括政府税收减免),而不是来自消费者的转移。这是因为消费者转移意味着价格扭曲和贸易扭曲。二是该支持不能具有或产生与价格支持相同的效果,因为价格支持具有直接的贸易扭曲效果。"绿箱"政策的共同特点是:一是要有透明性,即事先有明确规定和标准,不能是随意的;二是不能与生产类型和产量高低挂钩;三是不能与价格有关;四是属于补偿类型的补贴不能过高,不能超过实际损失。

2. "蓝箱"政策

"蓝箱"政策措施可以免于削减义务,但它必须满足下列要求之一:(1)是按固定面积或产量提供的补贴;(2)享受补贴的产品数量不超过基期(即1986—1988年)平均生产水平的85%;(3)按固定的牲畜头数所提供的补贴。"蓝箱"政策措施现在主要是欧盟采用。

3. 发展中国家的三项特殊政策

世贸组织根据发展中国家的特殊情况和发展中国家的要求,对发展中国家的三项"黄箱"政策支出免予减让义务,分别为:农业生产者可普遍获得的投资品补贴、低收入或资源贫乏地区生产者可普遍获得的农业投入补贴和为鼓励生产者不生产违禁麻醉品作物而转产其他作物而提供的补贴。

4. 微量许可

所谓微量许可,是指如果国内支持量很少,则不需要纳入计算和削减。微量许可按支持量占农业总产值的比例确定,发达国家为5%,发展中国家为10%。理解这个条款的关键是对几个概念的准确把握:一是某一特定产品,实际上是指一个单项产品所直接享受到国内支持好处,是按照单项产品可以明确划清的政府补贴措施。也就是说,5%计算的分子是那些专门针对该具体产品的国内支持。二是5%的计算的分母是该产品的总产值。三是对那些本应纳入削减计算的而不是专门针对某一特定产品的国内支持,如果不超过该国农业总产值的5%,则不需要纳入计算和削减。

5. "黄箱"政策

在定义上,"黄箱"政策是那些对生产和贸易产生明显扭曲影响的国内支持政策。在计算上,需要削减的"黄箱"政策实际上是一个剩余量,即排除了"绿箱"政策、"蓝箱"政策、发展中国家三项特殊政策和微量许可之后的部分。目前,世贸组织成员中有 30 个成员"黄箱"政策的支持量超过最低允许。国内支持使用最多的是发达国家。广大发展中成员的实际支持程度除了个别国家或地区等,绝大部分在 2% 以下。

参考文献

[1]安训生.发展都市农业的实践与思考[J].中国农村经济,1998(3):68—72.

[2]白菊红.农村人力资本积累与农民收入研究[M].北京:中国农业出版社,2004.

[3]白钦先.政策性金融论[J].经济学家,1998(3):80—88+127.

[4]毕宝德.土地经济学(第三版)[M].北京:中国人民大学出版社,1997.

[5]蔡昉.中国城市限制外地民工就业的政治经济学分析[J].中国人口科学,2000(4):1—10.

[6]曹历娟,洪伟.世界粮食危机背景下我国的粮食安全问题[J].南京农业大学学报(社会科学版),2009,9(2):32—37.

[7]车明诚等.农业经济学——理论与政策[M].哈尔滨:黑龙江人民出版社,1993.

[8]陈锡文、韩俊,经济系常态下破解三农难题的新思路[M].北京:清华大学出版社,2016.

[9]陈宪等.国际贸易[M].上海:立信会计出版社,1998.

[10]陈秀凤,秦富.我国农村居民食物消费研究[J].江西农业学报,2006,18(6):162—165.

[11]陈雪飞.农村金融学[M].长沙:湖南大学出版社,2020.

[12]程国强,陈良彪.中国粮食需求的长期趋势[J].中国农村观察,1998(3):3—8+13.

[13]程国强,朱满德.新冠肺炎疫情冲击粮食安全:趋势、影响与应对[J].中国农村经济,2020(5):13—20.

[14]程国强.我国农业对外开放的影响与战略选择[J].理论学刊,2012(7):25—29+127.

[15]程名望,黄甜甜,刘雅娟.农村劳动力外流对粮食生产的影响:来自中国的证据[J].中国农村观察,2015,126(6):15—21+46+94.

[16]崔丽霞."推拉理论"视阈下我国农民工社会流动的动因探析[J].江西农业大学学报(社会科学版),2009(2):52—59.

[17]戴化勇,陈金波.新形势下粮食产销协作模式与机制研究[J].农业经济问题,2021,494(2):135—144.

[18]戴洛特,张燕,李家华.农村普惠金融的特点及制约因素[J].西南金融,2019

(6):66—73.

[19]丁宝根,杨树旺,赵玉,易松.中国耕地资源利用的碳排放时空特征及脱钩效应研究[J].中国土地科学,2019,33(12):45—54.

[20]丁泽霁.农业经济学基本理论探索[M].北京:中国农业出版社,2002.

[21]董莹,穆月英.全要素生产率视角下的农业技术进步及其溢出效应研究[M].北京:中国经济出版社,2019.

[22]都市水产社论[R].PAPUSSA报告,2006.

[23]杜丽娜.农业供应链金融风险的来源与控制研究[J].商业经济,2022(6):127—129.

[24]杜明奎.国外农业支持保护制度对我国的启示[J].管理现代化,2011(1):62—64.

[25]杜志雄,韩磊.供给侧生产端变化对中国粮食安全的影响研究[J].中国农村经济,2020,424(4):2—14.

[26]段正梁.关于土地科学中土地概念的一些思考[J].中国土地科学,2000,14(4):18—21.

[27]丰雷,蒋妍,叶剑平,朱可亮.中国农村土地调整制度变迁中的农户态度——基于1999—2010年17省份调查的实证分析[J].管理世界,2013(7):44—58.

[28]冯开文,李军.中国农业经济史纲要[M].北京:中国农业大学出版社,2008.

[29]弗兰克·艾利思.农民经济学——农民家庭农业和农业发展[M].上海:上海人民出版社,2006.

[30]傅晨.聚焦:中国农村改革热点和重大问题研究[M].太原:山西经济出版社,2001.

[31]干劲天.都市型农业与城郊型农业的比较研究[J].北京市农业管理干部学院学报,2000(4):7—9.

[32]高保周,杜长乐.我国农业保护问题的再思考[J].农业经济问题,2004(6):26—29.

[33]高峰,王学真,羊文辉.农业支持和补贴政策的国际比较[J].经济纵横,2004(6):48—52.

[34]高鸿业.西方经济学[M].北京:中国经济出版社,1996.

[35]高强,刘同山,孔祥智.家庭农场的制度解析:特征、发生机制与效应[J].经济学家,2013,6(6):48—56.

[36]高韧,吴春梅.我国农业技术资源的优化配置与政府作用[J].经济问题,2004(1):57—59.

[37]顾海英.关于上海松江区发展家庭农场的思考[J].科学发展,2013(12):56—62.

[38]顾焕章.农业技术经济学[M].北京:中国农业出版社,2001.

[39]光明.如何提高农业资本配置效率[J].农产品市场周刊,2013(20):32—33.

[40]广西区党委调查研究室.什么样的农业经济结构才算合理[J].广西农村金融研究,1982(3):27.

[41]郭德宏.中国近现代农民土地问题研究[M].青岛:青岛出版社,1993.

[42]郭翔宇,刘琳,胡爱军.市场经济与宏观管理[M].哈尔滨:黑龙江人民出版社,1999.

[43]国秀丽,易法海.美国农业国内支持政策特点分析[J].世界农业,2005(5):18—21.

[44]韩清林.农业家庭经营到底存在多久——兼论建立有中国特色社会主义土地制度的若干问题[J].社会科学论坛,1994(2):36—44.

[45]何安华,楼栋,孔祥智.中国农业发展的资源环境约束研究[J].农村经济,2012(2):3—9.

[46]何蒲明.农民收入结构变化对农民种粮积极性的影响——基于粮食主产区与主销区的对比分析[J].农业技术经济,2020,297(1):130—142.

[47]何信生,高保周.美国的农业保护及其启示[J].世界农业,1999(7):3—5.

[48]何秀荣.比较农业经济学[M].北京:中国农业大学出版社,2010.

[49]洪绂曾.中国科教兴农战略研究[M].北京:中国农业出版社,2001.

[50]侯风云,张凤兵.农村人力资本投资及外溢与城乡差距实证研究[J].财经研究,2007(8):118—131.

[51]侯麟科,仇焕广,徐志刚.农户风险偏好对农业生产要素投入的影响[J].农业技术经济,2014(5):21—29.

[52]侯锐.中国农业支持政策研究[D].华中农业大学博士论文,2009.

[53]胡霞.现代农业经济学[M].北京:中国人民大学出版社,2015.

[54]胡小平,郭晓慧.2020年中国粮食需求结构分析及预测——基于营养标准的视角[J].中国农村经济,2010,306(6):4—15.

[55]胡跃飞,黄少卿.供应链金融:背景、创新与概念界定[J].金融研究,2009(8):194—206.

[56]花燕芬,白璇.我国农业供应链金融研究综述[J].现代商业,2024(2):131—134.

[57]黄季焜.对近期与中长期中国粮食安全的再认识[J].农业经济问题,2021(1):19—26.

[58]贾丽娟,刘连环.美国农业政策及其启示[J].商业研究,2003(16):153—155.

[59]江占民等.农业经济与管理[M].北京:中国农业出版社,1998.

[60]蒋伯亨,温涛.农业供应链金融(ASCF)研究进展[J].农业经济问题,2021(2):

84—97.

[61]蒋英.中国农业技术经济学[M].北京:中国人民大学出版社,1997.

[62]卡尔·马克思.资本论(第一卷)[M].北京:人民出版社,2004.

[63]课题组.从需求角度重造农村政策性金融[J].上海金融,2006(3):28—31.

[64]孔祥智,马九杰,朱信凯.农业经济学(第三版)[M].北京:中国人民大学出版社,2023.

[65]孔祥智,钟真.观光农业对农民收入的影响机制研究——以京郊观光农业为例[J].生态经济,2009(4):121—125.

[66]孔祥智等.农业经济学[M].北京:中国人民大学出版社,2014.

[67]匡远配,曾福生.农村基础设施建设的投资模式选择[J].兰州学刊,2009(2):127—132.

[68]李秉龙,薛兴利.农业经济学(第二版)[M].北京:中国农业大学出版社,2009.

[69]李波,张俊飚,李海鹏.中国农业碳排放时空特征及影响因素分解[J].中国人口·资源与环境,2011,21(8):80—86.

[70]李光泗,韩冬.竞争结构、市场势力与国际粮食市场定价权——基于国际大豆市场的分析[J].国际贸易问题,2020,453(9):33—49.

[71]李光泗、钟钰.我国粮食生产与消费的预测分析[J]浙江大学学报(人文社会科学版),2015(11):119—121.

[72]李国鼎.台湾的现代农业[M].南京:东南大学出版社,1995.

[73]李国祥.2020年中国粮食生产能力及其国家粮食安全保障程度分析[J].中国农村经济,2014(5):4—12.

[74]李瑞锋,肖海峰.欧盟、美国和中国的农民直接补贴政策比较研究[J].世界经济研究,2006(7):79—83.

[75]李晓明.农业经济学[M].合肥:安徽大学出版社,1999.

[76]李秀艳.我国农民科技文化素质偏低的原因与对策[J].重庆文理学院学报·社会科学版,2012(1):65—68.

[77]李雪,吕新业.现阶段中国粮食安全形势的判断:数量和质量并重[J].农业经济问题,2021,503(11):31—44.

[78]李永东.农业经济学[M].北京:中国人民大学出版社,2019.

[79]李泽华.我国农产品批发市场的现状与发展趋势[J].中国农村经济,2002(6):36—42.

[80]李芝倩.中国农村劳动力流动及其增长绩效研究[M].北京:经济科学出版社,2011.

[81]里特森.农业经济学——原理和政策[M].北京:农业出版社,1988.

[82]梁洁.农村普惠金融供给侧改革的核心重点与路径选择[J].西南金融,2021

(4):41—51.

[83]梁仕莹,孙东升,杨秀平,刘合光.2008—2020年我国粮食产量的预测分析[J].农业经济问题,2008(S1):132—140.

[84]刘德斌.国际关系史[M].北京:高等教育出版社,2003.

[85]刘国清,荣明杰,王贵.农业经济学.修订2版[M].长春:吉林科学技术出版社,1997.

[86]刘洪银.中国农村劳动力非农就业:效应与机制[M].天津:南开大学出版社,2014.

[87]刘江.21世纪初中国农业发展战略[M].北京:中国农业出版社,2000.

[88]刘凯翔.欧盟农场结构之简析[R].台湾农业委员会,2015.

[89]刘晓亮,殷向晖.欧盟农业补贴政策的演进及其对我国的启示[J].对外经贸实务,2015(3):25—28.

[90]刘渝,张俊飚.美、欧、日农业补贴特点及其对中国的启示[J].世界农业,2005(5):7—10.

[91]刘祖春.中国农村劳动力素质与农村经济发展研究[M].北京:中国社会科学出版社,2009.

[92]卢良恕.粮食安全[M].杭州:浙江大学出版社,2007.

[93]陆文聪,祁慧博,李元龙.全球化背景下的中国粮食供求变化趋势[J].浙江大学学报·人文社会科学版,2011,41(1):5—18.

[94]陆学艺.三农论:当代中国农业、农村、农民研究[M].北京:社会科学文献出版社,2002.

[95]罗必良,李玉勤.农业经营制度:制度底线,性质辨识与创新空间——基于"农村家庭经营制度研讨会"的思考[J].农业经济问题,2014(1):8—18.

[96]罗伯特·D.史蒂文斯和凯瑟·L.杰勃勒.农业发展原理——经济理论和实证[M].南京:东南大学出版社,1992.

[97]罗斯托.经济增长的阶段:非共产党宣言[M].北京:中国社会科学出版社,2001.

[98]吕火明等.农业技术进步经济学[M].成都:西南财经大学出版社,2001.

[99]吕新业,胡非凡.2020年我国粮食供需预测分析[J].农业经济问题,2012,33(10):11—18+110.

[100]马尔科姆·吉利斯等.发展经济学[M].北京:经济科学出版社,1989.

[101]马克思,恩格斯.马克思恩格斯全集(第25卷)[M].北京:人民出版社,2001.

[102]马歇尔.经济学原理(上卷)[M].北京:商务印书馆,1981.

[103]马永欢,牛文元.基于粮食安全的中国粮食需求预测与耕地资源配置研究[J].中国软科学,2009(3):11—16.

[104]梅方权.21世纪前期中国粮食的发展目标和战略选择[J].粮食科技与经济,1999(4):4—8.

[105]孟召娣,李国祥.我国粮食需求趋势波动及结构变化的实证分析[J].统计与决策,2021,37(15):69—72.

[106]米健,罗其友,高明杰.粮食需求预测方法述评[J].中国农业资源与区划,2013,34(3):28—33.

[107]密尔松.普通法历史基础[M].北京:中国大百科全书出版社,1999.

[108]尼科·巴克等.增长的城市、增长的食物——都市农业之政策议题[M].北京:商务印书馆,2005.

[109]宁超乔,徐培玮,邢记明.都市农业的城市规划思考[J].城市发展研究,2006,13(2):69—71.

[110]牛若峰.中国农业的变革与发展[M].北京:中国统计出版社,1997.

[111]农村年轻劳动力日益流失,种地"断代"危机渐显[EB/OL].http://politics.people.com.cn/GB/17936716.html(黑龙江日报),2012.

[112]农业合作社,升级还需内外用力[EB/OL].http://news.163.com/14/1017/07/A8O8A12O00014AED.html(新华调查),2014.

[113]诺斯,托马斯.西方世界的兴起[M].北京:华夏出版社,1999.

[114]彭路.农业供应链金融风险的主要特征与风险防范的基本原则[J].财经理论与实践,2015,36(6):20—24.

[115]皮立波.现代都市农业的理论和实践研究[D].西南财经大学,2001.

[116]平凡.美国及欧共体的农业保护政策[J].粮食问题研究,2004(2):35—37.

[117]朴英爱,付兰珺.日本型农业直接补贴政策分析[J].现代日本经济,2021,(03):59—67.

[118]齐永忠,于战平.城乡一体化视角下的中国都市农业发展[J].中国农村经济,2006(3):77—80.

[119]祁春节,蔡荣.我国农产品流通体制演进回顾及思考[J].经济纵横,2008(10):45—48.

[120]桥本卓尔.都市农业の理论と政策—农业のあるまちづくり序说[M].日本:法律文化社,1995.

[121]秦中春.我国近中期经济社会发展的特征、挑战与战略选择研究[EB/OL].http://news.xinhuanet.com/finance/201307/04/c124954989.htm,2013.

[122]曲福田.土地行政管理学[M].北京:中国农业出版社,2002.

[123]任敏宝.日本的农业保护政策[J].农机质量与监督,2005(1):45.

[124]上海财经大学现代都市农业经济研究中心.都市农业发展报告:现代农业进程中的都市农业[M].上海:上海财经大学出版社,2008.

[125]上海财经大学现代都市农业经济研究中心.中国都市农业发展报告:都市农业与现代农村产业综合开发[M].上海:上海财经大学出版社,2010.

[126]邵鲁.我国粮食供求价格波动与安全问题的实证分析[D].吉林大学,2009.

[127]沈守愚.从物权理论析土地产权权利束的研究报告[J].中国土地科学,1996,10(1):24—29.

[128]司伟,韩天富."十四五"时期中国大豆增产潜力与实现路径[J].农业经济问题,2021,499(7):17—24.

[129]宋志斌.农村土地产权问题及其解决方略[J].农村经济,2005(10):31—32.

[130]苏布拉塔·加塔克,肯·英格森特.农业与经济发展[M].北京:华夏出版社,1987.

[131]速水佑次郎,弗农·拉坦.农业发展的国际分析[M].北京:中国社会科学出版社,2000.

[132]孙同全.农村金融新政中非政府小额信贷的发展方向探析[J].农业经济问题,2007(5):52—55+111.

[133]孙新章,2010年文献来源:https://zgsn.ahu.edu.cn/2010/0129/c17127a231863/page.htm.

[134]唐华俊.中国居民合理膳食模式下的粮食供需平衡分析[J].农业经济问题,2012,33(9):4—11+110.

[135]唐忠.农村土地制度比较研究[M].北京:中国农业科技出版社,1999.

[136]田甜,李隆玲,黄东,武拉平.未来中国粮食增产将主要依靠什么?——基于粮食生产"十连增"的分析[J].中国农村经济,2015,366(6):13—22.

[137]王波.发展都市农业应加快农业技术创新[J].中国科技论坛,2005(3):69—71.

[138]王钢,钱龙.新中国成立70年来的粮食安全战略:演变路径和内在逻辑[J].中国农村经济,2019,417(9):15—29.

[139]王海全.我国农村剩余劳动力向城镇转移的制度约束研究[M].北京:经济管理出版社,2014.

[140]王静.新中国成立以来农产品物流制度变迁及其启示[J].陕西师范大学学报·哲学社会科学版,2012(1):169—176.

[141]王娜娜,武永峰,胡博,等.基于环境保护正外部性视角的我国生态补偿研究进展[J].生态学杂志,2015,34(11):3253—3260.

[142]王生林,蔡伟民.农业市场经济与管理概论[M].北京:中国农业出版社,2000.

[143]王帅.全球治理视角下的粮食贸易风险分析[J].国际贸易问题,2018,424(4):36—47.

[144]王兴宗. 新阶段加快农业发展的路径选择[J]. 生产力研究,2016（2）:33—38.

[145]王玉新. 关于发展和规范农民专业合作社的建议[EB/OL]. http://www.aohan. gov. cn/Article/Detail/60741（中国敖汉网）,2014.

[146]王跃梅,姚先国,周明海. 农村劳动力外流、区域差异与粮食生产[J]. 管理世界,2013,242(11):67—76.

[147]魏艳骄,张慧艳,朱晶. 新发展格局下中国大豆进口依赖性风险及市场布局优化分析[J]. 中国农村经济,2021,444(12):66—86.

[148]吴建寨,张建华,孔繁涛. 中国粮食生产与消费的空间格局演变[J]. 农业技术经济,2015,247(11):46—52.

[149]吴乐. 中国粮食需求中长期趋势研究[D]. 华中科技大学,2011.

[150]西奥多·W. 舒尔茨. 改造传统农业[M]. 北京:商务印书馆,1987.

[151]夏珂. 我国农业供应链金融的逻辑基础、发展趋势和主要模式研究[J]. 金融发展研究,2023(4):89—92.

[152]肖国安. 未来十年中国粮食供求预测[J]. 中国农村经济,2002(7):9—14.

[153]谢宗藩,姜军松. 中国农地产权制度演化:权力与权利统一视角[J]. 农业经济问题,2015(11):64—72.

[154]熊德平. 农村金融与农村金融发展:基于交易视角的概念重构[J]. 财经理论与实践,2007(2):8—13.

[155]徐大兵. 新中国成立六十年来农产品流通体制改革回顾与前瞻[J]. 商业研究,2009(7):197—200.

[156]杨蕾. 中国粮食供需平衡分析[D]. 山东理工大学,2009.

[157]杨晓宇,孟未来. 美国农业支持和保护政策对我国的启示[J]. 农业经济,2004(11):63—64.

[158]叶兴庆. 加入 WTO 以来中国农业的发展态势与战略性调整[J]. 改革,2020,315(5):5—24.

[159]一个十年:从人口变迁的视角看未来农业发展[EB/OL]. http://finance. qq. com/a/20140904/074108. htm(华泰证券). 2014.

[160]俞菊生. "都市农业"一词的由来和定义初探:日本都市农业理论考[J]. 上海农业学报,1998(2):79—84.

[161]禹建丽,黎娅. 基于人工神经网络的粮食产量预测模型[J]. 河南农业科学,2005(7):44—46.

[162]张宝珍. 日本农业保护政策的特点及其作用[J]. 世界经济,1995(12):41—48.

[163]张红宇,刘玫晖. 农村土地使用制度变迁:阶段性、多样性与政策调整[J]. 农

业经济问题,2002(2):12—20.

[164]张红宇.中国农村的土地制度变迁[M].北京:中国农业出版社,2002.

[165]张锦华,许庆.城市化进程中我国城乡居民的长期粮食需求[J].华南农业大学学报·社会科学版,2012,11(1):99—107.

[166]张锦华,许庆.中国的粮食安全[M].上海:上海财经大学出版社,2011.

[167]张丽艳.论完善土地经营权流转制度对我国农业现代化的作用[J].社会科学辑刊,2008(1):106—108.

[168]张莉.欧盟财政支农政策的演变与启示[J].世界农业,2002(6):13—15.

[169]张明霞,王凤双,张宏韬.马克思恩格斯的农业思想及其影响[J].佳木斯大学社会科学学报,2010,28(2):30—32.

[170]张宪法,高旺盛.国际农业支持政策分析及我国粮食安全政策取向[J].农业科技管理,2005,24(6):4—7.

[171]张玉梅,李志强,李哲敏,许世卫.基于CEMM模型的中国粮食及其主要品种的需求预测[J].中国食物与营养,2012,18(2):40—45.

[172]张忠根.农业经济学[M].北京:科学出版社,2019.

[173]赵维清.农业经济学(第3版)[M].北京:清华大学出版社,2023.

[174]赵英英.借鉴国际经验推进我国农村普惠金融发展研究[D].河北大学,2017.

[175]郑美华.农村数字普惠金融:发展模式与典型案例[J].农村经济,2019(3):96—104.

[176]郑旭媛,徐志刚.资源禀赋约束、要素替代与诱致性技术变迁——以中国粮食生产的机械化为例[J].经济学(季刊),2017,16(1):45—66.

[177]钟甫宁,陆五一,徐志刚.农村劳动力外出务工不利于粮食生产吗？——对农户要素替代与种植结构调整行为及约束条件的解析[J].中国农村经济,2016,379(7):36—47.

[178]钟甫宁.农业经济学(第五版)[M].北京:中国农业出版社,2011.

[179]钟甫宁.农业政策学[M].北京:中国农业大学出版社,2000.

[180]周诚.土地经济学[M].北京:中国农业出版社,1989.

[181]周立.中国农村金融体系的政治经济逻辑(1949—2019年)[J].中国农村经济,2020(4):78—100.

[182]周良伟,杨绿,彭大衡,吴非.农业政策性金融:理论解构、实践进展与启示——基于中国农业发展银行广东省分行的调研分析[J].财政科学,2017(5):74—89.

[183]周应恒,胡凌啸,严斌剑.农业经营主体和经营规模演化的国际经验分析[J].中国农村经济,2015(9):80—95.

[184]周振亚,高明杰,李全新,张晴,罗其友.基于平衡膳食的中国主要农产品需

求量估算[J]. 中国农业资源与区划,2015,36(4):85—90.

[185]朱道华. 农业经济学(第四版)[M]. 北京:中国农业出版社,2009.

[186]朱晶,臧星月,李天祥. 新发展格局下中国粮食安全风险及其防范[J]. 中国农村经济,2021(9):2—21.

[187]朱晶,钟甫宁. 从粮食生产波动的国际比较看我国利用世界市场稳定国内供应的可行性[J]. 国际贸易问题,2000(4):1—6.

[188]朱启臻. 新型职业农民与家庭农场[J]. 中国农业大学学报·社会科学版,2013,30(2):157—159.

[189]朱有志,向国成. 中国农地制度变迁的历史启示[J]. 中国农村经济,1997(9):19—23.

[190]AMTK,BMA,AJEO,et al. Carbon footprints of crops from organic and conventional arable crop rotations—using a life cycle assessment approach[J]. Journal of Cleaner Production,2014,64(2):609—618.

[191]Armar,K. M. Urban agriculture and food security,nutrition and health[A]. In Bakker N. et al. (eds.). Growing Cities,Growing Food:Urban Agriculture on the Policy Agenda (Feldafing,Germany:DSE),2000:99—113.

[192]Barnum,H. N. and Squire L. A Model of an Agricultural Household:Theory and Evidence[Malaysia],World Bank:Johns Hopkins University Press,1979.

[193]Becker,G. S. A theory of the allocation of time[J]. The Economic Journal,1965,75(299):493—517.

[194]Edwards,R. ,Mulligan D. and Marelli L. Indirect land use change from increased biofuels demand comparison of models and results for marginal biofuels production from different feedstocks[J]. JRC Scientific and Technical Reports,2010.

[195]Garner,E. ,de la O. and Gender A. P. Identifying the family farm:an informal discussion on the concepts and definitions[C]//ESW Seminar,Rome:FAO Press,2013.

[196]Garnett,T. Urban agriculture in London:rethinking our food economy[A]. In Bakker N. et al. (eds.). Growing Cities,Growing Food:Urban Agriculture on the Policy Agenda (Feldafing,Germany:DSE),2000:477—500.

[197]Gefu,J. O. Part-time farming as an urban survival strategy:a Nigerian case study[A]. In Baker J. and Pedersen P. O. (eds.). The Urban Rural Interface in Africa (Scandinavian Institute of African Studies,Uppsala),1992:295—302.

[198]Hayami,Y. and Ruttan V. W. Agricultural Development in International Perspective [M]. Beijing:China Social Sciences Press,2000.

[199]Huang,J. and Rozelle S. Environmental Stress and Grain Yields in China

[J]. American Journal of Agricultural Economics, 1995, 77(4):853—864.

[200]Innovation in Family Farming[C], The State of Food and Apiculture 2014, Rome:FAO Press,2014.

[201]International year of family farming 2014[EB/OL]. http://www.agriculturesnetwork.org/whatwedo/advocacy/2014iyff/,Rome:FAO Press,2013.

[202]Isabelle Piot-Lepetit, Esr. Département d'Economie Et Sociologie Ruralesdijon. Agriculture et environnement : une évaluation de la performance environnementale d'exploitations bovines. 1. Séminaire "Jeunes chercheurs", Dec 1997, Dourdan, France. 12 p. ffhal-02841851.

[203]Jorgenson, D. W. The development of a dual economy[J]. The Economic Journal, 1961, 71(282): 309—334.

[204]Larson,D.,Otsuka K.,Matsumoto T. and Kilic T. Should African rural development strategies depend on smallholder farms? An exploration of the inverse productivity hypothesis[J]. Agricultural Economics,2014,45(3):355—367.

[205]Lucas,R E. On the mechanics of economic development[J]. Journal of Monetary Economics,1988,22(1):3—42.

[206]Maxwell,D., Ahiadeke C., Levin C., et al. Alternative food-security indicators: revisiting the frequency and severity of coping strategies[J]. Food Policy, 1999, 24(4): 411—429.

[207]Mbaye,A. and Moustier P. Market-oriented urban agricultural production in Dakar[A]. In Bakker N. et al. (eds.). Growing Cities,Growing Food: Urban Agriculture on the Policy Agenda (Feldafing,Germany:DSE),2000:235—257.

[208]Michael, R. T. and Becker G. S. On the new theory of consumer behavior [J]. The Swedish Journal of Economics,1973:378—396.

[209]Mlozi,M. R. S. Urban Agriculture in Tanzania and the Marketing of its Products[J]. Research Paper, Department of Agricultural Education and Extension, SUA, Morogoro (ms), 1996.

[210]Mougeot,L. J. A. Urban food production: evolution, official support and significance[J]. Cities Feeding People Series; rept. 8, 1994.

[211]Popkin,B. M., Adair L. S. and Wen N. S. Global nutrition transition and the pandemic of obesity in developing countries[J]. Nutrition Reviews, 2012(1):3—21.

[212]Popkin,B. M. The Nutrition Transition in the Developing World[J]. Social Science Electronic Publishing, 2010, 21(5—6):581—597.

[213]Qiang,W., Liu A., Cheng S., et al. Agricultural trade and virtual land use: The case of China's crop trade[J]. Land Use Policy, 2013, 33:141—150.

[214]Rapsomanikis,G. The Economic Lives of Small Holder Farmers[M],Rome: FAO Press,2014.

[215]Ritson, C. Welfare economics: Theory and application[J]. Journal of Agricultural Economics, 1988, 39(3), 345—360.

[216]Stevenson,C. , Xavery P. and Wendeline A. Market production of fruits and vegetables in the peri-urban area of Dar es Salaam[J]. Dar es Salaam: Urban Vegetable Promotion Project (unpublished), 1996.

[217]Tisdell, C. and Clement, A. Agricultural Externalities: Identification, Evaluation, and Internalization[J]. Journal of Agricultural Economics,2007,58(4):567—589.

[218]World Programme for the Census of Agriculture 2010,A system of integrated agricultural censuses and surveys,Rome:FAO Press,2005.

[219]Wu,S. , Ben P. , Chen D. , et al. Virtual land, water, and carbon flow in the inter-province trade of staple crops in China[J]. Resources, Conservation and Recycling, 2018, 136:179—186.

[220]Yoveva,A. , Gocheva B. , Voykova G. , et al. Sofia: urban agriculture in an economy in transition[J]. 2000.

[221]Yuen,C. W. and Razin A. Factor mobility and income growth: two convergence hypotheses[J]. Review of Development Economics,1997,1(2):171—190.

[222]Zhao,Y. Leaving the countryside:rural to urban migration decisions in China [J]. The American Economic Review,1999,89(2):281—286.